Sigrid Hunke
VOM UNTERGANG DES ABENDLANDES
ZUM AUFGANG EUROPAS
Bewußtseinswandel und
Zukunftsperspektiven

Sigrid Hunke

Vom Untergang des Abendlandes zum Aufgang Europas

Bewußtseinswandel und
Zukunftsperspektiven

Horizonte Verlag

1. Auflage 1989
© 1989 by Horizonte Verlag GmbH

Alle Rechte beim Horizonte Verlag GmbH, Rosenheim
Umschlaggestaltung: Dieter Zembsch, München
Satz: Satzdienst Würzburg im Verlag Klaus Skupch
Druck: May & Co., Darmstadt
Printed in West Germany

ISBN 3-926116-16-1

INHALT

7

9

Europas Weg in die Zukunft
liegt schon vor aller Augen

Europa – das ist hier nicht das politische und wirtschaftliche Ereignis. Europa steht hier als der drei und mehr Jahrtausende zählende, an einem schweren Schicksal morsch und rissig gewordene, täglich zerbröckelnde und täglich vor unseren Augen stärker zerfallende geistige Bau, dem viele keine Aussicht mehr auf Wiedererlangung seiner kulturellen Geltung, geschweige noch eine Zukunft einräumen, dem andere mit Abstützung der Mauern, Ausbesserung des Gebälks, mit Umbauten oder Betonspritzen neuen Halt und zeitkonforme Instandsetzung, wenn auch nur als Denkmalspflege zur Besichtigung für fernasiatische Touristen versprechen.

Wenn neue und jüngere Weltmächte heraufkommen, wenn sich Amerika längst auf den Marsch in ein New Age, in ein Neues Zeitalter, macht, meldet sich umso besorgter die Frage: Wird Europa noch eine Zukunft haben? Wird es aus dem Zustand der Schwäche zur Wiedergeburt einer eigenwüchsigen Kultur von Bedeutung und zu geschichtebestimmender Kraft gelangen? Oder wird es aus dem Rampenlicht als alternder Star abtreten in das Seniorenheim der Weltgeschichte, wo der Lorbeer für die Glanzrolle von ehedem an den verblassenden Wandbildern bei teils musealer Bewunderung, teils bemühter Banalisierung des vergangenen Nimbus, teils höhnischer Systemkritik zerfleddert?

Philosophen, Theologen, Dichter und Künstler haben seit zwei Jahrhunderten feinnervig das Knirschen in den Tragbalken gespürt und Warnung und Rat angeboten. Zukunftsforscher, Planungswissenschaftler, Psychosoziologen und Verhaltensforscher dazu Ökologen zu Hauf, selbst Esoteriker ohne Zahl entwerfen Überlebensmodelle, Neuorientierungen, Prioritätenkataloge für „mehr oder weniger wahrscheinliche" Entwicklungen in das Dunkel des Bevorstehenden hinein. Sie alle begehen den Grundfehler, in der Gegenwart die Schadstellen zu suchen, aus der Augenblicksmisere die therapeutischen Folgerungen für die Zukunft zu ziehen, vom Heute aus die Geleise in eine mit mehr oder weniger Zielsicherheit wissenschaftlich berechnete Richtung zu verlegen oder unser Schicksal gar aus Statistiken hochzurechnen, ja – aus tausend Befürchtungen dieser Tage zu postulieren, wie es nicht werden darf und wie es sein soll.

Wird das ideenreichste Herumkurieren die lebensbedrohende Gegenwartskrise Europas und des europäischen Menschen heilen, den Untergang eines Zeitalters in den Aufgang einer neuen, geschichtebewegenden Zukunft verwandeln? Wir glauben es nicht.

Selten, daß einmal jemand weiter in die Vergangenheit zurückfragt. Da ist der in den USA lehrende österreichische Physiker Fritjof Capra, als Guru der amerikanischen Hippies und des New Age auch in Europa wie ein „Erlöser" gefeiert, der die Ursache der heutigen Übel im 17. Jahrhundert im mechanistischen Weltbild des Franzosen Descartes und des Engländers Newton erblickt und die Rettung des Westens von einer Denkwende zu einem ganzheitlichen durch zyklisches Umschlagen des bisherigen „maskulinen" Yang-Zeitalters im Sinne der chinesischen Mystik in ein „feministisch-ökologisches" Yin-Zeitalter erwartet, mit der die Herrschaft des aufklärerischen Rationalismus bereits umkippt in einen blühenden Irrationalismus, in dem jeglicher Aberglauben von Hexenmagie bis zu okkultistischen, spiritistischen, parapsychologischen und psychedelischen Zirkeln aller Art üppig wuchert. Wir kommen darauf zurück.

Ist es eigentlich niemand in den Sinn gekommen, tiefer zu graben, die Ursachen der inneren Gefährdungen am Ursprung des „Abendlandes" zu suchen? Erst der Blick auf den ganzheitlichen Gesamtzusammenhang der dreitausendjährigen Geschichte Europas – als der in Ursprung und Sprache, Bewußtseinsstruktur und Denkweise, Lebensform und historischem Schicksal geistigen und kulturellen Einheit innerhalb der individuellen nationalen Vielgestalt einander verwandter Völker – läßt die innere Logik des heutigen Geschehens erkennen. Nur er erlaubt, den *Ursprung* und die tieferen *Ursachen* der Störungen und Zerstörungen im Menschlichen, der Krankheitserscheinungen, der geistigen Schwächung, der kulturellen Sterilität, des Transzendenz- und Selbstverlustes, der End- und Untergangssehnsüchte, des Ausflippens in alle Extremismen von Verzweiflung und Rausch, in alle Ekstasen von Negation und Vernichtung, Angst und Hysterie, Gewalt und Terrorismus, in Mord ohne Motiv und Selbstmord aufzufinden, welche die dunklen Furchen in das entstellte Antlitz Europas gegraben haben – jene weitzurückliegenden Veranlassungen, die sich der reinen Gegenwartsanalyse gänzlich entziehen.

Nur die Gesamtschau erlaubt uns das Wagnis, Europa die nahezu für alle kulturellen Bereiche gemeinsame *Wegrichtung* zukünftiger Entwicklung zu einem neuen Aufstieg mit großer Sicherheit vorauszusagen. Was nicht heißen kann, auf Scharlatanart hochstapelnd die Hirngespinste konkreter Fakten, technischer Erfindungen, wissenschaftlicher Entdeckungen in den Nachthimmel der Zukunft flattern zu lassen. Die Wegrichtung freilich liegt schon vor aller Augen.

Dabei haben wir den Vorzug und Vorteil, uns auf deutlich sichtbare Ansätze – mehr: auf schon eingetretene, für jeden nachprüfbare Wandlungen ins Zukünftige hinein berufen zu können, sie weisen alle innerlich sinnhaft übereinstimmend in dieselbe Bedeutung. Inmitten des täglich um uns dem Ende zulaufenden Zeitalters liegen sie in der Tat offen zutage – ohne indes bis heute in dieser ihrer Bedeutung überhaupt erkannt worden zu sein.

Inmitten der alten, rostig gewordenen Strukturen und unverkennbar für den, der Augen für Strukturen, für Stile, der einen Blick für Wesenswesentliches besitzt, wächst das zukünftige Europa bereits in den ganz anderen Strukturen eines ganz anderen Bewußtseins: wie es sich im Folgenden zeigen wird auf den Feldern

des neuen Denkens und der Wissenschaften

der Weltsicht und des Weltbildes

des menschlichen Selbstverständnisses

und des Menschenbildes

des Selbstverständnisses und Verhältnisses von Mann und Frau

der Beziehung zur Arbeit, zur Technik, zur Natur,

der Religion.

Sie begründen die Gewißheit, daß sich das noch weiterhin verstärkende Chaos des Untergangs des Abendlandes unter schwersten Wehen ein aus seinem eigenen Wesensgesetz entfaltendes, kulturell schöpferisches und kraftvoll blühendes, Geschichte bewegendes Europa aus sich gebären wird.

I

DIE AGONIE EINES ZEITALTERS

Wir Europäer befinden uns im Anblick
einer ungeheuren Trümmerwelt,
wo einiges noch hochragt,
wo vieles morsch und unheimlich dasteht,
das meiste aber schon am Boden liegt –
und überwachsen mit großem und kleinem Unkraute.

Friedrich Nietzsche

Spengler hat recht...

Europas Untergang wird nicht stattfinden.

Dennoch hat Spengler recht. Wenn auch in einem *anderen* Sinn, als er sein Wort vom „Untergang des Abendlandes"[1] *gemeint* hat. Und anders, als man seine aufschreckende Prognose von schicksalshafter Unausweichlichkeit verstanden hat, die er als scharfgeschliffenes Schwert am Faden der Zeit über das ungeschützte Damokleshaupt des seine glitzernde und gleißende Zivilisation genießenden Nachkriegseuropas 1923 gehängt hatte.

Und die da lautet:

Nachdem das Abendland „den Inbegriff seiner inneren Möglichkeiten" zur Vollendung gebracht hat, wird es unwiderruflich und unaufhaltsam erstarren und hinsterben, werden seine kulturschaffenden Kräfte sich erschöpft haben, seine Menschen biologisch, seelisch und geistig erschlaffen. Skepsis und Zweifel bereiten den Weg für Irreligiosität und Atheismus. Die innere Leere treibt die wurzellose Masse zur Zerstreuung bei Sport und Spektakel, zu dumpfem Dahinvegetieren und aus Lebensekel und Überdruß zur Flucht aus der Wirklichkeit, aus der Arbeit, aus der Zivilisation ins heimatlose Nomadentum, ins Landstreichertum, in den Selbstmord. Eine Nivellierung aller greift um sich, die keine Unterschiede mehr duldet und in Müdigkeit und grenzenloser, gähnender Langeweile ertrinkt. „Die Zeit ist gemein geworden." Alles Herausragende muß eingeebnet werden. Jede Art von verfeinerter Kultur, Schönheit und Geschmack, Umgangsformen, Sprachkultur „reizen das gemeine Empfinden bis aufs Blut" und fordern es zu pöbelhaftem Auftreten und Gassenjargon heraus. Jede Art von menschlicher oder geistiger Überlegenheit „ruft zum Verbrennen, Zerschlagen, Zertrampeln auf", weil den Heruntergekommenen, Minderwertigen deren Aneignungen nicht gelingt. Und „weil sie nicht für alle da ist, muß es vernichtet werden". Die Verwünschungen der Presse des europäisch-amerikanischen Liberalismus aber zielen nicht auf die Gegner, sondern auf die „Verteidiger der staatlichen Ordnung bis zum einfachen Soldaten und Polizisten herab, die in Ausübung ihrer Pflicht in die Luft gesprengt, zu Krüppeln geschlagen oder abgeschlachtet werden"...

Angesichts der apokalyptischen Entartungen der abendländischen Endzeit läßt der Philosoph Spengler sich nichts von seiner stolzen

Schicksalsbejahung abhandeln: „Wir sind in diese Zeit geboren", ruft
er 1931 in „Der Mensch und die Technik" zur heroischen Bewährung
auf, „und müssen tapfer den Weg zu Ende gehen, der uns bestimmt
ist. Es gibt keinen anderen. Auf dem verlorenen Posten ausharren
ohne Hoffnung, ohne Rettung, ist Pflicht."

...aber nur im wörtlichen Sinne

Gibt nicht das in bewundernswerter psychologischer Hellsichtigkeit
von vor 70 Jahren diagnostizierte, hier nur an einzelnen wenigen
Symptomen skizzierte Krankheitsbild der niederschmetternden Ago-
nie „westeuropäisch-amerikanischer Kultur" und des „faustischen
Menschen" dem genialen Geschichtsphilosophen Oswald Spengler
recht, der den sicheren Untergang des Abendlandes verkündet hatte?
...„recht" – wie schon gesagt – in einem anderen Sinne, als er ihn gemeint und als die Welt ihn verstanden hatte?
...„recht" nämlich: im engeren, wörtlichen Sinn?
Erlebt Europa nicht seit langem und mit zunehmender Beschleuni-
gung den Untergang eines ganz bestimmten *Zeitalters* seiner Geschichte? Das Ende der unter Schmerzen und Schrecken eben ablaufenden zweitausendjährigen Epoche des sogenannten „christlichen
Abendlandes", das sich stets ausdrücklich durch das Datum seiner
Christlichkeit definiert hat und aus ihr seine Identität bezog. Als *solches* aber hatte Europa sich nicht aus sich selbst definiert – vielmehr
von außerhalb liegenden Bezugspunkten seine Bestimmung empfangen:
Es hatte einerseits Ursprung, geistige Wesensbestimmung, Bezugs-
punkte und Symbol seiner Christlichkeit im außereuropäischen Raum
lokalisiert, dort, wo Gott in Jesus Christus als Mensch über die Erde
gegangen war: Ihm hatte das heilige Jerusalem als Mittelpunkt der
Welt gegolten, seine mystische Sehnsucht dem „himmlischen Jerusalem" als dem Sinnbild des Gottesreiches auf Erden – weshalb heute
„ein neues Jerusalem" herbeigesehnt wird.
Im gleichen Zuge definiert das „Abendland" sich aus seiner Bezogenheit auf das „Morgenland": einerseits als das Land des dunkelnden
Abends, dem ex oriente lux – alles „Licht aus dem Osten" kam, noch
in der karolingisch-ottonischen Renovatio? noch in der italienischen

Renaissance aus Byzanz, sogar noch den heutigen Verächtern europäischer Tradition und europäisch-deutscher Mystik kritiklos und unbefragt aus dem fernöstlichen Indien und Nepal; andererseits aber aus seinem todfeindlichen Gegensatz zum islamischen Morgenland, der sich in den zweieinhalb Jahrhunderten des Kreuzzugfiebers zur blutigen Realität erhitzte[3] und einem nicht mehr zu steigernden christlichen Selbstgerechtigkeitsdünkel gemäß dem Auftrag des Abtes von Clairvaux „Bekehrung oder Vernichtung" das Recht verbriefte, den Andersgläubigen zu strafen und zu zertreten, ungeachtet seiner letztendlichen Niederlage und, ohne sich seine vielfältigen Unterwerfungen im gesamten kulturellen Felde, vor allem in den Wissenschaften und Künsten unter die weit überlegenen muslimischen Araber einzugestehen.[4]

Diese Wesensbestimmung Europas als des „Abendlandes" ist es, die ihrem unwiderruflichen Ende zutreibt, zustürzt.

Innerhalb einer gänzlich veränderten Weltkonstellation, nachdem auch die Staaten anderer Erdteile die Bühne der Weltgeschichte betreten haben, ist der Dualismus Abend-Morgenland vor dem uneingeschränkten Pluralismus zerstoben, ist nicht nur jene von Glaubenshaß aufgeladene Spannung zwischen den einstigen Todfeinden in partnerschaftlicher Koexistenz entfallen, sie verkehrt sich heute in die wechselseitigen Abhängigkeiten zwischen westlichen Industrienationen und arabischen Ölländern und in einen Dialog von Freunden über Glaubensgrenzen hinweg. Seit langem frißt auch die fortschreitende Säkularisierung und – dies ist längst kein Geheimnis mehr noch Tabu – die geistig-religiöse Ausdünnung und Ausblutung der christlichen Wesensbestimmung des Abendlandes an seinem innersten Mark und an dem seiner Menschen.

Zwei Visionen vom gestorbenen Glauben

Diese seelische Bluterkrankheit hatte sich seit der Aufklärung schleichend eingestellt und war Klarsichtigen nicht entgangen. Die Zukunftsvision eines deutschen Dichters, vor 190 Jahren niedergeschrieben, ist heute nicht mehr absurd: Jean Pauls Bild im „Siebenkäs"[5] vom „toten Christus", der auf dem Weltgebäude steht und auf das Universum hinabblickt, das zersprengt ist in „zahlenlose quecksil-

19

bernde Punkte von Ichs, welche blinken, rinnen, irren, zusammen- und auseinanderfliehen ohne Einheit und Bestand". Nicht anders als künstlerische Ausdrucksformen unseres Jahrhunderts es zeigen: die Natur und die Menschen atomisiert, zu beziehungslosen Punkten vereinsamt, zu einem zufälligen Zugleich ohne Bedeutungszusammenhänge oder Verbindung mit irgend anderem – zu absoluter Unnatur und Unmenschlichkeit, die furchtbar und voller Schrecken ist.

Überall gibt es sie, am sichtbarsten unter Jugendlichen: Menschen – nur noch Punkte von Ichs, die zusammenfliehen vor innerer Kälte, vor Angst, vor Einsamkeit, ungeborgen und unbehaust und „zur Freiheit verurteilt", wie Sartre diagnostizierte, auf der Suche nach Halt, Sicherheit, Wärme, Geborgenheit – und sie doch nicht finden können und wieder „auseinanderfliehen, ohne Einheit und Bestand".

Es ist die „Hand des Atheismus" – so verkündet in seiner „Rede vom Weltgebäude herab, daß kein Gott sei", der Tote – „die das ganze Universum zersprengt und zerschlägt"...

Von dieser Vision des „toten Christus" auf dem Dach des Weltgebäudes zieht sich eine Galerie düsterer Zukunftsbilder eines am schwindenden Gottesglauben sterbenden Christentums – wenn wir von Frankreich und anderen europäischen Ländern absehen – in Deutschland von Jean Paul, Hölderlin, Nietzsche, Burckhardt, Rilke bis hin zur Untergangsprognose Spenglers und anderer. Eine Kette von Vorhersagen und Warnungen, die sich in vielem bereits bestätigt haben und sich alle auf „Untergang" reimen.

Vor hundert Jahren sah Friedrich Nietzsche eben das kommen, was inzwischen über das Abendland hereingebrochen ist: „Diese lange Fülle und Folge von Abbruch, Zerstörung, Untergang, Umsturz, die nun bevorsteht –, wer erriete heute schon genug davon, um den Lehrer und Vorausverkünder dieser ungeheuren Logik von Schrecken abgeben zu müssen, den Propheten einer Verdüsterung und Sonnenfinsternis, dergleichen es wahrscheinlich noch nicht auf Erden gegeben hat?" Es ist der vollständige Nihilismus, dessen Heraufkommen Nietzsche entstehen sah mit seiner gefährlichen Bewußtseins- und Sinnkrise, wie sie die Menschen des zwanzigsten Jahrhunderts einer Epidemie gleich befallen hat. Und es war Nietzsche, der die Ursachen des Nihilismus hellsichtig erkannte und unmißverständlich bezeichnet hat in dem viel und stets falsch zitierten, weil aus dem Zusammenhang gerissenen Wort, das er dem evangelischen Kirchenlied des Johann Rist aus dem 30jährigen Krieg entnommen hatte und hier selbst erläutert:

„Das größte neuere Ereignis – daß ‚Gott tot ist‘, daß der Glaube an den christlichen Gott unglaubwürdig geworden ist – beginnt bereits seine ersten Schatten über Europa zu werfen.“
Und Nietzsche fährt fort: „Aber dies Ereignis ist viel zu groß für das Fassungsvermögen vieler, als daß sie merkten, was eigentlich sich damit begeben hat – und was alles, nachdem dieser Glaube untergraben ist, nunmehr einfallen muß, weil es auf ihm gebaut, an ihn gelehnt, in ihn hineingewachsen war.“[6]
Allein dies – „daß der Glaube an den christlichen Gott unglaubwürdig geworden ist“ – so verkündet er, werde die unseligste Folge von Katastrophen bis zum Untergang heraufführen, wie es sie nie zuvor auf Erden gegeben habe.

Keineswegs etwa für den Christen, der fest an seinen Gott glaubt. Und nicht für die Gläubigen nichtchristlicher Religionen, für keinen, der in seiner Glaubenswelt fest verankert ist. Nicht in dem wahrhaft Glaubenden, sei er Christ, Muslim, Jude oder Buddhist, bricht das Leiden an einem sinnlosen, leeren Leben mit Verzweiflung und Angst, Verlorenheits- und Vernichtungsgefühlen herein.

Jean Pauls visionäre „Rede des toten Christus vom Weltgebäude herab, daß kein Gott sei“ und das Sinnbild Nietzsches vom „Tod Gottes“ – sie meinten dasselbe: Zunehmend insbesondere seit der Aufklärung war im Abendland der Glaube an den christlichen, außerweltlichen, personalen, männlichen Gott, Schöpfer des Himmels und der Erden, Vater- und Richtergott fragwürdig geworden. Mit diesem überweltlichen Gott zugleich schwand ihm der Glaube an ein separates Jenseits, in das man alles Heil und allen Sinn des Lebens ausgelagert hatte, während man die Welt gottlos machte und entheiligte zu Lasten der nunmehr für sündig erklärten Menschen. Mit dem „Glauben an den christlichen Gott“ schwand auch der Glaube an Erlösung aus Sünde und Jammertal und an die Auferstehung der Toten. Übrig blieb buchstäblich nichts als ein heil-loses, alles Heils und alles Lebenssinnes entleertes, kahles und verödetes, nur-materielles Diesseits – ein „Diesseits“ des Nichts, vom Nichts umdroht und umlauert. Übrig blieb eine materialistische, platte Dingwelt, ohne Tiefendimension, eine vermeintlich rational total erkennbare, ohne den geringsten metaphysischen Rest durchschaubare Tatsachenwelt. Übrig blieb ein um jede weitere Dimension verkürztes Dasein ohne Wurzeln und haltgebenden Grund, ohne Quellen, aus denen das Leben sich nährt, ohne Bindung und Halte, ohne Freiheit als die der Willkür. Übrig blieb ein Mensch, der mit dem Ausstreichen der ans Jenseits „veruntreuten" (Rilke) Transzendenz die Beziehung zu jeglicher Transzendenz eingebüßt hat und damit die Fähigkeit, sich selbst zu transzendieren, sich selbst zu überschreiten, und der der Gefangene seines engen, isolierten, in sich selbst verkapselten Ichs ist. Er hatte sich damit die absolute Beziehungslosigkeit eingehandelt, auch die zur Wirklichkeit, zum anderen Menschen, auch die zum eigenen Selbst.

Ausblutung der christlichen Substanz

Unglücklicherweise hat zu dem rasch fortschreitenden Bindungs- und Transzendenzverlust der heutigen Menschen die Kirche recht ahnungslos erheblich beigetragen. Hätte sie nicht jedem, dem die christliche Gottesvorstellung nicht entsprach, eingeredet, gottlos, atheistisch zu sein, ja hätte sie nicht ihre christliche Botschaft als *die* Religion schlechthin ausgegeben, so daß jeder, dem die christliche Religion unglaubwürdig wurde, die Religion als solche für eine abgetane Sache halten mußte, so wäre das Heer der Areligiösen, Religionslosen niemals in dieser Stärke angewachsen. Und hätte man nicht jede freie Religion, jeden nichtchristlichen Glauben mit dem Etikett der Ketzerei versehen oder als „Sekte" verächtlich gemacht, man hätte die religiös Heimatlosgewordenen nicht massenweise ins Leere laufen lassen.
Seit Dietrich Bonhoeffer[7] in den vierziger Jahren „die abendländische Gestalt des Christentums" endgültig dem Ende zugehen sah, hat es in erschütterndem Ausmaß an prägender und bindender Kraft für seine Gläubigen verloren. Bis auf einen festen Kern der echten Glaubenden trifft es weithin auf Lauheit, Gleichgültigkeit bis zur Abwehr, wo nicht auf vollständige Glaubenstaubheit. Der überwiegenden Mehrheit keineswegs nur in Deutschland, stärker noch in England, Skandinavien, Frankreich, bedeutet der christliche Glaube nichts anderes als der Zylinder in der lebenslang verstaubten Hutschachtel, den man bestenfalls zu einer Beerdigung für eine Stunde auf den Kopf setzt und wieder einmottet – nichts anderes als der gesellschaftliche Rah-

men, der zur üblichen Ausstattung gehört und, wie der Pfarrer vom Bestattungsinstitut gestellt wird, im Preis inbegriffen.

Eine innere und eine äußere Emigration vollzieht sich permanent und weiter zunehmend aus der zwei Jahrtausende alten Kirche und aus der traditionellen Glaubenswelt des Abendlandes: weil sie dem heutigen Menschen keine Wege weist, die seinem Selbstverständnis und dem jäh gewandelten Verständnis einer sich ständig wandelnden Welt entsprechen. Noch eben war er in dem unter geistlicher Vormundschaft entworfenen kosmologischen Etagenbild häuslich eingerichtet – und schon durchqueren Menschen den „Himmel". Ihre Augen richten sich über unsere mit unzähligen Millionen Sonnen kreisende Milchstraße hinaus bis zu drei Millionen Lichtjahren in die extragalaktische Tiefe des Weltalls, ihre Radioteleskope dringen bis zu acht Millionen Lichtjahren in die Vergangenheit ein. Fast über Nacht hat der Mensch die gänzliche Umorientierung vom antiquierten kopernikanischen Weltmodell, das trotz des Mittelpunkttausches mit seinem bereits überholten Etagenbau und den festen Himmelsschalen Gott außerhalb des rundum eingeschlossenen Universums in einer jenseitigen Überwelt seinen Thron reserviert hatte, zu leisten und zwar hin zu jenem bereits vor 550 Jahren von dem Deutschen Nikolaus von Kues entworfenen und vor 290 Jahren von Kant logisch begründeten Weltbild, das sich der Wissenschaft des 20. Jahrhunderts als zutreffend erwies.

Einen „schleichenden Abfall" vom Christentum registrierten seit dreißig Jahren kirchliche Untersuchungen, statistische Erhebungen und besorgte Stimmen der Geistlichkeit beider Konfessionen: weil die christliche Glaubenswelt, wo echte Entscheidungen getroffen werden, außer Betracht bleibt, weil – wie der Hamburger Bischof Wölber ermittelte – die Verkündigung, ja schon die Sprache der Kirche die Menschen der heutigen Zeit, geschweige die Jugend mit ihren Problemen und Nöten überhaupt nicht erreicht, weil sie auf Fragen antwortet, die gar nicht die ihren sind, und weil die Antworten auf längst vergangene Fragen die Menschen des Industriezeitalters in ihren Nöten und Konflikten allein lassen, weil Begriffe von Erbsünde, Jungfrauengeburt, Erlösung, Auferstehung, Jüngstem Gericht, von Himmel und Hölle, Fegefeuer und Teufel wie Münzen einer untergegangenen Währung keine Deckung mehr haben und niemand sie ihnen einwechselt – während doch in der leeren, nur-materiellen, nur-oberflächigen Welt, die keine tieferen Bezüge kennt, die religiöse Sehnsucht, der religiöse Hunger bohrend wachsen, der Hunger nach dem Wesentlichen im Dasein, nach Sinn und Sinnerfüllung des Lebens.

Ein ungeheures Glaubensvakuum ist entstanden und zur Gefahr geworden, nicht nur weil Verführte sie mit Drogen, Rausch und Ekstasen jeder Art zu stillen suchen, Halbgebildete, Leichtgläubige allen Formen von Okkultismus, Spiritismus und Schwarzer Magie ins Garn gehen, auch weil jede Pseudoreligion, jede geschäftstüchtige Jugend-Sekte und jeder Messias, jeder Baghwan, Moon oder Che Guevara die religiös Heimatlosen und Suchenden zu inbrünstiger Hingabe und fanatischer Intoleranz, zu Selbstpreisgabe und Selbstzerstörung wie Motten anziehen. Wie auf breiten Ameisenstraßen treibt das Bedürfnis nach religiöser Bindung auf die abgesparten Urlaubsfahrten nach Indien und blind, als hätte Europa mit der deutschen Mystik nicht Eigenes, Reicheres und ihnen Gemäßeres zu bieten, kopfüber in Experimente mit fernöstlicher Religiosität, die nicht selten auf Friedhöfen Nepals enden. Oder der Verlockung des Fremdartigen erlegen, in die zu Hunderten im Abendland jäh emporschießenden Moscheen des Islams. Und damit wieder fremden Religionen zu, die Welten anderen Bewußtseins und Denkens entstammen, das der Europäer niemals aus erster Hand nachzuvollziehen in der Lage ist. Das Morgenland greift geistig in das innerlich geschwächte, seiner christlichen Substanz verlustig gehende Abendland ein.

Zu dieser „Schwindsucht der christlichen Substanz", wie der Theologe Wolfram Lackner sie seit Jahrzehnten beobachtet, hat in erster Linie der Protestantismus selbst entscheidend beigetragen: einerseits durch historisch-literarische Kritik, durch Entmythologisierung, durch Versetzung des außerweltlichen Gottes der jenseitigen Transzendenz zu dem impersonalen „Gott in Welt", verbunden mit dem Wechsel von dualistischen zu unitarischen Denkmustern seitens verschiedenster einflußreicher Universitätstheologen – andererseits beginnend mit Pastor Martin Niemöller durch weite Öffnung der Amtskirche für die Anliegen der Tagespolitik und politische Aktivitäten in durchaus einseitig parteipolitischer Ausrichtung und damit zu einer Politisierung der Christologie, wobei der seiner Gottheit entkleidete Jesus bald zum Sozialrevolutionär, bald zum politischen Bandenführer verfremdet wird – weiterhin unter der Federführung der Theologin Dorothee Sölle[8] durch bewußte Entsakralisierung und Profanisierung des Evangeliums, durch grundsätzliche Ausmerzung des Theismus aus der christlichen Botschaft zugunsten einer atheistischen, allgemeinreligiösen Ethik, die Gott zu einer „Beziehung" zwischen den Menschen, Christus zu einer menschlichen „Haltung" zum leidenden Menschen, das Kreuz zum „Symbol für den Zusammenhang Lieben-Leiden-Revolution" verflüchtigt. Die christliche Substanz verdampft vollends auf Kathedern und Kanzeln, vor Demonstrationsmikrophonen, auf Flugblättern, in Sitzblockaden und im Schlamm von Friedensschlachten der Revolutionstheologen, die die christliche Erlösungsverkündigung an die „Armen" der Schrift von Freiheit, Frieden, Erlösung, Auferstehung und Heil zu marxistischen Revolutionsverheißungen für die proletarische Kirche manipulieren. „Kann gegenwärtige ‚Christlichkeit' noch das Heil predigen", erhebt der kämpferische Bremer Pastor Huntemann anmahnend die Stimme, „oder ist sie schon Verführung zur Heillosigkeit..."[9]

Aber die Erosion erfaßt bereits auch den bislang stabilen, in sich gefestigteren Katholizismus. Selbst hier greife, sorgt sich der Kurienkardinal Joseph Ratzinger, Leiter der Glaubenskongregation im Vatikan, die Theologie eines Küng und anderer derart ein, „daß sie das gemeinsame Leben des Glaubens ernsthaft bedroht und zur konkreten Einheitsgefährdung wird". Eine Theologie, die vehement an den Dogmen rüttelt, die schon vor dem leeren Grab und der Auferstehung Christi Zweifel und Ratlosigkeit anmeldet, das uralte, auf ägyptische Königsmythen von der Geburt eines göttlichen Kindes des höchsten Gottes durch eine Menschenfrau[10] zurückgehende Glaubensmuster des von einer Jungfrau geborenen Gottessohnes biologistischer Kritik unterwirft, beschleunigt mit ihren Banalisierungen und beflissenen Politisierungen den Exodus auch aus der katholischen Kirche, der in kurzer Zeit den protestantischen schon überholt hat. „Niedergeschmettert" habe ihn zudem, so kam die Erklärung Kardinal Ratzingers von der Synode 1985 aus Rom, daß die Hälfte der deutschen Katholiken „die Existenz des Teufels, eine sehr reale, nicht symbolische übermenschliche Macht, die sich gegen den Willen Gottes auflehnt und das Böse bezweckt", leugne, worin sich „ein Abschied von der Hl. Schrift insgesamt" verrate.

Wen wundert es, daß die Verwüstungen, welche die bestallten Amtsträger und Gottesgelehrten selbst bei ihrem ungebetenen Hausputz mit Entrümpeln, Schrubben der Böden, Ausfegen der sie störenden

Spinnweben, Auswaschen der alten Kirchenfenster und bemalten Wände und mit dem duftfrischen Raumspray zur Vertreibung des Weihrauchs in ihren eigenen Kirchen anrichteten – wen wundert es noch, daß infolge der hausgemachten Verheerungen ihre Oberen angesichts der leerstehenden, sterbenden Gotteshäuser und der Unfähigkeit, den Auszug aus ihren Mauern einzudämmen oder gar die sich gleichgültig oder eiskalt Abwendenden wieder zurückzuholen, in kaum verborgenen Pessimismus stürzen.

„Es gelingt uns einfach nicht", bekennt Erzbischof Saier von Freiburg, das nur noch schwach glimmende Licht Christi, „das Evangelium so richtig nach außen hell werden zu lassen. – Lähmend wirkt sich in vielen Pfarreien die Entdeckung aus: Wir werden weniger; viele bleiben weg. Daß von uns gar eine werbende und anziehende Kraft ausgeht – daran wagen viele überhaupt nicht zu denken. Mich bedrücken solche Beobachtungen und Gedanken. Ich weiß, daß es vielen Priestern und engagierten Laien ebenso geht. Eine ratlose Traurigkeit droht viele wie ein Bleigewicht niederzudrücken: Was soll man noch tun? Es bringt doch nichts mehr. Wo man hinschaut, nichts als ungelöste, unlösbare Aufgaben! Unser Licht ist zu schwach, um die Finsternis der Welt zu erhellen."[11]

Aussichtslos, Deutschland zu einem Missionsland machen und von neuem evangelisieren zu wollen, seitdem seine evangelischen Kirchen einen „weltweit unvergleichbaren geistlichen Tiefstand erreicht" hätten, wischt der Leiter des interkonfessionellen Missionswerkes Schulte die Hoffnungen der Kirchen beiseite. „Dieses Land", so der Protestant Huntemann, „ist ganz und gar in einen tiefgreifenden Prozeß der Entchristlichung verstrickt" und damit in „einen bedrohlichen Schwund an abendländischem Bewußtsein", so daß in der Tat sich die Frage stellt, ob man überhaupt „noch vom Christlichen Abendland reden darf". Und indem er von der Sicht des christlichen Kirchenmannes aus unsere Prognose bestätigt, stellt er fest: Eine zukünftige „Abkoppelung von der christlich-abendländischen Zivilisation scheint sich zu bewahrheiten – das ist wohl das erregendste Thema unserer Zeit".

Und welches erschütternde Fazit zieht von Seiten des Katholizismus der oberste Glaubenshüter des Vatikans Joseph Ratzinger? Die in den letzten, von einem wahren „Konzilsungeist" beherrschten zwanzig Jahren einem fortschreitenden Verfallsprozeß ausgesetzte Kirche der

Nachkonzilszeit, durch die ein immer größer werdender Riß gehe, vergleiche sich „einer Baustelle, auf der jeder nach seinem Gusto werkele, weil der Bauplan verlorengegangen sei".

Noch offener, noch realistischer als sein hoher Amtsbruder in Rom gibt vor Millionen Fernsehzuschauern ein Kirchenführer vom Rang des Vorsitzenden der Deutschen Bischofskonferenz, Kardinal Höffner, kurz vor seinem Tode nicht nur die Schuld für das Versagen der Kirche und ihrer Repräsentanten vor der Gegenwart zu – er erblickt in der „Natur der Botschaft" die Ursache ihres heutigen Scheiterns, ferner in dem „Bewußtseinsabstand zwischen der Kirche und der wachsenden Bildung des Volkes". Eine erstaunliche Einsicht und ein bemerkenswertes Eingeständnis von klardistanzierter Sachlichkeit des Urteils.

Die Rache des Dualismus

Die „Natur der Botschaft" als „Ursache des heutigen Scheiterns" – dies ist in der Tat das Schlüsselwort zum Verstehen dieses Zeitalters und seines „Scheiterns".

Die Botschaft von der christlichen Heilsordnung war die schöpferische Tat des Paulus, der das Geschehen auf einer Kreuzigungsstätte bei Jerusalem in einer genialen Eingebung deutete, indem er das Ereignis, mit dem die Geschichte anhebt, Schöpfung und Sündenfall, mit jenem auf Golgatha, mit dem die Geschichte schon bald enden würde, in einer gewaltigen Vision zusammenzwang: Schöpfung und Jüngstes Gericht, Sünde und Erlösung, Adam und Christus. Mit dieser Botschaft wurde Paulus zum eigentlichen Verkünder des Christentums, Jesus Christus, als der Auferstandene, zu seinem allesdurchglühenden Zentrum.

Die „Natur" der paulinischen Botschaft, der ihr wesenseigentümliche „Bauplan", das ist das absolute Verschieden- und Geschiedensein des allmächtig-heiligen Gottes und der in Sünde gefallenen Menschheit. Das ist die ewig unvereinbare Spaltung des Seins in ein mit allem Licht und aller Heiligkeit überflutetes Jenseits und ein rein-„weltliches", heilloses Diesseits. Dieses Spaltungsdenken, das nicht nur die Welt von einer Über-Welt abgrenzt, das die Welt selbst, alle Bezirke des Lebens, den Menschen, alle Völker, Religionen, Rassen, ja Mann und

Frau in gut und böse scheidet, mit seinem Todfeinddenken, mit seiner einseitigen Höchstwertung des einen Teils und einseitigen Diffamierung des andern – dieses dualistische Denken war durch ein reichliches Jahrtausend der tödliche Stachel im Organismus des Abendlandes. Und er mußte gerade dem Abendland gefährlicher werden als anderen Regionen. Denn er ruht – wie Nietzsche treffsicher diagnostizierte – „auf einem südländischen Argwohn über die Natur des Menschen", der „die Erbschaft des tiefen Orients in sich aufgenommen hatte, auf einem Verdacht gegen Natur, Menschen und Geist – er ruht auf einer ganz anderen Kenntnis des Menschen, Erfahrung des Menschen, als der Norden gehabt hat".[12]

Dieser Dualismus mußte gerade dem Abendland zum Verhängnis werden. Weshalb? Weil seine Völker so stark, so tief, so wesensnotwendig aus der für sie selbstverständlichen Einheit des Seins, aus dem innersten Einssein des Gegensätzlichen, gelebt hatten, wie wir im folgenden Kapitel sehen werden. Gerade dies – das spezifisch europäische Bewußtsein des gottweltlich-gottmenschlichen Zusammenhangs war es, was dem christlichen Dualismus unablässig zum Ärgernis wurde, immer wieder denselben, aus ureigenem europäischen Einheitsdenken aufstehenden Protest der sogenannten Ketzer und ganzer Protestbewegungen hervorrief und das heute zum Verhängnis wird!

Ein Verhängnis, das spezifisch Europa betrifft, aber keineswegs die Christentümer etwa Lateinamerikas, des indischen Archipels oder Rußlands treffen kann. Noch andere Offenbarungsreligionen, wie den Islam, der keinen Wertdualismus, keine Sündigkeit des Menschen, der Frau kennt.

Dieser christliche Dualismus entstammt einer zweifachen Wurzel: 1. dem orientalisch-hurritischen Dualismus, der Geistesstruktur des aus den nördlichen Gebirgsländern eingewanderten Hurritertums[13] der sich niedergeschlagen hat im Denken des Alten und des Neuen Testaments, im Denken des Paulus, der Gnosis, des Manichäismus und des Augustinus, 2. dem griechischen Dualismus, wie er der Geistesstruktur des orphisch-platonischen Griechentums, des Aristoteles und des Neuplatonismus eignet, der freilich aus sich das Böse als sittliche Macht nicht einbezieht. Ein ewig unaufhebbarer Gegensatz scheidet die als gut oder böse, als heilig oder sündig einander nicht nur wesensmäßig, sondern zugleich wertmäßig unvereinbar getrennten:

Gott und Welt
Gott und Mensch
Jenseits und Diesseits
Kirche und Staat als Gottesreich und Teufelsreich
Geistlich und Weltlich gleich Himmlisch und Irdisch
Geist und Fleisch
Mann und Frau
Geist (Form) und Materie
Seele und Leib

Ein besonderes Verhängnis dieses Dualismus – es gibt auch andere Dualismen, deren Zweiheiten sich anders verhalten[14] – gerade für das Abendland ergibt sich aus seiner Neigung, die Gegensätze in die Extreme zu treiben, so daß der eine von ihnen die Alleinherrschaft an sich reißt, indem er den anderen überwältigt oder liquidiert. Das ist nicht nur im Materialismus mit der Auslöschung des Jenseits durch den Nihilismus mit Aufblähung des Diesseits geschehen. Jede anmaßende Einseitigkeit der absolutistisch Andacht und Askese einfordernden geistlichen Seelenherrschaft zog unweigerlich eine Phase platten pragmatischen Glücksstrebens und Sinnengenusses nach sich, um alsbald wieder in himmelzugewandte, pietistische Frömmigkeit zurückzupendeln. Hatten Idealismus und Spiritualismus das Denken über Gebühr gefangen genommen, so folgte ihnen mit immanenter Zwangsläufigkeit eine Spanne des dürren Materialismus und Rationalismus. Jede monistische Vereinseitigung des in die Extreme ausgearteten Dualismus schlägt in die entgegengesetzte Einseitigkeit um, wie ein Schiff, das, einseitig entladen, auf der belasteten Seite kränkt und ständig Gefahr läuft zu kentern. Und das läßt die Menschen nicht ungeschoren.

So geschah es immer von neuem – wie wir es heute erleben –, daß in dem rationalistisch von allem Numinosen, Heiligen sorgfältig, keimfrei und steril entleerten Diesseits der bloßen Tatsachen, Bedürfnisse, Interessen und Machbarkeiten der emotional unterernährte Mensch, allen voran die seelisch und religiös verarmte Jugend in den Aufstand geht. Wir kennen das: Die Geschichte hat uns die Folgen und Gefährdungen dieses dualistischen Schaukelspiels mehr als einmal vorexerziert. Immer folgten auf Zeiten des unumschränkten Absolutismus des kirchlich-christlichen Spiritualismus Epochen der absoluten Diktatur der Ratio, die dem abendländischen Menschen die metaphysischen Wurzeln seiner Existenz abschnitt, jedesmal gefolgt von einer Revolte des emotionalen Hungers, von Epochen der Übersensibilität und Überempfindsamkeit, die sich bis zu neurotischen Ängsten, Schwermut und Todesbereitschaft steigern konnten:

– Nach der gestrengen Herrschaft der Scholastik, die mit den Dreschflegeln ihres strohtrockenen Intellektualismus alles Leben und alle Gemüts- und Seelenkräfte aus der Glaubenswelt ausgedroschen und die lebensbejahenden Menschen in materialistischen Sinnverlust gestürzt hatte, wälzte sich eine Woge niederdrückender „tristitia", heilloser Traurigkeit, über sie hin, die zu Todesangst und Sehnsucht nach Weltuntergang anschwoll – bis sie in der Mystik einen neuen Ankergrund fanden.

– Mit der Aufklärung des 17. Jahrhunderts gerät die christliche Offenbarungsreligion mit ihrem Dogmatismus in ernsthafte Bedrängnis, als zuerst englische Philosophen in ihrer Konfrontation der Offenbarung mit der menschlichen Vernunft, allein der Vernunft als der eigentlichen Quelle der Wahrheit die Palme reichen und ebenso, wie ihrem Beispiel folgend auch Frankreich, eine pure Vernunftreligion fordern. Das radikaler denkende Frankreich freilich schießt mit den Pfeilen seiner schärfer zugespitzten satirischen Kritik über das Ziel hinaus und opfert den christlichen Theismus einem radikal-atheistischen Materialismus hin, für den allein Materie existiert, aus der alles hervorgeht und besteht.

In Deutschland weisen zwei äußerste Gegenspieler der „Aufklärung" – laut Kant, der Mündigkeitserklärung der menschlichen Vernunft von klerikaler Bevormundung nach ihrer „selbstverschuldeten Unmündigkeit" – in zwei grundverschiedene Wegrichtungen. Während Kant selbst (1724–1804) mit der Befreiung der Vernunft von jahrhundertelanger Fesselung hingegen der Verstandesherrschaft ihre Grenzen klar vorschreibt, indem er die Ratio für unzuständig für das ihre Grenzen für immer Überschreitende erklärt und somit die Religiosität als solche vor dem dreisten Zugriff des Verstandes rettet, führt der deutsche Baron Dietrich von Holbach (1723–1789) den extremistischen Flügel des nun üppig ins Kraut schießenden atheistischen Materialismus an, der fortan mit der Austreibung des letzten metaphysischen Pflänzchens immer erneut hervorwuchert.

– Was die Aufklärung gleich dem Ausbruch eines seit langem murrenden Vulkans auswirft, das stößt Mitte des 19. Jahrhunderts mit neuen

Eruptionen als „Positivismus" hervor, der nicht wiedergutzumachende Verheerungen in der religiösen Sphäre anrichtet, indem er aus der gereinigten Welt der „positiven Tatsachen" alles Metaphysische ausquartiert und ihm die Seinsqualität grundsätzlich abspricht.

Seine eher nüchtern distanzierten Vertreter, der Franzose Auguste Comte und der Engländer John Stuart Mill, aber übertrumpfte einer an Radikalität und Welteinfluß, der die „Religion" – womit er auf die christliche zielte – mit brutaler Hand und eiskaltem Spott aller Würde und Werte bis zum letzten entblößte: Karl Marx![5] Ihm ist sie „nichts als der Reflex der menschlichen Schwachheit und Ohnmacht", „der Seufzer der bedrängten Kreatur", lediglich ein Ausfluß der Angst, mit der die Naturgewalten und die ökonomischen Mächte sie entmachten, nichts anderes als „der Heiligenschein", der das „Jammertal", in dem der Mensch eingeschlossen und elend ist, verklären, das „Opium für das Volk", das sein wahres Elend betäuben soll. Was ist Gott denn anderes als die Projektion der Hilflosigkeit der dürftigen Menschheit? Da es für Marx keinen Gott als höchstes Wesen geben kann, verkürzt er den Menschen – indem er in der Pose des Menschheitsbeglückers ihm an Stelle Gottes den Menschen selbst als „höchstes Wesen" setzt, ihm aber jede Teilhabe an einer weiteren Dimension, jede Transzendenz und menschliche Ganzheit bestreitet. Auf eine einzige, seine wirtschaftliche und soziale Dimension, „entfremdet", verkümmert, verelendet er den angeblich freien, „autonomen" Menschen in Wahrheit zu einer Schrumpfgestalt.

Der Mensch – ein mehrdimensionales Wesen

Der Mensch nämlich ist ein mehrdimensionales Wesen in einer mehrdimensionalen Wirklichkeit. Er ist zugleich Physisches und Metaphysisches, zugleich Endliches und Unendliches, immer Zeitliches und Ewiges, Unzeitliches, immer Bedingtes und Unbedingtes *in einem*. Er ist Teilhaber des bedingten, physikalisch-kosmischen, räumlichzeitlichen Bereichs und zugleich Teilhaber des durch nichts bedingten, sich selbst bedingenden, urfreien Urschöpferischen.

Der Mensch gehört mehreren Dimensionen an, die in ihm eine *Einheit* bilden in der Weise, daß, wenn eine von ihnen fehlt, seine Existenz bedroht ist. Im mathematischen Vergleich, der hier zulässig ist, weil mathematische Gebilde apriorischen, idealen Seinscharakter haben: Etwa wie ein Quader die Dimension der Breite, Tiefe und Höhe besitzt, deren Einheit das Sein des Quaders ausmacht. Nähme man ihm nur eine Dimension, zum Beispiel die Höhe, so wäre sein Sein als Quader, seine Existenz, sein Sinn zerstört, für die nicht *eine* Dimension fehlen könnte.

Eben dies aber – der Verlust der Seinsdimension – ist es, was wir heute erschüttert erleben, was das Lebensgefühl der Menschen unterhöhlt, sie dem Schrecken der Bodenlosigkeit, der absoluten Sinnlosigkeit des Daseins, der Verzweiflung und aller Mark aussaugenden Ängste, dem Gefühl eines ausweglosen Bedrohtseins, das kein Subjekt, keinen Namen hat, und damit dem Kräfteschwund von Vernichtungsempfinden ausliefert.

Um in der Sprache des mathematischen Symbols zu bleiben: Die horizontale Dimension der Wirklichkeit – d.h. sowohl jene Alltagswirklichkeit, in der wir uns vordergründig vorfinden, wie auch die Welt der Naturwissenschaft von zwar großartiger physikalischer Einheitlichkeit der Gesetzlichkeit und Ordnung – sie sind ohne die vertikale Dimension, ohne Tiefendimension, ohne das die Grenzen ihrer Erkennbarkeit Überschreitende, nichts als ein Ausschnitt, ein isolierter, von Wert oder Sinn entleerter Ausschnitt der Gesamtwirklichkeit, Bruchstück, Fragment eines Ganzen.

Auch der Mensch. Sofern er als mehrdimensionales Wesen und Teilhaber auch des ihn jederzeit, überall und in allem Dasein und Tun durchwirkenden Unbedingten, Göttlichen eben diese Seinsdimension – erfahrbar als sein innerster, religiöser Wesenskern des „Selbst" – in sich abwürgt, zerstört er die Ganzheit seines Menschseins. Das Kräfte auslaugende Gefühl von Vernichtung, ihm im Getriebensein seines Alltagstempos kaum bewußt, läßt ihn die Warnsignale mit Überreaktion von Protest, Gewalt, Aggressivität, mit Rauschekstasen von Lärm, Geschwindigkeitsraserei, Sex oder immer härteren Drogen zum Schweigen bringen, sie mit Sensationen oder Genuß, mit Streß und Erfolgsjagd betäuben. Aber jedes Innehalten wird ein Abgrund von Angst. Jede Stille muß mit neuem Lärm „totgeschlagen" werden, mit Walkman, Alkohol, dem immer stärkeren „Schuß", mit Massenkulten auf den Straßen und in Fußballstadien. Tiefe Verunsicherung, Gefühle der Verlorenheit, Ausweglosigkeit, des Bedroht- und Ausgeliefertseins, der Sinnlosigkeit, Verzweiflung und des würgenden Lebensekels treiben immer mehr, immer jüngere Menschen in die Praxen der Psychotherapeuten, in Drogenumnachtung und Selbstmord. Diese Wurzellosen sind von einer ausweglosen Trostlosigkeit übermannt, die sich wie dichter Mehltau auf alle Sinne legt, von schwarzseherischer Melancholie und müder Schwermut überwältigt, die sie wie Blei hinabzieht. Aus solchem Seinsverlust wächst die Angst auf wie eine giftige Blüte, eine unbestimmte lähmende Angst vor unausweichlichen Katastrophen, vor Gefahren, die für sie apokalyptische Ausmaße annehmen – während zugleich real drohende Gefahr gar nicht wahrgenommen wird. Eine Angst, die kein Gesicht, keinen Namen hat und die man willkürlich auf mehr oder weniger wirkliche, angebliche oder vorgestellte Objekte „verschiebt".

Auf breiter Linie hat im Umschlagen von der unmenschlichen Eiseskälte und Sterilität des Positivismus und Materialismus eine Hungerrevolte europaweit einem Irrationalismus das Feld überlassen, der unter Verzicht auf Realitätswahrnehmung und Verstandesgebrauch die Menschen verbreitet unkontrollierten Gefühlsreaktionen ausliefert mit der ständigen Neigung, in Panik und Hysterie und in flammende Gefühlswallungen auszubrechen, ohne sachlich-rationalen Erwägungen noch zugänglich zu sein. Nach dem weitgehenden Verlust jeder religiösen Bindung hat dieser überwältigende Sinnhunger einen neuen Spiritualismus im Verein mit dem immer gefährlicheren Irrationalismus emporsteigen lassen, die gemeinsam den vor der Realität und Vernunftwahrheiten ausweichenden, erschlafften Westen zunehmend mit ihrem Dunst überziehen, seine bohrende Sinnleere mit wiederum fremden Heilsverkündigungen, mit Aberglauben, Okkultismus, Magie und bunter Esoterik speisen und mit der Droge des freigewählten Ausstiegs aus der Gesellschaft, aus der Wirklichkeit, aus dem Dasein in die Lust des Untergangs.

Eine jahrtausendelange, aus streng dualistischem Geist verordnete Gehorsamserziehung aus Zeiten patriarchalischer Herrschaftsgewalt des Gott-Vaters, des Papstes und Priesters, des Vater Staates, des ehelichen Gebieters und Familienvaters ist im explosiven Protest des Antiautoritarismus umgeschlagen in das Extrem totaler Enthemmung und Freiheit von allem, in eine vermeintlich absolute Freiheit bis zur reinen Willkür, die mit der Lossage von jeglicher Bindung, geschweige Verpflichtung jeglicher Autorität, Ordnung, Form, Regel und Gesetz den Abschied gegeben hat – ohne zu wissen, daß die gänzlich enthemmte

Freiheit sich schon bald in neuen Zwängen und neuen Unfreiheiten verfängt.

Damit nicht genug: Der Protest gegen Herrschaft und Autorität fordert zudem die absolute Gleichheit. Alles über den Durchschnitt Hervor-Ragende in Geschichte und Gegenwart wird jetzt durch Suche nach bloßstellenden Schwachstellen mit Eifer vom Sockel gestürzt. Das Vorbild, die Elite werden heruntergewürdigt und „enttarnt", die Mannigfaltigkeit der Individuen, ihrer Talente und Fähigkeiten auf das niedrigste Maß des Gleichen und des ohne Leistung, Anstrengung oder Risiko Erreichbaren zugeschnitten. Maßstäbe, Normen und Werte als solche gehen jeder Verbindlichkeit verlustig und verkehren sich, verspottet und verteufelt, zu Unwerten. Alle gewachsenen Bindungen von Familie, Volk und der eigenen geschichtlichen Identität werden hämisch in Frage gestellt, verhöhnt und beschmutzt – wie es der Schriftsteller und Dramatiker Thomas Bernhard in der Rolle des leidenschaftlichen „Nestbeschmutzers" selbstgenießerisch bis zu seinem Ende vorgeführt hat.

Der „Untergeher" und sein Haß

Als hätten Jean Paul, Nietzsche und Spengler den Dichter erfunden, so haargenau scheint er selbst zum „Untergeher", wie er einen Roman genannt hat, prädestiniert. Ob der Haß seiner Eltern, fragte er sich, „die ihn in die fürchterliche Existenzmaschine hineingeworfen haben oben, damit er völlig zerstückelt unten wieder herauskomme", wohl so groß war wie der Haß des Sohnes wegen „der Verbrechen, die sie an ihm begangen haben": „dem Vater verzeihen wir nicht, daß er uns gemacht hat, der Mutter nicht, daß sie uns geworfen hat ... Existieren heißt doch nichts anderes als: wir verzweifeln." Von Kindheit habe er den Wunsch gehabt, zu sterben, sich umzubringen. Er habe nicht damit fertigwerden können, in eine Welt hineingeboren zu sein, die ihm im Grunde in allem und jedem nur widerwärtig war von allem Anfang an"[16] – bekennt durch den Mund des „Untergehers" in seinem gleichnamigen Roman der österreichische Schriftsteller Thomas Bernhard, dessen Tod am 12. Februar 1989 seine Freunde als den „Triumph des Untergehers" und größten Dichters der Gegenwart mit beschwörendem „Es lebe Bernhard" feierten.

Kein Zweifel ist dies – Bernhard selbst hat, wie er oft anklagt, zeitlebens nicht verwunden, daß seine Mutter ihn unehelich in einem holländischen Kloster für gefallene Mädchen zur Welt gebracht hat und, während sie sich ein Jahr lang in Rotterdam als Hausmädchen verdingte, ihn „auf einen Fischkutter oder was im Hafen" gegeben hatte, nicht ohne hinzuzufügen: „Meine Mutter hat für mich nichts übrig gehabt." Der Vaterlose, dem die Mutter sich entzieht, dem vom ersten Tage an ihre liebende Zuwendung und damit ein Urvertrauen und Geborgenheit im Leben verwehrt sind, wächst isoliert, verkapselt in sich selbst als Einzelgänger auf, bindungsunfähig und beziehungslos gegenüber seiner Umgebung, gegenüber der Natur, gegenüber der Heimat und den Menschen, beziehungslos auch zu sich selbst und in dem Alleinsein, das er eng um sich zieht wie einen Mantel, voller Angst, voller Abscheu und voller Haß.

Der Aufschrei aus seiner Einsamkeit zu Gott in frühen Gedichten in dem Gestus des Psalmisten greift ins absolut Leere, in Gottes Nirgendwo, dem er mit höhnischer Ablehnung alles Religiösen antwortet, vollends bindungsunfähig für das Sein der verhaßten Welt. Ohne Wurzeln in der Transzendenz, unbehaust in einem durch unheilbare Krankheit und sein verdüstertes Gemüt gequälten Dasein, bleibt von Jugend auf der Hinzug zum Selbstmord seine lebenslange Versuchung. Und Kranke, dem Wahnsinn Zutreibende und immer wieder Selbstmörder sind die Hauptakteure, mit denen er seine Werke besetzt.

Zugleich in seiner Einsamkeit, in der „Hölle des Alleinseins – das doch die meiste Zeit nichts anderes ist als ein schwarzer, verheerender, ekelerregender, stinkender Sumpf", gierig nach Menschen, flieht er sofort aus der ganzen Unerträglichkeit der ihm Übelkeit erregenden, stumpfsinnig blöden, grauenhaften Leute, „durch die man sich beschmutzt fühlt", eilends wieder, süchtig, allein zu sein, die Türen hinter sich zuzuschlagen, „sich zu verrammeln, in möglichst kahlen Wänden". Es ist dieselbe Hektik, die seiner Wurzellosigkeit entsteigt und die ihn, den Nomaden aus Herkunftshaß, ruhelos aus der verhöhnten Heimat in die Hotels Spaniens und Portugals treibt und wieder zurück und schon zum Aufbruch zu neuer Flucht – in seinem Nomadentum nicht anders, als der „tote Christus auf dem Weltgebäude" in der Vision Jean Pauls die isolierten Ich-Atome „zusammen- und wieder auseinanderfliehen" sieht „ohne Einheit und Bestand".

„Man ist immer allein", stellt Thomas Bernhard auf der weißen Gartenbank bei einem „Interview" fest, das er bezeichnenderweise als Selbstgespräch führt. „Denn sich verständlich machen ist unmöglich."[17] Dem Sich-Verrammelnden, Kontaktflüchtigen sind in der Tat in seinen Werken lebenslang keine Dialoge gelungen. Ja, es gehört geradezu zu seinen Figuren, ihr Käfigdasein nicht durchbrechen zu wollen, ihre Sprache nicht „reinen Unterhaltungszwecken gefügig zu machen", freilich – wie er selbst zu substantiellen Dialogen vorzustoßen auch gar nicht in der Lage zu sein – kurz: „Das Gespräch als der Ausdruck der allerlächerlichsten Menschenerbärmlichkeit ist uns nicht möglich."[18] In endlosen Abspulungen von Monologen und Selbstgesprächen bis zu über 150 Seiten hin wickelt sich in seinen Werken ein rein statisches Denken ab, das immer auf der Stelle tritt, so daß ohne ein Geschehen, ohne Handlung, ohne Entwicklung dieselbe Erinnerungssituation wie das Thema eines Rondos mit denselben Worten fünfzehn, zwanzigmal unverändert wiederkehrt, nur durch lose Assoziationen unterbrochen. Diese stückelnde Aneinanderreihung ist kennzeichnend für seinen atomisierenden Nihilismus, der ihn den „großen Zusammenhang" leugnen läßt und ihm die „Lust (eingibt), Sätze abzutöten, Geschichten zu zerstören", denn „es darf nichts Ganzes geben, man muß es zerhauen", wie er auf seiner Gartenbank lässig doziert.

Dem innerlich Verstörten, Verzweifelten, Kaputten ist ein Ganzes, Heiles „unerträglich", ihm ist „Schönes verdächtig", „Harmonie, das halte ich wirklich nicht aus. Mich irritiert das alles." Den Unglücklichen „faszinierten die Menschen in ihrem Unglück" – und dies weder aus Mitleid, geschweige aus Nächstenliebe oder Solidarität mit ihnen: „Nicht die Menschen selbst hatten ihn angezogen, ihr Unglück... Er war menschensüchtig, weil er unglückssüchtig war."[19] Der Mensch erscheint dem an seiner eigenen Existenz um eine Dimension zu-kurz-Gekommenen schlechthin als Krüppel, als den er alle 13 Personen in seinem 1970 die Hamburger zutiefst schockierenden Theaterstück „Ein Fest für Boris" unter Claus Peymanns Regie in ihren Rollstühlen über die Bühne rollen ließ auf der Suche nach Möglichkeiten, sich umzubringen. Der beinlose alte Boris ist an seiner Geburtstagsparty allein durch fortwährende Trommelschläge auf seine Pauke beteiligt. Da – während „die Gute", eine gleichfalls beinlose, verkrüppelte Alte, die sich Boris zum Ehemann aus dem Asyl geholt hat, die „Gäste" mit zusammenhanglos hin- und herspringenden Schmäh- und Haßausbrü- chen drangsaliert und schikaniert – bricht das Trommeln ab. Boris hat quasi als Geburtstagsgeschenk der Schlag getroffen – zum Neid seiner Mitkrüppel und zum „fürchterlichen Gelächter" der „Guten", die mit dem unerwarteten Tod des Gehaßten das Objekt ihrer Quälereien verloren hat.

Seine eigene Krüppelexistenz des „Zukurzgekommenen" reißt Bern- hard selbst „zur erbitterten Feindschaft gegen alle Großen hin". Um von ihrer Überlegenheit nicht erdrückt zu werden, muß man „sich ge- gen sie wehren", wie er auf seiner Gartenbank sinniert. Alles Große, Edle, Echte muß man herab- und durch die Schlammpfützen der Ge- meinheit und Verkommenheit ziehen, alle Geistesgrößen zu „den lä- cherlichsten Schrumpfköpfen" erniedrigen – „auch Shakespeare schrumpft uns zur Lächerlichkeit zusammen" – „der Heidegger auch, ein unmöglicher Kerl"?[20] In seiner blinden Wut des Alles-Herunter- machens wird er zum Amokläufer gegen alles Heile und Helle, bar je- der Güte, jeder Wärme, jeder Liebe von Mensch zu Mensch oder gar zu einer Frau, es sei denn als inzestuöser Beziehung und primitivster Sexualität, aber „Ich schau mir das lieber bei einem Hund an."[21] Zu einem Amokläufer von „unvergleichlicher Negativität" (Reich- Ranicki) gegen jegliche Werte und jeglichen Sinn, der hämisch feixend befindet: „Alles ist Blödsinn. – Unser ganzes Leben ist eine einzige Un- sinnigkeit. Das habe ich früh begriffen, kaum daß ich zu denken ange- fangen habe. Wir reden nur Unsinn, alles, was wir sagen, ist Unsinn, wie alles, was überhaupt gesagt wird, es ist in dieser Welt nur Unsinn gesagt worden. Alles, was ist, ist absurd. Absurd und pervers. Die ab- surde Welt ist die einzig wahre Welt."[22] In ihr ist nur „eine einzige Sa- che gewiß: der Tod, dieser Grill, auf dem wir alle als Braten enden und zu Asche werden". Thomas Bernhard und seine Geschöpfe verkör- pern als die von allen Bindungen Amputierten, der sinnvermittelnden Dimensionen Verlustiggegangenen, von ihm selbst sogenannten „Un- tergeher", den Untergang dieses Zeitalters im totalen Nihilismus, sein Scheitern am „Unglaubwürdigwerden" seines Gottes.

Sterbendes Zeitalter im Spiegel der Musik

Denn Gott und Mensch sind tiefer aufeinander hingewiesen, als man gemeinhin weiß. Mit dem Zerbrechen seines Gottesbildes zerbrach dem Abendland auch sein Menschenbild. Untrüglicher Spiegel dieses Zerfalls sind wie stets die Künste, die vorausahnend die innersten Regungen im ungeschminkten Antlitz des Zeitalters am aufrichtigsten einfangen und in Bild, Stein und Ton dem empfänglichen Sinn vermitteln.

Mußte nicht spätestens die beginnende Zerfetzung des menschlichen Gesamtbildes, das zunehmende Fortstreben vom Menschen und vom Menschlichen zum Außermenschlichen und Außernatürlichen hin seismographisch die geistigen Vorbeben grundstürzender Erschütterungen anzeigen? Hätten nicht schon die Auflösung der Gestalt und Gestaltung, ihre Ablösung von allen organischen und Sinnzusammenhängen, das Herausreißen des Gegenstandes Mensch aus seinen ganzheitlichen Bezügen und sinnhaften Verknüpfungen, der nun isoliert ins Leere gehängt und gänzlich beziehungslos in rein zufällige „Arrangements" gebracht wird, die tiefen seelischen Störungen einer absterbenden Epoche offenbaren müssen? Und wer es nicht mit seinen Augen sah, sprachen dem nicht die zunehmend banalere, brutalere Selbstzersetzung und Zerstückelung des Sinnhaften im ausgedörrten, steril gewordenen, trostlosen Raum einer „Musik", die einmal durch viele Generationen hindurch die herrlichste, unverwelkliche Blüte europäischen Kulturschaffens gewesen war und die Menschen erfüllt, verzaubert, beseligt und über sich hinausgehoben hatte, eine unmißverständliche, erschreckende Sprache?

Verglichen mit den in Wort und Bild sich ausdrückenden Künsten ist die Musik, die reine Instrumentalmusik, die auch Stimme und Sprache hinter sich läßt, das empfänglichste und empfindlichste Medium für die geheimsten seelischen Schwingungen im Lebensgefühl einer Epoche, das sensibelste auch für ihre Schwächen, Krankheiten, Leiden, für die Höhen ihrer schöpferischen Kräfte, ihre Wandlungen und Entwicklungen wie für das Nachlassen von Intuition und Phantasie und für ihr Verlöschen.

Heute ist der revolutionäre Einbruch in das tonale System, mit dem alles begann, bereits ferne Vergangenheit. Arnold Schönberg, Alban Berg und Anton Webern zählen zu Altmeistern der sich so hoffnungssicher „Neue Musik" nennenden Komponistengenerationen dieser zweiten Jahrhunderthälfte. War es die Romantik, war es der riesenhafte Schatten, den Wagner noch weithin beherrschend über die Musikwelt warf, war es die ganze Tradition, die in der „Bourgeoisie", im „Spießer" verkörpert schien, die den Aufstand, die Revolution herausforderten? In den Händen des „autonomen" Menschen, der sich von jeder Bindung, Dominanz, Ordnung als uralter Fessel frei machte, frei glaubte, schlug das Pendel voller Wucht gegen das gesamte traditionelle Tonsystem. Da war der Russe Aleksandr Skrjabin, der in seiner Spätzeit jählings alle in tausendjähriger, organisch entfalteter und sinnvoll gereifter schöpferischer Geistigkeit von genialen Künstlern geschaffenen Formprinzipien einer zu höchster Vollendung fähigen und berechtigenden Tonkunst in den Wind fegte und mit den „entsetzlichen Wahnsinnsschreien"[23] seiner ekstatischen Raserei unter erstem Einsatz des dissonanten 12-Klangs über die Stränge des Menschlichen hinausschlug. Der zwei Jahre jüngere Wiener Arnold Schönberg erhob mit seiner Aufkündigung des tonalen Zentrums und der Eliminierung des von uns als natürlich empfundenen, unserem musikalischen Gefühl gemäßen melodisch-harmonischen Bezugssystems die 12-Ton-Technik zu einem Dogma der Komponistenmethode „mit der chromatischen Reihe der 12 nur aufeinander bezogenen Töne" und bildete sie zur Handwerkslehre des atonalen Komponierens aus. Chromatik und Dissonanz waren damit verabsolutiert und zu ungeahnter Bedeutung gelangt.

Doch obwohl die Wiener Schule nach 1945 zunächst als überholt und überwundene Krisenerscheinung abgetan wurde, hob die Woge der Gunst für alles als „entartet" verboten Gewesene unversehens auch sie von neuem empor. Und wie sich zeigt, nicht von ungefähr. Daß die Musiker der Nachkriegszeit – mit wenigen bemerkenswerten Ausnahmen – sich plötzlich Schönbergs Revolte anschlossen, um dann im Zickzack immer wilderen Umschlagens zwischen den extremen Experimenten in den siebziger Jahren schließlich auf einen nahezu gleichartigen, international einheitlichen Kompositionstypus zuzusteuern, zeigt, daß in ihm etwas über Zufälliges, Modisches hinausweist. Die sich bis heute steigernde Faszination der Produzenten dieser „Neuen Musik" in den Fußstapfen Schönbergs – freilich im nahezu peinlichen Kontrast zu der abweisenden Haltung der großen Klassik-Interpreten und ihrer Hörerschaft – legt nahe, in dem, was mit Skrjabin und der

Wiener Schule begann und bis in die heutigen, im Stil kaum noch zu unterscheidenden Epigonen weiterwirkte, den adäquaten Ausdruck der gegenwärtigen Bewußtseins- und Seelenlage zu erkennen.

Um was geht es? Um zu verstehen, was in der Musik dieses Jahrhunderts geschehen ist, müssen wir uns in aller Kürze auf die einfachsten Bestimmungen der Tonkunst im europäischen Sinn (die in anderen Kulturen der Erde ja nicht unbedingt dieselben sind) besinnen. Musik – das ist ja noch nicht der einzelne Ton für sich allein. Musik beginnt, wo der einzelne Ton sich auf einen anderen Ton, auf mehrere Töne, ja auf einen Grundton bezieht und dieser ihm seinen Ort im Ganzen und seinen Sinn gibt. Seinen Ort im Ganzen der in ihm gründenden, in Dur oder Moll veranlagten Tonart.

Die Ton*beziehungen* – sei es im Horizontalen, sei es im Vertikalen – bilden die für unser Empfinden „natürlichen", musikalisch relevanten Grundprinzipien: Auf der Tonrelation im Nacheinander beruht die Melodie, auf der Tonrelation im Zugleich der Töne die Harmonie. Gemeinsam mit der Zeitrelation in Rhythmus und Takt gliedern sie den unendlichen Tonvorrat und ordnen ihn, Zusammenhang und Zusammenklang stiftend, zu sinnhafter Einheit, zu Wohlklang, zu Schönheit, zur Ausstrahlung der Transzendenz. Das schließt nicht nur nicht schmerzenden Mißton, düstere Trauer, hartes sforzato aus – im Gegenteil, die Spannung von Dissonanz und Konsonanz, die sich in die Konsonanz löst, das Dur-Moll-Spannungsfeld, die coincidentia des Gegensätzlichen sind *in der Musik wie im Leben* unerläßlich und erhöhen erst ihre Ausdrucks- und Strahlkraft.

Was ist in den achtzig Jahren seit Schönberg mit der Gewalt des sich in absoluter Freiheit autonom dünkenden, bindungslosen Menschen wie Samson die Säulen der europäischen Musik einriß, aus dem zerborstenden Tempel geworden? Seine Epigonen haben, was er zerbrach, zur letzten Zerstückelung und Zersetzung getrieben. Beruhte das Wesen der Tonkunst hier bisher auf ihrem in einem Jahrtausend gewachsenen und ihrem geistig-seelischen und den kosmischen Gesetzlichkeiten entsprechenden System von Beziehungen, so durchtrennt und negiert der von seinen eigenen religiösen, natürlichen und gewachsenen Bindungen entfremdete, jeder Beziehung verlustig gegangene Mensch des Nihilismus vollends alle Sinn und Zusammenhang schaffenden Tonbeziehungen der drei hauptsächlichsten Grundparameter der Melodik, Harmonik und Rhythmik ebenso wie Tonart und Tongeschlecht und montiert Töne, Dissonanzen, Pausen beziehungslos, isoliert, unvermittelt zwischen willkürlich zusammengebastelte, beliebig vertauschbare Versatzstücke zu einem sinnlosen Puzzle, vor dem das auditive Gedächtnis, schon jedes verstehende Aufnehmen versagen müssen. Weshalb der Rat mitgeliefert wird, die Komposition wenigstens zehnmal hintereinander einzuprägen.

Der Drang zu absolutem Freisein von beherrschenden Strukturen verlangt zugleich nach absoluter Gleichheit, nach möglichster Aufhebung von Unterschieden bis zur völligen Nivellierung von Tonhöhen und Intervallen. Das Zugrundegehen der Intervalle eröffnet die Freiheit, unabhängig voneinander komponierte „Schichten" von verschiedenster Beschaffenheit erst nachträglich übereinanderzulegen, wobei laut Ligeti[24] es „gleichgültig ist", falls Intervalle dabei zufällig „aufeinanderprallen", während alles kontrastlos in einer grauen Masse verschwindet. Dennoch wagt hier und da noch einer geringste Mikrointervalle, indem er einen lang und längergezogenen Dauerton festhält, um ihn langsam, tastend um einen Halbton zu verschieben und immer langsamer werdend von Halbton zu Halbton auf- oder auch wieder abwärtszusteigen innerhalb eines Mikro-Tonraums, der mit seiner Statik verschlingt, was einmal melodische, rhythmische Bewegtheit und voller Leben und klingenden Reichtums gewesen war. Man glaubt, einem Klavierstimmer zu lauschen.

Verschlungen, eingeschmolzen wird auch der nicht mehr unterscheidbare Zusammenklang des dissonanten Akkords durch den sog. „Cluster", den der Amerikaner Cowell 1912 sinnigerweise durch Anschlagen des Klaviers mit der Faust, mit Hand oder Unterarm als „Ton-Haufen" erzeugte und mit dem er der allesbeherrschenden Dissonanz noch mächtige, grobschlächtige Unterstützung verschaffte.

In dem immer leerer, immer kälter, immer trostloser werdenden Klangraum, in den der transzendenzlose Gegenwartsmensch seine Beklemmungen, Ängste und innere Leere einbringt, ist nichts Klingendes, Leuchtendes, Lichtes, nur bedrückende Zerrissenheit in kurzatmig-zerfetzter, mißtönender Monotonie, die in brüllendes Chaos ausbrechen kann. Selbst Töne, bei Stockhausen noch als „Klang-Punkte" zu Hauptträgern einer „punktuellen Musik" aufgestiegen, hören für das Gros der Avantgarde auf, Urelement der Musik zu sein, und werden durch Geräusche aufgefressen, durch Schreie, Kieksen, Schläge. Durch Schreie vor allem.

Die fortwährenden Preisgaben, Auflösungen, Nivellierungen, die die Kompositionsmaterialien auf nur noch wenige Grundparameter einschränken, sterilisieren die ohnehin kaum noch gefragte Phantasie und lähmen die geniale Inspiration. In dem Dialog zweier Komponisten erfolgt auf das bekümmerte Eingeständnis: ,,Mir fällt nichts mehr ein" die vielsagende Antwort: ,,Komponieren mit Inspiration ist keine Kunst! Ohne Inspiration ist sie's!" Läßt man hundert Konzertstücke aus den letzten Jahren von den infolge den bescheidenen Anforderungen an musikalisches Talent zahlreichen Geräuschmonteuren das Ohr passieren, so lassen sich einige wenige Standardmuster ausmachen, die jeweils mit geringen Abwandlungen etwa in der Reihenfolge der Einzelelemente und der eingesetzten, teilweise musikfremden oder präparierten, mit Plastik- oder Metalldübeln usw. verfremdeten Instrumente überall wiederkehren. In Stenogrammform:

1

Sehr langes Schweigen – plötzlich erschreckendes, schrilles Klappern – sehr lange Pause – kurzes schrilles Klappern – sehr lange Pause – kurzes schrilles Klappern – Pause – etwas höheres Klappern – Pause – höheres Klappern – Pause – etwas tieferes Klappern – Pause – höheres Klappern – Pause – tieferes Klappern, zugleich regelmäßiges Klopfen, das sich fortsetzt und schneller wird, während das Klappern unterschiedliche Tonhöhen und Schnelligkeit erreicht und dann beides verebbt – einzelne kräftige Schläge – Pause – flaches Trommeln an- und abschwellend – Pause – hohles Trommeln mit Klappern an- und abschwellend – Pause – kräftiger Schlag – Pause – Schlag – lange Pause – Schlag – lange Pause – ohrenbetäubendes Getöse – sehr lange Pause – Getöse – Pause – helles erschreckendes Klappern – aus.

2

Schmerzhaft scharfe Triller – dasselbe in verschiedenen Höhen – schrille Einzeltöne von verschiedensten Instrumenten in unterschiedlichster Höhe – schrille Trillern, Schnarren, Quietschen, Tuten, Klingeln gleichzeitig oder nebeneinander, wobei sie jeder für sich ohne irgendeinen Zusammenhang sinnlose Einfälle ständig wiederholen – plötzlich ohrenzerreißendes lautes Schnarren – Schlagzeug, Schnarre, Pfeifen spielen wild –

plötzlich irre Schläge, scharfes Kieksen, ein Ausbruch von furiosem Wahnsinn mit brutalem, chaotischem Lärmen, scharfen Mißtönen, wilden Schreien, irrem Gelächter, Schnalzen und schrillen Trillern – plötzlich aus.

3

Fürchterliche Schreie – Pause – Schreie – Pause – Anschwellen von Stimmen – Vibration einer Flöte – Klang einer Stimme – Klagelaut der Flöte, von schroffen, kurzen Schreien überlagert – ohrenbetäubendes Chaos von Stimmen und Flöte, wildes Quietschen, Johlen, Schreien der Flöte – gehauchte Stimme, Schreie: Hilfe! Hilfe! – Gelächter, Kieksen, Pfeifen, Schnalzen – unartikulierte Worte – Qietschen – „Kackerak"-Rufen – schrilles Pfeifen und Trillern, lange anhaltend – schreiende Rufe, dazwischen hohes Gurren und lautes Gröhlen und Singen – plötzlich Pause – plötzlich spitze Schreie – brüllendes Gelächter, abgelöst von schrillem Quietschen, Rasseln, hohlem Klopfen von Stöcken und einem Gongschlag – lautlose Klopftöne – Scharren – höhere Flötenkadenzen gehen in unreine Triller über, in Quietschen und spitze Schrilltöne – sehr laute Stimmen und Schreie steigern sich immer höher zu einem Irrsinnsausbruch von wüstestem Krach, durchbrochen von schrillstem Pfeifen, in ohrenbetäubendem Crescendo bis zu krachendem Gebrüll – jäh abgerissen: aus.

Tonkunst? Ist hier noch Kunst am Werke? Erklingt noch ein Ton, irgendwo? In einer Schubert-Sonate, in einem Klavierkonzert Beethovens, in einer Haydn-Symphonie könnten nicht zwei Takte, nicht einer, nicht ein Ton mit einem anderen vertauscht werden, ohne daß der Sinn zerstört wäre – hier dagegen räkelt sich die Anarchie der Beliebigkeit, des Zufalls, der Sinnlosigkeit. Diese Werkchen mit dem brutalen Einsatz aus einem unbegrenzten Reichtum an Ausdrucksmitteln vom Kichern, Stöhnen, Husten, Gröhlen, über das Herunterschmeißen von Klirrendem bis zur WC-Spülung und dem Quietschen von Stahlplatten auf Beton, rabiat, rücksichtslos, unvermittelt und übergangslos erschrecken und deprimieren den unvorbereiteten Hörer unaufhörlich mit ihren jähen Angriffen auf Gehör, Gehirn und Gemüt, als wollten sie die Worte des toten Christus vom Weltgebäude herab von der Zersprengung und Zerschlagung des Universums „durch die Hand des Atheismus" in beziehungslose, atomisierte, zerstückte Partikel ohne Einheit, ohne Ort, wahrmachen. In ihnen und Hunderten ihrer Art herrscht jene „ungeheure Logik von Schrecken", jene „Verdüsterung und Sonnenfinsternis", wie Nietzsche sie den Vertretern des Nihilismus vorausgesagt hatte. Die Sackgasse der Negationen, der Nivellierungen und der Atomisierung, in die der Revolutionär Schönberg seine Schülergenerationen geführt hatte, war der Weg, aus dem es keinen Ausweg mehr geben konnte, der Weg in das Ende, der mit dem Untergang des Abendlandes enden wird. Und es ist kein Zufall, wenn der Chronist von der „documenta 8" meldet: „Die Maler malen nicht mehr. Heißt es. Zudem herrsche der reinste Weltuntergang. Der Mensch sei verschwunden, ausgelöscht, geköpft. Endzeit. Schluß."[25] Endzeit freilich gewiß nicht für echte Tonkunst und Malerei, die wie alle große Kunst im Ewigen des Menschen ihren Ursprung haben.

Von Haydn wird berichtet, bei der Uraufführung seines Oratoriums „Die Schöpfung" sei er in Tränen ausgebrochen und habe gestammelt: „Das habe nicht ich gemacht." Auch Beethoven verstand seine Musik als ein Wirken des göttlichen Funkens in sich und durch sich, wenn „es das Herz treffen soll; sonst sind's nur Noten, Körper ohne Geist. Was ist der Körper ohne Geist? Dreck oder Erde. Der Geist soll sich aus der Erde erheben, wohin auf eine gewisse Zeit der Götterfunke gebannt ist, und ähnlich dem Acker, dem der Landmann köstlichen Samen anvertraut, soll er aufblühen und viele Früchte tragen und also vervielfältigt hinauf zu der Quelle emporstreben, woraus er geflossen ist. – Höheres gibt es nicht", schreibt er an seinen Schüler und Gönner, Erzherzog Rudolf von Habsburg, „als der Gottheit sich mehr als andere Menschen zu nähern und von hier aus die Strahlen der Gottheit unter das Menschengeschlecht verbreiten".[26]

Woran sich entscheidet, was bleibt, was auch in der Zukunft trägt, oder was heute ohne Echo ist und echolos vergehen wird, das sind primär nicht die Fragen nach Tonalität oder Atonalität, nicht Fragen der Form, der Gestaltung, der Instrumentierung – sondern die Frage Beethovens: ob „es das Herz trifft" oder „sind's nur Noten", – wie es bei Adorno[27] einmal heißt: „kaltes Grauen, jenseits der Möglichkeit von Gefühl, Identifikation und lebendiger Zuneigung".
Zwei Notizen, kurze ergreifende Bekenntnisse zweier Musiker, die tief, tief unter der Einsamkeit gelitten haben, 1823 und 1970 auf eben von ihnen vollendete Partituren ihrer Werke geworfen, beleuchten je

Wesentliches in Wesen und Denken dieser so grundverschiedenen Männer, die jene zwei Möglichkeiten exemplarisch verkörpern:

Vor das „Kyrie" seiner „Missa solemnis", seiner „Festlichen Messe", in die sich von der kirchlichen Bestimmung entfernend mehr und mehr seine persönliche Religiosität verströmte, ein Werk, das ihm selber zu hören verwehrt war, notierte Beethoven: „Von Herzen – möge es zu Herzen gehen!" Dies ist ihm mehr als ein sentimentaler Wunsch. Aus dem „Herzen", aus „dem Göttlichen des Menschen", wie er einmal sagt, aus dem Unendlichen des Endlichen, muß kommen, was das Herz treffen, zu Herzen gehen soll. Das ist für ihn die religiöse Botschaft und Weihe der Musik in einem ureuropäischen Sinne. Beethoven, nach einer lebensvoll, dem Heiter-Schönen glühend hingegebenen Jugend, infolge des grausamen Schicksals der gänzlichen Taubheit durch nahezu zwanzig Jahre, „das nie enden wird", der wohl Einsamste, der sich verzweifelt „von der ganzen Menschheit verlassen" empfindet, „nie Mensch sein darf, für sich selbst nicht, noch für andere" – Beethoven gewinnt aus seinem Glauben an „das Göttliche des Menschen" noch im qualvollen Durchmessen des Abgrunds immer von neuem die übermenschliche Kraft der Überwindung, die heilende Kraft zur innigsten Schönheit, zur seligsten Freude, zum befreiten Jubel im Schlußsatz der Neunten, die als einzige sogenannte „weltliche" Konzertmusik über alle Werke kirchlich-christlicher Thematik hinaus schlechthin den Gipfel kultischer Weihemusik, ja der reinen Feier erreicht hat. Und zu der Erkenntnis, daß der Sieg über das tiefste Dunkel das Licht aus ihm zu befreien vermag: „Wir Endliche mit dem unendlichen Geist sind nur zu Leiden und Freuden geboren, und beinah könnte man sagen, die Ausgezeichnetsten erhalten durch Leiden Freuden."

Man schreibt das Jahr 1970. In Köln beendet der Professor und Komponist Bernd Alois Zimmermann, Jahrgang 1918, die Kantate „Ich wende mich ab", die er für die Uraufführung in dem Festkonzert während der Segelolympiade 1972 in Kiel geschrieben hat, meldet ihre Fertigstellung telefonisch seinem Auftraggeber, Generalmusikdirektor Hans Zender, und wirft auf die Partitur das Nachwort: „Schrecken, Verlassenheit und die menschliche Erbärmlichkeit". Drei Tage darauf macht er seinem Leben ein Ende. Ein Adrian Leverkühn Thomas Mann'schen Zuschnitts? Bei dem „Festkonzert", das mehrere zeitgenössische Kompositionen zur Uraufführung bringt, ist der Festsaal des alten Kieler Schlosses mit Kritikern, Angehörigen und Freunden der Komponisten, während die vorwiegend jüngeren und jungen Gäste der Weltspiele zu Tausenden die Straßen der Ostseestadt beleben, nicht halb besetzt. Höhepunkte die Kantate „Ich wandte mich ab": Auf der Empore des Raums aus drei Posaunen ein furchtbarer Fanfarenstoß, unisono. Ein Sprecher liest aus dem Prediger Salomo: „Ich wandte mich um und sah alles Unrecht...", das ein Baß-Solist wehklagend aufgreift, das Orchester hält grell und gellend dagegen. Im fortlaufenden, immer schrofferen Wechsel von Bibel und Dostojewski kanzelt ein zweiter Sprecher im schneidend scharfen Haß des Großinquisitors Christus ab, „den schlimmsten aller Ketzer! – den großen Geist der Selbstvernichtung und des Nichtseins!", lobt der erste höhnisch „die Toten, die schon gestorben sind ... besser noch den, der noch nicht ist und der nicht inne wird des Bösen...", bis beider Stimmen in das chaotisch brüllende Orchester hineinschreien, daraus hohler Gesang, gleichmäßige Schläge sich lösen. Ein Musiker hämmert Nägel in einen Holzklotz, ein anderer zerreißt in Abständen Wellpappe. Pause. Heftige Schläge. Der Großinquisitor mit überschlagender Stimme zu Christus: „Geh! Und kommt nicht wieder!" Eine Orgie des Orchesters bricht los, aus der, von Schlagzeugwirbeln begleitet, nur noch des Sängers klagendes „Weh dem, der allein ist" jammert, das er Wort für Wort, Silbe für Silbe, Vokal für Vokal immer und immer wieder zerfetzt, während beide Sprecher gleichzeitig aus ihren vertauschten Büchern sinnlose Satzsplitter gegeneinanderbrüllen. Die Blechbläser intonieren drei Takte des Bach-Chorals „Es ist genug, Herr". Zwei Paukenschläge auf dem Podium. Von der Empore ein gräßlicher Posaunenstoß. Aus.

Hier die erschütternde Quintessenz eines Daseins am nihilistischen Abgrund, die sein Komponist mit seinem selbstgewählten Tod beglaubigte. In dieser „Ekklesiatischen Aktion", aus Wort- und Ton-Collagen zusammengebaut, laufen wie in dem Brennpunkt eines Hohlspiegels der Endzeit alle Zeichen menschlichen, religiösen, christlichen, musikalisch-künstlerischen Ruins in letzter Radikalität zusammen. Hier ist der äußerste Widerruf der Verkündung des Schlußsatzes der Neunten, das Negativ seines Jubels, das Dementi der brüderlichen Weltbotschaft Beethovens, dieses in seiner unsäglichen Einsamkeit von allen und allem Ausgeschlossenen, der nach der Uraufführung

hilflos-glücklich inmitten seines Orchesters stand, ohne die Beifalls-
stürme hören zu können.

Hier ist derselbe Todesschrei, der durch Thomas Manns großes
Werk[28] der seelisch entleerten Untergangszeit des Abendlandes
gellte, als im Teufel das Nichts, die Verdammnis der Seinsungläubigen
offenbar wurde. Als habe in dem Selbstmörder Zimmermann die
Wirklichkeit aufs makaberste die Dichtung kopiert, war es dort der
Komponist Adrian Leverkühn, der als sein letztes Opus die Kantate
„Dr. Fausti Wehklage" komponiert, die Musik der Verzweiflung
eines innerlich Zerrütteten, gänzlich Vereinsamten, das trostloseste
Veto gegen Schiller-Beethovens strahlendes „Lied an die Freude" von
einem rettungslos Verdammten, der wissend sich selbst zerstört.

„Niemand ist im All so sehr allein als ein Gottesleugner", schüttet bei
Jean Paul der tote Christus seinen Hohn über sie aus: „Ach, wenn jedes Ich doch sein eigener Vater und Schöpfer ist, warum kann er nicht
auch sein eigener Würgeengel sein?"

Auf kaum einem anderen Felde als in der Kunst, in Malerei, Dichtung,
in der „Neuen Musik" treten in stärkerer symbolhafter Verdichtung
Qual und Zerfall des transzendenzlosen, sich zynisch selbst negieren-
den Menschen des Nihilismus unmaskiert zutage. Wenn die Neue Musik selbst sich auch als das realistische Zeugnis des Gegenwartserlebens
versteht und ihre zornigen jungen Männer oder friedlich etablierten
sich gar als Medium kritischer Auseinandersetzung und des Protestes
„gegen die bürgerliche Vergangenheit der Musik und deren verbürger-
lichte Gesellschaft" ausgeben – sie ahnt selber nicht, daß sie ungewollt
mit ihren Erzeugnissen das unmittelbarste und aufrichtigste Geständ-
nis des Bankrotts des Zeitalters notiert.

Nicht Naturgesetze: Menschen bestimmen Kulturverläufe

Wie soll sich aus solch seelischem Ruin und Schwund aller schöpferischen Kräfte noch Hoffnung – nein, die vorlaut verkündete Gewißheit
eines kraftvollen Aufstiegs verständlich machen? Eines Aufwärts, das
Spengler, nachdem Europa den „Inbegriff seiner inneren Möglichkeiten zur Vollendung gebracht" habe, so leidenschaftlich ausschließt:
„Wir müssen tapfer den Weg zu Ende gehen, der uns bestimmt ist. Es
gibt keinen anderen."

Dies ist die Quintessenz seiner Kulturmorphologie, die – wie er in ihrer Einleitung ihre Aufgabe umreißt – „eine Logik der Geschichte" aufzeigt, eine „Ordnung" bloßlegt einer „für alles Organische grundlegenden Begriffe, Geburt, Tod, Jugend, Alter, Lebensdauer", die „durchschritten werden muß" und keine Ausnahme gestattet: Allem Geschichtlichen liegen „allgemeine biographische Urformen zugrunde", alle Kulturen unterliegen biologischen Gesetzmäßigkeiten. Sie wachsen und sterben wie „alle Lebewesen", reifen und vergehen wie sie, und nichts kommt danach.

„Sehet, wie ihr / lebet das Gras und Tier", sang um dieselbe Zeit einer: „Und es muß auch mit euch sterben – es kommt kein Morgen mehr!"[29] Das war Bert Brecht, Nachhall des Predigers Salomo in der Bibel Vers 3,19: „Ja, das Menschengeschick ist wie das Geschick des Viehs, ein und dasselbe Geschick haben sie, nämlich ein und denselben Tod"…

Müssen wir uns nicht fragen, was Spengler dazu brachte, uns die Kulturen am Maßband von Lebewesen nach der „organischen Notwendigkeit" durch die Weltgeschichte zu führen? Spannt er nicht die Geschichte über die bereits fest eingeschlagenen Pfosten einer Ideologie, die er nicht der Geschichte, sondern einer philosophischen Theorie entnommen hat? In der Atmosphäre der damals weite Kreise der Gebildeten beherrschenden Lebensphilosophie Bergsons, die sich in einer neuen Spaltung von Leben und Geist gefiel, legte die Gegnerschaft gegen den Geist als „Widersacher" der irrationalen Kräfte des Bios, des organischen Lebens, wie schon seinen Zeitgenossen Klages, Russell, Holle, Driesch und anderen auch Spengler nahe, die Gesetzlichkeiten der organischen Natur auf die der gesamten Welt zu übertragen.

Die zahlreichen Versuche, nach den spektakulären Erfolgen seines genialen Ausblicks, an dem Kritik nicht ausbleiben konnte, das Schicksal von Völkern und Kulturen zu deuten, indem man ihnen von außen ein Koordinatennetz überwirft und sie biologischen, soziologischen, ökonomischen Ideologien unterwirft, gehen indes ebenso fehl wie die linearen Geschichtskonzeptionen etwa des christlichen Abendlands, die gemäß der biblischen Vorbestimmung alles Geschehens in der Welt aufgrund des Sündenfalls durch den Willen des gnädigen Gottes und seinen übernatürlichen Erlösungs- und Heilsplan – oder die zyklischen Geschichtstheorien des in ununterbrochenem Kreislauf wiederkehden Schon-Dagewesenen entsprechend orphisch-griechischer oder indischer, durchaus unterschiedlicher Verhältnislosigkeit zur Zeit ein für allemal festgelegt sind.[30] Noch kommt allgemein optimistischer bzw. pessimistischer Zukunftsbetrachtung, dem Prinzip Hoffnung sowenig wie dem Prinzip Sorge, mehr als ein Stimmungswert zu. Sie insgesamt übersehen dreierlei:

1. Sie alle ordnen den Menschen und sein Handeln einer außerhalb seiner selbst liegenden Bestimmung unter oder unterwerfen ihn blinden Gesetzen. Doch weder Zufall noch Notwendigkeit entscheiden den Gang der Weltgeschichte, sondern Menschen. Und noch vor allem geschichtlichen Handeln das Insgesamt ihres es so oder so beauftragenden Bewußtseins.

2. Sie alle verkennen die Eigengesetzlichkeit und durch nichts vorauszuberechnende Freiheit und Selbstständigkeit des schöpferischen menschlichen Geistes.

3. Sie alle tragen von außen abstrakte, einseitige, teils geschichtsfremde Theorien oder Ideologien an die Geschichte heran, anstatt ihre Gesichtspunkte der konkreten Geschichte selbst zu entnehmen.

Sinn und Deutung unseres europäischen Schicksals, zumal seiner chaotischen Gegenwartsphase sind daher, wie wir postulieren, nur aus dem Gesamtzusammenhang der europäischen *Bewußtseinsgeschichte* zu begreifen. („Bewußtsein" hier nicht gemeint im Sinne Freuds und der Psychoanalyse!) Denn alles geschichtliche Handeln und Geschehen nimmt letzten Endes – oder hier richtiger: letzten Ursprungs – seinen Anfang, empfängt seine Richtung, seine Qualität und Intensität vom Bewußtsein, dem spezifischen Kennzeichen des Menschen und der Zentrale seiner Innen- wie Außenwendung und des gezielten Tuns. Das Bewußtsein ist Grundlage der Weise und Struktur seines Erlebens, Denkens, Welt-Habens, Verhaltens, seiner Reaktionen auf das Außen, seines Stellungnehmens, Urteilens, Bewertens und Entscheidens, Planens und schöpferischen Gestaltens, Grundlage aller Kunst, Kultur, Technik, Zivilisation.

Ein strukturpsychologisches Kulturmodell

Der Kulturmorphologie Spenglers von biologisch determinierten Kulturprozessen, den Schichten-Theorien, wie Jean Gebser sie mit automatisch mutationsartigen Sprung-Thesen verbindet, allen Statistiken hochrechnenden Voraussagen nach Art des Club of Rome stellen wir eine Geschichtstheorie entgegen, die kulturelle Verläufe aufgrund *geistig-seelischer* Ursprünge und Wandlungen deutet, ein von uns seit den 50er Jahren unter mehrfachen Aspekten vertretenes *strukturpsychologisches* Geschichtsmodell, das, ohne Gesetze in Anspruch zu nehmen, Analogien und Übereinstimmungen mit anderen Kulturen vergleichbarer Situation im Auf und Ab aufweist.

Wo Völker früh durch Invasion oder Mission von ihrer Kultur, von ihrer eigenen Denkweise, ihrem Welt- und Selbstverständnis, ihrer Religion und Wertewelt durch Völker anderer Geistesstruktur, zumal einer weitüberlegenen, rational und organisatorisch fest etablierten Kultur abgelenkt, überlagert, umgepolt werden, folgen Zeiten totalen Wertewandels und vollständiger moralischer Desorientierung bis zum weitgehenden Sittenverfall, eine erst allmähliche Aneignung und Integrierung des Neuen, das durch schöpferische Verarbeitung in einem kulturellen Aufschwung bei einer Vermischung beider Stile zu einer hohen Blüte gelangen kann. Die kulturelle Hoch-Zeit fängt schließlich an zu stagnieren und hinter aufbegehrenden Kräften aus dem Untergrund zurückzufallen. Nicht infolge allmählicher Alterung. Vielmehr weil das Volk infolge letzter *Unvereinbarkeit* seiner eigenen mit der ihm nicht-gemäßen Denkweise die ihm oktroyierte Geisteswelt nicht mehr innerlich und schöpferisch ausfüllt und sie schließlich in ihrer unterernährten Traditionsform endgültig abstößt. Damit aber stürzt sie selbst in eine chaotische Orientierungslosigkeit und in eine gefährliche Bewußtseinskrise. Diese alleserschütternde Krisis ist Vorbedingung dafür, daß die so lange niedergehaltene, ihm eigentümliche Geistigkeit, falls sie aus eigener Kraft zu sich selbst findet, sich zur kulturellen Neuschöpfung und Selbstentfaltung aus eigenem Gesetz und zu einer neuen religiösen Einwurzelung auf einer höheren Stufe erhebt.

Wie im alten Indien mit dem Niedergang der indoarischen, unverkennbar vorindisch mitbestimmten Vedenkultur nicht ein Ende eintritt, sondern nach mächtiger Umwälzung die zurückgedrängte Urbevölkerung sich um 500 vor der Zeitwende in der sogenannten „klassischen Ära" neue religiöse Systeme wie Hinduismus und Buddhismus aus dem Ureigenen Schöpfenden mit gewaltiger Tiefen- und Breitenwirkung schuf, – wie in Griechenland der Zerfall der von den indogermanischen Invasoren getragenen homerischen Kultur und vorsokratischen Philosophie nicht etwa den Untergang griechischer Kultur markiert, vielmehr nach einer revolutionsartigen Umbruchszeit die bodenständigen Kräfte der Thraker und Orphiker das klassische Zeitalter heraufführen und mit ihren großen Philosophen und Tragödiendichtern, Künstlern und Baumeistern eine neue Hochkultur hervorrufen –

so ist die gegenwärtige, tiefgreifende Bewußtseinskrise als Folge der frühen Überwältigung Europas durch die christliche Missionierung und der Unvereinbarkeit allzu gegensätzlicher Bewußtseinsstrukturen, die seit Renaissance und Reformation zunehmend zu ständigen Konflikten und seit der Aufklärung zur Abstoßung des Ungemäßen führen, ein allesaufwühlender Umschmelzungsprozeß, in dem in diesem noch lange nicht sterbensreifen Europa schon überall zwischen dem Zerfallenden Neues wächst oder zu werden sich anschickt.

Woher nehmen wir diese Zuversicht? Es mehren sich atemberaubend die Zeichen, daß Wandlungen in wesentlichen Bereichen vor sich gehen – in einigen Fällen sich bereits seit hundert Jahren und mehr in aller Öffentlichkeit abspielen –, die sich unter teils dramatischem, teils ganz willkürlich-lässigem Abstreifen alter, dogmenähnlich erstarrter, als tieffremd empfundener Hüllen spontan – und das ist das Entscheidende und Erstaunliche – ohne jegliches Vorbild oder die geringste Kenntnis, daß so etwas vor 40 und mehr Generationen schon einmal selbstverständliche Wirklichkeit gewesen ist, von selbst aus dem eigenen Denken und natürlichen Soseinwollen und Soseinmüssen ergeben. Was, wie sich zeigen wird und sich heute schon andeutet, in jedem Fall, in dem der Mensch an innerer Entfaltungsfreiheit gewinnt, einen Schritt auf eine menschliche Evolution hin einleitet.

Auch dies geschieht heute! In einem Europa, das den „Inbegriff seiner inneren Möglichkeiten" keineswegs erschöpft hat, wie Spengler glaubte, ja noch nicht einmal zu entwickeln vermochte, das im Gegenteil seine „ihm innewohnende Idee" erst noch verwirklichen wird, erst jetzt zu verwirklichen in der Lage sein wird.

II

URSPRUNG UND WESEN
EUROPÄISCHER IDENTITÄT

*Jedes Seiende ist nur in seinem eigenen Sein
ganz es selbst.*

Nikolaus Cusanus

„...und wollen von ihnen nichts wissen"

Doch wovon Europas Erneuerung und eine authentische Identität abhängen, das liegt für uns jenseits einer scheinbar unüberwindlichen Schranke der Vergessenheit, der Unkenntnis und Fremdheit. Wir gehen durch das Haus der Weltgeschichte wie das Kind im Märchen, das alle Türen zwischen Keller und Dach öffnen darf bis auf die eine, ihm bei Strafe verbotene.

Wir befragen die Kulturen der Sumerer, der Inkas und der Osterinseln nach ihren Ursprüngen, nach Bedeutung und Einordnung ihrer Zeugnisse. Wir erschließen mit Hingabe die Stilstufen der griechischen Welt und ihre mykenische Vorzeit, denken uns in den Totenkult der Etrusker hinein und begeistern uns für die eigenartige Bronzekultur von Schi-tschai-schan. Wir betreiben, mehr als sie selber, einen Kult mit den Vorfahren der Ägypter, betrachten fasziniert mit heißem Atem die Bestattungsriten ihrer Pharaonen und was sie uns über ihre Gedanken von Leben und Tod und Unsterblichkeit sagen. Wir bewundern enthusiastisch die sich ihrer Ursprünge und ihrer Herkunft durch Jahrtausende bewußten Juden und ihre zielbewußte Orientierung an ihren ältesten Ahnen, die ihre Stärke ausmacht und die sie zum Kompaß für ihr Handeln in der Gegenwart machen, wie Israel dies mit großem Eifer tut aus seinem uraltem Wissen, daß es eine Zukunft seines Volkes nicht gibt für den, der seine Vergangenheit verleugnet. Wir wissen über die Vorfahren zeitlich und räumlich entfernter Völker besser Bescheid als über unsere eigenen Voreltern – und wollen von ihnen nichts wissen.

Dichtes Dunkel bedeckt die Geschichte Europas, bevor die christliche Mission ihr Licht in die düsteren Wälder Germaniens brachte. Wir haben den Abscheu der Sendboten Roms vor der heidnischen Verworfenheit und ihren Zorn über die „Halsstarrigkeit des unbelehrbaren Volkes" gegenüber der christlichen Lehre, der christlichen Gedankenwelt, den christlichen Werten übernommen und, von ihrer Kulturlosigkeit nachhaltig überzeugt, uns schamhaft ein näheres Hinsehen auf sie tunlichst versagt. Und haben uns mit den Rechtfertigungs-Karikaturen ihres Menschenbildes und ihrer Menschlichkeit zufrieden gegeben. Daß es das Dritte Reich war, das allzu stürmisch nachzuholen versuchte, was tausend Jahre voreingenommener Schmähung und christlicher Intoleranz den ungetauften Teufeln des unerleuchteten West-,

Nord- und Mitteleuropa verweigert haben, hat unsere armen Groß-
eltern mit noch schwererem Makel behaftet, unser historisches Gedächtnis an sie vollends blockiert und den Umgang mit ihnen in die
Nähe des Strafwürdigen, ja Verbrecherischen gerückt. Ein Plädoyer
für eine Rücknahme der Ausweisung unserer aller Voreltern aus der
anständigen Gesellschaft muß daher noch heute nahezu wie dereinst
auf anklagendes Fingerzeigen seitens selbsternannter Ketzerjäger und
Einsammler für den Scheiterhaufen gefaßt sein.

Europa wird ebensowenig wie der einzelne zu einer kraftvollen ganzheitlichen Identität finden, wenn es sich seiner Herkunft schämt, sie
herabwürdigt oder verdrängt, seine Eltern verachtet, ihr Gedächtnis
beschmutzt und abtötet. Sollte es nicht möglich sein, endlich die kindi-
sche Schmoll- und Trotzhaltung abzulegen und auf die naturwidrige,
jeder Vernunft und Menschenwürde spottende Amputation der eigenen Wurzeln unserer Existenz, ohne die wir alle gar nicht lebten, zu
verzichten? Wen wundert es dann, wenn viele, deren engbegrenztes ge-
schichtliches Gedächtnis Europa zu einem Torso macht und es erst mit
Bonifatius und Karl dem Großen beginnen läßt, heute Weltuntergangspanik ergreift? Was hindert uns, ein sämtlichen anderen Kulturen und Völkern selbstverständlich zugestandenes, unbefangenes Verhältnis zur europäischen Geschichte und Geistesgeschichte in ihrer
Ganzheit zu erlangen? Eine natürliche Haltung um sachlich und eife-
rungslos die Gedanken- und Wertewelt in dem schließlich nicht wegzu-
radierenden Zeitraum *vor* dem des christlichen Abendlandes aus den
Zeugnissen zu erhellen, wie eine reiche Quellenlage es gestattet?

Denn Europa braucht, um seine zerstörte Identität wiederzugewinnen
und authentische Zukunft zu gestalten – über die jeweilige Verbundenheit der einzelnen Nationen mit ihrer Nationalgeschichte hinaus –,
die Rückbindung an die allen gemeinsame indogermanische Vergangenheit schon allein durch das Kennenlernen der der Allgemeinheit ja
ganz unbekannten, den mittelalterlichen Staaten und ihrer spezifischen Kultur vorangegangenen Gedanken- und Geisteswelt, ihrer
Weise des Denkens, der Selbst- und Weltauffassung, ihrer Religiosität. Europa braucht das Bewußtwerden dessen, was aus dem Zeitalter
freier Selbstbestimmung durch die Jahrhunderte trotz aller Umerziehung unzerstörbar in seinen Menschen an Wesenseigentümlichkeit

und der für sie spezifischen Bewußtseinsstruktur unbewußt fortgelebt hat und unerkannt noch heute in ihnen wirksam ist. Europa braucht die Ausbildung eines gemeineuropäischen, sich an unseren Ursprüngen anbindenden, sich aus ihnen nährenden Bewußtseins ursprunghafter und schicksalhafter Zusammengehörigkeit. Erst dadurch erlangt die Identität des europäischen Menschen ihre volle, ihm bisher vorenthaltene Ganzheit und Authentizität.

Die Lebensmitte

Es gibt zwei Wörter, die die Kirche für ihren eigenen Gebrauch aus der von ihr vernichteten germanischen Religion entnommen und mit einem anderen, einem christlichen Sinn ausgestattet hat. In dieser neuen Fassung, die seit einem Jahrtausend bei uns volles Heimrecht genießt, verwenden wir sie noch heute wie das natürlichste von der Welt, ohne ihre eigentliche Bedeutung oder Herkunft zu kennen. Und eben mit diesen beiden Wörtern halten wir einen Schlüssel in der Hand, der jene verbotene Tür, von der wir am Beginn dieses Kapitels sprachen, zu der Seele unserer Vorfahren öffnet und eine ganz unbekannte Welt aufschließt. Die Wörter heißen „Gott" und „Heil".

Ihr eigenes, ihnen altvertrautes Wort „Gott" griff die Kirche auf, um den Getauften den sich im Alten und Neuen Testament offenbarenden allmächtigen Schöpfer näherzubringen, der schafft, was er nicht selber ist: die durch eine Kluft getrennte ungöttliche Welt und die von Kindesbeinen an von Bosheit erfüllten Menschen, auf daß sie ihm gehorchen und ihn preisen, der lohnt und straft, zürnt und liebt, richtet und begnadet nach seinem unergründlichen Willen – ein selbständig seiendes höchstes Wesen individueller und personaler, menschlich-männlicher Prägung und doch den „Ganz Anderen", Fernen, Unbekannten und Unberechenbaren, der durch Offenbarung und Wunder, durch Prüfung und durch Entsendung seines Sohnes jählings die abgrundtiefe Trennung von Erde und Menschheit durchstößt und aktiv in das Weltgeschehen eingreift.

Was aber meinten die Urheber dieses uralten Wortes, wenn sie „Gott" sagten? Zuvor müssen freilich ein paar tiefeingewurzelte Irrtümer ausgeräumt werden, die sich weithin offenbar unfehlbar einzustellen pflegen, wenn von „heidnischer" Religion die Rede ist. Weder haben die

gängigen Vorstellungen von einem germanischen Götterhimmel ana-
log dem griechischen Olymp, in dem eine Dynastie von Göttern unter
dem Götterpaar Wotan und Frigga mit einer Schar kräftiger Söhne
und lieblicher Töchter ihr Wesen treibt und von irgendwelchen bösen
Verwandten drangsaliert zugrundegeht, das geringste mit Religion zu
tun, die übrigens selbst von unseren frühen Altertumswissenschaft-
lern mit Mythologie verwechselt wurden – noch können die im 12.
Jahrhundert im bereits seit dem Jahr 1000 christlichen Island gesammelten Götterlieder der älteren Edda und die Göttererzählungen des
isländischen Staatsmanns, Gelehrten, Schriftstellers und Dichters
Snorri Sturluson aus dem 13. Jahrhundert, der christliche Anschau-
ungen und mythologische Vorstellungen des griechischen Altertums
in der sogenannten Snorra-Edda verarbeitete, als Äußerungen religiösen Erlebens gelten: noch die Zeugnisse ausländischer Beobachter, die
wie Caesar und Tacitus die Welt der Barbaren von außen, über den
Zaun, betrachteten und ihre gewohnte Göttersoziologie, so gut oder
schlecht es paßte, den Fremden andichteten.
Und dennoch stutzte hierbei der sich mehr und mehr in die Mentalität
des von ihm mit Sympathie und Achtung beschriebenen Volkes ein-
fühlende Tacitus. Gewöhnt an die Neigung der Griechen und Römer,
den in Furcht vor dem unendlich Fernen seelisch auf eine Nahwelt bezogenen Menschen das Numinose durch anthropomorphe, men-
schengestaltige, plastische Götterfiguren näherzubringen[1], drängt
sich ihm plötzlich das Besondere, der Unterschied in der Gottesvorstellung auf:

> „Übrigens verträgt es sich nicht mit der Vorstellung der Germa-
> nen von der Erhabenheit der himmlischen Mächte, Götter in
> Wände einzuschließen und irgendwie menschenähnlich darzu-
> stellen. Sie weihen ihnen vielmehr Lichtungen und Haine und
> benennen mit Götternamen jenes Geheimnis, das sie nur in
> Verehrung und im Geiste schauen." (Germania c. 9)

In der Tat gab die Realität quer durch Europa von Ost bis West, vom
Limes bis Island ihm recht. Nicht zuletzt die für uns noch heute objektiv nachprüfbare religiöse Terminologie[2] Das am häufigsten verwen-
dete Wort „Gott" geht auf ein indogermanisches Sachwort ghu- in der
Bedeutung anrufen, verehren zurück, auf ein altnordisch god, alt-
sächsisch und altgermanisch god ein kaum zu artikulieren des Neutrum Plural, das Verehrte, im Opfer, im Trankopfer Angerufene als

eine Ganzheit höherer Mächte, als „das" Göttliche. Und dieser Charakter weder männlicher noch weiblicher Personalität sondern des Sächlichen in der Mehrzahl deutet auf eine impersonelle Vorstellungsweise hin, die kurz vor der Mission eine Entwicklung zu Abstraktionen wie „Gottheit", „Menschheit" usw. nahm, aber durch die Christianisierung abgebrochen wurde. In gleicher Weise bezeichnen hopt und hörd, beide Neutrum Plural, das Göttliche als das Weltgeschehen Bindende, regin das Göttliche als die für die Weltordnung haftenden, fjörg als die Leben spendenden Mächte und schließlich der Wortstamm wīh, aus dem sich unser „weihen" bildete, das Göttliche als das, was als „Heil" in den Menschen hineinragt und in allem wirkt. Dies aber schließt keineswegs mit dogmatischer Starrheit aus, daß sie, wie Tacitus erkannte, „jenes Geheimnis" auch „mit Götternamen benannten", daß ein Thor oder Odin als Personifikation des Göttlichen sich unter besonderen Umständen mit einem Kultus oder Mythos heraushoben und in den Zeiten des heraufkommenden christlichen Gottes zunehmend Konkretheit und Einfluß erhielten.

Denn was haben diese Menschen unter jenem ihnen offenbar zentral bedeutsamen Begriff „Heil" verstanden, einer germanischen Wortbildung aus der indogermanischen Wurzel kailo, germanisch heila, altnordisch heill? Wir haben uns daran gewöhnt, dies Wort für die Religionen anderer Völker in je verschiedenem Sinne für das von ihnen angestrebte Ziel des Daseins zu verwenden: Nach dem Oberrabiner von Schweden „erlebt der Jude das Heil ganz irdisch Jahr für Jahr am Versöhnungstag, an dem er im Bewußtsein seiner Schuld den Weg zur Umkehr beschreitet in der Erfüllung der Gebote aus Gottesfurcht, in der Reinigung von Sünde und in der Versöhnung der Welt mit Gott, nicht in der Erlösung von der Welt";[3] – für den Griechen der Antike führt der Weg durch Askese und Entsagung von dem die unsterbliche Seele beschmutzenden Körperlichen, der „Fessel der Verwesung, dem mit Sinnlichkeit begabten Leichnam, dem mitgeschleppten Grab" zum Heil, d.h. zu ihrer göttlichen Heimat zurück – für die Mehrzahl der indischen Religionen durch richtiges Vollziehen der Riten, durch Askese, Meditation, Versenkung, Erkenntnis, Erleuchtung in den Heilszustand des völligen Erlöschens des Ichs und des Bewußtseins, die Erlösung vom Leiden, die aus der Gier nach Einzelexistenzen kommt, in der unpersönlichen Existenz im reinen Sein. Sind diese drei

Wege zum Heil Wege der Erlösung aus einer Unheilsexistenz, die der einzelne selbst gehen muß, so vermag der Christ, der aus dem Zustand des Unheils, der Sündigkeit, nach Erlösung trachtet, ebenso wie er für sein Sündersein nicht verantwortlich ist, für seine Erlösung gar nichts zu tun. Allein die unendliche Gnade Gottes und sein Eingreifen und des von der Kirche geweihten Priesters kann dem schwachen elenden Sünder das Heil gewähren. Die tätige Mithilfe des Menschen gilt vor allem nach Luther als frevelhafte Anmaßung, die seinem Heil im Wege steht. Dasselbe gilt in der hinduistischen Vishnu-Religion, die auf die Frage nach der Erlangung des Heils antwortet: „Kein Tun, kein Mittel stellt es her – allein aus Gnade Vishnus wird es dir verliehen, ohne Grund."

Doch alles, was es für die Religionen jener Völker bedeutet: Errettung, Erlösung, Vereinigung mit Gott, zu dem der seiner bedüftige Mensch sich auf den Weg macht, auf den „Heilsweg" – alles dies bedeutet das Wort „Heil" für die Urheber dieses Wortes nicht.

Und doch trifft der Begriff des Heils genau in die religiöse Mitte der germanischen Welt, die sich in das ganze, auf Schritt und Tritt vom Numinosen, vom Göttlichen durchwebte Dasein des Menschen ausdehnt. Hier müssen wir ganz umdenken. Hier ist Religion keineswegs „Suche nach dem Heil", noch ist das Heil ein zukünftiges, zu erstrebendes Ziel. Denn die menschliche Existenz ist hier nichts weniger als eine „Unheilssituation"[4] aus der der Mensch erlöst werden oder aus der ein „Heilsweg" herausführen müßte. Das Heil liegt weder in einer unzugänglichen Ferne, noch kann es ihm von außen gegeben, von oben geschenkt, von irgend jemand verliehen werden. Es hängt nicht von jemand anderem, geschweige von der Gnade eines Gottes oder von einem „Heilsbringer" und Heiland ab.

Ehe wir hier fortfahren, sollten wir uns klarmachen, daß die Auffassungsweise unserer eigenen Vorfahren uns, die wir von ganz anderen, durch die Traditionen des christlichen Abendlandes geformten geprägt sind, nicht ohne weiteres zugänglich ist und wir versuchen müssen, sie von ihnen aus zu verstehen und uns nicht vorschnell auf grobschlächtige Urteile festlegen. Um uns einem Verstehen anzunähern und ihr zunächst ungewöhnliches Denken nicht unbesehen in gebrauchsfertigen Rubriken unterzubringen oder ihm mit vorgefaßten und vorverurteilenden Schlagwörtern der Ketzervokabulare Gewalt anzutun, müssen wir zuerst lernen, daß hier die Grenze zwischen Religiösem und Profanem anders verläuft, als wir es heute und seit dem Mittelalter kennen und gänzlich anders als in den dualistischen Religionen – und zudem durchlässig und ohne markante Grenzpfähle ist: auch die Grenze zwischen dem Göttlichen und den Menschen.

Wir sagten: Das Heil liegt nicht in einem erstrebten Ziel, in einer zukünftigen Ferne, es kann nicht geschenkt, verliehen, nicht durch einen Heilsbringer gewährt werden.

Das Heil liegt im Menschen selbst. Es ist Einssein und Einklang mit dem Göttlichen. Hier berührt die göttliche Wirklichkeit sich mit der Menschenwelt *im Heil des Menschen*, der Sippe, des Volkes, der Tiere und Pflanzen und in der gesamten Weltordnung. Die göttliche Wirklichkeit ragt beständig in die Menschenwelt hinein. Mehr: sie überschneidet sich mit der menschlichen: im Menschen.

Diese metaphysisch-religiöse Selbsteinschätzung, Anteil an göttlicher Wesensart zu haben, haben Indogermanen seit ältesten Zeiten selber bezeugt: Ihre Selbstdeutung wird zum erstenmal faßbar in ihrem durch zwei bis drei Jahrtausende[5] in ganz Eurpa lebendigen Mythos der Abstammung des Menschen, des ganzen Volkes von dem Gott Tuisto, der der Vereinigung von Erde und Himmel entstammt, und seinem Sohn, dem göttlichen Mannus. Wie noch Tacitus bezeugt, sahen die Germanen in ihm ihren göttlichen Stammvater. Und diesen Namen ihres göttlichen Ahnherrn Mannus[6] tragen seine Nachkommen seitdem (und wir noch heute) in germanisch „man" – Mann –, was damals beide Geschlechter bezeichnete und sich in dieser Bedeutung noch erhalten hat in unserem Indefinitpronomen „man" oder auch „jemand" und gleichfalls in unserem aus dem Eigenschaftswort von „man": „mannisco" entstandenen Wort „Mensch".

Dieser „Mensch" – beiderlei Geschlechts –, der sich als gottgezeugt versteht und sich von göttlichen Kräften durchdrungen fühlt, die als „Heil" tief in ihm gegenwärtig sind, erfährt sich von der Fülle des Seins belebt und von einem tiefen und starken Seinsvertrauen getragen, das ganz unten in der Seele verankert ist. Dieses Heil ist Gründen im eigenen Selbst und damit Verwurzelung im Weltgrund, ist Vertrauen in sich selbst, ist Geborgenheit und Gehaltensein in diesem unverrückbaren Grunde, aus dem alles Handeln sich nährt. Sein Heil ist das, was den Menschen beschwingt zum Ausgriff in die Welt, was ihn zu sittlichem Handeln, zu allem Großen und Ehrenhaften befähigt, eine innewohnende Glücks- und Gelingensfähigkeit, gleichsam eine glückliche Hand, die ihm gute Ernten, Wind ins Segel und reichen Fang ins Netz beschert. Das Heil ist das tiefe, bindende und verpflichtende Fundament aller Sippengemeinschaft. Erst über und durch die Sippe als Ganzheit der Lebenden und der Toten wird es aktuell und wirksam in jedem einzelnen als unabdingbare und unkündbare *Verantwortung* vor sich selbst und vor dem Ganzen für Frieden und Ehre, und das heißt: für das Leben und den sittlichen Bestand der ganzen Gemeinschaft.

Bewährung und Verantwortung

Und in diesem Wesen des Menschseins liegt zugleich sein Auftrag und seine Verpflichtung: Denn das Heil ist für den Germanen nicht ein beständiger Vorrat, über den er nur zu verfügen brauchte. Ebenso wie das Leben nicht stillstehen kann und ewig ins Werden und Wirken drängt, so ist auch das Heil hier nicht ein stolzer Besitz, auf dem man sich ausruht, nicht das warme Polster, in das man sich zurücklehnt, wenn nicht das Heil faulen und zugrundegehen soll. Sondern etwas, was ständig bewährt werden muß, um voll und mächtig zu sein, was in ehrenhaftem, und das heißt verantwortlichem Tun wächst, in unbeugsamer Selbstbehauptung, in Wagnis und Gefahr sich auflädt und anschwillt und den, der sich dem Schicksal stellt, in gesteigerter Lebensfülle über sich selbst hinausträgt. Das Heil bewirkt in jeder Lage, in die das Schicksal ihn stößt, ein unbeirrbares Selbstvertrauen aus der Gewißheit, von einer inneren Kraft gehalten zu sein, die unüberwindlich ist.

Einige Zeugnisse sprechen es aus: daß, wenn einer in übermenschlicher Kampfsteigerung über sein eigenes Maß hinauswuchs, man das Göttliche in ihm anwesend glaubte. So wenn es vom Norwegerkönig Harald Graumantel in einem Preislied heißt: „Da war Odin selber im König", oder von einem anderen: „Es ist, als fechten aus dir zwei." Denn sein *göttlicher Ursprung* und innerster Kern genügen noch nicht, um von starkem Heil getragen zu sein – sie sind erst *Verpflichtung, das Heil zu bewähren*, „wahr" werden und das Göttliche in sich groß werden zu lassen. *Auf ihn selbst kommt es an*, daß das Göttliche in ihm mächtig werde und ihn mit jener inneren Sicherheit und Unanfechtbarkeit, mit Selbstvertrauen und der Kraft zur Selbstbehauptung erfülle – mit jener Seinsfülle, die ein starkes Heil ausmacht.

Wie groß und schwer das Schicksal auch sein mag, das einem Högni, Ragnar oder dem alten Hildebrand entgegentritt, sie weichen ihm nicht aus oder entwinden sich ihm schlau, noch stemmen sie sich ihm entgegen. Auf den Anruf des Schicksals gibt es hier nur eine, diesem Menschen einzig mögliche, seinem Wesensgesetz notwendige Antwort, wenn er vor sich selbst, seinem inneren Richter, heiße er es seine Ehre oder sein Gewissen, bestehen will: sich zu bewähren, indem er das Schicksal bejaht, es sehenden Auges annimmt und es handelnd selbst erfüllt. Indem er das Schicksal so in seinen Willen aufnimmt, gestaltet er es zu „seinem" Schicksal um und verwandelt den Zwang des Müssens in die Freiheit des Wollens. Schicksal und Wille blicken in dieselbe Richtung in einer Einheit, in der der Mensch nicht mehr ein Ausgelieferter, Geschobener ist, nicht mehr Objekt sicherer Vernichtung ist und in der geschieht, daß menschlicher und göttlicher „Wille" eins und dasselbe sind, so daß im Akt der Vernichtung sich höchste Gestaltung vollzieht. Denn indem er noch im Untergang sich selbst unversehrt behauptet, reißt der Fallende so mächtiges Heil in sich hinein, daß es ihn über den Horizont des Lebens hinausschleudert und ihm über die Schwelle des vitalen Todes hinaus Dauer verleiht entsprechend dem gesammelten Vorrat der von ihm erworbenen Heilsmächtigkeit, die fortan die Gemeinschaft der Sippe oder des Kriegerbundes durchflutet und belebt, Maß und Vorbild gebend, als Ruhm in die Welt ausstrahlt, als Liebe begeistert und Nachfolger zeugt.

Das Heil ist daher nicht in allen Menschen gleich, gleich groß, gleich stark, noch von gleicher Art. In besonderer Weise verdichtet es sich in der Frau, die aus tieferer Verbundenheit mit den geheimnisvollen Quellgründen des Lebens schöpft, weshalb die Germanen glaubten, wie Tacitus berichtet, „daß ihnen etwas Heiliges innewohnt".

Doch nicht nur in der Frau glaubte man ein besonderes Heil wirksam, sondern vor anderen auch im König. Anders als der orientalische Herrscher, der selbst als Gott gilt und durch einen Abgrund von den ihm wesensverschiedenen Untertanen getrennt ist, ist der germanische König nach alter Auffassung von göttlicher Natur wie das Volk selbst und dem Grad, nicht der Wesensart nach vom Volk unterschieden. Er ist der Heilhafteste von allen, durch ein Heil von größerer Spannweite und Stoßkraft über sie herausgehoben. Und wieder hat der Germane offenbar schon in ältester Zeit sich die Überlegenheit des Königsheils als besondere Gottverbundenheit im Mythos von einem göttlichen Ahnherrn der Herrscherhäuser gedeutet und bezeugt. In überraschender Übereinstimmung führen sich in der weiten germanischen Welt die alten Königsfamilien sowohl der acht angelsächsischen Königreiche, als der Ost- und Westgoten, der Langobarden, der Norweger, Schweden und Dänen usf. auf einen mythischen göttlichen Ahnherrn zurück.

Und auch hier gilt: Nicht die Abstammung allein, nicht ein damit gegebener Besitzstand von „Heil", vielmehr erst die *Bewährung* des inneren Königtums, des Königsheils, beglaubigt den König und macht ihn des Reiches würdig: die Bewährung seines unüberwindlichen Siegesheils, das sich seinem Volk im Kampf mitteilt, das seinem Volk Frieden und Ordnung, Recht und Ordnung und, gepaart mit Weisheit, Recht und Gerechtigkeit verbürgt. Vom Königsheil erwartet man, daß ihm heilende und helfende Kräfte entströmen, daß es dem Volk und seiner Arbeit Segen bringt, ihm Mut und Tatkraft einflößt und es wirklich emporhebt, daß es ihm nicht nur gute Ernten, Wohlstand und Reichtum beschert, vielmehr seine Kräfte auflädt. Mit seinem größeren Heil kraft des tiefen Einsseins mit dem Göttlichen wächst auch seine größere *Verantwortung* vor seinem Volk.

Selbst noch auf den toten König setzt das Volk sein Vertrauen und in sein noch im Totenhügel für sein Land fortwirkendes, ihm helfendes Heil. Im Hügelgrab, so glaubt man, lebt der Tote, sei er Mann oder Frau, der Fülle des Heils entsprechend, das er im Leben in sich versammelt hat, das Leben der Seinen aktiv ratgebend, helfend und in Entscheidungen stärkend mit. Um wieviel mächtiger der König kraft der Strahlkraft seines Königsheils. Diese Totenberge ihrer großen Könige sind für das Volk seine heiligsten Stätten, oftmals der heiligen Thingstätte der Volksversammlung unmittelbar benachbart in der für germanisches Denken spezifischen Identität sakraler und politischer, religiöser und staatlicher Bereiche und Funktionen im Dienste der göttlichen Weltordnung. Diese innere Beziehung von Königsgrab und Thingstätte aufgrund ihrer gemeinsamen religiösen Bindung und wechselseitigen Verflochtenheit und des Fortwirkens des Heils auch im Tode manifestiert sich aufs großartigste in den drei monumentalen Totenhügeln der Könige Norwegens und Schwedens in Alt-Uppsala und dem ihnen unmittelbar gegenüber gelegenen Thinghügel, auf dem, noch während des Mittelalters, dem neugewählten König gehuldigt wurde.

Und dennoch wird – anders als beim orientalischen Herrschertum – die germanische Königswürde selbst dem aus götterentstammtem Königsgeschlecht Geborenen nicht etwa schon durch seine Geburt, sondern erst durch das Thing als die Versammlung des Gesamtvolkes aus gleichfalls göttlichem Ursprung verliehen, dem die Gesetzesordnung als Teil der geheiligten Weltordnung anvertraut war. Ebenso wie „Die Menschen", wie Höfler[7] bemerkt, „in ihrer Lebensordnung dem Göttlichen verantwortlich waren", war – was für die Despoten im Orient über der profanen Untertanenmasse undenkbar wäre – der König hier dem Gesetz unterstellt und konnte vom Thing gegebenenfalls abgesetzt werden. Und nicht anders als die Volksversammlung die große Freiheit des Widerstandsrechts gegenüber dem König besaß (von dem das Frostathing gegenüber einem Norwegerkönig uns unten ein erregendes Beispiel vorführen wird), waren die Gefolgsleute frei, die in der Gegenseitigkeit der Verpflichtung gebundene Gefolgschaft aufzukündigen, wenn der Gefolgsherr hinter seiner Verantwortung zurückfiel und sich selbst untreu wurde.

In jeder Schicksalslage sich selbst treu zu bleiben, dem Gesetz in sich zu gehorchen und sich an ihm zu bewähren, vor sich selbst zu bestehen – das ist für den germanischen Menschen das Höchste, das seine Ehre, als *das innere Maß seiner Selbstachtung wie seiner Verantworung schlechthin*, ihm abverlangt. Es ist das, was höchste Bewunderung selbst noch am Feind und Gegner hervorruft und zu bewundern vermag der Germane trotz Feindschaft, Rivalität oder Rachegebot, das hier ohnehin nicht aus Haßgefühlen emporspringt, noch einen Vergeltungsdurst löschen muß. Rache muß eine wundgeschlagene Gemeinschaft heilen, indem der Rächer „Rache nimmt", indem er die Ehre des Täters der Lücke einfügt, mit ihr die Wunde heilt, um die Sippenehre nicht verbluten zu lassen, um überhaupt existieren zu können. Das aber schließt auch für ihn nicht aus, daß er seinen Gegner sachlich würdige und, wenn er es wert ist, ihm Achtung zolle, ja daß ehrenhafter Kampf den ebenbürtigen Gegner verlangt, nicht einen Schwächling.

Wurzeln europäischer Ritterlichkeit

Eben diese sachliche Wertung des Gegners, in dem man den gleichwertigen Kämpfer verlangt, mit dem man sich messen, sein eigenes Kämpfertum unter Beweis stellen, sich selbst bewähren muß – dies wurde die Keimzelle für eine noch rein innergermanische Entwicklung, die in den letzten Jahrhunderten vor der Missionierung einen weit in die europäische Zukunft ausgreifenden Wandel hervorbringen sollte. Es ist eine gegenüber dem alten Geist der Blutrache neue Gesinnung, die in den skandinavischen Ländern, auf dem von Norwegen aus besiedelten Island und in den Ländern an Nord- und Ostsee als „drengskapr"[8] bezeichnet, reiche Blüten getrieben hat.

Stand für den Mann des alten Schlages der Gegner bei all seiner Würdigung in seinem Blickfeld als Träger der zu gewinnenden Ehre, so greift der Blick des „drengr godr"[9] ohne die Sache der eigenen Partei aus den Augen zu verlieren, auf die Person des Gegners aus als den, der er an sich selbst ist, und hinaus über die eigene Gemeinsachaft und umfaßt den anderen Menschen auch in seinem Persönlichkeitswert. Jedoch nur, wenn dieser sich als ein Mann von ehrenhafter Gesinnung erweist! Sonst spricht allein das Schwert – einem Lump gegenüber fühlt man sich nicht verpflichtet. Und wie jetzt der drengr godr in der hellen „Freude des Mannes am Manne" seine Kräfte mißt mit dem ebenbürtigen Gegner, so setzt er auch seine Gesinnung gegen die seine und darum kann er nicht anders, als den anständigen und ehrenhaften Feind zu behandeln, wie es seiner selbst und dessen würdig ist – um „einer des andern wert zu sein". Und er nimmt ihn als Freund oder an Sohnes Statt in die eigene zu heilende Sippe auf, so daß er an die Stelle des Getöteten tritt und selber die „Lücke" schließt.

Diese germanische „Ritterlichkeit", die in alle Formen kämpferischer Begegnung einbricht, gewährt Hilfe und Schonung nicht jedem und nicht aus Mitleid oder christlicher Feindesliebe, nicht, weil der andere Hilfe nötig hat – sondern weil er der Hilfe wert ist: den Ausschlag gibt einzig die anständige Gesinnung, die die eigene verpflichtet. Sie wandelt Feindschaft in Kampfverbundenheit. Sie schmilzt Gegnerschaft um in eine neue Friedensgemeinschaft. Was ist hier geschehen?

Die Geburt der europäischen Persönlichkeit

Diese neue Sicht auf den Menschen kommt einer Entwicklung entgegen, die bereits zielstrebig, wenn auch auf stille Weise, seit langem das Selbstverständnis und Selbstgefühl der germanischen Menschen in einer neuen Entfaltung begriffen artikuliert und formend begleitet. Denn etwas Einmaliges, soweit Stämme und Völker gezogen waren, soweit die weitesten Wanderwege dazumal führten oder der Ältesten Gedächtnis zurückreicht, etwas Einzigartiges hatte sich begeben. Was keine der Sprachen des Erdkreises kannte, was keiner der großen Schriftsprachen der Welt in den Sinn gekommen war, woran weder der Süden noch der Westen oder Osten Europas dachten, davon zeugte ein schlichtes Dokument vom Anfang des 5. Jahrhunderts aus der Hand eines germanischen Künstlers und Goldschmieds, ein winziges Zeichen, daß eine gewaltige, evolutionäre, geistige Entwicklung in Gang geraten war. An der Westküste Jütlands nicht weit von Tondern in Nordschleswig wurden zwei große Trinkhörner aus reinem Gold gefunden, die mit kultischen Bildern im germanischen Sternen-Stil bedeckt sind. Das größere der berühmten Goldhörner aus Gallehus, 13 km nördlich der deutsch-dänischen Grenze, trägt am oberen Rand die Runenschrift:

„Ich, Hlewagast, Holtes Sohn, fertigte das Horn."
Die älteste uns bekannte Stabreimzeile.
Doch nicht dies ist es, was unsere höchste Aufmerksamkeit fesseln muß. Es ist das kleine Wort „ich"[10] das hier mit Stolz auf das eigene Werk dem eigenen Namen vorausgesetzt wird, wie schon andere altnordische Runensteine und Runeninschriften dem altnordischen Personalpronomen „ek" als selbständigem Wort einen betonten Platz vor dem Namen und bald auch in freier Souveränität vor dem Prädikat einräumen und ebenso mit der zweiten und dritten Person verfahren. Im höchst bedeutsamen Gegensatz zu den griechisch-lateinischen Formen der bloßen Verbalendungen und einer Verwendung von Personalpronomen lediglich zur Betonung oder Vermeidung von Irrtümern, tritt im Germanischen mit dieser kühnen Verselbständigung des Ich, Du, Er, Sie ein neues Persönlichkeitsbewußtsein in die Geschichte Europas ein, das des bei unzerreißbarer Sippen- und Gemeinschaftsbindung sich durch Selbstunterscheidung seiner selbst bewußt werdenden Individuums.

Und während die Bibelübersetzung durch den Goten Ulfila die selbständigen persönlichen Fürwörter noch nicht kennt, haben sie in den altnordischen Strophen des uralten Havamal und den geheimnisvollen Worten der Seherinnen oder Seher am Urdbrunnen schon ihren festen Platz gefunden, der ihnen in den Eddaliedern und fortan unbestritten bleibt:

> Sá ek ok pagdak,   sá ek ok hugdak,
> hlýdda ek é manna mál.
> Ich schaute und schwieg,   ich schaute und sann,
> ich lauscht auf der Männer Wort.

Gleichfalls meldet sich der althochdeutsche Dichter des schon auf ein hohes Alter zurückblickenden Hildebrandsliedes, als die Mönche in Fulda zwischen 810 und 820 auf einem Buchdeckel seine Eingangsworte mit dem selbstbewußten Ich notieren, das längst auch Südgermanien ergriffen hat:

> Ik gihorta daz sagen –
> Ich hörte das sagen: Daß sich Herausforderer einzeln trafen...

Und gerade das Hildebrandslied, in dem ein genialer Dichter den schärfsten Konflikt zwischen Sippenbewußtsein und Ehrgefühl in die äußerste Tragik getrieben hat, zeigt den Einzelnen, der ihn in seiner Brust auskämpft und entscheidet, als persönlichen und einsamsten Gestalter seines Schicksals. Auch hier wird deutlich, daß Entscheidung und Verantwortung sich zunehmend von der sie schon festfordernden, sie nahezu erübrigenden Sippenethik zur persönlichen Entscheidung hin bewegt, womit das „unpersönliche" Schicksal des Ausgeliefertseins sich steigert zur persönlichen Bejahung und „Gestaltung" des Schicksals als höchste Bewährung in voller innerer Freiheit und dem Willen zu ungebrochener Selbstbehauptung.

Von hier aus erhält auch die Wandlung im Rachevollzug von der Blutrachepflicht zum drengskapr-Geist, die Ausweitung des Blicks auf den Menschen und Ausweitung der Verantwortlichkeit über die engere Gemeinschaft hinaus auf die andere Persönlichkeit in ihrem Eigenwert ihre tiefere Begründung und Qualität. Was insgesamt keineswegs bedeutet, daß das Individuum jetzt seinen festen Grund in der eigenen Sippe oder im Männerbund etwa verlöre.

Lebendige Entwicklung statt „Erstarrung" und „Verfall"

Denn was ist hier geschehen? Vorstoß vom festen Grund, Ansiedlung in größeren Räumen. Das Ich, das von undenklichen Zeiten her in der Sippengemeinschaft seinen unveränderten Standpunkt hatte, greift plötzlich hinaus über den Ring der geschlossenen Bluts- und Schwurgemeinschaft auf den außerhalb und in anderen Bindungen Stehenden, in dem man auch den Mann von Ehre und ehrenhafter Gesinnung achten lernt, und den man durch ein gleich ehrenhaftes Verhalten ehrt. Damit wird ein Zug, der seine innere Notwendigkeit hatte im Gezüge des alten Geistes, aufgehoben und durch eine neue Haltung ersetzt: die Unbedingtheit einer starren Parteibezogenheit, die seine Größe ausmachte und seine Gefahr – die Gefahr der Selbstvernichtung der Sippen und die Opferung der Besten, Ehrenvollsten im Namen der Ehre und des Friedens der Sippe selbst.

Diese innergermanische Entwicklung – die wir Europäer nach Jahrhunderten der Völkerschlachten und zwei Weltkriegen nur zu gut verstehen – sie erlangt im Rittertum und in der Ritterlichkeit ihre Reife und Vollendung. Sie vermag sich auch in Zukunft als die ureigene Basis eines sich durch die Geschichte fortsetzenden, die Nationen übergreifenden, europäischen Gemeingefühls zu beweisen.

Während im Süden, im deutschen Raum seit Generationen die „Götterdämmerung" tief und tiefer hereingebrochen ist, von der die große Dichterin in dem mächtigen Epos, der „Völuspa", „Der Seherin Schau", schreckliche Kunde gibt, steht das geistige Schaffen im Norden noch in voller Kraft. Noch im 10. Jahrhundert findet sich in der Gruppe der Skalden um die norwegischen Lade-Jarle jene geistig-schöpferische Gemeinschaft, die nicht allein in der Wortkunst Dichtwerke von hoher Gestaltungskraft schaffen, die in ihrem Stil kraftvoller Bewegtheit und äußerster Energieentfaltung bei kunstvoller Geschlossenheit an die zu letzter Vollkommenheit gesteigerte Tierornamentik gemahnt. Hier wächst auch eine vertiefte und vergeistigte Religiosität, die sich ihren ganz eigenen, auf Altem weiterbauenden Ausdruck schafft. Während im Süden die Menschen lernen, sich als Sünder zu verstehen, verknüpft hier eine reiche Terminologie Göttliches und Menschliches miteinander immer neu als „Gotteskinder", als Vater und Söhne aus einer Sippe, als „Gottes Sippe" – Meister Eckhart wird 250 Jahre später von „Gottes Sippenschaft"[11] sprechen. Und –

während hier die Menschen – über ihre Bindung an Sippe und Stamm hinauswachsend – in ihrer Gesamtheit als „Mensch-heit" Wort und Begriff werden, entstehen, indes im Süden die Religion des einen, personalen Gottes einzieht, hier mit einer Fülle von Ausdrücken und Wortvariationen Vorstellung und Begriff der „Gott-heit" als eines impersonalen Göttlichen und göttlichen Wirkens.

Die germanische Welt ist voller Wachstums- und Steigerungskräfte, als sie zum Schweigen gebracht wird, und inmitten ihrer weitreichenden Entwicklungen wenig geeignet, die Propagandathese ihres äußeren und inneren Verfalls, der ihre Missionierung erfordert hätte, zu stützen, um das Geschehene zu rechtfertigen.

III

ZERSTÖRUNG DER IDENTITÄT

Keiner erstrebt, ein anderer zu sein –
in jedem anderen aber
kann er sich nur uneigentlich
repräsentieren.

Nikolaus Cusanus

„Bekehrung oder Vernichtung"

Als alleinige Inhaberin der göttlichen Wahrheit den ganzen Erdkreis unter die geistliche Weltherrschaft im katholischen Gehorsam zu bringen – welch eine Vision des großen Gregor! Einen ganzen Kontinent um des kirchenpolitischen Machtanspruchs willen durch Ausmerzung der religiösen Bindung seiner Menschen, der seelisch-geistigen Wurzeln ihres Menschseins, der inneren Freiheit ihres schöpferischen Selbstes und jeglicher Lebensenergien – kurz: sie durch Totalzerstörung ihrer Identität einer ihnen ganz unbekannten, ganz ferngelegenen, ganz fremden Allgewalt zu unterwerfen und von Grund auf ihr Denken, Glauben, Wollen, ihr ganzes Sein umzukehren, wenn dies denn „bekehren" ist – welches Ansinnen!

Bekehrung „durch tröpfchenweises Aufpäppeln" des „unbändigen barbarischen Sinns" der Angeln „mit der Milch sanfter Lehre" – wie Beda berichtet[1] – hat anfangs einzig in Britannien eine Rolle gespielt. Bei den Franken gibt politisches Kalkül den Ausschlag für die Annahme der Taufe – wenn auch ohne tiefere Wirkung. Bei den rechtsrheinischen Deutschen und den Skandinaviern und ihren „steinigen unfruchtbaren Herzen" sind Drohung und Gewalt angezeigt, um ihnen, „die wilden Tieren vergleichbar ihren Schöpfer nicht erkennen", vielmehr „in Germaniens dunklen Wäldern im Irrtum des Heidentums befangen auf Anstiften des Teufels im Schatten des Todes irren" – wie die Sendschreiben[2] des zweiten Gregor dem mit der Autorität des Erzbischofs entsandten Bonifatius, gebürtigen Angelsachsen aus Essex, seine hehre Mission erläutern – in den Hafen der heiligen katholischen Kirche zu führen.

Denn es war immer derselbe Jammer! Bonifatius ließ seiner Verzweiflung in erschütternden Briefen an seine angelsächsischen Brüder und Schwestern über die feindselige Ablehnung freien Lauf, mit der „die ungeschlachten und unbelehrten Völker" sich gegen Bemühungen, „diese von den Stricken des Teufels, durch die sie noch festgehalten sind, loszureißen und den Söhnen der Mutter Kirche zuzugesellen", zur Wehr setzten: „Überall Mühe und Kummer! Außen Kämpfe und innen Furcht! Aber auch innen Kampf und Furcht!" Wie oft auch schon Missionare aus Irland den Samen des christlichen Glaubens und der Bußwilligkeit in die verhärteten Herzen gesät hatten, der Boden blieb unfruchtbar auch, als der von Rom autorisierte Glaubensapostel

73

von ihrem steinigen Acker zu ernten hoffte. Wie aber den Kampf um die Seelen gewinnen und den Ertrag in die Scheuer der Römischen Kirche einfahren, wenn die Waffen des Geistes nichts ausrichten? „Ohne den Machtspruch des Frankenfürsten und die Furcht vor ihm kann ich heidnischen Brauch und Greuel des Götzendienstes in Germanien nicht bekämpfen", kapituliert Bonifatius und delegiert damit für alle Zukunft die Austreibung nichtchristlichen Glaubens und Bestrafung der Widerstrebenden an die staatliche Gewalt unter bischöflicher Leitung. Und an die Furcht!

Überall folgt den ungerufenen Eindringlingen das Verhängnis nach, im Süden wie späterhin im Norden, bei Thüringern, Hessen und Sachsen wie in Norwegen, auf Island, bei Dänen und Schweden: überall Widerstand, entschiedene Weigerung, Verachtung und Abscheu, und scheint ein Erfolg erbracht, kehrt, sobald der Glaubensbote den Rücken nur wendet, das Volk zu seinem ererbten Glauben, zu seinen Kultfesten, Ahnen- und Grabkulten zurück, sind kaum verstandene Glaubensformeln und Taufgelübde verraten, vergessen. Doch die Priester kommen wieder mit der Heeresmacht der christlichen Könige. Was im sagenfernen Süden, in Sachsen bei Verden geschehen ist, das setzt sich unter den ersten „gechristeten" Herrschern des Nordens wie in unzähligen Wellen fort,[3] durch die Könige Olaf Tryggvason und Olaf den Heiligen, von der Kirche Heiliggesprochenen, mit Verbrennen der Ungehorsamen in ihren Häusern oder Versammlungsstätten, Aussetzen und Festbinden auf überfluteten Inseln, Erschlagen ganzer Thingversammlungen von Hunderten und Tausenden, mit Verstümmeln von Händen und Füßen oder Ausstechen der Augen Einzelner, Aufhängen oder Niederschlagen, *wenn* nicht Todesangst sofortige Massentaufen auf der Stelle erzwangen – ohne jede Belehrung oder vorherige Unterweisung der Täuflinge, die von den mitgeführten Bischöfen, Priestern oder Kriegern „christlich gemacht" wurden; „doch das Christengesetz war ihnen unbekannt". „Entweder ihr sollt euch taufen lassen oder auf der Stelle getötet werden!" Mit diesem Wahlspruch zogen sie durch das Land – mit demselben, den der Benediktinerabt und geistliche Führer der Kreuzzüge Bernard von Clairvaux auf die plakative Kurzformel „Bekehrung oder Vernichtung!" gebracht hatte, mit der er die abendländische Ritterschaft in den blutigen Krieg, ins Heilige Land schickte, mit dem noch die spanischen Eroberer gegen die Inkas und Mayas Amerikas segelten. Und die in den

Sachsenkriegen Karls des Großen am Tage der Tragödie von Verden ihre grausamste Premiere erlebte. Sie steht am Anfang des Abendlandes.

Daß Karl mit der Zusammenführung der großen germanischen Stämme die großartige geschichtliche Leistung seiner Reichsgründung vollbrachte und die Grundlage für das mittelalterliche Reich legte, sollte nicht aus dem Blickfeld entlassen, daß sie mit Menschenrechtsverletzungen und Menschenschändungen schlimmsten Ausmaßes im Namen Gottes erreicht wurden, durch eine Vergewaltigung nicht nur von Freiheit, Leib und Leben vieler Tausender im offenen Krieg durch dreißig Jahre, darunter die Enthauptung von 4.500 Altsachsen an einem Tag und Vertreibung von 10.000 aus ihrer angestammten Heimat, dazu aber durch die innere „Brechung" eines großen Volkes, durch Vergewaltigung der Seelen und Zerstörung ihres ureigenen Wesens. Dieser Vorgang wiegt zu schwer, um ihn zu übertünchen oder zu verharmlosen mit den durch die geschichtlichen Fakten selbst erledigten Schutzbehauptungen, der germanische „Götterglaube" – den es als solchen in der Realität gar nicht gegeben hat – sei ohnehin „am Ende" und „in Verfall" gewesen, weshalb die Germanen das Christentum „freiwillig angenommen" und dadurch überhaupt erst eine Menschenwürde erhalten hätten.

Wohl kaum geschah es ohne Grund, daß der Kaiser ein Reichsgesetz erließ, die Capitulatio de partibus Saxoniae,[4] das über die Zwangsmissionierten ein Netz ausschließlich religiöser Bestimmungen verhängt, die in 34 Kapiteln die Strafen für die dem Christentum Widerstrebenden verkünden mit dem schaurig drohenden Refrain: ...„der sterbe des Todes". Das unbarmherzige Entweder-Oder von „Bekehrung oder Vernichtung" – hier war es zur gnadenlosen Zuchtrute geworden: „Wenn jemand ... ungetauft sich verbergen will und es verschmäht zur Taufe zu kommen und Heide bleiben will, sterbe er des Todes." ... „die Fastenzeit zwecks Herabsetzung des Christentums verschmäht und Fleisch ißt, sterbe er des Todes." „...einen Verstorbenen einäschern läßt, werde er mit dem Tode bestraft." „... in Gegnerschaft zu den Christen verharrt, sterbe er des Todes."

Wer bereit war, „zu Kreuze zu kriechen", brauchte nur die Taufformeln nachzusprechen, sofern nicht schon bloße Zustimmung genügte:

Sagst du dem Teufel ab? (Forsachistû diabolae?)

– Ich sage ab (Ek forsacho)

Sagst du dem Werk und Willen des Teufels ab?
– Ich sage ab.
Sagst du allen Opfern und den Abgaben und den Göttern ab,
die die Heiden als Opfer und Abgaben und Götter haben?
– Ich sage ab.
Glaubst du an Gottvater, den Allmächtigen?
– Ich glaube.
Glaubst du an Christ, Gottes Sohn, den Heiland?
– Ich glaube.
Glaubst du an den Heiligen Geist?
– Ich glaube.
Glaubst du an einen allmächtigen Gott in Dreiheit und Einheit?
– Ich glaube.
Glaubst du an die heilige Kirche Gottes?
– Ich glaube.
Glaubst du an eine Vergebung der Sünden durch die Taufe?
– Ich glaube.
Glaubst du an ein Leben nach dem Tode?
– Ich glaube.

Mit diesem „Ich glaube" trat ein Volk, ein Kontinent, trat Europa aus seiner Glaubenswelt, aus seiner eigenen Religion aus und über die Schwelle eines anderen Daseinsverständnisses – so schien es. Doch „verstand" der Täufling, was er gelobte?

Und kann man seine ureigenste Überzeugung, seine zuinnerst sich zugehörige Gesinnung so einfach ausradieren und einen anderen Glaubenstext auf die nun leere – nein, immer noch lesbare Stelle schreiben? Kann man die eigene Persönlichkeit, die von den eigenen, tiefsten Bindungen lebt, mir nichts dir nichts wie eine Jacke ausziehen, kann man in einer anderen Haut noch man selbst sein? Es brauchte Jahrhunderte, daß aus Germanen Christen wurden, sofern dieser Glaubenswandel, der einen gänzlichen Bewußtseinswandel erforderte, nicht nur an der Oberfläche blieb oder überhaupt ausblieb. Denn um was anderes ging es in diesem geistigen Umsturz größten Ausmaßes für jeden einzelnen als um den radikalen Ausstieg aus sich selbst, um die „radikale" Auswurzelung aus dem eigenen Grund.

Als fünfzig Jahre vor den beiden Olafs der norwegische König Hakon der Gute, der als Ziehsohn des englischen Königs von Britannien „gechristet" nach Norwegen kommt und den ersten Versuch unter-

nimmt, das Christentum einzuführen und dabei auf dem Thing mit seinem Ansinnen die fest auf wechselseitigem Vertrauen und innerer Freiheit ruhende Kultgemeinschaft zwischen ihm und dem Volk zu zerbrechen und das gesamte Heil seines Volkes zu zerstören im Begriffe ist, erhebt der Bauer Asbjörn von Melhus erregten Widerspruch gegen seine Forderung, „daß wir unseren Glauben ablegen sollen, den unsere Väter vor uns gehabt haben und alle Voreltern, zuerst im Bronzezeitalter und jetzt in der Zeit der Hügelgräber, und sie sind um vieles vornehmer gewesen als wir – und dieser Glaube hat uns doch getaugt! Wir haben dir so große Liebe entgegengebracht, daß wir dich bei uns entscheiden ließen über alles Gesetz und Landesrecht. Nun ist es der einhellige Beschluß aller Bauern, die Gesetze zu halten, die du uns gesetzt hast hier auf dem Frostathing und die wir dir bejahten; wir wollen alle dir folgen und dich in Ehren halten, solange nur einer von uns Bauern am Leben ist, wenn du, König, ein gewisses Maß halten willst, allein das von uns zu fordern, was wir dir gewähren können und was uns nicht unmöglich ist zu tun." Und indem er unwillkürlich vom vertrauten Du zum Ihr und wieder zurück wechselt: „Wenn Ihr aber diese Sache mit so großer Strenge aufnehmen wollt, mit Macht und Gewalttätigkeit gegen uns streiten, dann haben wir Bauern unseren Entschluß gefaßt, uns alle von dir zu trennen und uns einen anderen Führer zu nehmen, einen, der uns derart führt, daß wir in Freiheit unseren Glauben zu behalten vermögen, den wir wollen. Nun sollst du, König, wählen zwischen diesen Möglichkeiten, ehe das Thing gelöst wird."[5]
In König Hakon, der auf die ihm von der englischen Geistlichkeit aufgenötigte Missionsverpflichtung verzichtet, ist die germanische Toleranz noch intakt und lebendig, die aus der Achtung des Eigenrechts der Persönlichkeit im anderen Menschen stammt – sei es im Ehegatten oder im Kind, im Gefolgsmann oder im Gegner, sei es im Andersgläubigen – und die sich ebenso selbstverständlich verwirklicht in dem Königswort Theoderichs des Großen: „Die Religion kann ich nicht befehlen, weil niemand wider seinen Willen zum Glauben gezwungen werden kann". Sie spricht ebenso souverän aus der Antwort der Königin Sigrid von Schweden auf die Brautwerbung des fanatischen christlichen Königs Olaf Tryggvason: „Niemals werde ich den alten Glauben aufgeben. Doch will ich mit dir nicht darüber rechten, wenn du an den Gott glaubst, der dir gefällt."[6] Nicht weniger als den Großen eignet sie dem Volk, das christliche Priester und Getaufte mitten unter

sich überall ohne Unterschied ihrem erwählten Glauben nachgehen läßt.

Mission hat immer zwei Seiten. Was auf der einen Seite „Bekehrung", ist auf der anderen Seite Zerstörung. Was auf der einen Seite „Errettung" sein soll, bedeutet der anderen Knechtung. Was hier als „Halsstarrigkeit" gescholten wird, ist dort höchste Treue. Was hier als Gehorsam verlangt wird, ist dort Verrat. Das „Verbrenne, was du angebetet hast! Bete an, was du verbrannt hast!" des Bischofs Remigius an die Adresse des von ihm getauften Merowingerkönigs die Aufforderung zu elender Gesinnungslumperei, eine Saat, die fürchterlich aufgeht.

Das „Beuge, stolzer Sigambrer, demütig dein Haupt" des Bischofs an den vor ihm knienden, königlichen Täufling Chlodwig samt der zunehmenden Hinführung der ehrbewußten, im göttlichen Heil gründenden Männer und Frauen zu Sündigkeitsbewußtsein und systematisch geschürter Teufel- und Höllenangst machen den extremen Wertwandel und tief in die menschliche Substanz eingreifenden Bewußtseinswandel bei den Missionierten deutlich. Mit der Erziehung dieser Menschen zum Sünder, der Brechung ihres Willens und Ehrbewußtseins wurde ihr Selbstverständnis und Wertbewußtsein gänzlich aus den Angeln gehoben und in das krasse Gegenteil verkehrt, wurde ihr Selbstwertgefühl tödlich getroffen. Der Verlust der ihr ganzes Sein durchwesenden religiösen Transzendenz stürzt die jetzt Wurzellosen, Bindungslosen in Haltlosigkeit, Orientierungslosigkeit und Enthemmung, die einen allgemeinen Zerfall der Sitten und aller Sittlichkeit mit Unzucht und Frauenmißbrauch, Gewalttat und Grausamkeit, Verrat, Heimtücke und Mord zur Folge hat.

Die große epische Dichtung des Nordens „Der Seherin Schau" hat das Unheil des Glaubensverlustes, das wie eine drohende Wolke vom Süden heraufzieht, in gewaltigen Bildern des Mythos gestaltet. Erschüttert durch die Schreckensorgien der Auflösung und des Verfalls in den christlichen Ländern, verkündet der Dichter oder die Dichterin ihre Vision vom Untergang der Welt, der Götter und Menschen als ein kosmisches Drama, das mit der Zeit anhebt, in der noch nichts war, und dem Tage entgegenwächst, da Giftströme sich durchs Land wälzen, Würmer und Fäulnis die Wurzeln zernagen und Yggdrasil stürzt. Fluten steigen hoch zum Himmel, stürzen aufs Land und die Luft verdorrt, Schneestürme wüten und die Sonne wird schwarz. Unter den

Menschen blüht giftig das Chaos, bevor die Götter im Kampf gegen
die Mächte des Unheils fallen und die Welt versinkt:

Brüder kämpfen und bringen sich Tod,
Brüdersöhne brechen die Sippe;
arg ist die Welt, Ehbruch furchtbar,
Schwertzeit, Beilzeit, Schilde bersten,
Windzeit, Wolfszeit, bis die Welt vergeht –
nicht einer will des andern schonen. –
Dort sah ich waten durch Sumpfströme
Meineidige und Mordtäter.[7]

Die allenthalben mit dem Glaubenswandel einhergehende Auflösung
der Sippenbande, der Grundlage der Existenz überhaupt und des Urgrunds aller Verantwortung, die jetzt, weil sie die Bindung an Gott stören, zugunsten der Glaubensbruderschaft in Christo unter der Mutter
Kirche den absoluten Forderungen des erwarteten Gottesreiches ge-
opfert werden müssen, macht – so schaut es der Dichterseher – aus den
Menschen reißende Wölfe, Brecher von Wort und Treue, Vertrag und
Eid. Sie zerrüttet die Ordnungen der Welt und die Weltordnung. Brudermord ist Zeichen des Untergangs, in dem die Weltesche, die Achse
des Seins, des „Lebens Spender", in Flammen versinkt:

Die Sonne verlischt, das Land sinkt ins Meer;
vom Himmel stürzen die heiteren Sterne.
Lohe umtost den Lebensnährer;
hohe Hitze steigt himmelan[8]

Der Frankenkönig Chlodwig hat, nicht weniger grausam aber ruchloser und tückischer als seine späteren königlichen Glaubensbrüder Karl
und die Olafs, an der Schwelle der abendländischen Katholizität – für
den Psychologen geradezu ein Lehrstück – seinen Religionswechsel
und Weg zum „Allerchristlichsten König" und zum Heiligen der
dankbaren Kirche mit hemmungsloser Lasterhaftigkeit, hinterlistigen
Gewalttaten und brutalen Morden gepflastert. Und er war keineswegs
die vereinzelte Ausnahme neben den Burgunderschwägern und den
eigenen Nachkommen in dieser aus den Fugen geratenen Welt des Re-
ligionsumbruchs, die an Maßlosigkeit des Sittenverfalls und Verbrechen gegen die Menschlichkeit ihresgleichen sucht. „Schlechter sind
die Menschen geworden, als sie vorher waren", stellt der Bischof von
Marseille Salvian im 5. Jahrhundert der christlichen Welt seiner Zeit
ein verheerendes Zeugnis aus.

Sogar Bonifatius kann nicht umhin, dem verkommenen Lüstling und Nonnenschänder, dem christlich getauften englischen König Ethilbald von Mercia, die Sittlichkeit der Ungetauften, der heidnischen Altsachsen, als Vorbild hinzustellen, „die, obwohl sie Gott nicht kennen und dessen Gesetze nicht haben, von Natur tun des Gesetzes Werk und damit sagen, es sei beschlossen in ihren Herzen".

Sündigkeit als Waffe und als Erlebnis

Wahrlich kein Wunder, daß der große Dichter der Merowingerzeit Venantius Fortunatus, Bischof von Poitiers, derart von der Sündigkeit der Welt besessen war, daß sich ihm ihre Verderbtheit über die Verderbtheit Adams und aller Menschen hinaus zu einer kosmischen Sündigkeit ausbreitete und er selbst die Sterne von Sünde befleckt glaubte. Das Sündigkeitsbewußtsein, das seit der iroschottischen Mission, seit Bonifatius und mit jeder Zustimmung zu dem vorgesprochenen Taufgelöbnis, mit jeder Predigt und jedem Gebet, beim Beichten und Fasten den Menschen ins Gewissen gepflanzt wird, ist, neben dem gestrengen staatlichen Verbot ihrer eigenen Religion bei Todesstrafe und der Auflösung aller Sippenbande, der dritte und tödliche Eingriff in ihr Selbstsein und in das Selbstverständnis des Menschen, der sich im göttlichen Heil geborgen und von ihm getragen und der sich ihm darum verantwortlich wußte.

Gerade diese innere, kaum anfechtbare Selbstgewißheit der ganz in sich selbst Gründenden war es ja, was Sorgen wie Felsblöcke auf den Apostel der Deutschen häufte und ihn in herzerweichenden Briefen über die „unbelehrbaren und halsstarrigen Völker" seinem Kummer über die Vergeblichkeit seiner Mission Luft machen ließ. Es gab nur eine Waffe, sie gefügig zu machen – Bischof Daniel von Winchester vertraute sie unumwunden dem verzweifelten Bonifatius an: „wie es dir nach meinem Dafürhalten am besten und am schnellsten gelingen könnte, diese halsstarrigen Menschen zu brechen" und ihnen ihren eigenen Glauben als „Schmutz und Sünde" vorzuhalten, gegen die allein die Taufe die sehr notwendige Reinigung vollbringen könnte, um sie der Erlösung bedürftig und dem Gehorsam zugänglich zu machen. Diese Waffe hieß Sündenbewußtsein, die Taktik Drohungen und

Angst und, wenn der Erfolg sich zeigte, Versprechungen, die ihren trotzigen Sinn geneigter stimmen sollten.

Nach diesem Muster hatte freilich vergeblich Papst Gregor III. den Altsachsen – 33 Jahre bevor Karl der Große den Kampf gegen sie mit der Zerstörung des kultischen Mittelpunktes ihres Reiches, der heiligen Irminsul im Teutoburger Wald, Symbol der das Weltall tragenden und durchwaltenden Macht begann – kraft seines Amtes zugesichert: „Auf daß ihr von Teufelstrug befreit, den Auserwählten beigesellt zu werden verdient und von ewiger Verdammnis erlöst, das ewige Leben erlangt." Dieses hatte bereits sein Vorgänger Gregor II. ihnen in ansprechenden Farben ausgemalt: „Da wir wünschen, daß ihr euch in Ewigkeit mit uns freuen möget, wo kein Ende, keine Qual, keine Trübsal ist, sondern (wie es sich für Germanen gehört) ewiger Ruhm, darum gehorcht unserm lieben Bruder Bonifatius in allem, und ihr werdet gerettet sein in Ewigkeit, ihr und eure Kinder. Bauet darum, euch zum Nutzen und Heil, ein Haus für ihn und Kirchen, damit Gott euch eure Sünden verzeihe und euch das ewige Leben schenke."[9]

Während vielfach die Sünde derart ihres schweren Ernstes entleert, ihr der volle Sinn im Erlösungswerk Christi ausgetrieben wird, indem sie als Handelsobjekt benutzt, zur Eintreibung des Gehorsams gegenüber der Kirche verwendet und bis zur Aufforderung, den lieben Bonifatius gut unterzubringen, banalisiert wird, indem sie – wie Karl der Große von seinem Urahn, dem Bischof Arnulf von Metz, zu berichten liebt, er habe von der Moselbrücke seinen Ring in den Fluß geworfen, um, wenn er ihn wiedererhalte, zu wissen, daß ihm seine Sünde vergeben sei – als Gewinn eines zum abergläubischen Glücksspiel verkommenen Gottesurteils entstellt, ja – bei den Franken zur bürokratischen Floskel ausgehöhlt worden ist, die auf schriftlichen Erlaß hin jede Urkunde mit ihrem Namen und dem flotten Zusatz „peccator", „Sünder", zu zeichnen gewohnt sind – währenddessen setzt dort, wo die Predigt der Sünde ernst und dann sogleich mit aller Leidenschaft in ihrer ganzen Abgründigkeit genommen wird, ein Wesensbruch von erschütternder Tragik ein und eine seelische Umformung, die total ist.

Vom freien Sachsen zum „weinenden Knecht"

Von welchen Widersprüchlichkeiten der so gegensätzlichen Wesens-
gesetze der Einzelne zerrissen und in ihnen zerrieben wurde, welche
seelischen Qualen, welche Verwirrungen und Verirrungen der Verlust
des ureigenen Selbst, die systematische Zerstörung der religiösen Identität durch religiöse Entwurzelung, Fremdbestimmung und Umformung diesen Menschen zugemutet wurden, zeigt wie in einem Brenn-
glas das Schicksal eines Sohnes des eben gewaltsam getauften Sachsen-
volkes, der in der grausamen Zerreißprobe zwischen seinem Sachsen-
tum und dem Christentum einer der reifsten, seiner Zeit vorauseilen-
den Dichter und nach dem Schotten Eriugena der selbständigste Kopf
seiner Zeit wurde – und zum Rebell![10]

Zweiunddreißig Jahre, nachdem bei Verden das Volk der Sachsen
seine blutige Lektion zur Unterwerfung unter das Frankenreich und
unter die katholische Staatsreligion erlitten hat, wird im Jahr 804 der
Sohn des sächsischen Grafen Bern geboren und zur Ausbildung dem
Kloster Fulda übergeben. Durch den frühen Tod des Vaters wird der
kleine Gottschalk zum Erben beträchtlichen Landbesitzes und zur ver-
lockenden Einnahmequelle für das Kloster und als ein noch Unmündi-
ger vom Abt gezwungen, Mönch zu werden. Als er dreiundzwanzig-
jährig von weiterer Ausbildung im Kloster Reichenau nach Fulda zurückkehrt, bricht der Konflikt offen aus. Gottschalk, der keine Berufung zum Mönch in sich spürt, fordert, vom unbändigen Freiheits-
drang des Sachsen ergriffen, seine Freilassung und die Herausgabe seines ererbten Besitzes. Doch der neue Abt, Hrabanus Maurus, hält den
Widerstrebenden mit Gewalt im Kloster fest. Der aber wagt für „das
Gesetz der Freiheit" das Unerhörte: Er klagt beim Erzbischof von
Mainz Hrabanus Maurus der Freiheits- und Vermögensberaubung
an. Auf Befehl Kaiser Ludwigs des Frommen treten fünf Erzbischöfe,
vierundzwanzig Bischöfe, vier Chorbischöfe und sechs Äbte in Mainz
zur Synode zusammen. Hier erhebt die ungeheuerliche Anklage gegen
seinen Abt

> „Gottschalk, des sächsischen Grafen Bern Sohn,
> behauptend,
> er habe ihm gegen seinen Willen die Tonsur geschnitten,
> ihn mit Gewalt ergreifen lassen und an das Kloster gefesselt.
> Der Sohn eines Freien – erklärt er unbeirrt der hohen

Versammlung – darf nicht zum Sklaven gemacht werden und nicht zum servitium Dei des Mönchslebens gezwungen werden.

Wohl schuldet die ganze Menschheit Gott ihren Dienst, aber nicht nach Mönchsregel und Klosterdisziplin.

Der Mensch kann auch ohne Mönchsgelübde sein Heil finden.

Mönch werden heißt, Sklave werden."

Er kämpft mit aller Leidenschaft, und tatsächlich erkennt die Synode auf Freilassung, aber Einbehaltung des Besitzes. Doch Gottschalk erhebt furchtlos Einspruch gegen das ihm geschehene Unrecht, und da auch Hrabanus Maurus „wegen des geflohenen sächsischen Mönches" das gesamte Mönchswesen wanken sieht, kommt die Sache vor Kaiser Ludwig den Frommen selbst.

Über den Ausgang schweigen die Quellen und über den offenbar in die „väterliche Freiheit" Entlassenen. Bis zu dem Tage, an dem wir ihn, Jahre später, *wieder* in einer Klosterzelle, *wieder* als Mönch, jetzt im Kloster Hautvilliers bei Reims sehen: einen gänzlich Verwandelten, Gebrochenen, der nichts mehr von seiner Auflehnung, nichts mehr von unerträglicher Versklavung des servitium Dei weiß, nichts mehr von der stolzen Überzeugung, auch ohne Klostergelübde könne der Mensch seines Heils teilhaftig sein, – er, der freiwillig die Freiheit, um die er so erbittert gekämpft – er allein vor Kirche und Reich – und die er so schwer errungen hatte, wieder von sich geworfen hat. Warum, wissen wir nicht. Dieser Sinneswandel ist unerklärlich – und er ist total. Aus seinen großen Hymnen an die Gottheit – schon als Knabe hatte er zarte, innige Lieder gedichtet – blickt uns ein vollständig verändertes, von „Tränen und Furcht" gezeichnetes Gesicht an, ein Mensch, „gebrochen von der Last unendlicher Sünden", ein „weinender Knecht", „der aus der tiefen Finsternis des höllischen Abgrunds" um Erbarmen schreit.

„Umwunden mit der Fessel der Sünde,
habe ich durch Sünde deinen Zorn geweckt –
Weh, was wird aus mir Elendem!"

In dieser seelisch zerbrochenen Persönlichkeit aber steckt noch immer die Unbeugsamkeit des Sachsen, eine mächtige Willenskraft, die trotzige Unbedingtheit, die ihn jetzt erneut mit seinen Oberen und mit der Kirche in Konflikt geraten lassen: diesmal durch ein Übermaß des Sünden- und Sklavenbewußtseins.

An diesem Sachsen in der Mönchskutte offenbart sich die furchtbare Tragik, die aus der Verquickung zweier grundverschiedener geistiger und seelischer Stile, aus der Mesalliance zweier unvereinbarer, feindlich einander widerstreitender religiöser Denk- und Erlebnisweisen gezeugt wird![1] Zudem treten die aus dem ursprungshaften Einssein stammende germanische Unmittelbarkeit zum Göttlichen – die des Mittlertums der Kirche weder bedarf noch sie erträgt – und die germanische Unbedingtheit der Bejahung jegliches Schicksals, wie es auch sei, in den Dienst der augustinischen Lehre von der Verfallenheit eines jeden Menschen mit seiner Geburt an die Erbsünde und seiner vorgeburtlichen Prädestination zur Seligkeit oder Verdammnis. Ja, sie übersteigern bei diesem verwandelten Mönch von Hautvilliers die christliche Auffassung von der Vorherbestimmung des gänzlich unfreien Menschen zu Erlösung oder Höllenstrafe durch einen ebenso unbeugsamen, unwandelbaren, zornigen Gott, dessen harten Willen der Sachse in ihm vorbehaltlos bejaht und bis ins letzte tapfer besteht, wie seine Väter sich fraglos und furchtlos ihrem Schicksal gestellt hatten.

Und genau diese Haltung bewahrt Gottschalk bis zu seinem Lebensende. Denn, erneut von seinem alten Gegner, Hrabanus Maurus, den man mit dem Ehrennamen des „Praeceptor Germaniae" ausgezeichnet hat, diesmal als Ketzer angeklagt, wird Gottschalk auf dem nach Quiercy einberufenen Konzil zu Geißelung, Ausstoßung aus dem Priesterstand, zu ewigem Schweigen und ewiger Kerkerhaft verurteilt. Das Urteil wird sofort minutiös vollstreckt. Alle anwesenden Bischöfe und Äbte vollziehen eigenhändig die Geißelung in einer bis dahin beispiellosen Härte, von der Erzbischof Remigius von Lyon in heller Empörung berichtet: „Denn in einem so unerhörten Beispiel von Gottlosigkeit und Grausamkeit wurde jener Unglückliche mit Geißeln und Faustschlägen zu Boden gehauen, bis er, halb tot, gezwungen wurde, in ein von ihm entfachtes Feuer ein Buch zu werfen, in dem er Sätze aus der Hl. Schrift zusammengestellt hatte, die er auf dem Konzil vortragen wollte."

Zwanzig lange Jahre schmachtete der Verurteilte in Einzelhaft in völligem Schweigen und Einsamkeit in seinem feuchten, eisigkalten Verließ, wo er am 30. Oktober 869 erlag, ohne den Angeboten der Hafterleichterung durch Widerruf seiner Glaubensüberzeugung jemals nachzugeben, mit 92 Jahren.

Wie lernt ein Volk sich selbst verachten?

Sünde – das Wort, das in die Herzen aller Getauften gesät wird – das ist nicht die Lüge, der Diebstahl, der Meineid – nein, das ist deine Sündigkeit vom Mutterleib an, durch Evas Ungehorsam in die Welt gebracht und allen Menschen ohne Unterschied vererbt, von der nichts, auch nicht der beste Wille, auch nicht die beste Tat befreien können. Sünde, deretwegen du zeitlichen und ewigen Strafen verfallen wirst, wenn nicht Gottes Gnade dir hilft. Sünde! Wie lernt ein Volk dies, was seinem innersten Wesen tief widerstreitet und dem, wie es seit Menschengedenken sich selbst verstand?

Schon die irischen Missionare, ihre Bußbücher im Arm, hatten die Baiern, Hessen und Thüringer belehrt, wie von ihnen als Sündern beim kommenden Weltgericht nur denen Versöhnung und Erlösung durch das teure Blut Christi zuteil werden könnte, „die der Gnade würdig sind, weils sie sich vor Gott als Sünder bekennen, sich des Heils aus eigenem Verdienst unwürdig fühlen und allein durch Gottes Barmherzigkeit aus allen Gefahren herausgerissen sein wollen"![12]

Sünde war jetzt alles, was ehedem hier den Menschen zum Menschen machte und was ihm als heilig galt. Um sich als Sünder, als elend und des Heils aus eigenem Bestreben, Tun und Verdienst unwürdig zu fühlen, mußte ein radikaler, bis in die Wurzeln des Wesens und des Bewußtseins reichender Wandel bewirkt werden, bedurfte es einer Ausreißung aller Fasern, mit denen der Einzelne im Sein verankert war, einer Umwertung aller Werte ins absolute Gegenteil und nicht nur der religiösen, des „Verbrenne" alles dessen, was ihm heilig gewesen war. Denn wenn Religion ein ganzheitlicher Bezug des Menschen ist, bedeutet ihre Umfunktionierung unter so grundwidersprüchlichen Bewußtseinsstrukturen die Umwertung nahezu auch aller ethischen, sozialen und sonstiger menschlicher Grundwerte, die vordem das eine Menschentum und *seine* Menschlichkeit bestimmt haben. Und es gab kein Feld, auf dem nicht das Ureigene aus dem Boden gerissen und fremder Samen angesät wurde. Es bedeutet für das Selbstverständnis des einzelnen Menschen zunächst nicht allein die Abwertung, sondern die Verteufelung von Würde und Hochsinnigkeit, von Mut zum Bejahen und Bestehen des Schicksals, von Kraft zu Bewährung und Selbstbehauptung, von Selbstvertrauen und innerer Unabhängigkeit, von Ehrgefühl und Treuebindung, von Selbstverantwortung und Freiheit in Bindung an das Gewissen, an die „Ehre". Es bedeutet die Zerstörung von mehr als ein paar struppigen „Götzen", wie die Missionare sich das Bekehrungswerk vorgestellt hatten, und von einigen heidnischen Bräuchen. Es bedeutet die Verkehrung von Selbstachtung und Selbstwertgefühl in Selbstverachtung und Selbsthaß.

Daß dies möglich war und um welchen Preis, wie weit das neue Selbstverständnis gedeihen konnte, zeigen noch schriller, noch gellender als die Qualen des „von der Last unendlicher Sünden gebrochenen" Sachsen Gottschalk die wilden, leidenschaftlichen Selbstanklagen eines zu Gott und dem Gottestäufer Johannes schreienden Mannes Heinrich, der 300 Jahre nach ihm, um 1150, in den österreichischen Alpen lebte und dem in seiner „zu großen Schwachheit" und „Haltlosigkeit" „der Sünden bleiernes Gewicht" zu schwer geworden war:

> „O weh, ich staubige Asche, ich flüchtige Spreu,
> ich bin wie ein fauler Fisch
>   von den Sünden bis auf die Gräten.
> Ich brüchige Ofenscherbe – was, wenn ich morgen sterbe?
> Wem ich heute genehm, dem bin ich dann widerwärtig,
> Ich stinkendes Aas. – O weh, wie oft ich lüge
> in dem, was ich Gott gelobe.
>   Der Sünden madige Geschwüre,
> die haben meine Seele verdorben
>   und mich wie Lazarus getötet;
> mein Gewissen verfault mir,
>   wenn mich nicht aufrichtet der Gottes-Täufer,
> mein einziger Helfer,
>   dein wunderbares Erbarmen
> ohn all mein Streben …
> Dann habe ich Unreiner, ich Gehässiger, ich Neidvoller,
> ich Zorniger, ich Habgieriger, ich Anreizer zum Bösen,
> ich des Teufels Wucherer, ich aller Laster Heerhorn,
>   dann habe ich dich, Gottes Fahnenträger, erkorn."[13]

Vierhundert Jahre sind seit Bonifatius vergangen. Aus Germanen sind Christen geworden.

Sündig-Erklärung alles vordem Heil-Tragenden

Die Frau

Die am tiefsten greifende Selbstentfremdung, die ihre während des abendländischen Zeitalters durch eine großangelegte, bis ins Kleinste betriebene Umerziehung fest eingeschliffene Prägung der Frauen, des „Weiblichkeits"-Ideals, des männlichen Wunschbildes, noch bis in Restgruppen der Gegenwart hinterlassen hat und bis heute nicht ausgestanden ist, traf die Frauen insgesamt. Die Frauen der in alle Richtungen Europas gewanderten germanischen Völker, die als selbständige Persönlichkeiten ebenbürtig neben dem Mann standen, die mit eigener Ehre und Entscheidungsfreiheit den gleichen Zielen lebten,[14] werden durch das neue Vorbild, das die Kirche ihnen aufnötigt, bis ins Mark getroffen.[15] Sie werden zu Evastöchtern, denen der Makel der Sünderin eingebrannt wird, jener Sünderin, die durch fleischliche Begierde, durch Ungehorsam und Triebhaftigkeit Adam zur Sünde verführte und damit die Sünde und alles Unheil in die Welt gebracht hatte, weshalb Jahwe sie verflucht und sie der Gewalt und Zucht des Mannes unterstellt hatte: „Dein Wille soll deinem Mann unterworfen sein, und er soll Herr sein über dich!"
Noch härter freilich und noch erbarmungsloser als in der Bibel Genesis 3 werden den eben bekehrten Sachsen zur Zeit Kaiser Ludwigs des Frommen durch den Geistlichen Caedmon und seine Nachdichtung des Alten Testaments die Verfluchung Evas, „der Frau von schimpflicher Gesinnung", durch Gott nahegelegt, zugleich mit ihrer Verfluchung durch Adam, ihren eigenen Mann:
„Fürwahr! Du, Eva,
     hast unseren Weg mit Unglück bezeichnet!
Nun magst du die schwarze Hölle gähnen sehen,
Die gierige, gellend magst du sie von hinnen hören...
Jetzt mag es mich gereuen,
     daß ich den Gott des Himmels bat,
Daß er dich hier formte für mich aus meinen Gliedern.
Jetzt hast du mich verführt zu meines Herrn Hasse,
So daß es jetzt und immerdar mich reuen mag,
Daß ich dich mit meinen Augen sah!"

Gott aber schleudert – hier vor sächsischen Männern und Frauen – auf Eva seinen furchtbaren Fluch:

„Gehe fort von der Freude!
Du sollst in deines Ehemannes Gewalt sein!
Von der Furcht vor deinem Gatten hart geängstigt,
Sollst du in Niedrigkeit deiner Taten Verirrung büßen..."

Ein Programm, das in Zukunft beide, Frauen wie Männer, auf die ihnen jeweils zugewiesene Pflicht bei Strafe festlegt. Die Brutalität, die solche Worte, von Predigt und Lehre, Erziehung und Dichtung ins Bewußtsein gegraben, an Demütigungen und Entmündigungen, Unterdrückung und Beschimpfung, an Strafen und Prügeln, an Frauenschändung, Frauenverachtung und Frauenhaß züchteten, der sich in Hexenverleumdungen und massenhaften Hexenverbrennungen gerade der Unbeugsamsten und Selbständigsten dem blanken Wahnsinn verbündete, tat lange Jahrhunderte ihre schlimme Wirkung![7] Unvorstellbar die Tränen, die durch ein Jahrtausend täglich geweint worden sind – unvorstellbar das Leid, das diesen einst freien und ganzen Menschen in der neuen Erniedrigung zu Krüppeln ihres Menschentums und zu schwachen, unmündigen und zum Gehorsam verpflichteten Weibchen zugefügt worden ist.

Wenn man nach des Tacitus Worten bisher glaubte, daß den Frauen etwas Heiliges innewohne, daß sie, dem Göttlichen näher, ein besonderes Heil in sich tragen, so ist es jetzt eben deshalb gerade die Frau, die den Mann vom Göttlichen ab- und zum Antigöttlichen hinzieht, so lernt er jetzt in ihr die „Pforte zur Hölle", die „Verführerin zur Sünde" die „Buhlerin des Teufels" fürchten und züchtigen. Kein Vergleich erscheint dem Heiligen Petrus Damiani (um 1050) ausreichend, um ihre Verworfenheit zu bezeichnen:

„Ihr Lockspeise des Satans, ihr Auswurf des Paradieses, Gift der Geister, Quelle der Sünde, Anlaß des Verderbens! Euch – indem er sich an die angetrauten Ehefrauen langobardischer Geistlicher wendet – rede ich an, ihr Lusthäuser des alten Feindes, ihr Wiedehopfe, Eulen, Nachtkäuze, Wölfinnen, Blutegel! Kommt und hört mich, ihr Metzen, Mistpfützen fetter Schweine, Hexen und was es sonst für Scheusalsnamen geben mag, die man euch beilegen möchte. Denn ihr seid Speise des Satans, an euch weidet sich der Teufel"[18]...

Kein Wunder, daß kirchlicher Frauenhaß für Tausende von Frauen die Scheiterhaufen entzündete und eine irregeleitete Geistlichkeit zu des Remigius' Befehl „Verbrenne, was du angebetet hast" die Hand reichte.

Was ist unter der kirchlichen Umerziehung aus den alten Frauenidealen geworden? Der Vergleich der Brynhild des eddischen Heldenliedes mit der Brunhild des Nibelungenliedes macht den menschlichen Sturz sichtbar, der den Frauen durch den Zeitenumbruch widerfahren ist: Nur den Umriß der großen Frauengestalten vermag der christliche Dichter noch nachzuziehen, die Gesinnung versteht er nicht mehr, nicht mehr, daß eine Frau eigene Ehre besitzt, die nicht mit geschlechtlicher Unberührtheit identisch ist, die, wie die Ehre für den Mann, ihre Existenz ausmacht, daß sie für ihre Ehre kämpft und in den Tod gehen kann. Die Brynhild der alten Zeit ist als Brunhild ein teuflisches Kraftweib von niedriger Sinnesart geworden und weit zurückgetreten hinter einer Kriemhild, die die Schläge ihres Gatten, Siegfrieds, duldet, der ihr in der Kemenate „den Leib zerbläut" und, solcherweise zum Gehorsam erzogen, einsieht, daß der Degen „kühn und gut" recht getan hat, sie zu züchtigen. Ist die große Heldengestalt der einstigen Gudrun hier zum untertänigen Eheweib geworden, die ihrer Vergewaltigung durch ihren Gebieter zustimmt, so stellt der Dichter des 2. Teils sie in ein anderes Licht. Gudrun hatte selber für die Erschlagung ihrer Brüder Blutrache genommen – als Kriemhild verrät sie die eigenen Brüder und das eigene Volk und schickt die eigene Sippe in Untergang und Tod.

Die eigene Familie war dem Germanen unverletzlich. Die christliche Zeit aber versteht nicht mehr, wie Familie bindet und verpflichtet, weil sie ein Leib ist, und was dem einzelnen widerfährt, dem Ganzen zustößt, und was das Ganze trifft, auch dem einzelnen zugefügt wird. Die Christen sind belehrt worden, daß man Vater und Mutter verlassen soll, um anderem nachzufolgen.

Die Ehefrau, die einst als „frithusipp" zwei Sippen zusammenschweißte, hat unter dem Gebot „Er soll dein Herr sein" ihre Sippe und mit ihr ihre Eigenständigkeit in der Ehe hinter sich gelassen und ist nach Paulus „dem Mann unterworfen", nach Thomas von Aquin „in der Botmäßigkeit des Mannes zu leben" bestimmt. Während Luther, der ihr die Mutterwürde zurückgibt, ihre Menschenwürde neben dem Mann und, wie der Mann sie besitzt, infolge „Evas böser Tat" als ein für allemal verscherzt erklärt – darum soll sie sich „vor dem Mann, der besser und höher ist als sie, bücken als vor ihrem Herrn". Der Mann – so Luther – ist der Hausvater, der sein Haus in Gottesfurcht regiert, die Frau soll Kinder tragen, des Mannes Zierde und Freude sein; sich den Aufgaben der Fortpflanzung zu unterwerfen ist ihre Ehre und Pflicht – „mögen sie sich ruhig zu Tode tragen, das macht nichts, sie sind drum da". Aber „die größte Ehre, die das Weib hat, daß wir durch die Weiber geboren werden, diese Ehre soll billig alle Schwachheit des Weibes zudecken." Trotz allem bleibt sie für ihn im Geiste des Alten Testaments „die Priesterin des bösen Feindes", die Verführerin zur Geschlechtslust, die eine Folge des Sündenfalls ist, bleibt auch die Ehe im Sinne des Paulus „eine Arznei wider die Sünde, ein Spital der Siechen, auf daß sie nicht wieder in Sünde fallen". Denn „Ehe und Hurerei sind einander so gleich, was das Werk anbelangt, daß man sie kaum unterscheiden kann. – Allein sind sie in dem unterschieden, daß in der Ehe ist Gottes Wort und Einsetzung der Ordnung."

Aus dem germanischen Nebeneinander der Geschlechter, in dem kein Vorrecht aufgrund der Geschlechtszugehörigkeit existierte, vielmehr das Persönlichkeitsgewicht und die jeweilige bessere Einsicht den Ausschlag gaben, ist ein Herrschaftsverhältnis, eine Über-/Unterordnung, stummes Gegeneinander, wo nicht ein Geschlechterkampf geworden. Die vordem ganzheitliche Welt der Geschlechter fällt jedoch bereits durch die Fremderziehung prinzipiell auseinander in eine „männliche" und in eine „weibliche" Welt. Denn anstelle des einheitlichen, stilgleichen Vorbildes für Mann und Frau sind jetzt vier verschiedene getreten: Der Mann ist weiter frei, seine Existenz zu wählen, und er bestimmt sich zu dem, was sein Gesetz ihm vorschreibt, zu einem Leistungsleben der Tat und des Ausgriffs; aber er ist nicht frei von einem Stilbruch: vor Gott, einem persönlichen Schöpfer und Richter, kniet er als demütiger Sünder, zu Hause ist er der Herr, der kraft „Gottes Gebots" verpflichtet ist, den Gehorsam seiner Ehefrau und der Kinder einzufordern oder sie zu züchtigen, – eine Weile noch und er wird in der Gestik Ovids und des arabischen Minnedienstes als gehorsamster, ganz ergebener Kavalier vor der zu gottgleicher Höhe emporgehobenen „Herrin" und Frau eines anderen in fiktiver Selbsterniedrigung das Knie beugen. Die Frau hat keinen eigenen Willen zu haben – der Mann ist es, der Wesen und Wunschbild der Frau vorschreibt: sie hat dem Mann zu gefallen, der sie, das „Fräulein" erst zur „Frau" macht; und sie hat demütig, sanft und gehorsam dem Mann, seinem Haus und seinen Kindern zu dienen, wie es noch in Goethes „Hermann und Dorothea" heißt: „Dienen lerne beizeiten das Weib nach ihrer Bestimmung".

Jene Frauen aber, die sich in die Zwangsjacke nicht fügen, sich nicht beugen und bücken wollen, die als selbständige Persönlichkeiten nichts als sie selbst sein wollen, gelten jetzt als „unweiblich". Von ihnen heißt es: sie „arten sich nach dem Mann", denn germanische Haltung und Werte sind jetzt „Männerart". Eine seltsame Umwertung aller Werte in bezug auf die Frau hat sich vollzogen: Was man am Mann als Mut, Beherztheit, Tapferkeit rühmt, nennt man bei der Frau Wildheit, Grausamkeit, Zügellosigkeit und Blutgier – wo man am Mann Selbstbeherrschung, Unbeugsamkeit, Sachlichkeit, Unbestechlichkeit bewundert, zeiht man sie der Kälte und Gefühlsrohheit, des Trotzes und der Starrköpfigkeit – was man am Mann als Treue, Stolz, als Selbstvertrauen, als Ehrbewußtsein höchsten Ruhmes wert findet, verdammt man an der Frau als Verstocktheit, Ungehorsam, Widerspenstigkeit, Hochmut und Hoffart. Eine willensstarke, energische, tapfere, selbstbeherrschte Frau fällt für Gottfried von Straßburg „von Frauenart ab". Einem Ehemann, der so ein „übeles wip" besitzt, gibt der Minnesänger Reimar von Zweter die Gebrauchsanweisung:

„Du sollst die Güte dir entweichen lassen
und sollst nach einem großen Knüttel fassen,
den sollst du ihr zum Rücken messen
je mehr desto besser, mit aller Kraft,
damit sie erkennt deine Meisterschaft;
heiß sie dir schwörn, sie wolle ihren Übelsinn vergessen."

Das ist in der weitum blühenden „böse wip"-Literatur noch das mildeste. Andere raten, das „böse Weib", das ihrem Mann nicht gehorchen will, an einem Ast aufzuhängen oder ihr die Haut abzuziehen. Ratschläge, die sich auf Evas Sündenfall zu berufen pflegen und in wachsender, sich durch sexuelle Phantasien aufputschenden Roheit ins Kraut schießen. Und auch dies gehört zu unserer abendländischen Geschichte und reicht in seinen Wirkungen noch in unser Jahrhundert hinein.

König – Staat – Reich

Wie ein allesabbrechender, allesumpflügender Tornado schlug sich
die ungebetene und unwillkommene ultramontane Invasion ihre zerstörerische Bahn, brach in die intimsten Bereiche der Liebe, der Ehe
und aller natürlichen Bindungen der Familie, der Sippe, des Volkes
ein, verfremdete und verdrehte den Sinn von Arbeit, wie wir sehen
werden, von Kampf und Frieden, selbst von Leben und Tod bis in den
Grund. Sie „wandelte", laut Befehl Papst Gregors III., die ererbten,
uralten religiösen Bräuche, die gegen Strafe verbotene Verehrung der
Toten und Gedächtnisfeiern der Ahnen rundweg „um in das Gedächtnis der Heiligen!"
Und wie sie Eva, die Mutter der Sünde, zur Mutter aller Menschen erhob, so gab sie den Völkern Europas Noah zum Stammvater.
Hatten die Könige der Goten, Langobarden und der verschiedenen angelsächsischen Reiche ihre Herkunft mythisch von dem göttlichen
Ahnherrn Gaut oder Gaus abgeleitet, die norwegischen und schwedi-
schen Könige sich auf den Gott Yngvi zurückgeführt, wie auch das
Volk selbst sich als von göttlicher Abkunft verstand, so werden jetzt
durch Augustin der alttestamentliche von Samuel dem Priester eingesetzte und von ihm abhängige König David und durch Venantius
Fortunatus der legendäre Hohepriester von Salem/Jerusalem
Melchisedek aus der Zeit Abrahams den germanischen Herrscherhäu-
sern als Stammväter aufgenötigt. Ein Abstammungstausch, der nicht
nur ein belangloser Wechsel von Namen und Personen war, vielmehr
im Dienst einer raffinierten Ideologie die Vorstellungswelt des Orients
in die abendländische Geschichte hineinriß und den Spaltpilz in sie ein-
nistete, der den alten, gesamten gott-weltlichen Zusammenhang zer-
sprengen und den Geist des Abendlandes unheilvoll beherrschen
sollte. Hier war es das Königtum selbst, an dem er seine zerfressenden
Kräfte ansetzte – wiederum an dem Träger eines besonderen „Heils".
Nach dem Numidier und größten christlichen Lehrer des Abendlandes
Augustin,[19] Bischof von Karthago, ist die Menschheitsgeschichte
nicht wie für die Griechen ein sich ewig wiederholender Kreislauf, sondern ein einmaliger Ablauf von der Weltschöpfung, in die Gott bereits
den Keim der Spaltung gelegt hat, bis zum Weltgericht, der sich als ein
Kampf zweier sich ewig bekämpfender Reiche ereignet: des Gottesreiches, der civitas Dei, und des Reiches der irdisch Gesinnten, der Got-

tesfeinde, des Welt- und Teufelsreiches, der civitas terrena oder diaboli. Die Menschheit ist durch den Sündenfall verdorben und böse von Anbeginn. Alles nur menschliche Sein wird durch Selbstsucht und Stolz, durch Leidenschaften und niedere Triebe bewegt. Darum sind die irdischen Königreiche die Störer des Friedens, der das hohe Ziel des Gottesreiches ist. „Nimm die Gerechtigkeit fort, und was sind die Königreiche anderes als große Räuberbanden? Was sind Räuberbanden anderes als kleine Königreiche?" Im Gottesreich herrscht vollkommene Gerechtigkeit. Es ist nicht von dieser Welt und dennoch in dieser Welt und füllt sich durch die irdische Pilgerschaft aus allen Völkern, die zum Guten und zur Seligkeit von Gott vorherbestimmt ist. Denn durch seine Gnade vermag Gott die verlorene Menschheit in sein Reich zu führen. Als Erscheinung in dieser Welt ist das Gottesreich in der Kirche Gestalt geworden. Und das vom Bösen regierte irdische Reich muß sich dem Papstreich unterordnen. Papst Nikolaus I. ergriff die Idee Augustins mit dem Feuer seines Sendungsbewußtseins und setzte sie der Kirche für alle Zeit als Bestimmung und Auftrag. Damit waren die Grenzen ein für allemal scharf gezogen, die Gewalten konsequent und unversöhnlich getrennt, die geschichtlichen Rollen von seiten des Papsttums verteilt.

Das politische Gemeinwesen, der Staat, das Reich, hier seit uralten Zeiten heilig durch göttliche Abkunft des Volkes und seines Königs, war nach germanischem Verständnis selbst religiöser Natur[20] Staatliches und Religiöses bildeten hier eine Einheit, die sich entsprechend in der Thingversammlung wie im Goden, dem Leiter der Volksversammlung, im besonderen im König verkörpert, dem religiös-politischen Repräsentanten, in dem nach wie vor religiös-priesterliche und staatliche Funktionen eine Einheit sind.

Nach der Rollenverteilung, die Kirchenlehrer Augustin der Römischen Papstkirche zugedacht hat, setzt sich die civitas Dei, die durch göttlichen Auftrag „heilige" Kirche, dem irdischen, sündigen Zwecken verhafteten Staat gegenüber, der sich deshalb der Kirche zu beugen hat. Und die großen Fälschungen kirchlicher Rechtsquellen, die sogenannte Konstantinische Schenkung und die pseudo-isidorischen Dekretalien, untermauern die Rechts- und Heiligkeitsansprüche des Papsttums, bis um 1050 mit der revolutionären Energie einer machtvollen religiösen Bewegung die Clunyazensische Kirchenreform mit Hilfe der Mönche Petrus Damiani und Hildebrand der Römischen

Hierarchie die Waffe schärft zum entscheidenden Angriff auf das Reich und seine Weltgeltung und ihr das leidenschaftliche Pathos leiht, mit dem sie die „von Gott gewollte" Alleinherrschaft des Priestertums über das jetzt nur noch „weltliche" Kaisertum verkündet, die Kirche über den Staat und den geringsten Geistlichen über den mächtigsten Herrscher erhöht.

Mit dem Jahrhunderte währenden Kampf, der jetzt entbrennt zwischen Kirche und Reich, Papst und Kaiser, der als ein „tempelschändender Händler" vertrieben zu werden verdiene, wird der Abgrund aufgerissen, die göttlich-weltliche Einheit mit der Waffe des orientalischen Dualismus kontradiktorischer, unvereinbarer, rangverschiedener Gegensätze feindlich zerschlagen. Der Zwiespalt zerbricht alle Ordnung des Reiches, weitet sich als Unheil durch die ganze sittliche Ordnungswelt bis in den Kosmos hinein aus, so daß – wie Walther von der Vogelweide klagt – „die Sonne ihren Schein verkehrt", daß selbst „die Vöglein in den Lüften dauert unsre Not". „Sieh, wie der römische Erdkreis in Düsternis gehüllt, der Treue bar, zu frevelhaftem Beginnen und ruchlosesten Taten sich antreiben läßt!" ruft erschüttert der aus königlichem Geschlecht geborene Otto von Freising, Onkel des Kaisers: Die Zerstörung aller religiösen Grundfesten, die Entheiligung alles Irdischen und Menschlichen, auf denen die Heiligkeit des Reiches geruht hatte – „dieser Wirbelsturm führte so viel Unglück, so viele Gefahren für Leib und Seele herbei, daß er allein genügte, um das unsägliche menschliche Elend aus der entsetzlichen Verfolgung zu erklären". Dies habe ihn dazu getrieben, erklärt er Kaiser Friedrich I. Barbarossa bei der Überreichung seiner „Weltchronik", „die Geschichte jener finsteren Zeit aus der Betrübnis unserer Seele … statt als eine Reihe von Ereignissen darzustellen, mehr deren Elend nach Art einer Tragödie zusammenzuweben".

Die Arbeit

Nicht nur der Sinn ihrer Feste, auch ihr Alltagsleben entging nicht der Anordnung aus Rom: „Wandelt sie um." Ein Stein im großen Missionskonzept war auch die Arbeit.

Das Kopfschütteln des Tacitus über das dem germanischen „Wesen widersprechende" Nichtstun der „jungen Adligen und ihrer Gefolgsleute", die zwischen ihren Kriegszügen ihre Freizeit mit „Ausruhen, Essen und Schlafen" verbringen und die Hof- und Feldarbeit denen überlassen, in deren Händen sie lag, das man, unbesehen auf die ganze männliche Bevölkerung verallgemeinernd, im Studentenulk als Faulenzerei eines dem Trunk hingegebenen Volkes auf der Bärenhaut verflachste, unterstreicht im Gegenteil gerade die Verwunderung des Römers über den „merkwürdigen Widerspruch zu ihrem Wesen", denen „die Ruhe nicht behagt" und die immer tätig sein müßten.[21]

Und in der Tat gehört das „kräftige Zupacken in Hof, Stall und Feld", beim Fischen und auf der Jagd zu dem, was man an Mann und Frau rühmt und was den ganzen Kerl ausmacht, wie die alten Familiensagas und ebenso die „Graugans", das isländische Gesetzbuch, ihre Alltagswelt, sowie die überaus großzügig geregelte Arbeitsteilung zwischen den Geschlechtern, die in der Welt ihresgleichen sucht, mit allem Realismus schildern. „Früh soll aufstehn, wem Arbeiter mangeln, und rasch an die Arbeit gehn; manches versäumt, wer morgens schläft, halb reich ist der Rasche schon", sagt ein alter Edda-Spruch.

Nicht nur Tapferkeit und Selbstbehauptung im Kampf, auch Tüchtigkeit und Umsicht in der Arbeit sind Ausweis des Heils. Von einem, der seinen ganzen Schneid in die Feldarbeit legt, so daß der karge Boden ihm reiches Korn trägt, sagt man: Er hat Ernteheil. Von einem, der seine Herden versorgt und beschützt, daß sie gedeihen und sich vermehren, sagt man: Er hat Viehheil. Von einem, der die reichen Fischgründe auffindet und der mit gefüllten Netzen heimkehrt, sagt man: Er hat Fischheil. Und das bedeutet: In diesem, durch seine rückhaltlose Hingabe in allem Tun und Schaffen, durch seine mit vollem Einsatz geleistete Arbeit bewährten Heil drängen die göttlichen Wirkkräfte durch ihn hindurch ins Sein.

Aus dem Morgenland aber kommt jetzt eine andere Auffassung von Tätigsein, Werken, Arbeit, wie sie dem orientalischen Erlebens- und Lebensstil eignet, übertragen durch den mit kirchlicher Autorität in alle Daseinsbereiche eindringenden Komplex des Sündenfallmythos. Als Jahwe Adam und Eva austrieb aus dem Garten Eden, da verfluchte er nicht nur „den Menschen", hebräisch Adam, die Frau und die Schlange, er verfluchte auch die Erde, den Acker, und verurteilte die Sünder zu Arbeit und Tod: zur lebenslänglichen Strafe, „mit Kummer" sich von ihm zu nähren „im Schweiße seines Angesichts", bis er wieder zum Staube wird, davon er genommen. Für jeden unüberhörbar gellt der Fluch der Arbeit in die Ohren der gerade eben zu Sündern bekehrten germanischen Stämme aus der altsächsischen Genesis:

"Du sollst ein ander Land suchen,
einen wonnelosen Aufenthalt,
und in Verbannung gehen, ein nackter Bettler,
des Paradieses und der Herrlichkeit beraubt.
Dir ist Scheidung bestimmt Leibes und der Seele,
Für das, was du durch leidiges Verbrechen anstiftetest.
Darum sollst du arbeiten
und auf Erden dir deinen Unterhalt selbst erwerben,
herbeischaffen schweißigen Antlitzes ..."[22]

"Merkt", ruft der Mönch Caedmon seinen getauften Landsleuten zu, woher euch "das Elend dieser Welt" erwuchs! In der Predigt, die fortan Sachsen und Franken gehalten wird, ist der Mensch Staub, ein Nichts, ein Sünder, in seiner "Entfremdung" aus dem Paradies in "diese Welt" zur Arbeit verurteilt, wie der karolingische Geistliche Theodulf sie belehrt, mit der er allein das Leibesnotwendigste beschaffen soll – alles darüber hinaus ist Sünde –, es sei denn, daß er sie "zum Wohle seiner Seele betreibe, was bei weitem notwendiger ist"[23], um der Kirche zu spenden oder Almosen zu geben. Ein ganzer Stand, der der ebenfalls aus dem Orient, aus Ägypten Anfang des 5. Jahrhunderts auch über das Abendland verbreiteten Eremiten, Einsiedler oder Klausner, die nach dem Vorbild Johannes des Täufers aus Weltverachtung aus dieser Welt der Sünde und der Unruhe "in die Wüste", das hieß in die Einöde des Waldes, flohen und um der Sammlung und des Gebetes willen die Arbeit der Hände verabscheuten, lebten von solchen Gaben der Mildtätigkeit und Werken der Barmherzigkeit.

Zwar "war der Mensch, so er es wollte", belehrte ein vielgelesener Katechismus die abendländische Christenheit, "für ein Leben ohne Arbeit geschaffen. Doch zur Strafe für den Sündenfall und damit er durch die Arbeit sühnen konnte, hat Gott ihm den Hunger zusätzlich als Strafe auferlegt, so daß er unter dem Zwang, seinen Hunger zu befriedigen, arbeite und sich dadurch den ewigen Dingen zuwende." Jedenfalls diente die Arbeit mancherlei geistlichem Nutzen: als Buße durch körperliche Plage und Plackerei zur Züchtigung des Leibes, zur Vermeidung des Müßiggangs, der Brutstätte aller Laster, und zur Zähmung fleischlicher Begierden. Und dies war keineswegs die Ausgeburt eines einzelnen, sich hinter seinen Klostermauern seinen sonderbaren

Phantasien Hingebenden. Das ist die 1250 auch in Köln in seiner Summa theologica offen verkündete Lehre des Thomas von Aquin, in welchem Geist die Christenheit die Arbeit auf sich zu nehmen habe, ohne auch ihr ewiges Seelenheil zu gefährden:

„Die Arbeit hat einen vierfachen Zweck:
  Zuvörderst und zu oberst soll sie das Lebensnotwendige
     beschaffen,
  zum zweiten den Müßiggang, die Ursache so vieler Laster,
     vertreiben,
  zum dritten durch die Kasteiung des Leibes die Fleischeslust
     zügeln,
  zum vierten ermöglicht sie, Almosen zu geben."

Im 19. Jahrhundert ist es Karl Marx, der die alttestamentliche Entwertung der Arbeit für den Lebensunterhalt als Fluch und Entfremdung von neuem auf die Tagesordnung setzt.

Die Natur

Lamech, so erzählt die Bibel, zeugte Noah und sprach: „Der wird uns trösten in unserer Mühe und Arbeit auf Erden, die der Herr verflucht hat." Denn im selben Atem, in dem Gott Jahwe die Arbeit verflucht, trifft sein Fluch auch den Acker, die mütterlich nährende Erde, die dem Menschen fortan feindlich gesonnen ist, ihn mit Dornen und Disteln und allem Getier „in die Ferse stechen" soll – ein „wonneloser Aufenthalt", wie der geistliche Nachdichter der Genesis zur Zeit Ludwigs des Frommen den bekehrten Altsachsen die Natur zu schmähen weiß. Wie alles, was ihnen mit Heil erfüllt war, wird auch die Erde und alles Irdische, die Natur, die Welt selbst, den zu Sündern Getauften gewandelt zum Fluch.

So lautete eins der schönsten Zeugnisse für den Heilscharakter der mütterlichen Erde in der altertümlichen Anrufung eines angelsächsischen Flursegens an „Erce, der Erde Mutter" um

  „Wachsen und Sprießen der Äcker,
  voll schwellend und kräftig treibend
  eine Menge von Halmen und reifen Früchten
  und der breiten Gerste Früchte

und des weißen Weizens Früchte
und alles Erdenfrüchte!
Heil sei dir, Erdflur, der Menschen Mutter!
Sei du grünend in Gottesumarmung,
mit Futter gefüllt, den Menschen zu Frommen!"[24]

So konnte es dazu kommen, daß das innige Verhältnis dieser Menschen zur Natur den Apostel Bonifatius in „tiefste Niedergeschlagenheit", ja „Verzweiflung" versetzt und er sich wiederholt hilfeflehend an den Papst, an die fränkische Staatsgewalt, sogar an das Römische Konzil wendet um „Vernichtung eines gewissen Aldebert", in dem er „einen gefährlichen Gegner fürchtet": „Ich flehe zu Eurer Apostolischen Machtvollkommenheit, meine Wenigkeit gegen diesen Menschen zu verteidigen und zu schützen und das Volk der Franken sorglich zu belehren, daß sie nicht den Fabeleien dieses Ketzers nachlaufen, ... auf daß durch Euer Machtgebot dieser Irrlehrer wieder in den Kerker gebracht werde, damit niemand etwa, vom Gärstoff seiner Lehre ergriffen, zugrundegehe, sondern er soll abgesondert leben und nach dem Ausspruch des Apostels zum Verderben seines Fleisches dem Satan überliefert werden, auf daß ihre Seelen gerettet werden am Tage des Herrn!"

Und wer bedrohte ihn derart, so daß er Schutz und Verteidigung anfordern mußte? Der Gärstoff welcher Lehre verlangte das Verderben des gefährlichen Menschen und seine Auslieferung an Satan?

Dem fränkischen Priester Aldebert, der unter freiem Himmel, auf Feldrainen und Wiesen, auf Hügeln und an schattigen Quellen inmitten der Natur predigend durchs Land zog als einer, der sich Gott nahe und von göttlichen Kräften erfüllt wußte und sie dem Volk mitteilte – ihm lief das Volk in Scharen zu, während die Kirchen leerstanden. Und noch schlimmer. Er fragte die, die ihm ihre Sünden beichten wollten: „Wozu wollt ihr beichten? Euer Inneres ist mir nicht verborgen. Was ihr gesündigt habt, ist euch vergeben. Kehrt getrost und frei von Schuld in Frieden heim."[25]

Die Empörung des Bonifatius über den „Verführer des Volkes" war daher begreiflich. Denn jenen liebte es, und es sprach ihm Heiligkeit zu. Und an den alten, ihnen heilig gewesenen Stätten predigte er, so daß zu des Bonifatius Jammer „wirklich Massen des Volkes die Kirchen verließen ... und (Aldebert) das Volk von der Kirche Gottes ablenkte".

„Ihr liebt diese jammervolle Welt" – bemüht sich der schweizerische Mönch Noker aus dem Kloster Einsiedeln die noch Ungebrochenen, die sich in ihr geborgen und heimisch fühlen, zur Einsicht in die Verworfenheit der „sündvollen Natur, die euch so lieblich dünkt", zu bringen und sie zu warnen: „Du viel üble Welt, wie betrügst du uns so!" Und der Wanderprediger aus Basel, Konrad von Würzburg, antwortete, indem er den Unbelehrbaren am Sinnbild der Sünde als der „Frau"-Welt voller Abscheu ihre ganze Schlechtigkeit demonstrierte:

…„von Antlitz und Gestalt so schön,
daß man nie Schöneres gesehn,
doch kehrt sie uns den Rücken dar,
der ist an allen Enden gar
bestecket und behangen
mit Würmern und mit Schlangen,
mit Kröten und mit Nattern.
Ihr Leib ist voller Blattern
und mächtgen Eiterbeulen…
Fliegen und Ameisen
unglaublich viel drin saßen
bis auf das Gebeine.
Sie war so sehr unreine,
daß von dem schwachen Leib her schwang
ein so ekliger Gestank,
den niemand konnt erleiden."[26]

Deshalb erschallt der Ruf von allen Kanzeln: „Wollt ihr die Seele bewahren, lasset die Welt fahren" – und bereitet die Seele für den Jüngsten Tag! Doch dies scheint eine der großen Hürden zu sein: einzusehen, daß die Natur von Sünden voll, daß der hohe Wald, die lieblichen Wiesen mit Bächen und Blumen Verlockungen des Bösen sind. Die immer noch Zweifel an der fremden Lehre hegen und nicht glauben, daß die schreckliche, sündengierige Natur ihre Seele in den Abgrund stürzen wird, rufen Gottes Zorn wach, der ihnen doch sein Reich schenken würde, wenn sie an ihn glaubten.

Der Wanderprediger Hermann aus Brandenburg, genannt der Damen, deutet den ihnen drohenden Fall in seiner Mär vom stürzenden Baum:

„Ich habe manchen großen Baum
gesehn in einem Wald,
der schneller da gefallen ward
als mancher kleine.
Irdisch Leben ist ein Traum,
wir solln erwachen bald
und uns bereiten für der Seele Fahrt:
dies Leben ist unreine.

So wie man im Wald erblicken kann
eine grundlose, gierige Höhle,
die gierig ist auf Sünde –
so gleicht dem Baum der Seele Fall,
die da fällt in das Tal
der tiefen Höllengründe.

Mensch, du kranke Kreatür,
sag, durch was du so erzürnet hast
den, der dich geschaffen hat.
Sein Reich gibt er dir dafür,
wenn du aus Zweifels Stricken
dich lösest nach der Beichtiger Rat."[27]

Leib und Seele eines solchen unreinen Menschen verunreinigen selber noch Erde und Luft.

Ohne diesen ständig wiederholten, starr verengten Aspekt auf Seele und Natur, die sich wechselseitig beflecken: die sündige Seele die Natur und die gefallene Natur die Seele, existiert in der christlichen Welt jahrhundertelang seit Bonifatius keine Natur mehr um ihrer selbst willen. Nur diese Naturfremdheit des kirchlichen Geistes macht auch den kläglichen Rückgriff auf die allem Naturverstand spottenden Tierparabeln des syrisch-griechischen Physiologus[28] möglich, der mit ebenso wilder wie naiver Phantastik christliche Moral in unsinnigste Analogien mit rein konstruiertem Verhalten von Tieren umgesetzt hat. Diese zur Grimasse verzerrte Natur hat Bedeutung allein noch als Hindeutung auf Übersinnliches, als Anknüpfung einer Moral der Weltflucht, des Gehorsams, des Sündeneingeständnisses. Diese Natur ist vorhanden nur als Symbol für unreines, seelenbeschmutzendes, seelenverderbendes Leben. Der Wald, einst Stätte besonderer Heiligkeit, wird hier eine „finstere Höhle" gierig nach Sünde, die in ihrem

Dunkel wuchert. Der Baum, Urbild des heiligen Weltenbaums, der das ganze Weltall trägt, des Mittelpunktes der Welt, über dem heiligen Urdbrunnen, aus dem alle Wasser, Ströme und Flüsse entspringen, hier wird er im Gegensatz zum Aufrechtstehenden, Stämmigen zum Bild der fallenden Seele, die in den Abgrund der tiefen Höllengründe stürzt. Der Mensch, nach seinem eigenen Selbstverständnis und Mythos ehemals Sohn und Teilhaber des Göttlichen, das er als Heil in sich spürte und für das er verantwortlich war, jetzt wird er zur „kranken Kreatur", zum unreinen Sünder.

Da der Priester Aldebert nicht aufhört, an Quellen und Waldrainen zu dem ihm anhangenden Volk vom Göttlichen zu sprechen, da auch der Priester Clemens in frevlerischem Ungehorsam als ein „Knecht der Wollust und Unzucht" sich weigert, seine Frau und seine beiden Kinder fortzuschicken, läßt Bonifatius die verabscheuungswürdigen Priester gefangensetzen und spricht auf der Synode 745 ihr Verdammungsurteil. „Daran hast du wohlgetan", lobt der Papst seinen Bischof, „daß du sie verdammt hast. Sehr richtig nennst du sie Diener und Vorläufer des Antichrist. Im übrigen, Teuerster, führe den Kampf durch, handle männlich, verharre fort und fort im Dienste Christi, damit die Herde der Heiligen Kirche immer mehr zunehme und der Lohn der ewigen Vergeltung zu reichem Vorrat wachse."

Wie gesagt: Natürliche Bande ziehen von Gott ab. Treue zur eigenen Frau – unter dem Gesetz des Zölibats wird sie zu Unsittlichkeit und Ungehorsam, Treubruch wird Tugend, die trotz Verbots der Kirche fortgeführte Ehe: Unzucht und Üppigkeit. Doch das natürliche Empfinden des Volkes, dort wo es noch intakt ist, kann sich mit solchen Gesetzen nicht abfinden. „Wo treffen wir Derartiges bei den Goten, die doch Barbaren sind", ereifert sich der Bischof von Marseille, Salvian, in seinem gerechten Sinn, „wer bringt bei den Barbaren jemand Schaden, von dem er geliebt wird?"[29]

Gerade die Ehrbewußtesten machen aus ihrer Entrüstung über die zu Unnatur und zur Unmenschlichkeit verdrehte Sittlichkeit kein Hehl, die nur Unsittlichkeit und Sittenlosigkeit zeugen kann. „So oft ich die von Euch ausgegangenen Befehle verkündige", empört sich in seinem Brief „An Hildebrand den Papst" der Scholastikus Wenrich in Trier in flammendem Protest gegenüber Gregor VII., „so sagen sie, jenes Gesetz sei von der Hölle ausgespien, die Torheit habe es verbreitet und der Wahnsinn suche es zu befestigen. Durch dasselbe ist der Friede der

Kirche, die Ruhe des Volkes Gottes vernichtet, die Treue gebrochen und das ganze Haus des großen Familienvaters in greuliche Unordnung gebracht! Die, welche so denken, wünschen – glaubt es mir – ein ehrenvolles Leben!"[30]

Totalverlust des eigenen Selbst

Bei der Missionierung des germanischen und germanisch überwanderten Europas ging es – wie bei jeder anderen Mission – nicht um einen Austausch von Göttern oder, was die Missionare sich unter germanischen Göttern vorgestellt hatten, die sie kurzerhand zu Teufeln erklärten: „Forsachistu diabolae?" Wir kennen es nicht anders, als die Christianisierung mit den Augen des Befreiers aus heidnischem Sumpf zu sehen – selbstverständlich, denn wir kennen sie nur aus ihren Berichten und Kommentaren, aus dem Blickwinkel des Heilsbringers gegenüber Verlorenen, des Heils und der Erlösung Bedürftigen, im Lichte des Erretters, der eine vom Satan verführte, durch Eva in Sünden verstrickte Menschheit Gott und der heiligen Kirche zuführt und die Gehorsamen im Glauben von der Knechtschaft des bösen Triebes und der Dämonen befreit und bereitet zum ewigen Leben.

Weit davon entfernt, daß Taufe und Taufgelöbnis etwa aus „Heiden" gleich Christen gemacht hätten, begann vielmehr ein psychischer Prozeß, der, wo nicht sofortiger Rückfall, Widerruf oder entschiedener Widerstand ihn verbauten, sich durch vielerlei Stadien quälte. Ein besonders langwieriger Prozeß, einmal weil die Ansprache als „Sünder" oder „kranke Kreatur" Menschen, die kraft des ihnen innewohnenden göttlichen Heils aus einem sicheren Selbstbewußtsein und Seinsvertrauen lebten, kaum zu erreichen, noch zu überzeugen geeignet war. Zum anderen aber prallten mit dem Einbruch der christlichen Denkweise ein krasser, noch übersteigerter Dualismus in die geistige germanische Welt des Einsseins und Einheitsdenkens ein und damit zwei grundverschiedene unvereinbare Bewußtseinsstrukturen aufeinander, so daß ein vollständiges Umdenken gefordert war, ein totaler Bewußtseinswandel, der oft nur durch Generationen hindurch zu leisten war, falls er überhaupt gelang und das neue Selbstverständnis des „peccator" und die christliche Lehre nicht lediglich Firnis blieben. Denn was für die Kirche „Bekehrung" war, war für die Betroffenen zunächst einmal Zerstörung, Zerstörung alles ihnen Heiligen, Zerstörung ihres Wesens und Soseins, ihres Selbstgefühls und ihrer Selbstachtung, Zerstörung aller tragenden Werte ihres Lebens, der Wurzel, aus denen sie lebten und wurden, was sie sein konnten, und damit ihrer Kraftquellen, um ihr Schicksal zu bestehen, Zerstörung endlich ihrer religiösen Identität und damit des Bodens, in dem sie gründen. Es war der Totalverlust ihrer selbst.

Was bedeutet „Bekehrung"?

Erst nach einer Phase der Orientierungslosigkeit und des Sittenverfalls und dem allmählichen Nachlassen der inneren Lähmung setzt eine Phase der Aneignung des Fremden ein – sogleich mit Übersteigerungen von Askese, Weltflucht, mit sich überschlagender Weltverachtung und Sündenbesessenheit bis hin zu Selbstverachtung und Selbsthaß ohne Maß und Verstand; wobei das zerstörte Selbst das Ich sich in bodenlose Ängste verrennen läßt, in Weltuntergangspanik begleitet von wüstem Aberglauben, makabrem Schwelgen im Mememto mori und der Magie des Totentanzes. Bis endlich eine innere Verarbeitung eintritt und eine Synthese. Und es geschehen kann, daß bislang lahmliegende Kräfte zur Gestaltung finden, die, schöpferisch Neues mit Altem verbindend, eine höhere Einheit ins Wirken und Werk setzen, dem Fremden in der *eigenen* Sprache hohen künstlerischen Ausdruck und Gestalt geben, den christlichen Dom aus *germanischer* Baugesinnung im zum überweltlichen Gott emporstrebenden Raumgefühl Stein werden, im „Miserere" die *eigene* Seele Gesang werden lassen.
Denn allen seelsorgerischen Anstrengungen zum Trotz ist die totale Identifikation mit der Sünderreligion nicht gelungen, waren Art und Weise des ureigenen Denkens nicht mit Stumpf und Stiel auszumerzen. Zumal nicht bei den selbständigeren, eigenständigen Geistern. Ja, dieses Denken formt seinerseits die fremden Denkinhalte durch den eigenen Griff des Ergreifens unwillkürlich um, so daß man von einer unbewußten Germanisierung des Christentums gesprochen hat. Daraus erklären sich wesentliche Unterschiede unter seinen verschiedenen nationalen Ausprägungen wie des koptischen Christentums, das unverwechselbar ägyptische Züge trägt, des syrischen, griechisch-orthodoxen, des afrikanischen, latein-amerikanischen, des italienischen, des

französischen, des deutschen, englischen, nordamerikanischen und so fort.

Das Spannungsfeld der sich widerstrebenden und oft widerstreitenden, unter der harten Seelenlenkung der Kirche lange Zeit befriedeten, unter ihrer oft hobelnden Glättung sich wieder ebnenden, dennoch erneut auseinanderfallenden Gegensätze der Geisteshaltungen bleibt das Signum des Abendlandes. Auch noch, nachdem die Aufklärung sie bloßlegt, womit die Bewußtseinskrise einsetzt.

Nie aber, selbst nicht unter der offenbar friedlichen Oberfläche hat das vulkanische Gestein des inneren Widerspruchs sich ganz beruhigt. Immer wieder wie einzelne Geysire schießen hier und dort und wieder und immer zahlreicher während anderthalb Jahrtausenden eruptiv durch die Decke der abendländischen Christenheit Auflehnung, Protest, Oppostion empor gegen den diktierten Glauben, der sich mit der eigenen Überzeugung nicht vereinbaren will. In der brutalen Bestreitung ihres Selbstseins, in der Reibung an dem ihnen Ungemäßen, mit der fremden Religion ihnen Zugemuteten entzündet sich in Europas großen Ketzern aller Nationen und aller Jahrhunderte der Wille zur Behauptung ihrer eigenen religiösen Identität.

IV

Behauptung der Identität

Jeder will das ganz sein,
was er ist

Nikolaus Cusanus

Heiligkeitsanspruch gegen Heiligkeitsanspruch

Durch das ganze Zeitalter des christlichen Abendlandes bricht, auf den Plan gerufen durch den hochfliegenden Absolutismus des kirchlichen Geistes mit seiner bedingungslosen Forderung von Unterwerfung und Unterordnung, Gehorsam und widerspruchslosem Glauben, der Wille zu Selbstbehauptung und Selbstbestimmung sich auf allen Ebenen Bahn. Die leidenschaftlichen Kämpfe zwischen Selbstsein-Wollen und Glaubensdiktat werden nicht nur im geistigen Raum und nicht nur im Freiheitsstreben des einzelnen ausgetragen. Sie treten im historischen Gewand mit aufgewühlter Dramatik auch auf der Bühne der abendländischen Geschichte gegeneinander an.

Rom hatte mit seiner augustinischen Ideologie von der Herrschaft des „Gottesreiches" der Kirche über das „Teufelsreich" irdischer Staaten den Spaltpilz des christlich-griechischen Dualismus verstärkt in die europäisch-germanische Vorstellungswelt injiziert. Dieser Machtanspruch richtet sich nicht etwa auf ein barbarisch-junges oder auch nur schwaches Staatswesen. Er trifft mit seinem hochgespannten Heiligkeitsanspruch auf ein durch uralte, ureigene Tradition gegründetes Königtum. Und das germanische Königtum der Franken, indes zum Kaisertum aufgestiegen, und das der Sachsen haben es nicht nötig, sich der fremden Obrigkeitsanmaßung zu beugen, mit der gleich anfangs die eigenmächtige Geste Papst Leos III., seine überraschende Krönung zum Kaiser, den Unwillen Karls erregt hat, weil er, der Bischof von Rom, imperialistisch über den Herrscher des Abendlandes zu verfügen sich herausnimmt.

Denn trotz Mission und christlicher Taufe trägt über sie hinaus unverändert die Überzeugung von der Heilhaftigkeit des Königs, in dem die *Einheit politischer und religiöser Kräfte staatliche und priesterliche Funktionen* verbindet, und von der Heiligkeit des Reiches als wurzelhaftem *Einssein von Göttlichem und Irdischem*. Sie lebt unbeschadet im Bewußtsein des Volkes, das im Königsheil die göttliche Vollmacht und Beglaubigung des Königtums erblickt und dem darum Karl der Große und seine Söhne, Heinrich I. und Otto der Große und alle Ottonen bis zu dem unglücklichen Heinrich IV. kraft des ihnen innewohnenden göttlichen Heils als heilig gelten, *nicht* erst aufgrund der Weihung durch den Papst!

Hier liegt der Schlüssel für das welterschütternde Ringen zwischen Kaiser und Papst, zwischen Kirche und Reich. Denn in Wahrheit ist es durch das ganze Mittelalter hindurch die Selbstbehauptung und das Sich-Aufbäumen des germanischen Heils gegen den Ausschließlichkeitsanspruch des Römischen Stuhls auf Heiligkeit und auf das Recht, allein zum Heil zu weihen *und* es wieder zu entziehen, was den gewaltigsten Aufruhr in der abendländischen Geschichte hervorruft. Als nämlich der Kaiser, in dem das Reich seine großartigste sakramentale Steigerung erfährt, Heinrich III., in seinem strengen sittlichen Verantwortungsbewußtsein für das zu tiefer Verkommenheit und Bedeutungslosigkeit gesunkene Papsttum eigenhändig durch Einsetzung maßgebender Repräsentanten der Reformpartei eben dem Geist Clunys das Tor öffnet, der den Sprengstoff aus der Zündmasse des Augustin in der überhitzten Atmosphäre zur Explosion bringt. Unheilbar aufgerissen klafft der Abgrund zwischen Gott und der „gefallenen Welt". Der uralte Gleichklang ist aufgespalten. Alles Irdische ist böse und ein Nichts gegenüber dem Überirdischen, alles Weltliche gegenüber dem Geistlichen, der Kaiser ein Knecht vor der „vom Herrn gegründeten", „nie irrenden Kirche".

Unverständlich aber bleibt dies: daß unsere Historiker und jedes Schulbuch bis in die heutige Darstellung des jetzt einsetzenden Kampfes dieser beiden Weltmächte seit je die päpstliche Propaganda übernommen haben und unterstützen. Denn was in dem Kampf zwischen Papsttum und Kaisertum aufeinanderprallt, das ist keineswegs der Widerstreit „geistlicher" und „weltlicher" Macht — das ist Heiligkeitsanspruch gegen Heiligkeitsanspruch![1] Das ist der unauflösliche Widerspruch zwischen der Heiligkeit der Kirche und der Heiligkeit des Kaisers und Reiches, die beide ganz verschiedenen Welten und grundverschiedenen religiösen Wertsystemen entstammen.

Das Reich selbst ist sich seines heiltümlichen Ursprungs noch unter seinen Staufenkaisern klar bewußt und herausgefordert, sein Eigenrecht gegen die Römische Anmaßung erneut zu behaupten. Und das heißt nach den Axthieben, die Gregor VII. gegen seine religiösen Grundfesten unter Heinrich IV. geführt hat, das Reich auf den alten Fundamenten als ein „heiliges" neu zu erschaffen und seine Freiheit von der Kirche zu verteidigen. Kaiser Friedrich I. als erster nennt es bewußt „Heiliges Reich" und begründet seine Existenz unabhängig von Rom, ebenso wie er — gleich Karl und Otto — „Kaiser" heißt noch vor der

Krönung durch den Papst: „Zweierlei ist es, wonach Unsere kaiserliche Herrschaft sich richten muß: die ehrwürdigen Gesetze der Kaiser und *die heiligen Bräuche unserer Väter und Vorfahren.* – Durch das *Reich* hat Gott die Kirche an die Spitze der Welt gestellt. An der Spitze der Welt will jetzt die Kirche – nicht nach Gottes Willen, wie wir glauben – das Reich zerstören..."

Das Rittertum ist es, das vor den anderen Standesgruppen entschlossen die Sache des Reiches in Tat und Wort übernimmt und als seine eigene verteidigt. „Die das Reich nur schwächen wollen und zerstören!" Das Stichwort des Kaisers – aus seiner ritterlichen Verantwortung für das Reich greift Walther von der Vogelweide als Warnung auf, ingrimmig und mit brennendem Herzen, und schleudert sie gegen den Heiligen Vater, „wie so christlich auch der Papst nun lachet", und gegen seine Pfaffen, die „das Reich stören und verwüsten". Allen voran ergreift er mit heiligem Ernst das Panier des Kaisers und deutet ihm „auf göttliches Geheiß" sein Kaisertum im ursprünglichen Sinne als göttlichen „Auftrag, Vogt und Richter hier auf Erden zu sein".

Doch dieser durch Jahrhunderte in letzter Schärfe gezielte Angriff Roms auf die Reichsheiligkeit ruft nicht nur seine Träger selbst zu erbitterter Gegenwehr auf hoch über den Köpfen des Volkes. Der Bannfluch Gregors gegen Heinrich IV., seine Absetzung des Königs, seine Lösung aller ihm geleisteten Treueide, entfesselt einen Sturm, der an den Wurzeln der Reichsordnung, ja der Weltordnung zerrt.

Aber nicht nur stemmt sich die Reichskirche mit ihren hochadeligen Häuptern zugleich mit ihren niederen Geistlichen dem brutalen Umsturz ihrer angestammten und gottgewollten Ordnungswelt entgegen, – zum erstenmal erhebt sich auch das Volk gegen die fremde, unbedingten Gehorsam fordernde Diktatur. In Mailand tobt die Opposition ihren Protest gegen den Zerstörer und Verwirrer der Welt auf dem Papstthron in Straßenkämpfen aus, in Rom in tätlichem Angriff auf das Oberhaupt der Kirche selbst. Die Kirchensynode von Worms erklärt den Tyrannen von Rom des bischöflichen Amtes für unwürdig. In Trier entrüstet sich der Gelehrte Wenrich gegen die Verteufelung des Königs und proklamiert mit dem Feuer seiner Überzeugung die Heiligkeit und Eigenständigkeit des Königsrechtes. Selbst aus York in England kommt der erregte Protest eines Angelsachsen gegen die Zerreißung der Welt und ihre Entwürdigung alles Naturgeschehens, wie auch der Ehe, die Entwürdigung auch des Königs, der, selber geistlich, selbst Priester sei und in dem Reich *und* Kirche aufgehoben seien. Ein anderer Deutscher erkühnt sich sogar, Papst Gregor VII. zum Gehorsam vor dem Träger der Krone aufzufordern. Otto von Freising ruft Heinrich auf: „Erhebe dich wider diese überaus schlimme Krankheit und wappne dich mit aller Kraft, die Feinde des Reiches niederzuringen!"

Die Geschichte ist bekannt: Mit seinem Gang nach Canossa entreißt Heinrich der reichsfeindlichen Allianz des Papstes mit den ihm übelgesonnenen deutschen Fürsten ihren Triumph und rettet dem Reich die Kraft der Selbstbehauptung für zwei Jahrhunderte. In offener, als Gottesurteil verstandener Schlacht überwindet er seinen Gegenkönig, der durch die heilige Lanze getroffen wird, persönlich, er erkämpft in einem glänzenden Sieg des echten Königsheils das Reich neu und empfängt aus der Hand des Gegenpapstes die Kaiserkrone, während Papst Gregor vor der Wut der Römer aus der Stadt flieht. Nach Niederringen der aufrührerischen Fürsten stellt er mit Verkündung des Reich-Gottesfriedens das Reich in Ordnung und Frieden wieder her. Zum erstenmal wendet damit ein Kaiser sich an „das ganze Volk" und nimmt das Bürgertum der Städte ebenso wie das Rittertum mit dem Ministerialadel für das Reich in Pflicht. Der Verrat des eigenen Sohnes versetzt dem Kaiser den letzten Tiefschlag. Er stirbt, gebannt von der Kirche, von den Fürsten zur Abdankung gezwungen, als Gefangener des Thronfolgers. Sterbend sendet er, die Person über der Zukunft des Reiches vergessend, Ring und Schwert an den, der die Krone nach ihm tragen soll.

Aber das Volk lehnt sich auf gegen die Entheiligung und Entwürdigung seines Königs und bekundet, daß ihm sein Herrscher nicht heilig ist durch Weihung des Papstes, sondern aus dem göttlichen Ursprung seines Königtums. Seine Treue kann ihm weder von Rom befohlen noch durch Rom gebrochen werden. Selbst an seinem schmachvoll erniedrigten, toten König bekundet um 1106 das Volk sein tiefeingewurzeltes Vertrauen in die Heiligkeit seines geliebten Herrschers und in das Fortwirken seines Heils noch in seinem Tode. Während die Geistlichkeit dem toten Kaiser das Grab verweigert, seinen Leichnam fünfmal aus der Erde zerrt und fünfmal ungeweiht und unbeerdigt läßt, ereignet sich etwas, was uns noch heute zu ergreifen vermag: Die Bauern schütten ihr Saatkorn über seinen Sarg, auf daß der tote König ihm größere Fruchtbarkeit verleihe. Sie scharren die Erde zusammen, die den Toten für nur kurze Zeit empfangen hat, und säen das Korn und die mit seinem Königsheil erfüllte Erdkrume über ihre Felder. Hier wirklich bekundet ohne einen Mittler oder ein anderes Medium als durch sein stummes Tun das Volk noch im 12. Jahrhundert seinen uralten Glauben an das Heil, das ihm als unzerstörbares Einssein mit dem göttlichen Weltgrund selbstverständlich bewußt ist und das ihm weder durch äußere Macht noch durch den Tod verloren gehen konnte.

Und diese Vorstellung aus frühesten heidnischen Zeiten vom Weiterwirken des Heils des Toten, insbesondere des Königsheils, und vom Weiterleben des Königs im Totenberg ist in den Völkern so tief verankert und so geschichtsmächtig, daß sie überall in Nord und Süd über den tiefen Graben, den die Mission gegen die religiösen Werte der Germanen ausgehoben hat, hinweg weiterlebt im Bewußtsein des Volkes und noch weit ins helle Licht der abendländischen Geschichte hineinragt und lange Zeit seine Fantasie und die Herzen seiner Menschen in alter, ingrimmiger Leidenschaft bewegt.

Was uns noch als romantische Sage bildhaft vor Augen steht, was der Dichter Friedrich Rückert mit romantischen Requisiten ausstaffierte, vom „alten Barbarossa, dem Kaiser Friedrich", der im Kyffhäuser schläft, während die Raben um den Berg fliegen – das war für seine Zeitgenossen und die Folgezeit Realität. Freilich war es ursprünglich des Barbarossas Enkel, Kaiser Friedrich II., den die Volksfantasie in den Kyffhäuser versetzt hatte, um ihn später erst gegen den volkstümlicheren Kaiser Rotbart als Hoffnungsträger und künftigen Retter des Reiches auszuwechseln. So, wie das Volk einst den toten Gotenkönig Theoderich den Großen als Dietrich von Bern in den Heuberg und noch den toten Kaiser Karl den Großen in schon christlicher Zeit wie einen germanischen Herrscher in den Untersberg bei Salzburg entrückt hatte. Doch nicht nur in Deutschland hatte sich dieser Volksglaube in der christlichen Welt behauptet, auch im Norden Europas heftete er sich noch an die großen Norwegerkönige, an den berühmten dänischen Nationalhelden Holger Danske und selbst noch im 18. Jahrhundert an den Schwedenkönig Karl XII., die, wie man glaubte, in voller Wehr mit ihren Kriegerscharen lebend in den Berg eingegangen seien, bereit, in hoher Not ihres Reiches ihrem Volk zur Hilfe zu kommen?[2]

Wie mächtig diese mythische Vorstellung die Gemüter noch im 13. christlichen Jahrhundert bewegt, ja Wirklichkeit für sie ist selbst im südlichsten Europa, beweist, was der Engländer Thomas von Eccleston einige Jahre nach dem Tod des großen Stauferkaisers Friedrich II. berichtet: Ein Einsiedler auf Sizilien habe gesehen, wie ein Heer von fünftausend Reitern ins Meer geritten sei. Da habe das Wasser aufgezischt, als ob sie alle aus glühendem Erz wären. Und einer der Reiter habe gesagt: Das sei der Kaiser Friedrich, der in den Ätna gehe.

Europas Gegenwurf
gegen den biblischen Sündenfallmythos

Wir haben das Glück, jenes das Leben, Fühlen, Denken und Handeln des vorchristlichen Europäers bestimmende *Bewußtsein des Einsseins und des Einklangs mit dem Göttlichen* nicht allein aus dem Mythos und nicht nur aus dem Verhalten der Menschen erschließen oder aus den Heldenliedern der Edda und Chroniken der Sagas ablesen zu müssen – sondern aus den Schriften eines großen germanischen Philosophen[3] aus dem 4. und beginnenden 5. Jahrhundert, wohl des einzigen, von dem man weiß, auf das überraschendste bestätigt, philosophisch begründet – und durch seinen weithin durch Europa und die Mittelmeerwelt hallenden, kraft- und geistvollen Gegenangriff gegen die paulinisch-augustinische Diffamierung des Menschen zum geborenen Sünder verteidigt zu finden. Dieser Germane aus dem Stamm der von Südnorwegen und Jütland herüber in den hohen Norden der britischen Inseln „jenseits des Hadrianwalls" gezogenen Kaledonier – der sich Pelagius, der „vom Meer – pelagus – Stammende", nennt – ist als eine bedeutende Persönlichkeit durch die Geschichte geschritten und hat sich durch seinen in der damaligen dekadenten, verlotterten Gesellschaft Roms auffallend lauteren Charakter und seinen kühnen, die Römische Kirche in ihren Grundpfeilern erschütternden Protest, der um ein Haar die Geisteswelt Europas entscheidend verändert hätte, in die Geschichte eingeschrieben.

Weder Mönch noch Priester – wie oft behauptet –, bringt der von seinem Vater zu einer juristischen Laufbahn bestimmte Pelagius von den Schulen Britanniens eine lateinische Bildung und Kenntnis des Griechischen mit nach Rom und erwirbt sich in dieser Hauptstadt der Welt und der Kirche, der hohen Bildung und des ausschweifenden Lebensgenusses, wo er den zierlichen Römern mit seiner mächtigen Gestalt, für die der Spötter Hilarius den „Porridge" verantwortlich macht, wie ein „Alpenhund" vorkommt, hohes Ansehen. Und hier wird Pelagius zum entschiedenen und kompromißlosen Gegner des großen Augustinus und der von ihm verkündeten Lehre von der durch Adam verschuldeten Erbsünde, die allen Menschen von Geburt an, durch die schmutzige Lust der geschlechtlichen Fortpflanzung eingeboren sei und sie zur Hölle verdamme, würde nicht Gottes Gnade sie, die gänzlich Unfreien, Ohnmächtigen, erlösen. Er allein, nur auf sich gestellt, geht das gigantische Wagnis ein, gegen eine geistige Elite anzutreten, hinter der die ganze Macht der Kirche steht – dieser Mann aus den kaledonischen Bergen wagt den offenen Widerspruch gegen die Gedankenwelt des Paulus und Augustinus, eines ohnmächtigen Ausgeliefertseins an das „Gesetz des Fleisches, das mich gefangennimmt in der Sünde Gesetz, welches ist in meinen Gliedern" – gegen die Vergeblichkeit, das Gute zu wollen noch zu tun, gegen das Sichverlassen auf Gnade und Erlösung, das jeder Verantwortung ausweicht.

„Es stimmt nicht, daß die beklagenswerte Situation des Adam verhängnisvolle Folgen gehabt und sich auf alle Menschen vererbt hat. Der gottgeschaffene Mensch wird frei von Sünde geboren, wie Adam einst auch. Wie sollte das Kind, das heute zur Welt kommt, vor Gott die Last einer Sünde tragen, die es nicht begangen hat? Denn wenn Sünden sich forterben an die Nochnichtgetauften, wie sollen diese Kinder nicht auch die Heiligung ihrer getauften Eltern erben?" Wie könnten diese jenen angeblichen „Makel" auf physischem Wege weitergeben, von dem sie befreit sind? Die Sünde ist keine Substanz, sie ist „eine Wahlmöglichkeit, vor die der freie Mensch gestellt ist"[4]

„Sündlos wird der Mensch geboren!" Und Gottes Gnade offenbart sich darin, daß er dem Menschen den freien Willen gab, zu sündigen oder nicht zu sündigen und sich von der Sünde noch abzuwenden. Gottes Kraft ist es, die in uns handelt. Gottes Wille selbst ist es, der als Freiheit in uns und durch uns wirkt. Als „Gottes edelstes Schöpfungwerk" tragen wir „nämlich in uns eine Art natürlicher Heiligkeit"[5]

Hier kehrt es wieder, das germanische „Heil", das Einssein des Göttlichen mit dem Menschen. In ihm als einzigem liegen die Kräfte, sich über den Zwang der Naturgesetze zu erheben und, dank dieser göttlichen Gabe, frei dem göttlichen Willen den eigenen Willen zu verbinden. Und – indem hier um das Jahr 406 mit diesem „ersten großen philosophischen ‚Ich‘ des europäischen Geistes"[6] das selbstbewußte germanische „Ich" sich in die Geschichte einführt, das gleichzeitig Anfang des 5. Jahrhunderts der Goldschmied in Nordschleswig in das Goldhorn von Gallehus einritzt – schreibt Pelagius aus der Gewißheit innerer Freiheit durch Geborgenheit das stolze Wort:

> „Ich gehorche Gott nicht, sondern ich stimme ihm zu. Ich folge
> ihm aus innerer Überzeugung, nicht weil ich muß."

Das ist nicht die Stimme einer sündenbewußten Kreatur. Das ist die selbstbewußte Sprache eines Menschen, der aus freier Entscheidung Gefolgschaft leistet, gegenüber dessen freier Hingabe erzwungener Gehorsam ein Nichts ist. Zwang vernichtet. Nur wo in freier Entscheidung die zwei Willen sich begegnen, geschieht die Einheit zwischen Gott und uns, zwischen dem göttlichen Gesetz und dem Gesetz unseres Gewissens, die von Natur aus „in Übereinstimmung sind". Nur die Freiheit des autonomen Menschen stellt sie her, der sich selbst das Gesetz gibt und sich selbst verantwortlich ist. Und der allein sittlich handelt. Nicht aber der Mensch, der nur gehorcht. In jedem Menschen ohne Ausnahme – Christen oder Heiden, Getauften oder Ungetauften – findet sich „das natürliche Gute", das im Gewissen sich kundtut, dem „inneren Richteramt unserer Seele". Jeder verfügt über die Gabe der freien Gewissensentscheidung:

> „In dieser Freiheit der Entscheidung zum Guten oder Bösen besteht der Vorrang der vernünftigen Seele, in ihr die Ehre unserer Natur, ihre Würde. Und es würde in dem Besten keine Tugend sein, wenn er nicht zum Bösen hätte übergehen können!"

Wo aber bleibt die sittliche Verantwortung, wenn – wie die christlichen Kreise Roms sich bei ihrem Ausleben in Sittenverwilderung und Lastern besten Gewissens auf ihr Erlöstsein von der Sünde durch Christi Kreuzestod laut des Apostels Brief an die Römer 6,22 berufen? Was kann man tun, wenn Paulus lehrt:

> „Denn ich weiß, daß in mir, das heißt in meinem Fleisch,
> nichts Gutes wohnt.
> Wollen habe ich wohl,
>   aber das Gute vollbringen habe ich nicht.
> Denn das Gute, das ich tun will, das tue ich nicht,

sondern das Böse, das ich nicht will, das tue ich.
So ich aber tue, das ich nicht will,
so tue ich dasselbige nicht, sondern die Sünde,
die in mir wohnet." (Röm. 7,18–20)
Die Lehre des Paulus, „wir seien allzumal Sünder, gefangen in der
Sünde Gesetz" – unfähig, aus eigener Kraft das Gute zu tun – „und
werden ohne Verdienst gerecht allein aus Gnade durch die Erlösung
Christi" (Röm. 3,24), diese Festschreibung menschlicher Ohnmacht
war es, die des Pelagius Zorn zur Weißglut brachte, wie er ihm in dem
„Kommentar zu den Paulusbriefen" Luft macht. Das „allein aus
Gnade – ohne euer Zutun – nicht aus euch und nicht aus euren Werken
– Gottes Gabe ist es, auf daß sich nicht jemand rühme!" – das war die
Bankrotterklärung des Menschen, darauf gezielt, den Abgrund zwischen der Majestät Gottes und der Winzigkeit der Kreatur ins Unend-
liche zu weiten, der das Sich-Rühmen eines geringsten „Verdienstes"
als sündige Vermessenheit verurteilt. Wir schmähen Gott, wenn wir
ihm unterstellen, daß „er die Schwachen erwählt und zuschanden mache, was stark ist", daß er „das Unedle und, das nichts ist, erwählt und
zuschanden mache, was etwas ist". Warum? „Auf daß vor ihm kein
Fleisch sich rühme!" – gleichsam als brauche Gott die menschliche
Schwäche und Nichtigkeit zu seiner Herrlichkeit und herrlichen
Macht. „O blinder Unsinn!" ruft Pelagius dem Apostel zu: Die Predigt von der menschlichen Schwachheit ist es, die die Sittlichkeit bedroht, die die Verantwortlichkeit erstickt!
Und so lehrt er die junge Demetrias die menschliche Stärke. In seinem
Brief an das sechzehnjährige Mädchen, die jüngste Tochter aus dem
ihm befreundeten adeligen Hause der Anicia, die mit Mutter und
Großmutter gleich ihm vor dem Heranzug der Goten unter Alarich
von Rom nach Karthago emigriert ist und sich entschlossen hat, den
Schleier zu nehmen, erhebt sich der germanische Protest gegen das
biblisch-paulinische Gott-Mensch-Verhältnis:
„Nie wird, wer sich für schwach hält, Schwieriges bewältigen oder
Vollkommenheit erlangen! – Wir müssen an unsere *Stärke* glauben,
sie erkennen lernen und unsere Kräfte benutzen, die gewaltig sind! *Aus
uns selbst und in uns* besitzen wir alles, was notwendig ist, um das göttliche Gesetz zu erfüllen"[7], in jedem Augenblick das Göttliche in uns
und durch uns ausbrechen und in unser Tun und Handeln münden zu
lassen.

Hier spricht ein Vertrauen in den Menschen, in das ihm eingeborene „Heil" germanischer Religion. So wenn er des Paulus und des Augustinus Überzeugung – zumal des letzteren persönlicher, hundertfach an seiner eigenen Triebhaftigkeit gemachter Erfahrung, getrieben zu sein „durch die sumpfige Begierde des Fleisches", während er als junger Mann „die Straßen Babylons durchwanderte und sich im Kote wälzte als wie in Zimt und köstlicher Salbe", unfähig, sich aus eigener Kraft „aus den Abgründen fleischlicher Lüste und Begehrlichkeiten zu erheben" – von dem Bösen, von der Sünde, „die in uns wohnet", entgegensetzt: „Puto quot habitet in quibusdam hominibus Deus" – „Ich glaube, daß es Menschen gibt, in denen Gott wohnt".

Doch damit ist es für den Germanen Pelagius nicht getan. Die innewohnende Heilhaftigkeit ist für ihn kein Freibrief, sich auch nur einen Augenblick damit zu beruhigen. Ganz wie seine Landsleute erklärt er: Zwar in alle Herzen ist Gottes Gesetz geschrieben, alle in dich gelegten Kräfte – so sagt er dem jungen Mädchen –, mußt du selbst in immerwährendem Streben einsetzen und bewähren. Alles menschliche Sein, alle Fähigkeiten und Vorrechte stammen aus göttlicher Gnade – aber verantwortlich ist der Mensch selber. So konnte er Demetrias dieses Augustin hell empörende Wort auf ihren Weg mitgeben:

> „Dein Adel, deine hohe Stellung, deine irdischen Reichtümer hängen nicht vor dir ab, doch niemand wird dir deine geistigen Reichtümer übertragen können außer dir selbst."[7]

Ein Leben erfüllt sich in einem fortwährenden Prozeß des Strebens und Wachsens, des ständigen Bemühens und Reifens – „wenn wir stillstehen, so sind wir schon im Niedergang, wenn wir nicht mehr fortschreiten, fallen wir zurück". Unaufhörliches Bewähren der innewohnenden „Heilhaftigkeit" in unermüdlichem Streben und Bemühen, in ständigem Werden und Emporschreiten aus dem Bewußtsein eigener Verantwortlichkeit aufgrund freier Willensentscheidung – dieser germanische Imperativ, der bereits das faustische Prinzip beinhaltet, ist der spezifisch europäische Akkord, den Pelagius als erster und als der erste geistgewaltige Ketzer im Protest gegen das Menschenbild des paulinisch-augustinischen Dualismus anschlägt und der in unzähligen Menschen ganz Europas widerhallt, durch ein Jahrtausend immer von neuem aufgefangen, ja ohne Vorbild und, ohne den Urheber überhaupt zu kennen, spontan aus ureigener Wesensnotwendigkeit im Widerspruch gegen den Sündenfallmythos und seine folgenschweren christlichen Deutungen gestaltet wird.

Wir kennen den Ausgang dieses in hitziger Leidenschaft hochwogenden siebenjährigen Kampfes zwischen Pelagius, Augustinus und der römischen, afrikanischen und östlichen hohen Geistlichkeit. Er endet mit der gänzlichen Abwürgung des europäischen Einspruchs gegen das „afrikanische Dogma" von der Erbsünde des unfreien, ohnmächtigen Sünders. *Ein* Mann allein, Laie und Autodidakt aus dem nordgermanischen Britannien, hat ihn gewagt und sich gegen die geistlichen Väter der Kirche behauptet. Er hatte den Sieg, die Anerkennung durch die Synode unter Papst Zosimus unter dem lebhaften Beifall der Bischöfe und „mühsam unterdrückten Tränenströmen" des reuigen Heiligen Vaters bereits in der Tasche, als Augustin die Hilfe des Kaisers anruft und reiner Machtspruch dem Afrikaner den Sieg zuschanzt. Unter dem Druck der Verhältnisse belegt der Papst am 30. April 418 Pelagius mit dem großen Kirchenbann. Sein Name und seine Werke, zu einem Teil fälschlich dem Hieronymus zugeschrieben, verschwinden für anderthalb Jahrtausende aus dem Buch des abendländischen Geistes und werden in den Ketzerkatalogen verscharrt. Und doch hätte nur weniges gefehlt, und der pelagianische Geist hätte die Räume der Kirche durchwehen und, wie schon begonnen, sich Europa erobern dürfen. Unausdenkbar die Konsequenzen! Doch wer kennt heute noch des Pelagius Namen, wer mehr als den Namen? Wer, was er Europa zu sagen hatte?

Aber seine Gedanken haben bereits ein europaweites Echo gefunden, und eine überwältigende Zustimmung, die neue Maßnahmen des verärgerten Augustin und neue Verdammungen auf Kirchenversammlungen und Konzilien nötig machte, zeugt davon, wie stark Pelagius selbst in bischöflichen Kreisen und unter der Bevölkerung ganz Italiens, im westgotischen Gallien, vorwiegend in Aquitanien und im Arelat, am mächtigsten in seiner Heimat Britannien den Menschen aus der Seele gesprochen hat. In Massilia, dem heutigen Marseille, droht die pelagianische Seuche sich vollends durchzusetzen. Der Römischen Kirche wie dem weltlichen Arm entzogen, kann Irland sie ungestört übernehmen, auch noch als die Kirche sich durch mehrfache Konzilsbeschlüsse gegen die gefährliche Lehre dieses gefährlichen Außenseiters mit Absetzung pelagianischer Bischöfe und Priester und anderen

Machtmitteln vorgeht, indem sie im übrigen „mit der Verurteilung eines häretischen Werkes seine Vernichtung, nicht nur seine Bedeckung mit perpetuum silentium zu meinen pflegt".

Dennoch erhebt sich aus dem Schweigen der Jahrhunderte hier eine Stimme und dort, die die Sprache des längst Vergessenen spricht. Ist es Zufall, wenn im 13. Jahrhundert ein deutscher Ritter in Wien den Verlaß auf Christi Erlösertod als Ursprung der Unsittlichkeit, Gottes Vorherbestimmung als Verführung zur Gewissenlosigkeit brandmarkt, wenn Herr Reinmar von Zweter die christliche Lehre als Lähmung des sittlichen Willens und der persönlichen Verantwortung anklagt:

„Was auch immer ich getan – ich bin ja doch gerettet!
Und wenn ich zum Fallen bestimmt bin,
so hilft mir mein Gutes-Tun nicht um ein Haar...
Gottes Vorherwissen sollte uns nicht um Haaresbreite
    verführen,
daß wir uns selber versäumen!"[8]

Ist es bloße Duplizität der Gedanken, wenn während der Herrschaft der Scholastik der deutsche Dominikaner und Provinzialprior der Provinz Teutonia, Professor an der Sorbonne und Leiter des Studium generale in Köln, Meister Eckhart, die Einheit des menschlichen Willens mit dem Göttlichen als Akt freier Zustimmung verkündet?

„Gott zwingt den Willen nicht, er setzt ihn in Freiheit: so daß er nichts will, als was Gott und die Freiheit selber ist. Da vermag nun der Geist nichts anderes zu wollen, als was Gott will. Das ist keine Unfreiheit an ihm, das ist seine eigenste Freiheit."[9]

Ist es nur ein blinder Treffer, daß im England des 18. Jahrhunderts der Earl of Shaftesbury die als Sünder verleumdete Kreatur rehabilitiert als den autonomen Menschen, der sich selbst das Gesetz gibt, weil er als Bekundung des göttlichen Urgrunds in sich selbst den Quellgrund des Sittlichen besitzt?

Ist es mehr als ein willkürliches Zusammentreffen, daß Ende des 18. Jahrhunderts, 1400 Jahre nach Pelagius, an drei verschiedenen Stellen Europas gleichzeitig pelagianische Motive spontan und sinngetreu erneut angeschlagen und zur weithin tönenden Melodie aufgenommen werden? Wenn in der Schweiz Johann Heinrich Pestalozzi seinen unbeirrbaren „Glauben an das Göttliche, das in unserer Natur ist – das selbst noch im Verdorbensten und im Verkommensten als

Funke glimmt und das geweckt und bewußt gemacht werden muß",
mit seinem ganzen Leben und Wirken Tat werden läßt, und um sie zu
sich selbst zu führen, ihnen die Voraussetzungen ihrer inneren Existenz und ihre Selbstachtung wiederzugeben, die ein durch Jahrhunderte herrschendes Sündenbewußtsein zerstört hatte? Und dies sagt er
ihnen:

> „Es ist im Innern unserer Natur ein heiliges, göttliches Wesen,
> durch dessen Bildung und Pflege der Mensch sich allein zu der
> inneren Würde seiner Natur erheben, durch die er allein
> Mensch zu werden vermag.
>
> „Glaube an dich selbst, Mensch, glaube an den Wert deines in-
> neren Wesens, so glaubst du an Gott und an die Unsterblich-
> keit."[10]

Wenn Kant den Menschen aus seiner seit einem Jahrtausend „selbstverschuldeten Unmündigkeit" zu einem eigenständigen, autonomen
Selbst und aus dem so verschuldeten „Unvermögen, sich seines Verstandes ohne Leitung eines anderen zu bedienen" herausführt, indem
er ihn auf „das moralische Gesetz in ihm" und damit auf das Unbedingte verweist und ihm die Würde zuerkennt, frei und fähig zu sein,
sich selbst das Gesetz seines Erkennens und Handelns zu geben und
sich ihm freiwillig unterzuordnen aus keinem anderen Beweggrund als
aus Achtung fürs Gesetz und seinen göttlichen Grund?
Wenn für Schiller der ungebrochene Mensch noch in sich eine Einheit
war, jedoch seine innere Freiheit in ihm zerbrach, seit die Menschheit
als Sünder „in trauriger Blöße" vor dem außerweltlichen Gott in seiner Majestät und Strenge steht und „ein grauenvoller Schlund" zwischen ihnen klafft, über den kein Nachen fährt? Nur dann werde „der
Abgrund sich füllen", wenn die Menschheit das Göttliche in sich selbst
wiederherstellt und dem Spruch Gottes in der eigenen Brust vertraut,
ihn bejaht und freiwillig annimmt. Ohne Pelagius zu kennen noch
überhaupt von ihm zu wissen, stellt sich für Schiller das gleiche Bild
für das gleiche Unheil ein, und er ruft die Christenheit auf:

> „Nehmt die Gottheit auf in euren Willen,
> Und sie steigt von ihrem Weltenthron.
> Des Gesetzes strenge Fessel bindet
> Nur den Sklavensinn, den es verschmäht;
> Mit des Menschen Widerstand verschwindet
> Auch des Gottes Majestät."[11]

Beweisen diese Stimmen, dazu besonders die Fichtes, ferner Hegels, Schopenhauers und Hunderte anderer, daß ein und derselbe religiöse Strom, ein und dieselbe Denkungsart unterhalb einer mehr oder weniger gelungenen Christianisierung der europäischen Völker durch die Jahrtausende strömt, in jähen ketzerischen Widersprüchen gegen dieselben, ihnen unerträglichen Vorstellungen und Dogmen emporschäumt, die ohne Vorbild, meist ohne Berührung untereinander sowohl in den Ecken, an denen der Aufprall sich ereignet, als auch in den Entgegensetzungen übereinstimmen? Eine berühmte Lebensgeschichte hat uns eine Begegnung aufbewahrt, die solchen Übereinstimmungen den Zufallscharakter nimmt und mit unüberbietbarer Überzeugungskraft die religiöse Identität innerhalb gewaltiger Zeiträume und ihre immer erneute Selbstbehauptung beweist.

Auf einer Synode der „Brüdergemeinde", einer pietistischen Erweckungsbewegung, deren Lehre der Versöhnung der tiefsündigen Menschheit mit Gott durch Christi Tod galt, unterhält sich Ende des 18. Jahrhunderts in Marienborn arglos ein junger, aufgeschlossener Teilnehmer, der äußerst erstaunt ist, daß die Brüder ihn nicht als einen Christen gelten lassen wollen, ja – höchst erschrocken, als er „eine große Strafpredigt erdulden muß" und einer der Synodalen ihn beschimpft, „ein wahrer Pelagianer zu sein". Der Gescholtene forscht daraufhin nach allem, was er über diesen ihm gänzlich ungekannten Pelagius erfahren kann – und eine Welt geht ihm auf, die der seinen tief verwandt ist. Von des Pelagius Überzeugungen „war ich aufs innigste durchdrungen, ohne es selbst zu wissen"![12]
Es ist der fünfundzwanzigjährige Goethe, der nach diesem ihn aufrüttelnden Erlebnis sein Prometheus-Drama beginnt, den ungeheuersten Protest „gegen die Götter droben". Denn während dort Prometheus auf der einen Seite sich gegen die Götter empört, für die er nicht klein, nicht elend genug ist, und sie als seine Feinde hohnlachend abweist, obwohl sie ihn umwerben, bereit ihm zu helfen, wenn er ihnen hülfe, erkennt er staunend in sich selbst, in seiner eigenen schöpferischen Kraft das Göttliche. Was er für sein Eigenes gehalten hatte, das ist das Göttliche in ihm und mit ihm ununterscheidbar eines:
„So war ich selbst nicht selbst,
Und eine Gottheit sprach,
Wenn ich zu reden wähnte;

Und wähnt ich, eine Gottheit spreche,
Sprach ich selbst.“[13]

So stark lebt Goethe aus diesem Urerlebnis der Einheit des Menschen mit dem Göttlichen, kraft der er die Freiheit, sich zwischen dem Guten und dem Bösen zu entscheiden, zu streben und zu irren, aber auch den inneren Kompaß, der ihm den Weg zeigt, daß es ihn sein langes Leben hindurch begleitet: in der Gestalt des Faust.

Um den Menschen geht die Wette: hier Mephisto, der das unbegreiflich hohe Gotteswerk Mensch – Pelagius hatte ihn „Gottes edelstes Schöpfungswerk“ genannt – in Zweifel setzt und seinen Triumph schon vorausschmeckt, wenn er es herabgezogen haben wird in die Verderbtheit der staubfressenden „berühmten Schlange“ – dort der Herr, der Faust dem Teufel übergibt, übergeben *kann,* weil der göttliche Quell in ihm springt – und er dem Menschen *vertraut:*

„Nun gut, es sei dir überlassen!
Zieh diesen Geist von seinem Urquell ab
Und führ ihn, kannst du ihn erfassen,
Auf deinem Wege mit herab –
Und steh beschämt, wenn du bekennen mußt:
Ein guter Mensch, in seinem dunklen Drange,
Ist sich des rechten Weges wohl bewußt.“[14]

Gott kann – das ist der klare Gegenwurf des europäischen Menschen gegen den biblischen Sündenfallmythos – bedenkenlos Faust dem Verführer ausliefern und ihn, ohne einzugreifen, sich selbst überlassen, weil er nie seinen Urquell, seinen göttlichen Urgrund, die innere Magnetnadel verlieren kann, die ihn trotz alles Irrens den rechten Weg weist.

Hier ist alles ein einziger Gegenbeweis gegen jene in Marienborn schon von ihm bekämpfte Lehre von der „Verderbtheit der menschlichen Natur durch den Sündenfall“, die Goethe noch in „Dichtung und Wahrheit“ erregt – hier derselbe entschiedene Einspruch gegen ihre Diffamierung, „daß auch bis in ihren innersten Kern nicht das mindeste Gute an ihr zu finden“ sei – hier meldet sich sein gleichfalls „pelagianischer“ Widerspruch, der Mensch „müsse auf seine eigenen Kräfte durchaus Verzicht tun“ – derselbe Protest, „er habe alles von der Gnade zu erwarten“, wie Goethe seine Auseinandersetzung mit den Pietisten festgehalten hat.

Und wie im Jahr 380 Pelagius erklärt hatte:

„Was wir tun, tun wir nicht aus unserer,
sondern aus Gottes Kraft" –
mit nahezu denselben Worten, wie vierzehn Jahrhunderte später
Fichte aus seiner eigenen Sicht:

„In diesem Handeln handelt nicht der Mensch; sondern Gott
selbst in seinem ursprünglichen inneren Sein und Wesen ist es,
der in ihm handelt und durch den der Mensch sein Werk wirket"[15] –

und wie Pelagius, ohne sich auch im mindesten damit zufrieden zu geben, ganz der Germane, hinzufügt: Auch wenn das Göttliche in und
durch den Menschen wirkt, entbindet ihn das nicht von seiner Verantwortung: Vollkommenheit ist das Werk ununterbrochenen Bemühens
und Strebens, immerwährenden Bewährens, eine Erwerbung, die
ständig erworben werden will. Ebenso gipfelt das Leben für Goethes
Faust, im selben Sinn und Wortlaut, in dem Ziel, anstatt sich je „beruhigt auf das Faulbett zu legen", „sich immer strebend zu bemühen".
Hier lebt ungebrochen und wandellos die religiös-ethische Maxime
vom Wesen und Auftrag des Menschseins aus ältester Zeit im Einklang des faustischen mit dem pelagianischen Imperativ, gültig formuliert durch Goethe als ein spezifisch europäisches Wesensgesetz
weiter.

Eine Mystik der Tat: Eckhart – Fichte – Heraklit

Nicht minder geheimnisvoll als das Aufbrechen von Gedanken wie
solche des Pelagius nach fast anderthalb Jahrtausenden in Goethe
ohne jede Brücke mündlicher Überlieferung oder schriftlicher Tradition, sogar mit fast denselben Worten, wie eine weit zurückliegende
Zeit sie formuliert hatte, – einfach aus dem Einklang des selben Menschentums, geschah es, daß, ohne Wissen um das Einstige, das vor
dem missionarischen Zerstörungswerk Gewesene, sich plötzlich, als
wäre es eben zum erstenmal gedacht worden, in das Denken eines
Menschen drängt.
Die Rede ist von Meister Eckhart, dem größten deutschen Denker des
Mittelalters und Haupt der sogenannten Deutschen Mystik, der in
einer Zeit, die von Sündenbewußtsein trieft, in seinen Predigten – statt
vom Sünder zu sprechen, der von Gott durch einen Abgrund allgemeiner kreatürlicher Sündigkeit getrennt ist – seine zahllosen Hörer, die

ihm begeistert zuströmen, lehrt, daß der Wesenskern des Menschen und der gottheitliche Seinsgrund einander auf unaussagbare Weise verbunden und von gleicher Artung sein müssen. Und dabei unterläuft diesem seit frühester Kindheit der geistlichen Erziehung im Kloster des Dominikanerordens ausgesetzten, zu hohen Würden aufgestiegenen Ordensgeistlichen nicht nur einmal ein Ausdruck, der in diesem exklusiven kirchlichen Männerbund, in dem die Bruderschaft in Christo ohnehin jeglichen Blutsbanden absagte, gar nicht vorkommt: ein Wort, das einer ganz abseits seiner Ordenswelt gelegenen Sphäre angehört und hier ebenso unerhört ist wie der Gedanke selbst von brisanter häretischer Unchristlichkeit: ,,In seinem Seelengrund", so erklärt er, ,,ist der Mensch von Gottes Sippe". Oder auch von ,,göttlicher Sippe". ,,Dieses Etwas in der Seele ist Gott so versippt, daß er mit ihm eins ist und nicht vereint". Oder: Dieser Wesenskern des Menschen ist ,,eine Sippenschaft göttlicher Natur"![16]

Dieser Gedanke aber ist uralt. Nach dem zwei- bis dreitausend Jahre hindurch lebendig gewesenen germanischen Mythos[17] stammt der Mensch, stammt das ganze Volk aus ,,göttlicher Sippe", als Abkömmlinge ihres göttlichen Ahnherrn Mannus tragen sie selber noch den Namen des Gottes: beide, Mann *und* Frau, als ,,man" und beide als ,,Mensch". Und während in christlicher Zeit das ursprüngliche Pronomen ,,man" für beide Geschlechter unerkannt und unverdächtigt fortbesteht, dagegen philisterhafte Bischöfe auf der französischen Synode in Mâcon darüber streiten, ob die Frau überhaupt ein Mensch sei und eine Seele habe, ein Streit, der sich bis ins 17. Jahrhundert fortsetzt, ist es der ritterbürtige Meister Eckhart, der wiederum gegen die fremde Entwürdigung der Frau aufbegehrt: ,,Wir nehmen das Wort ,Mensch' für Männer *und* Frauen. Aber die Welschen wollen es nicht den Frauen lassen."

Jeder Mensch hat in sich jenes ,,Etwas", das ,,von göttlicher Sippe" ist und mit Gott ,,eins ist und nicht vereint". Diese Einheitserfahrung stammt nicht aus theologischer Spekulation, in ihr spricht das unmittelbare Erlebnis:

> ,,Ich bin mir des so gewiß, als ich lebe, daß mir kein Ding also nahe ist als Gott. Gott ist mir näher, denn ich mir selber bin, mein Wesen hanget daran, daß mir Gott nahe und gegenwärtig ist. Also ist er auch in einem Stein und Holz, aber sie wissen es nicht."[18]

Dieses Etwas in der Seele ist der gottheitliche „Seelengrund", der mit der Seele und ihren Kräften nicht identisch ist, hier ist „Gottes Grund": Mit dem Seelengrund hat die Seele teil an der Gottheit, am Gottesgrund. Doch der Mensch, der diesen Grund verschüttet hat, so daß die Seele nicht in ihn hineinragen kann und durch ihr Haften an den Dingen verstopft und an ein Oberflächendasein gefesselt ist, muß sie von allem leer und frei machen und von aller zeitlichen, dinglichen Verhaftung, damit das überzeitliche, gottheitliche Sein sich in die Seele gebären, sie zum Leben erwecken und zum Blühen bringen kann. Indem die Seele sich dem Seelengrund verbindet, herrscht vollständiges Einssein – jedoch nicht zu seligem Ausruhen und Ruhefinden in der Gottheit des Augustin, nicht zum fernöstlichen Aufgehen wie der Wassertropfen im Meer, zum indischen Verschmelzen mit dem überwesentlichen „Nichts" und Versinken im Nirwana, nicht auf neuplatonische Weise in der Flucht aus der Schattenwelt im Aufstieg zum Ur-Einen zum Erlöschen alles Wollens und Bewußtseins noch im Aufschwung der von Finsternis erfüllten Seele über die Stufenleiter einer himmlischen Engelshierarchie zu dem überlichten Gott des Pseudo-Dionysius.

Hier geschieht das aller chinesischen, indischen, platonischen, neuplatonischen, augustinischen, christlichen und islamischen Mystik und Versenkung vollends Entgegengesetzte, eigentümlich Europäische: Leben, Bewegen, Werden, Wirken und Tat aus dem Göttlichen, das heißt aus dem eigenen, innersten Urgrund, der grundlos ist, aus der eigenen Tiefe, aus der der Mensch die Kräfte zur Bewährung und Bewältigung des Lebens schöpft.

Es liegt eine ganze Seelenkunde darin, daß – anders als die griechische „psyche" und die lateinische „anima", die ursprünglich „Atem", „Hauch" meinen, das, was beim Tod aus dem Körper entweicht – das deutsche Wort „Seele"[19] wie auch das germanische „saiwalo", zu urgermanisch „saiwa", „See" gehört und die „vom See Stammende" bedeutet, dem immer bewegten, fließenden Element, dem von Wellen unaufhörlich belebten und wogenden, vom Wind aufgewühlten oder klar spiegelnden Gewässer über grundloser Tiefe.

Wie in vorchristlichen Jahrhunderten die Seher und Seherinnen „unter den Wasserfällen" zwischen dem Fels und ihrem brausenden Sturz, an Quellen, in Wäldern zwischen Island und der Adria allein und fern von den Menschen wachen, den Stimmen geöffnet, die aus der Tiefe zu ihnen reden – wie es im Havamal in der Edda heißt – „am Ufer des Urdbrunnens", an der Quelle desUrsprungs am Fuß der Weltesche, dem Mittelpunkt der Welt, aus dem alle Flüsse entspringen und sich in Seen ergießen und in das ewig wogende Meer. Lauschend läßt sich der Seher in die bodenlose Tiefe in sich hinabsinken:

> „Ich schaute und schwieg, ich schaute und sann,
> Lauscht auf des Waltenden Wort."[20]

Im Jahr 1106 bekennt auf der alten Disen-Kultstätte des Disibodenberges die junge Hildegard von Bingen:

> „Was ich – von Kindheit an – in dieser Schau sehe und höre,
> das schöpft meine Seele wie aus einem Quell – der Quell aber
> bleibt voll und unerschöpflich."[21]

Bald darauf setzt ein riesiger Chor ein – die deutsche Mystik:

> „Versenke die Seele in den Grund ohne Grund!"
> „Nehmet Gott in euch wahr, senket euch in die Einheit!"

Da meldet sich Taulers Stimme:

> „Die Weite, die sich in dem Grund auftut,
> die hat weder Bild, noch Form, noch Weise,
> sie hat weder hier noch da.
> Denn es ist ein grundloser Abgrund,
> der ohne Grund in sich selbst schwebt,
> so wie die Wasser wallen und wogen.
> Jetzt versinken sie in die Tiefe...
> und über eine Weile rauscht es herauf,
> als ob es alle Dinge ertränken wollte..."[22]

Da hören wir um 1300 Meister Eckhart, der die strömende Bewegtheit aus der göttlichen, grundlosen Tiefe den Menschen durchfluten sieht, um unaufhörlich in sein schöpferisches Wirken in der Welt zu münden als ein „mitewürker gotes": Darum soll ein solcher Mensch die Seele von aller Selbstsucht und Weltsucht ganz leer machen, auf daß Gott aus der Tiefe des Seelengrundes „ausfließe" und in die nun ganz freie Seele „einströmen" kann, alle seine Kräfte „durchflutet" und mit ihm ein Leben lebt und ein Wirken wirkt, erfüllt von unendlicher Werde- und Tatenlust.

> „Im innersten Quell, da quelle ich aus, da ist *ein* Leben und *ein*
> Sein und *ein* Werk."

Hier ist er wieder – der ureuropäische Werde- und Tatcharakter, das Sich-Nicht-Beruhigen im Gott-Haben, in einer unio mystica, im bloßen Besitzen des „Heils", sondern es im Sich-Bewähren ständig Tat werden zu lassen. „Darin soll der Mensch gar nie zu Ende kommen." Denn unsere im Gottesgrund entbundene Wirkkraft drängt danach, sich in einem Wirken in der Welt, in einem Werk, wie groß oder gering es auch sei, auszugeben und so ein Mitwirker Gottes an seiner Schöpfung zu werden.

> „Weil nun aber der Mensch in diesem Leben nicht ohne Tätigkeit sein kann, die (nun einmal) zum Menschen gehört und deren es vielerlei gibt, darum so lerne der Mensch, seinen Gott zu haben mitten in allen Dingen... denn gerade in ihm und mit ihm und aus ihm soll man so wirken lernen, daß man die Innerlichkeit ausbrechen lasse in die Wirksamkeit und die Wirksamkeit hineinleite in die Innerlichkeit...
> Auf daß der Mensch lerne mitwirken mit seinem Gott."[23]

Doch im tiefen Unterschied von allen östlichen, orientalischen, griechisch-mittelmeerländischen Religionen trägt hier der Mensch nicht nur Verantwortung als Mitgeschöpf Gottes in der Welt und für die Welt – dieses hiesige, jetzige Leben selbst ist, nach der Seele, der andere, zweite Ort der Gottesbegegnung und Gotteseinigung. Denn mitten in dem prallen, pulsenden, pochenden Leben, mitten in der Welt mit ihren Licht- und Schattenseiten, mit ihrer strahlenden Schönheit und ihren schauervollen, niederschmetternden Katastrophen und Schicksalsschlägen ist immer das Göttliche als „Heil" gegenwärtig. Ein Gedankenweg, den wir im nächsten Kapitel aufnehmen werden. Der dualistischen Entzweiung des Seins in der christlichen Metaphysik, die alle Gegensätze scharf auseinanderreißt und zwei verschiedenartigen und verschiedenwertigen Welten zuteilt, die alles nach ihrer Wertordnung Positive auf die eine Seite, alles Negative auf die andere häuft, die alles Lichte dem Jenseits, alles Dunkel dem Diesseits, dem „Jammertal", zudiktiert, ebenso wie sie den allmächtigen Gott durch eine Kluft von dem schwachen, sündigen Menschen trennt – ihr muß diese Eckhartsche Einheitsschau, für die die göttliche Wirklichkeit in nichts geschieden ist von der dem Menschen gegebenen Wirklichkeit, sie vielmehr in allen Zonen und Richtungen durchdringt und durchwirkt, immer gegenwärtig in jedem Nu und an jedem Ort, aber im Menschen am innerlichsten und innigsten anwest, unverständlich und hoch gefährlich erscheinen. Für die christliche Theologie muß das Göttliche, das – weder gut noch böse – das Sein von allem ist, das alles

Seiende sein macht und in allen Kreaturen durch das Sein selbst lebt und wirkt, in der sich alles Werden vollzieht, in dessen ewigem Schöpfungsfluß sich die gottheitliche Fülle zum Dasein, zur Welt und jedem Geschöpf entfaltet, sich in allem Daseienden selbst offenbart, aber erst im Menschen sich erkennt – muß es der christlichen Heilsordnung, dem Erlösungswerk Christi, dem Priestertum und der kirchlichen Heilsvermittlung jeglichen Boden entziehen. Urketzerisch ist bereits seine Vernichtung der Kluft zwischen Gott und dem Menschen – indem er dem Glauben an einen außerweltlichen Gott entgegenhält:

„Man soll Gott nicht als etwas außerhalb von einem selbst erfassen und ansehen, sondern ... als das, was in einem ist ... Manche einfältigen Leute wähnen, sie sollten Gott (so) sehen, als stünde er dort und sie hier. Dem ist nicht so. Gott und ich sind eins –."[24]

Insbesondere aber für 28 Artikel, „mit denen – verführt durch den Vater der Lüge – dieser irregeleitete Mensch im Widerspruch mit der sonnenklaren Wahrheit des Glaubens auf dem Acker der Kirche Dornen und Disteln angesät und mit emsigem Fleiße Gift und Unkraut in die Halme hat schießen lassen", spricht nach vierjährigem Inquisitionsverfahren am 27. März 1329 die päpstliche Bulle „einem aus deutschen Landen, Eckhart mit Namen, und, wie es heißt, Doktor und Professor der Heiligen Schrift, aus dem Orden der Predigerbrüder", das Verdammungsurteil als Ketzer samt Verbot aller Bücher und Schriften. Denn „auf dem Acker des Herrn, dessen Hüter und Arbeiter Wir nach himmlischer Verfügung, wenn auch unverdientermaßen, sind, müssen Wir die geistliche Pflege so wachsam und besonnen ausüben, daß, wenn irgendwann ein Feind auf ihm über den Samen der Wahrheit Unkräuter sät, sie im Entstehen erstickt werden, bevor sie zu Schösslingen verderblichen Keimens aufwachsen, damit, nachdem der Same der Laster abgetötet und die Dornen der Irrtümer herausgerissen sind, die Saat der katholischen Wahrheit fröhlich aufgehe."[25]

An diesem Märztag ist Eckhart schon tot. Als freier Mann war er, weil der Inquisitor Erzbischof von Köln die Weitergabe seiner Appellation an den Papst verweigert, am 22. Februar 1327 aus eigenem Entschluß zur Burg Papst Johannes XXII. in Avignon gereist und zwingt damit seinen Gegner, den Ketzerprozeß an die oberste Instanz zu übergeben, während zwei Spitzel des Erzbischofs ihm folgen. Das „Gutachten" einer Theologenkommission, die Eckharts Antworten bei einer Inquisition vor den Auditoren in Avignon als ketzerisch und im Widerspruch zur Glaubenslehre ablehnt, ist der letzte Schatten, den der Lebende auf die Leinwand der Geschichte wirft, bevor er aus ihr verschwindet. Wohin? Als freier Mann? Als Gefangener der päpstlichen Verliese, aus denen nach seinem Tod die dort gleichfalls als Ketzer gefangen gehaltenen Gelehrten Wilhelm von Occam, Ordensgeneral Cesena und Ordensprokurator Bonagratia von Bergamo „flohen" zu König Ludwig dem Baiern? In denen auch der Niederländer Siger von Brabant nach seiner Appellation verschwand und erwürgt wurde. Kein Dokument verzeichnet, wo und wann Eckhart starb. Kein Stein verrät, während wir die Gräber seiner unbedeutenderen Schüler kennen, wo er, der weithin bekannte, gefeierte, größte religiöse Künder Europas blieb. Und seltsam: keiner findet das seltsam.

Denn er sprach aus, was als ursprüngliches Gotterleben in Tausenden europäischer Menschen aus Adel, Bauerntum und Bürgertum, unter Akademikern und Laien latent ohne Ausdruck zu finden bereit lag oder spontan wie aus unterirdischem Meer an weit verstreuten Orten Europas immer von neuem ans Licht drängte. „Nachdem in Jahrhunderten die berufenen Verwalter der christlichen Botschaft", wie Papst Innozenz III. selber seinen Priestern voller Zorn vorwarf, „versagt haben gleich stummen Hunden, die nicht bellen können", nachdem selbst angesichts der großen religiösen Bereitschaft die Kirche den Ton nicht traf, der die Seele des Volkes zum Schwingen brachte, traf Eckhart mit seiner es oft überfordernden tiefschürfenden Ausdeutung des im Grunde Unaussprechbaren dennoch mitten in seine Herzen. Weshalb? Weil es in seinem Wesen und Denken noch „dieser Wahrheit gleicht", wie er sich einmal ausdrückt, so daß sie unmittelbaren Widerhall in ihnen fand: eine Behauptung religiöser Identität durch Jahrhunderte! Männer und Frauen aus allen europäischen Nationen, die italienische Gräfin von Monteforte wie die niederländische Bäuerin und die französische Herzogin von Navarra, die belgische Begine Margarete Porete, die vor Notre Dame in Paris verbrannt wurde, die Deutsche Mechthild von Magdeburg, der englische Bischof, der deutsche Schuster, der Schweizer Arzt und der Pariser Goldschmied, englische Physiker, deutsche Philosophen und Dichter, Jesuiten, Dominikaner, Franziskaner, Beginen, Brüder und Schwestern des freien Geistes, des Neuen Geistes, Priester, Mönche und verfolgte Gemeinschaften, die nach Amerika auswandern müssen und drei der großen Präsidenten der USA – Adams, Jefferson und Lincoln – stellen, Menschen der unterschiedlichsten Charaktere und Temperamente – sie alle, die sich mit den fremden Glaubensvorstellungen nicht abfinden können und in ihrer Auseinandersetzung mit ihnen jeweils zu ihrer eigenen religiösen, denen der anderen verwandten Identität finden, sie alle auf oft einsamem Posten, von der Kirche bedroht, verfolgt, ertränkt oder verbrannt, stimmen, meistens ohne voneinander zu wissen, wie in geheimer Verständigung dieselben Themen an und in demselben vielstimmigen Chor zusammen.

Als Meister Eckhart den schon allenthalben keimenden Gedanken des *dem menschlichen Seelengrund einwohnenden Göttlichen, in dem das germanische „Heil" als Grund der Existenz nachschwingt*, in tiefhinableuchtender Intuition von der „Geburt Gottes in der Seele" groß entfaltet, zur Wiederheiligung des erniedrigten Menschen und zur Heilung des gott-menschlichen Einsseins von seiner Zerreißung, seinem Herr-Knecht-Verhältnis und von weltflüchtiger Askese zu einem krafterfüllten, das „Heil" bewährenden Leben verantwortlichen Tuns, das durch keine Furcht und Sorge, Schwachheit und Angst zerfressen wird – erhält er Nachfolge in Flandern und den Niederlanden, in Süddeutschland und der Schweiz, durch Seuse, Tauler, den Frankfurter Deutschherrn und viele andere, die sich ausweitet zu einer Volksbewegung von europäischem Ausmaß.

Und obwohl diese Volksbewegung, wo immer sie sich rührt, in Arras, in Orléans, in Turin und Paris, in Nördlingen, Goslar, Mainz und Köln erstickt oder blutig ausgemerzt, durch reihenweises Ertränken im Rhein und Verbrennen bei lebendigem Leibe von gelehrten Laiengruppen vor allem in verschiedenen Städten Nordfrankreichs und ungezählten einzelnen um offener Widersetzlichkeit willen gegen das Dogma oder gar jener Stillen, die nur dem eigenen Glauben leben wollen, ausgelöscht und noch durch lutherische Intoleranz erbarmungslos verfolgt, gejagt und gehetzt wird, strömt sie unaufhaltbar fort. Und es wiederholt sich, was schon dem pelagianischen Geist widerfuhr: Zwar sind Eckharts deutschsprachige Predigten und Traktate, jahrhundertelang verschollen und vergessen, in wenigen Blättern anderen Verfassern untergeschoben, ja selbst der Name dieses größten religiösen Genius des Mittelalters ist ausgelöscht.

Erst 1816 wird er durch Franz von Baader der Nachwelt wiedergegeben. Da, zu ihrer aller Erstaunen entdecken die führenden Geister

Deutschlands fast ohne Ausnahme schier ungläubig und in hellem Enthusiasmus unmittelbare Übereinstimmungen mit Gedanken, Elementen und Teilen ihrer eigenen Werke, eine ursprüngliche Geistesverwandtschaft des Denkens, eine beglückende Gleichgesinntheit. „Hegel", so berichtet Baader, „war so begeistert" durch den innigen Einklang mit Eckhart und schloß seinen leidenschaftlichen Ausbruch: „Da haben wir es ja, was *wir wollen!*" Der erbitterte Hegelgegner Arthur Schopenhauer konnte sein Lob über „die wundervollen Schriften des Meisters der Meister", den „Gipfelpunkt der deutschen Mystik", nicht hoch genug ansetzen. In ihnen allen lebt die europäische Religion spontan weiter.

Ganz ohne Kenntnis der Eckhartschen Schriften durchweht Echhartscher Geist bereits vollständig die Werke des Dresdners Valentin Weigel, Pfarrer in Zschopau, und des tiefgründigen und genialen Görlitzer Schuhmachers Jakob Böhme, der als „philosophus teutonicus" mehr als in Deutschland ganz Europa, besonders England, wo sich die Bewegung der Behemists bildet, aber auch den Osten geistig beeinflußt; er bestimmt die Kreise um den schlesischen Adligen Caspar von Schwenckfeld, dessen Anhänger noch heute in den USA existieren, wo zwei von ihnen der Administration Reagans angehörten; er leuchtet aus den zu Edelsteinen geschliffenen Zweizeilern des Arztes Johannes Scheffler, der sich Angelus Silesius nannte. Noch erstaunlicher aber steht er wieder auf in der tiefreligiös erfüllten Gedankenwelt Fichtes. Diese seltsamen, sich jedem aufdrängenden, oft bis in Einzelheiten gehenden Übereinstimmungen mit Eckhart finden ihre Erklärung in der Reibung wacher, nachdenklicher Menschen an der dualistischen Zerspaltung des gesamten Seins, in ihrem entschiedenen Widerspruch gegen den Glauben an einen jenseitigen Persongott, wie er ihnen gerade von Luther zu ihrem Schrecken in seiner Entgegnungsschrift – gegen des Erasmus Schrift „Vom freien Willen" – „Vom geknechteten Willen" in unüberbietbarer Schroffheit als ein unberechenbarer, rasender Vulkan des Zorns und der Grausamkeit vor die Seele gestellt worden war. Ein Gott, der den gänzlich verderbten Menschen und Sündenkrüppel leidenschaftlich haßt – mit einem „Haß", wie Luther schreibt, „der bestand, sogar bevor die Welt geschaffen wurde". Diesem furchtbaren Gott und seinem herrischen, launischen Willen, „der sich seine Freiheit über alles vorbehalten hat", ist der „verknechtete" Mensch ohnmächtig preisgegeben „wie ein Reittier: Wenn Gott aufsitzt, will und geht er, wohin Gott will – sitzt aber der Satan auf, so will und geht er, wohin der Satan will." Und unter Berufung auf Paulus: Wir werden von diesem grausamen Gott „getrieben", als ein Werkzeug „benutzt wie eine Säge oder ein Beil. – Gott kann nicht anders, als durch das böse Werkzeug Böses tun, er, der selbst gut ist."[26] So ist es kein Wunder, wenn aus dem Erschrecken über diese Gottheit Luthers nur dieses ein und selbe Gottverständnis Antwort gab: Im Wort Weigels von der Gotteseinigung mit dem in seinem Wesenskern göttlichen Menschen im Wollen und Wirken. In der Antwort Böhmes, die er in einer gewaltigen, mystisch-dramatischen Gottesschau entfaltet:

„Höre, du blinder Mensch, du lebst in Gott und Gott in dir! – Suche ihn nur in deiner Seele, die ist aus der ewigen Natur, darinnen die göttliche Geburt stehet. – Wo du nur hinsiehest, da ist Gott."[27]

Im Wort des Engländers George Fox vom schweigenden Hinhorchen auf das Ewige, das in jedem Menschen wirkt und sich im Gewissen, in der Vernunft, in allen Kräften sich offenbart, wie dieser Gottergriffene es in der grenzüberwindenden Hilfstätigkeit der weltweiten Quäker-Bewegung Tat werden ließ.

Und unter den Unzähligen in den weithin leuchtenden Sinnsprüchen des Angelus Silesius:

„Halt an, wo laufst du hin? Der Himmel ist in dir.
Suchst du Gott anderswo, du fehlst ihn für und für.
Bist du in Gott geborn, so blühet Gott in dir,
Und seine Gottheit ist dein Saft und deine Zier.
Gott ist in mir das Feur und ich in ihm der Schein;
Sind wir einander nicht ganz inniglich gemein?
Du darfst zu Gott nicht schrein, der Brunnquell ist in dir;
Stopfst du den Ausgang nicht, er flösse für und für.
Die Gottheit ist mein Saft, was aus mir grünt und blüht,
Das ist sein heilger Geist, durch den der Trieb geschieht."[28]

Dem „heillosen Götzen", den die orthodoxen Christen sich zur alleinigen Austeilung von Erlösung, Glückseligkeit und Genuß geschaffen haben, stellt der dafür — wie diese ihren eigensten Glauben Behauptenden — der Verfolgung ausgesetzte, durch den Kursächsischen Kirchenrat des „Atheismus" angeklagte Professor der Philosophie Fichte in Jena ein Göttliches entgegen, das in seiner Unbegreiflichkeit durch keinen Begriff erfaßt werden und nur durch Negationen – wie Eckharts „Nichtperson", „Nichtgeist" – oder nur im Schweigen berührt werden kann. Wiedergekehrt ist spontan auch hier das Gott-Mensch-Verhältnis des Einsseins im Wesen, Wollen, im Leben und Wirken. Ohne Kenntnis Eckhartscher Werke „wiedergekehrt" ist der von Eckhart gewiesene Weg vom Gott-Haben zum Gott-Sein, das heißt: zu einem „wahrhaften Leben" durch Entäußerung von allem egoistischen Glücksstreben, vom Haften an Genuß, an Erfolg, an Ansehen, selbst vom puren Seligkeitsegoismus, zu einer Vereinigung mit Gott, „bis überhaupt nicht mehr Zweie, sondern nur Eins, und nicht mehr zwei Willen, sondern nur noch Einer und derselbe Wille alles in allem ist". Wiederkehrt die ebenfalls von Eckhart gewiesene Wendung des gotterfüllten Menschen aus der Tiefe seiner Seele in die Welt der Tat und, wie für Eckhart, eines selbstlosen und zweckfreien Wirkens „sunder warumbe", indem der Mensch mit Gott wirkt als ein Mitwirker Gottes. Solches Leben und Handeln aus dem göttlichen Grund *ist*, für Fichte, Religion.

„In dem, was der heilige Mensch tut, lebt und liebet erscheint Gott nicht mehr im Schatten oder bedeckt von einer Hülle, sondern in seinem eigenen, unmittelbaren und kräftigen Leben; ... die Frage: *was* ist Gott, wird hier so beantwortet: er *ist* dasjenige, was der ihm Ergebene und Begeisterte *tut*. Willst du Gott schauen von Angesicht zu Angesicht? Suche ihn nicht jenseits der Wolken; du kannst ihn allenthalben finden, wo du bist. Schaue an das Leben seiner Ergebenen, und du schaust Ihn an; ergib dich selber Ihm, und du findest Ihn in deiner Brust."[29] Mit diesen Worten reißt Fichte die Studenten der Berliner Universität 1806 in seinen packenden Vorlesungen „Anweisungen zum seligen Leben", die zu den „reifsten und tiefsten Werken der gesamten Literatur der Menschheit" (Fritz Medicus) gezählt wurden, zur Begeisterung mit.

Es ist die Zeit, in der in Berlin eine anonyme Schrift „Über die Religion" erscheint, die sich wendet „An die Gebildeten unter ihren Verächtern". Auch hier ein Protest gegen den fremden Götzen und gegen die beklemmende Düsternis der von ihm als sündig verdammten Welt! Der Autor, der dreißigjährige Schleiermacher, Prediger an der Berliner Charité, ist von einem unerhörten Freiheits- und Glücksrausch erfaßt, seit er „die große Tat vollbracht, hinzuwerfen die falsche Maske, das lange mühsam Werk der frevelnden Erziehung" in einem krankhaften und krankmachenden christlich-pietistischen Glauben. Nachdem ihn von Jugend auf der armselige „Sklaven- und Götzendienst" jener Mittler- und Buchreligion geplagt und er entschlossen die „Scheidewand" des Dualismus eingerissen hat, atmet er wie befreit auf, als endlich ihm das Göttliche im ganzen Universum, am reinsten aber „im innersten Selbst" begegnet:

> „Sooft ich ins innere Selbst den Blick zurückwende,
> bin ich zugleich im Reich der Ewigkeit."[30]

Und obwohl von Kindheit an in einer pietistischen Umwelt erzogen und trotz einer christlich theologischen Ausbildung, ohne im geringsten von Meister Eckharts Gottes- und Lebensschau zu wissen, fordert er die „Gebildeten unter den Verächtern der Religion" auf Eckhartsche Weise auf, „sich ganz frei zu machen", „sich selbst zu entschwinden", „desto klarer wird das Universum vor Euch dastehn, desto herrlicher werdet Ihr belohnt für den Schreck der Selbstvernichtung durch das Gefühl des Unendlichen in Euch" und, indem die Seele sich für die Entwicklung des Göttlichen öffnet, das Göttliche sie zum Leben erweckt, so daß ein „neuer, ein eigentlicher Mensch" geboren wird, dessen ganzes Leben fortan „aus seiner eigenen Quelle hervorgehen muß" im nie versiegenden Bewußtsein, daß das Göttliche durch ihn wirkt, spricht und handelt – im Bewußtsein höchster Verantwortung. In diesem Sinne fordert er sie auf:

> „Strebt danach, mehr zu sein, als ihr selbst!
> Strebt danach, mitten in der Endlichkeit
> eins (zu) werden mit dem Unendlichen
> und ewig (zu) sein in jedem Augenblick."[31]

Der Glaube an zwei Welten dagegen, der „das Unendliche außerhalb des Endlichen" sucht und „einen Unterschied macht zwischen dieser und jener Welt" kann für diesen Einheitsgläubigen „seine ausländische Farbe niemals verleugnen".

Damit tritt Schleiermacher, ohne es zu ahnen, in die endlose Reihe aller großen Geister Europas, die einstimmig und aus innerster Wesensnotwendigkeit die „ausländische" Zumutung, das Unendliche, Ewige, Göttliche aus der Welt hinauszuverlagern und in einer zweiten, abgelegenen Welt unterzubringen, von sich gewiesen und es wieder in sie und in den Menschen zurückgeholt haben.

Wenn Eckhart lehrte: „Gott und das Sein sind dasselbe" und was außerhalb von Gott ist, ist überhaupt nicht – wenn der Frankfurter Deutschherr sagte: „Außerhalb des Vollkommenen oder ohne es gibt es nicht wahres Sein" – so erklärt Fichte: „Gott allein ist, und außer ihm nichts" – es ist nur *ein* Sein, und dieses einige göttliche Sein allein ist „das wahrhaft Reale *in* allen Dingen." Seine scharfe Ablehnung des von ihm, ja – des allgemein als fremd empfundenen Dualismus, der das gesamte Sein in eine Welt und eine Überwelt, in Unendlichkeit und Endlichkeit, in Jenseits und Diesseits aufteilt, rechtfertigt Schleiermacher: „Alle wenigstens, welche Religion haben, glauben nur an eine."

Eine vielgliedrige Kette schwingt sich nicht nur in Nord- und Mitteleuropa, sondern bereits seit 600 v.Chr. mit Anaximander und Heraklit, den ionischen Denkern des vorsokratischen, vorplatonischen, vordualistischen Hellenentums im äußersten Südosten Europas, durch drei Jahrtausende europäischer Denktradition immer mehr zunehmend an Stärke und Überzeugungskraft bis in die Gegenwart und ihre weit ausgreifende Tendenz zum Einheits- und Ganzheitsdenken, das unmerklich alle geistigen und praktisch-alltäglichen Lebensbereiche bereits erfaßt. Wie dieser uralte Glaube sich trotz der Lava, die ihn unter sich begraben, aber nie erstickt hat, wieder durchsetzt, führt an den Hof des Kaiserenkels Karls des Kahlen um die Mitte des 9. Jahrhunderts.

Natur als Gottesentfaltung

Die anonyme Schrift eines unbekannten Christen, der in die Schule der Neuplatoniker gegangen war und sich mit dem Namen eines Mannes der Apostelgeschichte, des „Dionysios", wichtig machte, ein Werkchen, das der Enkel Karls des Großen dringend zu lesen wünschte, löste einen weiteren spezifisch europäischen Protest aus, der bis in die Gegenwart immer vielstimmiger anschwellen sollte. Erhob der erste Protest sich gegen die Sündigkeitserklärung des *Menschen* entsprechend dem biblischen Sündenfallmythos und der Erbsündenlehre des Afrikaners Augustinus, so entzündet sich dieser Protest an der Sündigkeitserklärung der *Welt* durch den aus der Verfallszeit der Mittelmeerkultur stammenden christlichen Neuplatonismus und seine

Lehre vom stufenweisen Abfall alles Seienden von dem weltenfern träge ruhenden Ureinen bis zur finsteren, bösen Materiewelt.

Es war der gleichfalls von den britischen Inseln gekommene, als Vertrauter des Kaisers, als Leiter der Hofschule und Übersetzer jenes Buches am Kaiserhof bei Paris lebende Scotus Eriugena, der – wie Pelagius weder Mönch noch Priester – aufgrund seiner eigenen Schrift „Über die Einteilung der Natur" als die Nr. 1 auf den Index der von der Kirche verurteilten und verbotenen Bücher gesetzt wird. Dieser genialste Denker seiner Zeit macht gleich zu Beginn seines Werkes unmißverständlich klar, daß er sich seine eigene Meinung unabhängig von jeglicher Autorität vorbehält, „die nicht von der wahren Vernunft gebilligt wird", die ihrerseits, „weil sie sicher und wandellos sich auf ihre eigenen Kräfte stützt, keine Bekräftigung durch Zustimmung irgendeiner Autorität nötig hat". In ihm sträubt sich alles gegen die bewegungslos, in müder Passivität ruhende ureine Gottheit und ihr willenloses Überquellen in eine stufenweise abgeschwächte Wirklichkeit, das in einer durch platonische und christliche Verdächtigung mit allen negativen Attributen diffamierten „Natur" enden sollte. Diesem extremen Dualismus zwischen Überwelt und Welt, zwischen Schöpfer und Geschöpf widerspricht Eriugena leidenschaftlich:

> „Wir dürfen Gott und die Kreatur nicht als zwei voneinander Getrennte betrachten, sondern als eines und dasselbe: Die Kreatur gründet in Gott und Gott schafft sich in ihr auf wunderbare und unaussagbare Weise, indem er sich selbst in ihr offenbart, als der Unsichtbare sich sichtbar macht und als der Unbegreifliche begreiflich und als der Eine zu einem Vielfältigen … indem er als Unendlicher zum Endlichen wird. … Macher von allem, in allem geworden, der ewig anfängt zu sein und als Unbeweglicher sich ins All bewegt und verkörpert, der alles in allem wird."[32]

Indem Gott sich in unaufhörlicher Schöpfung in alles ausfaltet, schafft er sich selbst in allem. Und darum sind Gott und Welt zwar in ihrer Seins*weise* unterschieden, aber eins und identisch in ihrem Wesen.

> „Es ist alles aus Gott und Gott in allem
> und alles nirgendanderswoher als aus ihm selbst geworden,
> weil alles aus ihm selber und durch ihn selber
> und in ihm selber geworden ist."[33]

Die Materie, für Platon und Plotin und den orientalischen Dualisten jeder Prägung, äußerster, finsterster Gegensatz des allein lichten Geistes und Keim alles Bösen – für Eriugena ist sie Ausdruck, Offenbarung des Göttlichen wie die Welt, wie die ganze Natur und von göttlicher Art:

> „Von sich selbst nimmt Gott die Gelegenheit zu seinen Theophanien, seinen Erscheinungsweisen, da von ihm, durch ihn, in ihm, zu ihm alle Dinge sind. Und so ist auch die Materie selbst, aus der die Welt gemacht ist, von ihm und in ihm und er selbst ist in ihr, soweit überhaupt ihr Sein erkennbar ist."[34]

Im Menschen erst kommt Gott zum Bewußtsein seiner selbst, denkt und erkennt sich. In der menschlichen Vernunft, in des Menschen geistigen wie seinen leiblichen Kräften wirkt er sich selbst. Gott bedarf des Menschen, und der Mensch bedarf Gottes, die göttliche Schöpferkraft und die ratio humana bedürfen einander, um die geistige Welt zu schaffen und Gottes Weltwerden fortzuführen.

Die Gottdurchdrungenheit der Natur in Werden und Vergehen, in allen Wesen von den kleinsten bis zu den Gestirnen, der blühenden Pflanze, der Vögel und aller Getiere, der lebensfördernden und zerstörenden Elemente – alles ist Selbstoffenbarung Gottes, nicht, wie der dekadente Neuplatonismus lehrte, Täuschung und Schein. Indem Gott sich selbst in allem schafft, vermindert sich nicht – wie für Platon – seine Realität, noch schwindet sie. Im Gegenteil, Gott bringt sich in der Natur als das Eine in aller Vielheit und Mannigfaltigkeit zu reichster, überwältigender Wirklichkeit.

Diese dem europäischen Menschen so innig vertraute Naturheiligung und Naturfrömmigkeit, von Ketzergerichten und hohen Konzilien verdammt und angeprangert, verfolgt, wo sie sich hervorwagt wie 1215 in zwei Magistern an der Sorbonne, Amalrich von Bène und David von Dinant, in den Amalrikanern, deren vierzehn 1210 in Paris am lebendigen Leibe verbrannt werden, weil sie glauben wie noch unzählige nach ihnen, Gott wohne allem inne und sei wesenseins allem Geschaffenen, greifen jetzt plötzlich im Volke um sich. Es ist wie ein Rausch der Freude, zugleich mit dem Erblühen des vom arabischen Spanien über die Pyrenäen herübergewehten Minnesangs.. So wenn ein ritterlicher Sänger aus Tirol, Friedrich von Sonnenburg, in seinen Liedern von der Gottartigkeit der Welt jubelnd die Natur vom christlichen Makel der Gefallenen, Widergöttlichen und von ihrer Erniedrigung zum „Jammertal" befreit:

> „O wohl dir, Gottes *Wundertal*!
> Du zarter Gottesgarten,
> In der Gott wunderbar viel Wunder gewundert hat!
> Schälte ich Gottes hohes Wunderwerk,
> So schälte ich Gott an seiner Schöpfung!
> Wer dich schilt, der schilt Gott!"[35]

Überwältigt von ihrer Schönheit, Allgewalt und Unermeßlichkeit fragt Heinrich von Meißen:

> „In welche Grenzen ist Natur gebunden,
> seit sie aller Dinge Gewalt hat?"

Und er antwortet sich selbst:

> „Mit Gott durch Gott erschafft sie
> in Gott, was er sie schaffen läßt."[36]

Das biblische „Verflucht sei die Erde um deinetwillen" des strafenden Jahwe verwandelt der Geistesverwandte der Eriugena, Eckhart und Rilke, Francesco von Assisi in sein Gotteslob *durch* die Natur selbst in Sinn und Sprache des altgermanischen Flursegens an Erce:

> Gelobt seist du, mein Gott,
> Durch unsere Frau Mutter Erde,
> Die uns erhält und leitet
> Und fördert mancherlei Frucht
> Und farbige Blumen und Kraut.[37]

Auch Eriugenas Name und Werk wurden mit seiner Verurteilung und der Vernichtung seiner Schriften vergessen, so belebend und befreiend sein Geist auch nicht nur auf die Wiederentdeckung der Natur im Volke, sondern auf erstes Befragen und Forschen, wie sich noch zeigen wird, wirkte. Dennoch erbt sich seine Neuerweckung und Heiligung der Natur in unendlichen Verzweigungen durch die gesamte europäische Geisteswelt dieser aus religiösem Einsgefühl mit dem gottoffenbarenden All naturnahen Menschen, aus der kein Volk zwischen Sizilien und Skandinavien sich ausschließt. Namen drängen sich auf wie Walther von der Vogelweide und eben dieser Minnesänger Gottes aus Assisi, der wie jener Aldebert predigend durch Wiesen und Felder zieht und sein Heil nicht nur den Menschen neben ihm als brüderliche Geborgenheit mitteilt, sondern auch Vögeln und den stummen Brüdern „unterhalb von Mensch und Geist" – wie Giordano Bruno, dem das ganze, seit dem Cusaner seiner Grenzen ledige, unermeßliche Universum das ungeheuerste Mysterium des in allem wesenden Göttlichen ist und für seinen Glauben an die Gottunmittelbarkeit im gesamten Sein und in sich selbst am 17. Februar 1600 in Rom lebendig verbrannt wird wie Lucilio Vanini, dem für seinen Gotteshymnus:

> Er ist der Wesen Urgrund und ist ihr Ziel,
> Sein eigner, ewger Urgrund, sein eignes Ziel,
> Beginnt, begrenzt, beschränkt sich selber,
> Grenzenlos doch und beginn- und endlos.
> Ganz, ungeteilt, unteilbar und unverrückt
> Erfüllt sein Wesen jeglichen Atomus
> Des ungemessenen Raums und jeden
> Stiebenden Tropfen des Zeitenstromes...[38]

bevor er in Toulouse auf dem Scheiterhaufen brennt, ihm die Zunge aus dem Schlund gerissen und der Hals gebrochen wird. – Namen wie Goethe und Hölderlin, Geibel und Rückert, Rilke und Teilhard de Chardin, um nur einige zu nennen. Starken Widerhall weckt vor allem der Italiener Giordano Bruno, Schüler des Cusaners, der als philosophisch und naturwissenschaftlich umfassend gebildeter Dominikanermönch alle dogmatischen und klösterlichen Fesseln von sich wirft mit beispiellosem Mut und der hell lohenden Begeisterung seiner ureuropäischen Religiosität und Schau des Göttlichen, das – ganz im Sinne des Eriugena, Nikolaus Cusanus und einer unendlichen Schar, die aus ältester Vergangenheit in die Zukunft reicht –:

> „alle Dinge erfüllt, allen Teilen des Unviersums einwohnt,
> der Mittelpunkt von allem ist, was Sein hat,
> als Einer in allem und als der,
> durch den alles Eines ist."

> „Denn was wir ‚Gott' nennen, ist ja das Innerlichste –
> ist die Wesenheit, durch die alles, was ist,
> sein Sein hat, und da er in allem ist,
> ...folgt daraus, daß also alles Eins ist."

> „Ursach und Grund und du, das ewig Eine,
> Dem Leben, Sein, Bewegung rings entfließt,
> Das sich in Höh' und Breit' und Tief' ergießt,

Daß Himmel, Meer und Unterwelt erscheine!
Mit Sinn, Vernunft und Geist erschau ich deine
Unendlichkeit, die keine Zahl ermißt,
Wo Mittelpunkt und Umfang allwärts ist;
In deinem Wesen weset auch das meine!"[39]

Die Saite, die im 9. Jahrhundert der Mann von den britischen Inseln,
die im 16. Jahrhundert der Italiener aus der Siedlung Nola angeschlagen haben, sie bringt zweihundert Jahre später spontan und aus innerster Wesensnotwendigkeit Goethe voll zum Schwingen als das Uran-
liegen seines ganzen Lebens von Jugend auf und als „den Grund meiner ganzen Existenz": „das ewig Eine, das sich vielfach offenbart",
in aller Natur und Wirklichkeit „zu fassen" und, was andere „mit Gewalt auseinanderzuhalten" suchen, „nach den inneren Bedürfnissen
meines Wesens zu vereinen". Daher sein Vorwurf an die klassisch-pla-
tonische Philosophie:
> „Wenn sie sich vorzüglich aufs Trennen verlegt, kann ich mit
> ihr nicht zurechtkommen, wenn sie aber vereint oder vielmehr,
> wenn sie *unsere ursprüngliche* Empfindung, als seien wir mit
> der Natur Eins, erhöht, sichert und in ein tiefes, ruhiges An-
> schauen verwandelt, in dessen immerwährender Synkrisis und
> Diakrisis (Zusammenfügung und Scheidung) wir ein göttliches
> Leben fühlen..., dann ist sie mir willkommen."

Um wieviel inniger aber ist Gott mit ihr untrennbar Eins:
> „Denn alles, was ist, gehört notwendig zum Wesen Gottes,
> da Gott das einzig Seiende ist und alles umfaßt."

> „Was wär ein Gott, der nur von außen stieße,
> Im Kreis das All am Finger laufen ließe!
> Ihm ziemt's, die Welt im Innern zu bewegen,
> Natur in sich, sich in Natur zu hegen,
> So daß, was in Ihm lebt und webt und ist,
> Nie Seine Kraft, nie Seinen Geist vermißt."[40]

Ein Weltall der Ungleichheit des Gleichen
und der unzähligen Mittelpunkte

An einer Gabelung dieser über ganz Europa sich weithin verzweigenden religiösen Natur- und Weltsicht steht Mitte des 15. Jahrhunderts einer der bedeutendsten, die Zukunft entscheidend mitbestimmenden europäischen Denker. Obwohl er die höchste Würde nach dem Papst innerhalb der kirchlichen Hierarchie erklomm, steht er in all seiner Wirklichkeitszuwendung, in allem Erleben und Denken fest in dem ureigenen europäischen Erbe. Daß er dennoch nicht das Schicksal der zahllosen Ketzer teilen muß und allein die Pfeile eines Heidelberger Theologieprofessors auf ihn zielen, verdankt er den humanistischen Neigungen, die sich im Vatikan lebhafter auf den Umgang mit Homer und Vergil richten als auf die Reinhaltung der kirchlichen Lehre. Es ist der Moselländer Nikolaus von Kues (1401–1464)[41], von seinem einstigen Studienfreund, der als Pius II. die Tiara trägt, „Cusanus" genannt, der es als Doktor der Rechte bis zum Reformlegaten für Deutschland, zum Kurienkardinal und zum Generalvikar in Rom und zum Ratgeber des Papstes bringt.

In der Gottesschau dieses umfassenden Geistes treffen gleichsam drei Blickwinkel europäischer Sichtweisen in eins zusammen: die Lehre des Pelagius von der Freiheit des sündlos geborenen Menschen zur Selbstentscheidung zwischen Gut und Böse und zur Bewährung und persönlichen Verantwortung dank des Einsseins des göttlichen und des menschlichen Willens – das Einsein von Gott und Mensch in der Mystik Eckharts vom Werden Gottes in der Seele und sein Wirken in der Welt als Mitwirker Gottes – und die Einheitsmetaphysik Eriugenas von Gott und Welt, Kosmos, Natur und von Gottes Weltwerden durch den Menschen.

Der Cusaner aber geht noch vielfältig über sie hinaus: so indem er dem Prinzip des göttlichen Seins ebenso wie der entfalteten Wirklichkeit eine neue Vertiefung abgewinnt.

Sein Protest entzündet sich an der Versteinerung des dualistischen Zwiespaltdenkens und der tödlichen Verfeindung der Gegensätze, an ihrer unversöhnlichen Ausschließlichkeit im Entweder-Oder des christlichen wie des griechischen Denkens. Sein Widerspruch erhebt sich gegen die radikale Zerreißung des Seins in einen positiven Teil, dem Gott, das Jenseits, Geist und Seele zugeteilt waren, und in einen negativen Teil, dem alles Böse, Sündige zugeschrieben wurde, dem Diesseits, der Welt, der Natur, dem Menschen, allem Körperlichen, Stofflichen, der Materie schlechthin. Dem stellt überall der europäische Geist eine andere Denkweise entgegen mit dem Gedanken der Einheit und Ganzheit Gottes mit allem Seienden, das in seiner Ganzheit wie in seinen Gegensätzen Entfaltung Gottes ist, auch in seinen negativen Seiten, und die Einsicht in die Notwendigkeit der Gegensätze für einander und für das Ganze.

In der Zeit fortschreitender Feindschaft zwischen Kaiser und Papst, Reich und Kirche ist es Nikolaus Cusanus, dessen Denken beständig die Notwendigkeit umkreist, angesichts der überall sichtbaren Zeichen der Auflösung den Gedanken der Einheit, „jene höchste unendliche Einstimmung" im „göttlichen Sein", von der er in seiner großen Konzilsschrift an das Konzil zu Basel gesprochen hatte, umfassender zu gründen. Da wurde auf der Rückfahrt von Konstantinopel in der Weite des Meeres „wie durch eine Erleuchtung von oben der Blick meines Geistes" „zu der Anschauung erhoben, in der mir Gott als die höchste Einheit aller Gegensätze erschien".[42]

Coincidentia oppositorum – Zusammenfall der Gegensätze in Gott, aus dem sie hervorgehen! Für den Cusaner ist die Welt „Entfaltung" Gottes, Ausfaltung dessen, was Gott eingefaltet in sich „enthält". Immerwährend entfaltet das göttliche Sein sich in ewigem Werden, indem es sich selbst auseinanderlegt in Mannigfaltigkeit, Verschiedenheit und Gegensatz, im unaufhörlichen Kampf der Kräfte von immer neuer Zeugung und Zerstörung, Geburt und Tod. Als Ausfaltung der göttlichen Einheit ist die Welt von Gegensätzen durchzogen, und jeder von beiden ist gottentstammt und hat seinen göttlichen Sinn für das Ganze. Denn jegliches braucht, um zu existieren, seinen Gegensatz, so wie es Licht nicht gäbe ohne Finsternis und Finsternis nicht ohne Licht. Sie bedingen sich gegenseitig.

Selbst das Negative hat noch seinen Sinn, selbst noch das Böse: Nur weil der Mensch die Freiheit hat, auch das Böse zu wählen, kann er gut sein. Das ist Überzeugung sowohl des Cusaners als der Pelagius, Paracelsus, Jakob Böhme, Kant. „Tugend", so Pelagius, „gibt es nur, wo es die Freiheit gibt, auch das Gegenteil zu tun." Bereits Heraklit wußte:

> Nur am Übel gemessen tritt das Gute in Erscheinung,
> am Hunger die Sättigung, an der Mühsal die Muße.

Hiermit tritt dem dualistischen Ausschließlichkeits- und Todfeind-Denken, dem die Tendenz eignet, den Gegner um seines Andersseins willen auszulöschen, den „Ketzer", der anders denkt, anders glaubt, intolerant zu töten, eine spezifisch europäische Denkweise gegenüber, die nicht im Entweder-Oder diffamiert, wenn nicht liquidiert, sondern auch das Andere in seinem Sosein toleriert, auch das Negative als Herausforderung annimmt, sich kämpfend gegen es behauptet und in der Auseinandersetzung an ihm wächst. Der Cusaner hat den Gedanken der coincidentia oppositorum – des Zusammenfalls der Gegensätze in Gott, aus dem sie sich ausgebären, das Leben zu unaufhörlichem Werden und Reifen, zu Entwicklung, Steigerung, Evolution treiben – zu einem Seinsprinzip erhoben und zum Wesen einer in sich dynamischen Einheit gemacht. Böhme und Schelling werden sie zum urgewaltigsten Gottesmysterium entfalten.

In einem einzigartigen Weltentwurf aber hat dieser bei aller Verwandtschaft mit Eckhart und Eriugena ganz aus sich Schöpfende das seit zweitausend Jahren herrschende, von den großen griechischen Philosophen und Astronomen, höchsten Autoritäten wie Aristoteles und dem Fachmann Ptolemäus wahrhaftig mit Hebeln und Schrauben, mit Riesenrädern und Schienen zusammengebastelte und festummauerte Kugelgebäude des Kosmos beschämt und ad absurdum geführt. Das griechische Weltbild der rundumgrenzten Fixsternkugel mit den um die unbewegt ruhende Erde kreisenden, an rollenden Riesenrädern befestigten Planeten harmonierte mit dem christlichen, bis heute unveränderten Etagenbau, der von der Hölle ganz unten im Erdinnern über das ganz gewöhnliche irdische Par-terre zur Bel-etage von Sonne und Sternen hinaufsteigt bis zum Himmel, zum Jenseits mit dem Thron Gottes entsprechend dem griechischen Sitz Gottes und der Seligen, dem Empyreum, jenseits des Firmaments, durch das der Glanz der Fix-Sterne strahlt.

Hundert Jahre vor Kopernikus (der ja lediglich Erde und Sonne tauschte, wobei er den Menschen aus der alten Mittelpunktstellung ins Nichts verwies, aber alles beim alten ließ) gelingt diesem Deutschen als einem Seher des Wirklichen der geniale Wurf eines gänzlich neuen, noch nie gedachten Weltbildes, das unserem heutigen im Wesentlichen entspricht – allein durch ein anderes Denken. Das Universum des Nikolaus Cusanus ist weder geozentrisch wie das zu seiner Zeit unbestritten gültige, noch heliozentrisch wie das des Kopernikus und schon vor ihm mehrfach erwogene. Sein Universum hat keinen Mittelpunkt, kein Firmament, keine festbegrenzte Fixsternkugel, ja nicht *einen* feststehenden Himmelskörper, geschweige von vollkommener Kugelgestalt, keine kompakten Himmelsschalen oder Räder noch eine Himmelsmaschinerie – ja kein Oben und Unten. Und keine Dependance Gottes in einem jenseitigen Lichtreich.

Für den Cusaner, der sich den Kopf an dem ummauerten griechischen Kosmos stößt und dem ein menschlicher Gott und Allmächtiger über der Welt zu begrenzt, zu endlich ist – und dies ist eine weitere Konsequenz seines Grundgedankens der explicatio Dei, der Entfaltung Gottes „dadurch, daß er selbst in allem ist, das Wesen aller Wesen, das Sein alles Seienden" – für ihn ist das Weltall wie sein Gott ohne Grenzen! und darum ohne Umfang! und darum ohne Mittelpunkt! Vielmehr mit unendlich vielen Mittelpunkten!

Die Erde ist wie die Sonne ein Stern unter Sternen „ohne Zahl" unter zahllosen Welten. Sie alle senden Strahlen aus und empfangen Strahlung. Alles wirkt auf alles und kann darum nicht ohne alles andere sein. Keiner der Sterne gleicht einem anderen, und doch bestehen alle Gestirne im grenzenlosen Universum aus denselben Elementen, gelten auf ihnen dieselben Naturgesetze wie auch auf der Erde; die keineswegs als einzige von lebenden Wesen bewohnt wird.

Doch obwohl alles sich bewegt, scheint es dem Menschen, „als wäre er in einem unbeweglichen Mittelpunkt und als bewegte sich alles andere" – „so daß in Wahrheit die Erde sich bewegt, mag uns das auch nicht so erscheinen. – Denn Bewegung nehmen wir nur durch Vergleich mit Ruhendem wahr."[43]

Hier formuliert im Jahre 1440 der Cusaner als erster eine Grunderfahrung von historischem Rang – an die die Griechen, wie er anmerkt, mit ihrem statischen Denken „nicht herangekommen sind" –: die Erkenntnis der Relativität der Bewegung, des Raums – von Oben und Unten –, aber auch die Relativität der Zeit und des Gewichts, die abhängen vom Standort des Beobachters und bedingt sind durch seinen Aspekt. Da es kein absolutes Bezugssystem in Raum und Zeit gibt, folgt daraus ihre Relativität.

Auf Schritt und Tritt vollzieht der Cusaner den Umsturz des dualistischen, unverändert seit zwei Jahrtausenden die Köpfe seiner christlichen Zeitgenossen verwirrenden Weltgebäudes in revolutionärer Umwälzung der Dimensionen durch sein dynamisches Einheits- und

Ganzheitsdenken: Mit seiner Überzeugung von der Entfaltung des Göttlichen im gesamten Weltall – und dies ist seine dritte Konsequenz – bläst er jeden Rangunterschied christlich-griechisch hierarchischen Denkens von gottgleicher Würde der ewig-unvergänglichen Gestirnsphären gegenüber dem Makel der Vergänglichkeit alles Irdischen einfach davon. Er, der die Erde – Generationen vor Kopernikus – unter die wandelnden Sterne versetzt, spricht *allen* Himmelskörpern gleich göttliche Würde zu und bei je individueller Verschiedenheit die Gleichartigkeit der Elemente, Naturgesetze und Bewegtheit – auch der Vergänglichkeit der Erde wie aller Gestirne, denn „wer kann sagen, daß es eine derartige Auflösung nur bei irdischen Dingen gibt", nicht aber bei den Sternen? *Als* explicatio Dei ist die Erde, dieses dem aus dem Paradies vertriebenen Menschen geliehene „Diesseits", wie jegliches des gottentfalteten Seienden geheiligter „Mittelpunkt" des göttlichen Ganzen, unabhängig von seinem astronomischen Ort, – weder ein Jammertal noch eine „eckensteherische Existenz" und „reine Nichtigkeit", wie Nietzsche mit Kepler, Kant und Voltaire ihre Entwürdigung durch Kopernikus anklagt. Für den Cusaner ist die Erde „ein edler Stern".

Und nicht nur in seinem Kosmos fegt der Cusaner die Rangunterschiede von Sternen und Erde, von Oben und Unten aus – auch in seiner Kirche. Es bezeichnet die Unabhängigkeit des deutschen Kardinals, daß er einem neuen Menschenbild Gestalt verleiht in der Figur des „Laien". Und dies bereits wie jeder einzelne Schritt und Fortschritt seines Genies markiert den Ausstieg aus dem abendländischen Mittelalter durch die Selbstbehauptung europäischer Identität. Das Mittelalter mit dem Absolutismus der scholastischen Theologie, dem exklusiven Reservat der Geistlichkeit und mit der Unmündigkeit des Laien tritt ab. Schon als junger Advokat hatte Nikolaus dem Basler Konzil seine Denkschrift von der „Allumfassenden Eintracht" vorgelegt, mit der er die tiefzerstrittenen Mächte der Zeit, Kirche und Reich, zur Einheit des uralten, im Heil des germanischen Königtums sich bekundenden weltlich-göttlichen Zusammenhangs zurückzuführen und das Eigenrecht alles Irdischen wiederherstellen wollte – und damit zum erstenmal auch das des Laien, der selbst explicatio Dei und unmittelbar zu Gott ist, nicht nur der Geistliche! Auch der Laie, der einfache Mensch, ist – wie auch für Eckhart – selber Heilsträger. Damit gibt er jedem Laien eine Würde zurück, wie sie vor der Bekehrung jedem eigen gewesen, ihm aber seitens der Kirche nie zuteil geworden war.

Aufhebung von Rangunterschieden heißt jedoch für den europäischen Menschen keineswegs Gleichheit im Sinne der Unterschiedslosigkeit, Uniformität, des alles nivellierenden, mechanistischen Schematismus. Ihm widerspricht der Cusaner mit seiner bemerkenswerten und höchst fruchtbaren Erkenntnis der „*Ungenauigkeit des Wirklichen*". Zu ihr hatte ihn seine Widerlegung des griechischen Dogmas von der mathematisch vollkommenen Kugelgestalt von Erde und Sternen und ihren Kreisbahnen geführt, die in der Wirklichkeit nie vollkommen rund, nie ganz einander identisch sind. Über ihre Bedeutung für die Naturwissenschaft hinaus wurde diese Erkenntnis von der Ungenauigkeit alles Seienden zur Wiederanerkenntnis der – in lebhaftem Gegensatz zur griechischen Gleichheitsneigung – spezifisch *germanischen Tendenz zur unendlichen Ungleichheit*, die zugleich Geburtshelferin des unendlichen Reichtums des Einzigartigen, Unwiederholbaren, Individuellen ist. Wie es für den Germanen kein absolutes Maß für alle gibt, vielmehr jeder das Maß erwerben muß, mit dem er gemessen wird, wie das Heil nicht in allen gleich groß noch von gleicher Art ist, ein großes, starkes Heil aber eine große Verantwortung, ein schwaches Heil eine geringe Verantwortung gibt, so gleicht für den Cusaner kein Wesen, kein Mensch dem anderen. Infolge der Ungenauigkeit alles Wirklichen findet sich nichts Gleiches unter der Sonne, folgt daraus eine unendliche Mannigfaltigkeit von Individualitäten, von je einzigartigen „Entfaltungen des Göttlichen". „Mag der einzelne auch nicht gleich vollkommen sein wie ein anderer", so der Cusaner, „er ist doch vollkommen in seiner Art und erstrebt nicht ein anderer zu sein – er will das ganz sein, was er ist." Er hat allein Verlangen nach Selbstsein, nach Selbstentfaltung und Selbstdenken.

Denn ein Ich sein, heißt ja noch nicht ein Selbst sein. Und ein Selbst zu sein, hängt von ihm selbst ab. In seiner schönsten und tiefgründigsten Schrift „Von Gottes Sehen" redet er in seinem Gleichnis Gott so an:

> „Du sprichst in der Tiefe meines Herzens:
> 'Sei du dein eigen, und ich werde dein eigen sein!'
> Du hast es ganz zur Sache meiner Freiheit gemacht,
> daß ich, wenn ich will, ich selbst sein werde.
> Bin ich nicht ich selbst, so bist Du auch nicht mein –
> Es hängt also von mir ab, nicht von Dir."[44]

Der Germane sagte: Das göttliche Heil in sich zu tragen, genügt nicht
– es kommt auf den Menschen an, daß er es bewährt, es wahr werden
läßt, wenn es nicht versiegen soll. Er selbst ist dafür verantwortlich,
so Pelagius, es strebend ständig zu erwerben. Daß der eigene Seelengrund, der ja Gottes Grund ist, sich in die Seele gebiert, so Meister Eckhart, hängt vom Menschen selbst ab – ob er sich ihm weit öffne; die
Seele selbst muß in den Gottesgrund eindringen, erst hier ereignet sich
wahrhafte Selbstfindung und Seinsfindung, erst dadurch beginnt der
Mensch ganz aus seinem Eigensten zu leben und mit voller Hingabe
ein Mitwirker Gottes an der Welt zu sein. Indem der Mensch sich dem
Göttlichen in der eigenen Tiefe öffnet, es in sich zuläßt, gibt das Göttliche ihn sich selbst. Und – fügt der Cusaner hinzu:

> „Wenn ich Dein Wort höre, das in mir unaufhörlich redet
> und beständig in meiner Vernunft leuchtet,
> so bin ich mein eigen und frei
> – und nicht ein Sklave der Sünde."[45]

Das *Selbstwerden* des Menschen durch sein Sich-Öffnen und Einswerden mit Gott begründet seine Freiheit.

Seine *Selbstentfaltung* bedeutet die freie Verwirklichung des göttlichen Geistes, der durch den Menschen spricht, durch des Menschen
schöpferische Kräfte hervorbringt, was nicht schon die Schöpfung,
was erst der von ihr durchwirkte menschliche Geist als neue Wirklichkeiten, als geistige, als künstlerische oder als Technik erschafft.

Selbstsein bedeutet schließlich auch Selbstdenken, das sich nicht wie
die noch immer fest im Sattel sitzende Scholastik nur aus Büchern
nährt und sich an Autoritäten festklammert, sondern in den Büchern
Gottes, die überall und vor aller Augen ausgebreitet sind, überall auf
den Gassen und im Hinsehen auf die freie Natur, durch Beobachten
und Erfahrung und das Experiment, „durch Zählen, Wiegen und
Messen" in ihre Gesetzmäßigkeit eindringt. Das Einssein von Gott
und Mensch wird in der Selbstentfaltung zur schöpferischen Partner-
schaft.

Nikolaus von Kues steht auf der Wasserscheide der europäischen Geistesgeschichte: nämlich zwischen dem *Zeitalter der Abhängigkeit* des
europäischen Geistes von ihm aus dem Mittelmeerischen überkommenen Geisteswelten auf der einen Seite mit jenen alleszerspaltenden,
dualistischen Strukturen des Festlandgriechentums, seiner statischen
Naturauffassung, seiner Eliminierung der Zeit, so daß Bewegung,

Werden, Entwicklung nur als Schein und Sinnentrug gelten, sowie der aristotelisch-scholastischen Begriffswelt, die unbestreitbar ihr Verdienst hatte bei der Erziehung der noch ungeschliffenen abendländischen Intelligenz, jedoch auf Dauer das Bewußtsein verformte, sein selbständiges Denken lähmte, den Geist in einen Schnürleib preßte und ihn unbeweglich, unproduktiv und unfruchtbar machte, wofern er sich nicht in heftigen Protesten zur Wehr setzte – und auf der anderen Seite dem anbrechenden *Zeitalter der Selbständigkeit und Eigenständigkeit* des europäischen Geistes, der unter härtesten Bedingungen und ständig drohender Verfolgung und Verurteilung sich selbst von der Bevormundung von dualistischen Denkformen und statisch-begrenzenden Denkschemata zu einem spezifisch europäischen, dynamischen Einheits- und Ganzheitsdenken befreite, das lange vor der Renaissance, lange vor Galilei aus ureigenen Quellen hier und dort zu sprudeln begonnen hat und bereits in *diesem* „Aristoteles" an der Schwelle der Neuzeit, dem Deutschen Nikolaus Krebs aus Kues, überraschende (hier bei weitem nicht ausgeschöpfte) Fruchtbarkeit entwickelt.

Doch wer weiß davon? Wer weiß heute mehr als seinen Namen? Man mag sagen, seine Zeit war für sein Denken noch nicht reif. Nein, ihr Denken verlief in anderen Bahnen, war durch festgenagelte Dogmen blockiert und von den Schergen der Supermächte scharfäugig überwacht. Kopernikus konnte noch über den Cusaner siegen: die Beschränktheit und borniert Autoritätshörigkeit, mit der der Frauenburger Verwalter Koppernigk den Mathematiker Werner abkanzelte, der sich Zweifel an griechischer Zuverlässigkeit erlaubt hatte: „Uns ziemt es, den Methoden der Alten genau zu folgen und an ihren Beobachtungen festzuhalten, die auf uns gekommen sind *wie ein Testament*"[46] über die Genialität des innerlich ganz unabhängigen Kardinals. Der kopernikanische Rückschritt des bloßen Mittelpunkttausches von Erde und Sonne seines heliozentrischen Weltsystems, das die astronomische Forschung nun schwer hemmte, – ein Rückschritt, weit hinter den immensen befreienden Fortschritt der alles zertrümmernden, alle Himmelsmaschinerien und Konstruktionen umstürzenden cusanischen Kosmos, kam nur wenigen zum Bewußtsein. Nachfolgende Generationen feierten die „kopernikanische Wende" vom geozentrischen Modell zur bewegungslos im Mittelpunkt des Universums unter umgrenztem Sternenhimmel ruhenden Sonne, während kristallene Planetenräder genau genommen und peinlicherweise einen dicht neben der Sonne errechneten Mittelpunkt umkreisen müssen, als ein Ereignis welthistorischen Ausmaßes und als Paradigma grundstürzenden Pioniergeistes, der Epochen verschrottet und neue installiert.

Dennoch wirkte die Philosophie des Cusanus in kaum bekannter Weise auf eine Bewegung ein, die sich vor der Welt auf die Griechen beruft, aber ganz wesentlich beim Cusaner in die Schule gegangen ist: die italienische Renaissance. Marsilio Ficino, Haupt der Platonischen Akademie zu Florenz, obwohl Übersetzer Platons und Plotins, gab ohne Reue den Griechen den Laufpaß, um sich ganz dem Werk des Cusaners zu verschreiben. Gleiche Anziehungskraft übt seine deutsche Metaphysik auf Campanella, Telesio, Pico della Mirandola und über alle Maßen auf Giordano Bruno, der sich an der Universität Wittenberg zu hymnischer Ehrung hinreißen läßt, in der er den Deutschen weit über die größten Griechen erhöht: ,,Wo findet sich ein Mann vergleichbar dem Cusaner!'' Die Bewunderung des jungen Reichsgrafen von Mirandola steigert sich zu dem Wunsch, nach Deutschland zu wallfahrten, um in der Bibliothek von Kues an den Quellen des verehrten Meisters selbst zu trinken. In England spukt sein Vorbild bei den Franziskanern in Oxford, wirkt stark auf Henry More und Isaak Newton, in Frankreich auf die Okhamisten in Paris. Hier findet der mächtige Reformgeist Faber Stapulensis aus der Picardie die ihm verwandte Geisteswelt. Als erster gibt er 1514 des Nikolaus Cusanus Werke heraus, die neben heftigen Angriffen tiefergriffene Anhänger im humanistischen Frankreich, im Gelehrtenkreis um die Herzogin von Navarra, in ihren eigenen Werken, bei Rabelais und Charles Bovilus erwirbt, der ganz in der Gedankenwelt des Deutschen wurzelt. ,,Den göttlichen Cusaner'' nennt Kepler ihn, dem er sich besonders verpflichtet fühlt als ,,dem ursprünglichsten Anreger meiner mystisch-geometrischen Gottes- und Weltanschauung''. Für den Italiener Cardano steht er weit über allen Zeitgenossen, ja ,,über allen Menschen''. Seine Gedanken sind noch Jahrzehnte an den Universitäten lebendig und bestärken, ohne sich durchzusetzen, die Entschlossenheit, die griechische Erblast aus den Köpfen der Astronomen hinauszublasen, ,,sich die Sterne vor die eigenen Augen zu halten und die Nachwelt von der antiken Tradition zu befreien'', wie der Deutsche Astronom und Mathematiker Regiomontanus, der Königsberger Johannes Müller, mahnt.

Doch in den alten Geleisen fortzufahren, war wie stets bequemer und sicherer, als erst neue zu legen. „Ich werde", schrieb Regiomontanus, „meine höchste Verwunderung nicht los über die geistige Trägheit unserer Astronomen, die wie leichtgläubige Weiber hinnehmen, was sie in Büchern, Tafeln und Kommentaren lesen."

Doch einer erfüllte sich aus tiefer Geistesverwandtschaft ganz mit den Ideen des Cusaners und trug sie in seinen philosophischen Dialogen in leidenschaftlicher Sprache und begeistertem Engagement weiter – ohne in ihnen indes seinen Namen zu erwähnen: Giordano Bruno. Eine Gepflogenheit, die wiederum auf ihn selbst zurückschlug. Denn viele, die nachweislich aus *seinem* Brunnen getrunken und sich damit auch an dem Geist des Cusaners berauscht hatten – wie Descartes, Spinoza und ganz besonders der angeblich so originale Leibniz, mit dem man die deutsche Philosophie erst beginnen läßt – haben ihre Quelle sorglich verschwiegen. Durch Brunos Schriften erbte sich cusanisches Gedankengut auch an Galilei, Kepler, Montaigne, Campanella, Weigel, Böhme, den jungen Kant, Goethe, Schelling und Hegel weiter, ohne daß sie von ihrem Urheber wußten. Erst durch Friedrich Schlegel wurde der fastvergessene Schatz wieder gehoben – wie Schlegel schrieb ein „Grundstein vom festesten, gründlichsten Tiefsinn", das Werk „eines Philosophen in dem Sinne, daß Leibniz und solche ganz flach und seicht dagegen scheinen".

Europas gefährliche Sucht, verstehen zu wollen statt zu „glauben"

Die Worte der Heiligen Schrift glauben zu müssen, ja – „glauben zu wollen, ohne sie zu verstehen" – das ist es, was Wilhelm von Conches (1080–1154) tief empört. Geistliche haben den streitbaren Normannen schon mehrfach vermahnt, aber das schmälert keineswegs seinen Mut, sich gegen ihre Gebote zur Wehr zu setzen, gehorsam hinzunehmen, was natürlicher Erklärung bedürftig wäre:

> „Während in der Schrift gesagt wird, daß eine Sache geschaffen sei, und wir *erklären, wie* sie beschaffen sei – worin widerspricht unsere Sprache der Schrift? Wenn ein Weiser mir sagt, *daß* ein Ding geschaffen ist, und wenn ein anderer, indem er das

gleiche behauptet, es mir *erklärt*, welchen Widerspruch gibt es zwischen ihnen?"[47]

Stein des Anstoßes, der mehrfachen Protest hervorruft und zugleich erste tastende Schritte, die Anmeldung des erklärenden Verstandes, der aus dem festummauerten Gefängnis ausbricht in die lockende Freiheit einer natürlichen Zuwendung zur Natur, in ein Gelände, auf dem alles unbekannt ist, noch kein Pfad gebahnt, kein Schuhwerk und kein Werkzeug geschaffen, sind die Verse 6 und 7 der Genesis, Kapitel 1 von der Erschaffung der Welt: „Da machte Gott die Veste und trennte die Wasser unterhalb der Veste von den Wassern oberhalb der Veste."

Was die Wassermassen droben im Himmel oberhalb des Firmamentes zu halten vermag, darauf hatte um 600 n. Chr. der Hl. Isidor, Bischof von Sevilla, den gläubigen Christen verbindlich geantwortet: ein Wundereingriff der göttlichen Allmacht: „Derjenige, der alles aus dem Nichts schaffen konnte, konnte er nicht diese Wasser am Himmel befestigen, indem er ihnen die Festigkeit des Eisens verlieh? – Die Schwierigkeit läßt sich durch die göttliche Allmacht lösen: Die Wasser werden an ihrem Ort durch den Willen Gottes zurückgehalten, wobei er sich eines Verfahrens bedient, das den Menschen unbekannt ist".

Nachdem Eriugena mit seinem Werk „Von der Einteilung der Natur" ein anderes wirklichkeits-, naturnäheres Verständnis der Natur erschlossen hat, lassen sich nicht alle mit reinen Glaubenswahrheiten abspeisen, die ihrem Verstand widerstreiten und ihren Erfahrungen ein Spott sind. Drei Stimmen melden sich und bieten anstelle symbolischer oder allegorischer Interpretationen, Berufungen auf die Autorität der Schrift oder schlichter Glaubensbekundung zum erstenmal physikalische Erklärungen an, die sich auf beobachtete Erfahrung und Vernunft stützen: die eines Unbekannten, der sich den Namen des englischen Gelehrten Beda zugelegt hatte, des sogenannten Pseudo-Beda, den offenbar die selbstgestellte Aufgabe derart beflügelt, daß er gleich drei Lösungen vorschlägt, die zum Teil auf eigenen Beobachtungen und Experimenten beruhen: Die Wasser drehen sich mit so großer Geschwindigkeit, daß sie gar nicht fallen können, wie jeder feststellen könne, der mit einem vollen Gefäß experimentiere – „je schneller die Bewegung der Umdrehung, die die Hand dem Gefäß verleiht, um so weniger kann es von dem Wasser verlieren, das es enthält".

Auch die zweite beruft sich auf natürliche Ursachen und setzt „den Fall, daß die Wasser oberhalb des Himmels in der Form von Dampf bleiben, ähnlich den Wolken, die wir dort oben schweben sehen." Und schließlich: „Nimm an, daß durch die Entfernung von der Sonne, die die Hauptquelle der Wärme ist, der wäßrige Teil des Himmels gefroren ist."[48]

Derselbe Bibeltext hat zwei Studienfreunde zu eigenen Stellungnahmen herausgefordert: der Bretone Thierry von Chartres (gest. 1155), der als Naturphilosoph von hohen Graden in großen Zügen die Entstehung des Universums nunmehr aus rein physikalischen Ursachen entwirft und zwar auf Grund *eines einzigen Prinzips*, des Feuers, quasi der Energie, mit der ein gewaltiges Spiel der Kräfte *aus sich selbst* beginnt voll mächtiger innerer Dynamik als ein immerwährendes Geschehen von Werden und Vergehen, Leben, Entwicklung, und der Normanne Wilhelm von Conches (1080–1154), der von der berühmten Philosophenschule in Chartres nach Paris geht und eine eigene Schule eröffnet. Er im Gegensatz zu Pseudo-Beda widerlegt die Worte der Hl. Schrift und zeigt mit physikalischen Argumenten, weshalb sie „im Widerspruch zur Vernunft" und zur Wirklichkeit der Natur stehen – „Es bleibt dabei, daß es in dieser Gegend gar kein gefrorenes Wasser gibt! ... Ich weiß wohl, was sie (die Theologen) sagen: 'Wir wissen nicht, wie es wirklich ist, aber wir wissen, daß Gott es so machen *kann*.' Die Erbärmlichen! Was ist elender, als tatsächlich zu sagen: Gott kann eine Sache machen, und nicht feststellen zu können, ob diese Sache überhaupt existiert, keine Beweisgründe seiner Existenz zu besitzen, noch einen nützlichen Zweck im Hinblick darauf zu zeigen, daß sie sein wird! ... Daß sie doch die Ursachen aufzeigten, aus denen es kommt, wie sie behaupten. Oder besser: daß sie aufhörten zu urteilen, daß es so ist. ... Sie wissen nichts von den Kräften der Natur. Sie wollen, daß alle anderen an ihre Unwissenheit gebunden bleiben. Sie wollen uns das Recht bestreiten, nach den Ursachen zu suchen, und uns dazu verdammen, wie dumme Bauernlümmel in einem Glauben ohne Verstand zu verharren...

Wir fordern, bei allem nach den Ursachen zu suchen. Doch wenn die Ursache einer Sache uns entschlüpft von dem, was die Schrift behauptet, so sollen wir uns dem Heiligen Geist anvertrauen und dem Glauben. Wenn sie aber wissen, daß einer forscht, schreien sie, er sei ein Ketzer."[49]

Es ist unübersehbar, und der Argwohn der Geistlichkeit, die kirchlichen Maßregelungen und die einsetzenden Inquisitionsprozesse sind deutlichste Signale: Etwas Revolutionäres, eine Blickwende von beunruhigenden Tendenzen hat eingesetzt. Seitdem der schottische Philosoph und Leiter der Hofschule Kaiser Karls des Kahlen, mehrfach von der Kirche verdammt und als Urheber einer sich weit ausbreitenden Häresie verurteilt, die Vernunft aufgerufen hatte, den Dingen der Natur unmittelbar „nachzuspüren", war eine gefährliche Sucht ausgebrochen, *verstehen zu wollen statt zu glauben:*

> „Wir haben jetzt der Vernunft zu folgen, welche der Wahrheit der Dinge nachspürt und, ohne sich durch irgendeine Autorität beengen zu lassen, mit Freimut öffentlich ausspricht und darlegt, was sie auf ihrem mühsamen Wege sorgfältiger Erörterung erforscht und findet. Freilich ist das Ansehen der Hl. Schrift festzuhalten, weil wir in ihr der Wahrheit gleichsam in ihren heimlichsten Sitzen begegnen. Dabei ist indessen nicht anzunehmen, daß sich dieselbe hierbei der eigentlichen Zeichen und Namen bediene, um uns *die göttliche Natur verständlich zu machen.*"

Das tue die Hl. Schrift, fährt Eriugena sarkastisch fort, „durch Allegorien und Bilder, um dem ungetrübten kindlichen Sinn durch eine schlichte Lehre zu Hilfe zu kommen, bemüht, ihnen zur Nahrung des Glaubens wenigstens Milch statt Speise zu reichen, und besorgt, daß die, die nach Wahrheit forschen, nur ja über Gott nicht anders reden und denken, als was sich in der Hl. Schrift findet"[50]

Seit der Ketzerei Eriugenas treten andere und immer mehr in seine Fußstapfen. Man begnügt sich nicht mehr damit, zu glauben, weil Gott es schon wissen wird und machen kann, was er will. Es genügt nicht mehr, den kindlichen Sinn der Gläubigen mit Milch abzuspeisen, man verlangt endlich Speise. Man nimmt nicht mehr hin, wenn jemand sagt, *daß* es so beschaffen ist und welche moralische Nutzanwendung dem zukommt – man will wissen, *wie* es beschaffen ist. Man fragt nach den *Ursachen* und sucht nach natürlichen Erklärungen. Allgemeine Richterin ist die *Vernunft,* unterstützt von der durch *Beobachtungen* gewonnenen *Erfahrung.* Denn diese Beobachtungen haben nicht nur für den täglichen Alltag Bedeutung: der Wasserkessel wird zum *Modell für kosmische Vorgänge!* Am verdunsteten Tropfen auf der Tischplatte läßt sich ablesen, was mit der Erdkruste geschah!

Das in der kreisend geschwungenen Flasche nach außen geschleuderte Wasser belehrt über die Rotation flüssiger Stoffe! Bloße Beobachtung wird zur Erfahrung.

Die Ursachen des tatsächlichen Geschehens werden nicht in einer Überwelt oder in übernatürlichen Eingriffen Gottes gesucht – sondern *in der Natur selbst* entdeckt, die einen *einheitlichen Wirkzusammenhang des Naturgeschehens in seiner Gänze* bildet. *In sich selbst* enthält sie Kräfte der Bewegung und des Werdens und Vergehens und bedarf der Wunder nicht – ihre Wunderbarkeit ist Selbstoffenbarung ihres göttlichen Grundes!

Ein ganz neuer Klang kommt in die Sprache dieser von der Einheit und Wunderbarkeit der Natur Ergriffenen. Die „Physik", die Thierry darlegt, so bezeichnet er selbst ihren Sinn, Ziel und Nutzen als diesen, „Gott durch seine Werke zu erkennen". In den Worten des Dichters Heinrich Frauenlob, für den die „gefallene", „sündenvolle" Natur „gottesvoll" ist und nur durch unreine Menschen unrein werden kann:

> „Wer saget mir die Art und Weise,
> wie Natur wirkt natürlich Ding?"

und indem er sich selbst antwortet:

> „Natur ist also groß,
> daß Gott *in ihr* sein Wesen treibt.
> Was die Himmel geheimnisvoll umschließen,
> das alles hat Natur *aus sich hervorgebracht*."[51]

Im gleichen Sinne erblickt der deutsche Eriugena-Schüler Honorius von Regensburg in der Natur das neue Feld für die Erkenntnis des Göttlichen durch Erkenntnis des Universums. Das Universum, das ihm, wie sowohl Eriugena als auch dem Cusaner, in seinem typisch europäischen Protest gegen den christlichen Dualismus das Wunder einer alle Gegensätze umfassenden Einheit bildet.

Was hier seit dem 9. Jahrhundert in Paris und Chartres, in Poitiers, Laon, Reims, Le Mans und Lille, in Oxford, Köln, Regensburg, Basel, Neapel, auf der Reichenau vor sich geht, die anfangs noch zaghafte, trotzige, bald unbekümmert entschiedene, bald jubelnde Zuwendung und Befragung der Natur – trotz einhelligen Verbots aller Kirchenlehrer und Kirchenführer, seitdem die Begierde, vom Baum der Erkenntnis zu essen, die Sünde in die Welt gebracht und dem Sünder einzig der alleinseligmachende Weg der Seele zu Gott und zur Wahrheit durch die Offenbarung zusteht, – das ist keineswegs die Blickschwenkung von Gott fort zur Natur, der verfemten, als seinem Widerpart. Das ist die ihrer selbst nicht bewußte, weil ureigenste, unverbildete Sicht der Natur, die für sie alle vom Numinosen, Göttlichen durchdrungen und von göttlicher Art ist. Das ist die unwillkürliche Behauptung ihres sich gegen ihre Diffamierung und Beschmutzung christlicher- wie griechisch-neuplatonischseits aufbäumenden Glaubens an die *Wesen*einheit von Gott und Natur; die *nicht* mit einer *pantheistischen Seinsidentität* zu verwechseln ist.

Was hier vor sich geht und sich durch die ganze sich jetzt entwickelnde Naturforschung fortsetzen wird, das ist ein spezifisch europäischer Protest, der aus *religiösem* Denken stammt, jedoch aus einer anderen Religiosität als der christlichen. Gerade die – das spürten die aufgeschreckten Vertreter der Kirche mit wacher Witterung –, machte sie so verdammungswürdig. So gefährlich. Nichts bezeichnet diesen Zusammenhang der europäischen Naturerkenntnis als eines im Ansatz religiös begründeten Befragens der Natur, das als bedrohliche Konkurrenz für die christliche Lehre und darum als „Ketzerei" betrachtet wurde, als die Antwort Wilhelms von Conches auf die Ketzeranklage seitens der Geistlichen. Als sie ihm vorhalten, er habe sich in der Bibel Auskunft über den Ursprung der Menschen zu holen, erwidert er:

„Den *Urgrund der Dinge* suchen und die *Gesetze
ihrer Entstehung,* das ist die große Aufgabe
des Gläubigen, die wir in brüderlicher Zusammenarbeit unserer Neugierde unternehmen müssen."[52]

Auch ihm – wie seinem Freund und Kollegen Gilbert von Porrée, einem der bedeutenden Lehrer an der Schule von Chartres und Bischof von Poitiers, der das Zusammenfallen von Seinsgrund und Dasein in Gott, dem göttlichen Urgrund der Natur, lehrt – bringt seine freie, von Eriugena beeinflußte Überzeugung eine Anklage wegen Ketzerei ein. Warum? Weil er an die Erschaffung des Menschen aus einem Erdenkloß unmöglich „glauben" kann.

„Glauben zu müssen, ohne zu verstehen" – wenn „glauben" heißt: nicht zweifeln! nicht fragen! ja, „nicht neugierig sein, noch forschen, nachdem das Evangelium verkündet ward", wie der afrikanische Kirchenlehrer Tertullian dem Abendland rigoros das Forschen verwies, das jetzt und immer dringlicher das „Recht, nach den Ursachen zu suchen", beanspruchte. Hier war der steinige Anger, aus dem der Widerspruch herauswuchs, der Protest gedieh, hier das Felsgestein, an dem das Ketzertum hochschäumte, das der europäischen Naturwissenschaft ans Licht verhalf.

Auf dem Hintergrund des christlichen Weltbildes hingegen, wie die Theologen es anhand der Bibel und ihrer „Magd", der Philosophie, in der Augustinisches, Platonisches und Neuplatonisches mit Aristotelismus zusammentrafen, gemalt hatten, konnte eine Naturwissenschaft gar nicht entstehen: Warum? Der christliche Dualismus hatte der Natur eine Ordnung „von oben" zukommen lassen durch einen außerweltlichen Gott, der auf übernatürliche Weise, sei es durch Wunder, Gnadenakte oder Strafen, sei es durch Inkarnation in einen Menschen, in eine ihm widerstrebende, von Dämonen beherrschte Welt eingriff und noch täglich eingriff durch die Sakramente, durch Erhörung von Gebeten, Verdienste und gute Werke.

Konnte es eine Naturwissenschaft geben, sofern das Naturgeschehen als durch einen unerforschlichen Willen eines Allmächtigen und sein Belieben, seine Gnade oder Ungnade bestimmt wurde, nach dem zu fragen dem Menschen verwehrt war? Denn jede Antwort konnte nur lauten: Weil er es wollte. Konnte eine Naturwissenschaft sich entwickeln auf der Grundlage des platonisch-neuplatonischen Dualismus, wenn hier die sichtbare Welt der himmlischen und der irdischen Natur nichts ist als ein schwacher Schatten der Idee und „jede Mühe", sie zu erforschen, „vergeblich", ja widersinnig, wie der große Platon erklärt: „Wir wollen uns, sagte ich, statt dessen auf die abstrakten Aufgaben konzentrieren sowohl in der Astronomie als auch in der Geometrie und die Himmelskörper sein lassen, wenn wir wahrhaft danach trachten, die Astronomie zu begreifen." Und: wenn nur das starre Sein wirklich ist, alles Werdende, Wachsende, Veränderliche und Vergängliche, alles Bewegte, Lebendige aber nichts als täuschender Schein?

Konnte eine Naturwissenschaft entstehen aus dem Boden des aristotelisch-thomistischen Dualismus, wie er das scholastische Denken beherrschte, für den das Geistig-Göttliche einer trägen, passiven, widerspenstigen Materie „von außen" die Formen aufprägen mußte und ein außerkosmischer Urheber in stufenweise abgeschwächter Kausalität jede Phase jeder Zustandsänderung – und so etwas hieß hier „Bewegung" – der lediglich duldenden, leidenden Materie unentwegt neu verursachen mußte? Wenn gar – Groteske einer Bewegung, deren

„Lächerlichkeit" Wilhelm von Occam an den Pranger stellte – der abgeschossene Pfeil, wie Aristoteles allen Ernstes vorschlägt, durch den plötzlich entstehenden Wirbel der Luft vorwärts gezogen wird? Wenn Zwecke das Naturgeschehen determinieren oder „Sympathien", „Antipathien" und „Neigungen"?

War Naturwissenschaft überhaupt möglich, wo statt allgemeiner Gültigkeit Gesetzmäßigkeiten wie Launen wechselten, wenn heute „Gesetze" galten und morgen nicht mehr und an diesem Ort zwar, wo ich stehe, aber dort nicht und in der Region der Himmelskörper andere, ewige, als in dem real gottfernen, irdischen Bezirk? Falls bei der Lenkung nicht überhaupt Engel im Spiel waren, göttliche Intelligenzen, die jede einzelne Bewegung einzeln verursachen. Ja, wenn Gott die Macht hatte – eine Frage offizieller Disputation –, ebenso wie er die Sonne bei Gibeon stillstehen geheißen, kraft seines Willens eines Tages alle Himmelskörper stillstehen zu lassen?

Es wäre falsch, die Seltsamkeiten des mittelalterlichen Weltbildes, so weit sie auf biblische oder griechische Errungenschaften zurückgehen, damit abzutun, sie beruhten eben noch auf einem naiven, unentwickelten Denken, das wir als Vorstufe zu unserem höheren, durch wissenschaftliche Erkenntnis aufgeklärten Denken hinnehmen und herablassend als mittelalterlich belächeln könnten. Wer wollte den überlebensgroßen Griechen Naivität bescheinigen? Es geht hier niemals um Wert-, sondern allein um Wesensunterschiede!

Obwohl der Cusaner sich auf Schritt und Tritt an Platon und Aristoteles reibt,[53] sie „im Irrtum", „bei falschen Überlegungen" und „unverständlichen Fehlern" ertappt, „weil sie nicht richtig nachgedacht haben", gibt er zu, daß sie an diese oder jene Erkenntnis „nicht herangekommen sind", weil sie anders gedacht und „von falschen Voraussetzungen ausgegangen sind" und daß, wer seinen Geist von ihnen nährt, sich „einer ihm fremden Nahrung" bedient, seit ihre dualistische Speise auf vielerlei Wegen ins Abendland hineingetragen wurde mit den vielen Hemmnissen seines statischen, begrenzenden Geistes, seiner unüberwindlichen Spaltungen des Seins und ihrer Wertunterschiede, mit seinen Abwertungen der Welt der Materie, des Körperlichen, Natürlichen, des Werdens, der Bewegung und Entwicklung – ja, seiner Verleugnung der Zeit.[54]

Jeder aber, so hatte der Cusaner den Laien belehrt, „gelangt nur durch eine seiner Natur gemäße Kost zur Reife". Und hatte anstelle der fremden geistigen Kost diese vier Grundprinzipien dem europäischen Laien als die ihm gemäße Geisteskost aufgetischt:

Mit seinen Prinzipien

1. der explicatio Dei, der unablässigen, dynamischen Entfaltung Gottes in jedem einzelnen Seienden als einem gleichwertigen „Mittelpunkt" des Ganzen, der Relativität von Raum und Zeit, Bewegung und Gewicht, der coincidentia oppositorum, der Notwendigkeit der aus dem Einen entfalteten Gegensätze für einander und für das Ganze und der „Ungenauigkeit des Wirklichen", die sich als Ungleichheit alles Individuellen[55] darstellt, hat der Cusaner das platonisch-aristotelische Denken und Weltbild wie spielend aus den Angeln gehoben. Aus der kaum übersehbaren Fülle seiner Erkenntnisse sind es diese, die für alle künftige Naturwissenschaft aus europäischem Geiste von grundlegender Bedeutung wurden:

Die metaphysisch begründete, innere Einheit der gesamten Natur bei all ihrer unendlichen Mannigfaltigkeit von Individuellem und gleichwohl voller Übereinstimmung ihrer Elemente und in allem waltenden Naturgesetze bedeutet, was unerlässliche Voraussetzung einer entstehenden Naturwissenschaft sein mußte: die durchgehende Gleichartigkeit, Gleichgesetzlichkeit und allem immanente Bewegtheit des gesamten Universums.

2. Eine weitere Konsequenz, die bereits Eriugenas Weltschau zog: Die Natur dient nicht mehr dazu, Gott, seine Urheberschaft, seine Allmacht und seine Weisheit zu beweisen wie vordem. Sie wird – wie der Mensch auch – nicht von Gott aus und in bezug auf ihn definiert, gegen ihn „abgegrenzt". Noch bestimmt sich ihr Wesen und ihre Funktion aus dem Bezug auf den Menschen. Das bedeutet: Die Natur ist nicht mehr äußerster, niederster Gegen- und Widerpart zu Gott, noch ist sie geschaffen um des Menschen willen, für ihn und zu seinem Nutzen, „damit" sie ihn nähre, kleide und ihm diene, der über sie herrschen solle. Eine Zeitenwende bricht an. Die Natur hat jetzt *Wert, Wesen und Bewegung in sich selbst!*

„So leuchtet", hebt er betont gegen die Bibel ab, „auch das Licht kraft seines Wesens, nicht *damit* ich sehen kann, sondern diese Teilhabe entsteht erst sekundär: wenn ich mich des Lichts zum Zwecke des Sehens bediene."

3. Besondere Bedeutung kommt seiner Erkenntnis der „Ungenauigkeit" zu, die eine immer erneute Wirklichkeitserkenntnis, ein nie en-

dendes Streben und Erforschen der Natur, eine nie erlahmende, immer weiter verbesserte Naturwissenschaft zum immer tieferen Eindringen der Vernunft in das göttliche Mysterium zur Aufgabe erhebt. Die Ungenauigkeit ist es, welche die Naturdinge sowohl *verschieden* als aufgrund ihrer Ursprungseinheit auch *vergleichbar* und damit meßbar und quantifizierbar macht. Und die Ungenauigkeit ist es, aufgrund der weder Erde noch Planeten reine, vollkommene Kugelgestalt besitzen noch in vollkommenen Kreisbahnen laufen, wie die Griechen glaubten, vielmehr auf je verschiedene Weise „sich der Kugelform nähern" und sich, wie der Cusaner als erster erwägt, auf „ovalen Bahnen" bewegen können. Ja, die Ungenauigkeit macht, daß unter den „Sternen ohne Zahl" nicht zwei einander gleichen – denn „Gott wiederholt sich nicht in seinen Werken" – und ihrer Homogenität und gleichen Naturgesetzmäßigkeit zum Trotz ein jeder sich von jedem anderen in der Zusammensetzung der Stoffe, in Gestalt und Geschwindigkeit der Bewegung unterscheidet.

Da sie alle Entfaltungen Gottes und ein jeder „Mittelpunkt" des Ganzen sind, ist kein Weltkörper, nicht die Erde vor einem anderen ausgezeichnet, wie auch der Rang des Menschen in keiner Weise von seinem Standort abhängig ist. Ihm freilich als erkenntnisfähigem, antwortendem und freiem Wesen kommt höchster Rang unter allem Erschaffenen zu.

4. Die unendliche Anzahl der „Mittelpunkte" des Universums, das keinen festen Pol und kein absolutes Bezugsfeld kennt, führt ihn schließlich zu der genialen Erkenntnis und Formulierung des Relativitätsprinzips zweihundert Jahre vor Galilei und Newton. Dies wie alle die unerhörten Geistesentdeckungen, die der Cusaner vorausgedacht hatte, greift der von der Genialität seines Meisters überwältigte Giordano Bruno in großem Stil mit einmaliger Seherkraft und Phantasie in einem Großbild dieser neuen Wirklichkeit auf, mit dem europäisches Denken die antike wie die biblische Naturauffassung überwunden hat.

Was Aristoteles für die griechische Welt war, wenn seine Weltgeltung auch im lateinischen Mittelalter erst ihren Zenit und unvermeidlichen Untergang erfuhr, das ist der Deutsche Nikolaus von Kues für das moderne Europa, ein Metaphysiker von hohem Rang, der ihm den Blick von seinem religiösen Urgrund aus öffnete auf sein ureigenes Selbst und Selbstdenken und auf sein eigenes Welt- und Naturverständnis.

Im Wissen, daß jeder „das ganz sein will, was er ist", und nur, wenn er auf das Wort aus der Tiefe seines Herzens hört, das beständig in ihm leuchtet, er „sein eigen und frei" ist.

In seinen Ketzern errang Europa seine zerstörte Identität zurück

„Jedes Seiende", so hatte Nikolaus Cusanus das Wesen der Selbstidentität bezeichnet, „ist nur in seinem *eigenen* Sein ganz es selbst."[56] Als Folge von Zerstörung und Verlust der Selbstidentität hatte er klar die „Uneigentlichkeit" der Existenz erkannt: „In jedem anderen kann es sich nur uneigentlich repräsentieren." Denn, so fügt er hinzu, „die nichtübertragbare Identität" auf jemand anders übertragen, „geschieht um den Preis des Andersseins".

Damit ist das Schicksal des europäischen Menschen von ihm selbst in wenigen Worten umrissen.

Europa hatte das Schicksal, mit einem Glauben leben zu müssen: der nicht der seine war und seinem Wesen, Fühlen und Denken nicht entsprach, der „sein eigenes Sein" vergewaltigte, sein Bewußtsein durch Zerreißung alles dessen, was hier als Eines und Einssein Wesensnotwendigkeit religiöser Gewißheit, des menschlichen Selbstverständnisses und aller Wirklichkeitssicht war – und für viele blieb, – umformte und durch Setzung fremder, ihm widerstreitender Wertakzente umpolte und damit den inneren Kompaß, die nachtwandlerische Sicherheit im Gehen des „rechten Weges" zerstörte. Denn Verlust der eigenen Religion als ganzheitlichen Seinsbezuges bedeutet den Gesamtverlust der eigenen Identität.

Indem das Volk in einem schmerzhaften Umerziehungsprozeß, der Jahrhunderte in Anspruch nahm, unter dem Opfer seiner Eigentlichkeit, seiner Selbstwerdung und Selbstentfaltung und unter Verlust seines Wesens und Selbstes mehr oder weniger zu Christen gemäß dem ihm gepredigten Selbstverständnis des schwachen, der Gnade Gottes und der Erlösung durch den Kreuzestod seines Sohnes bedürftigen Sünders wurde, wehrten sich die mutigsten, eigenständigen und schöpferischen Geister gegen die Zumutungen des fremden Glaubens und entzündeten in der Reibung durch Widerspruch die Flamme ihrer eigenen, aus innerster Wesensnotwendigkeit aufsteigenden religiösen

Überzeugung. Ungezählte Tausende nahmen ohne Rücksicht auf sich selbst die gigantische Herausforderung auf, die Entwürdigung und Verkrüppelung ihres Menschseins und des ihnen Heiligsten an ihren Mut und ihr schöpferisches Denken stellten.

Waren es anfangs nur einzelne Große, in deren Geist sich eine nicht abreißende Spur bis in die Gegenwart zieht von Pelagius bis Storm, Hebbel, Rilke und weiter, von Eriugena und Giordano Bruno über Goethe bis Teilhard de Chardin und Saint-Exupéry, von Meister Eckhart und Nikolaus von Kues über Jakob Böhme bis Heidegger und Jaspers –, so wächst ihre Zahl in Deutschland wie in allen europäischen Ländern, vor allem Frankreich, Belgien, den Niederlanden, Schweiz und Österreich ins Ungemessene und ist in ununterbrochener Kontinuität zu einer sich weit ausbreitenden, alle europäischen Nationen, alle gesellschaftlichen Schichten und alle Generationen übergreifenden religiösen Gemeinsamkeit erstarkt.

Was konnte schlagender die geistige Identität Europas ausweisen als die spontanen Proteste und selbständigen Entgegensetzungen seiner Ketzer als Urheber eigener religiöser Schöpfungen je eigener Perspektive, identischer ethischer Folgerungen, weltanschaulicher oder wissenschaftlicher Konsequenzen – kurz: als ihre immer von neuem Staunen erregenden Übereinstimmungen untereinander oft über lange Jahrhunderte und nationale Grenzen hinweg – Übereinstimmungen, die oft ganz unabhängig voneinander und ohne auch nur voneinander zu wissen, allein der ihnen gemeinsamen, ureigenen Erlebnisweise, der gleichen Bewußtseins- und Denkstruktur, demselben Wesensgesetz in der eigenen Brust entstammen?

Stießen sie alle sich nicht an denselben Ecken und Kanten der ihnen von außen zugekommenen Thesen und Dogmen? Riefen sie nicht dieselben Proteste, dieselben Entgegnungen hervor? Und wurden nicht hier die neuen Antworten versucht? Die ersten Schritte getan, Fortschritte? Anstatt „wie Bauernlümmel zu verdummen" oder, wie der Engländer Athelhard von Bath nach seiner Rückkehr aus der weit fortgeschrittenen arabischen Welt den von der Antike und Aristoteles an Stricken gehaltenen Europäern vorhält, „wie Tiere gefesselt an einem Halfter zu gehen", „und nicht unterscheiden zu können, wohin und weshalb sie geführt werden"[57]

Die Ablehnung des griechischen Denkens, speziell des Aristoteles, dem in der Tat eine Fortentwicklung im wissenschaftlichen Felde entgegensteht, nimmt mit der Zeit immer krassere Formen an. Ständige Reibereien an seinen unglücklichen physikalischen Hirngespinsten über die Beweger jeder Bewegung und sei es eines fallenden Regentropfens, über die „fühlenden" Zwecke, „Korresondenzen", „Sympathien" und „Affinitäten" der Stoffe tragen schließlich dem Professor an der Sorbonne Petrus Ramus für seine These „Alles, was bei Aristoteles steht, ist falsch!" jubelnde Akklamationen ein. Sie verleiten Giordano Bruno gar zu Ausfällen, die Beweise, die der große Grieche über das Schwere und das Leichte erfunden habe, „die dümmsten Behauptungen und Salbadereien" zu nennen, „die der Baum stumpfsinniger Unwissenheit jemals getragen hat"; die Erasmus über seine „sterile Pedanterie" stöhnen lassen, „die in tiefer Finsternis sucht, was überhaupt nicht vorhanden ist".[58]

Überall aber, wo europäische „Ketzer" an die Stelle des griechischen und biblischen Dualismus ihr ihnen eigentümliches ganzheitliches Denken einsetzten, erwies es sich, wie die Beispiele des Nikolaus Cusanus, Bruno, Böhme, Goethe beweisen, als von unerhörter, kaum zu fassender Fruchtbarkeit und voller ungeahnter Fortschritte, denen die am Halfter des immer antiquiert hinterherhinkenden Geistes der Zeit schlendernden Zeitgenossen oft erst viel später zu folgen vermochten. Der angeblichen geistigen Vaterschaft der Griechen für die Entwicklung der europäischen Naturwissenschaft der Neuzeit entschieden widersprechend, fällt noch Werner Heisenberg unter Berufung auf seinen Freund, den Physiker Pauly, das gnadenlose Urteil:

„Die Zweiteilung im Aristotelischen Sinne wäre mit Recht ein Attribut des Teufels, sie führt durch fortgesetzte Wiederholung ins Chaos. Aber die dritte Möglichkeit, die mit der quantentheoretischen Komplementarität aufgetaucht ist, kann fruchtbar werden und führt bei der Wiederholung in den Raum der wirklichen Welt."[59]

Womit Heisenberg dem verwandten cusanischen Prinzip der coincidentia oppositorum, des Zusammenfalls der Gegensätze, seine Reverenz erweist.

Es sind die großen Bewahrer der europäischen Identität, die auf allen Feldern schon die Geleise für die Entfaltung des neuen Denkens gebahnt haben, die wir bereits heute befahren.

V

ENTFALTUNG DER IDENTITÄT

Von der Schulter dir schiebe,
was schlecht dir scheint,
und richte dich selbst
nach dir selber.

Havamal

Denkwende

Zwischen zwei Denkweisen verfangen

Die Zukunft beginnt im Menschen selbst.

Nicht in äußeren Reformen. Nicht in Schadensverhütungsmaßnahmen. Nicht in sozialen Umstürzen. Um unsere Zukunft zu gewinnen, die nicht ein bloß physisches Weitervegetieren sein kann, ein Weiterhangeln an den noch haltbaren Seilen, ein Weiterwursteln, Weiterleiden und Weiterverzweifeln, bedarf es eines grundsätzlichen Bewußtseinswandels, einer von Grund auf anderen Art des Denkens als jener, die uns an den Rand des Abgrunds gebracht hat.

Und diese neue Denkungsart brauchen wir keineswegs aus der Luft zu greifen. Dieses neue Denken ist keine künstliche Konstruktion, kein spekulativ ersonnenes Denkkonzept von Theologen oder Philosophen oder das kontrovers zum Krankmacher zusammengestellte Denkrezept von Psychotherapeuten, um das erkrankte Bewußtsein von Europäern zu heilen. Es hat nichts mit östlichen, Harmonie erzeugenden und die nervös-ermatteten Europäer endlich einmal dämpfenden Denksystemen zu tun, entsprechend dem sich geistreich gebenden Trugschluß, „Östliches" plus „Westliches" (was sie nur aufgrund zufälliger geographischer Lage bzw. Perspektiven sind) ergäbe „das Ganze"! Noch mit jenen taoistischen Traditionen chinesischer Mystik, die der Physiker Fritjof Capra weltweit zur Konvergenz mit der naturwissenschaftlichen Weltanschauung als das „neue Denken"[1] des New Age anbietet. Dies hieße, sich nach dem Bankrott des abendländischen Denkens wiederum in fremden Denkstrukturen verlaufen und erneut sein eigenstes Wesen verrenken.

Doch wir haben es gar nicht nötig, in die Ferne zu schweifen. Wir brauchen nur bei uns selbst einzukehren. Ja, wir haben den besten Grund, die „neue" Denkungsart in uns selbst zu entdecken und zu beleben.

Was sich überall als das neue Denken meldet, sich seit Beginn dieses Jahrhunderts und zunehmend in allen Wissenschaften durchsetzt, alle Bereiche des Lebens erfaßt und bestimmt, wie wir sehen werden, und um uns längst neue Wirklichkeit gestaltet, das ist das uralte, ureuropäische Einheits- und Ganzheitsdenken voller Enfaltungs-, Werdens-, Gegensatz- und Gegenseitigkeitsdynamik.

Damit müßte, so sollte man annehmen, sich alles glatt und problemlos entwickeln. Doch eben hier knirscht es so lautstark im Getriebe, hier liegt eine der Ursachen der Gegenwartskrise, der Ängste und Verzweiflungen, aller Auswüchse und Verirrungen, hierin gründet auch die Aussichtslosigkeit, sie mit Reformen oder Revolutionen mildern, beseitigen oder heilen zu wollen: daß der Großteil der Europäer, selbst wo er die dualistischen Thesen, Dogmen und Dogmengebäude des christlichen Zeitalters abbaut und abgeworfen hat, weiterhin den dualistischen Denk- und Bewußtseinsstrukturen verhaftet ist.[2]Daß der heutige Mensch, der sich – mehr oder weniger bewußt und mehr oder weniger vollständig – von den *Inhalten* der dualistischen Vorstellungs- und Glaubensgebäude gelöst hat, sich nicht gelöst hat von seinen Denk*formen*. Von Denkformen, die jahrhundertelang und mit jeder Kindheit von neuem in das Bewußtsein hineingepredigt, hineingesprochen, hineinerzogen, hineingeprägt worden sind. Die aber erst in dem Augenblick in tiefe Widersprüchlichkeit und in eine Sinnkrise führen, in dem der Mensch mit andersartigen Inhalten nicht zu den ihnen entsprechenden Formen hinfindet.

Und eben dieses Nebeneinander in einer Welt, die zunehmend aus einem neuen Bewußtsein entsteht, herrscht

1. in jener schrumpfenden Schicht derer, die noch fest in den dualistischen Bindungen nicht nur im religiösen Felde leben und sich darum ständig in Opposition von den neuen Wirklichkeiten ab-igeln, zwar ständig über sie stolpern, aber von der Krise innerlich unbetroffen sind;

2. in der breiten Masse derer, die sich von den hergebrachten Glaubens- und Denkinhalten bewußt oder unbewußt gelöst haben, aber weiterhin den alten dualistischen Bahnen des einander ausschließenden Entweder-Oder, seinen Gegensatz wie jedes Anderssein eliminierende Todfeind-Denken verhaftet sind – sie sind in eine schwere Bewußtseinskrise geraten;

3. eine ständig wachsende Minderheit solcher, die sich vom Dualismus gänzlich frei und fern gehalten haben, vielmehr aus ganzheitlichen und „dimensionellen" Bezügen leben und denken. Wir werden davon später zu sprechen haben.

Denn warum erfaßt die Bewußtseins- und Sinnkrise keineswegs jeden? Wir sagten: Der schon laut Jean Paul und Nietzsche „unglaubwürdig gewordene" überweltliche Gott hinterließ die Erblast der heillosen, zweidimensionalen Materie-Welt ohne Transzendenz, ohne Tiefendimension, das von allem Sinn und von allem Heiligen entblößte „Diesseits", das jeglicher Geborgenheit entbehrende „Jammertal" und einen unbehausten, bindungs- und beziehungslosen Menschen, der sich der blanken Angst ausgeliefert fühlt – doch wir müssen hinzufügen: nicht aber für den sich des Einsseins und der Teilhabe am Göttlichen bewußten, sinnvoll weil verantwortlich Existierenden.

Wir sagten: Die tiefste Ursache der Sinnkrise, die der heutige Mensch innerhalb der christlichen Länder erleidet, ist der Verlust der Transzendenz schlechthin und damit der Verlust letzter Bindung und Geborgenheit, der Verlust des Seins. Wir müssen jetzt hinzufügen:… aber nur sofern und solange er noch dualistischem Denken verhaftet ist.[3] Nur den, der jede Transzendenz, jedes Überschreiten der platten, oberflächenhaften Tatsachenwelt abgeschrieben hat, blickt mit seinem Ausstreichen des Jenseits- und Unsterblichkeitsglaubens die absolute Leere und Sinnlosigkeit an. Nur den, der die Ewigkeit aus dem Leben hinaus in eine zukünftige Welt geschoben hatte, ängstigt mit dem Schwinden seines Jenseitsglaubens das Verrinnen der nur noch quantitativ gegebenen Zeit und ihr Ende der Tod. Doch die Abwendung vom außerweltlichen Gott, von Jenseits und Auferstehung macht *den* nicht heillos und krank, der aus einer europäischen Religiosität der unitas, des Einsseins, und aus dem eigentümlich europäischen Einheits- und Ganzheits-Denken lebt, das im Begriff ist, die dualistische Weise, Wirklichkeit zu erleben und zu schaffen, zu ersetzen als das „neue Denken", das alle mit der Laterne suchen.

Zweifacher Bewußtseinswandel

Das Denken des Europäers hat sich – beziehen wir den gegenwärtigen Bewußtseinswandel ein – zweimal einem vollständigen und grundstürzenden Strukturwandel unterziehen müssen. Einmal aus äußerem, durch Gewalteinsatz unterstütztem Zwang seitens kirchlicher und weltlicher Macht und mit allen Mitteln seelischer Beeinflussung, sei es durch Predigt, Belehrung und Erziehung, sei es durch Gewissensdruck und Schwächung des Widerstandes, durch Schüren von Ängsten und Erpressung mittels Drohung mit zeitlichen und ewigen Strafen und durch seelische und körperliche Qualen.

Der zweite ist in allem das Gegenteil des ersten, seine vollständige Antithese, seine exakte Umkehrung. Der zweite Bewußtseinswandel, der heute vor sich geht, hebt alles wieder auf, macht Schritt für Schritt den ersten, durch Zwang herbeigeführten, wieder rückgängig – ohne Zwang. Es sei denn aus der unabweisbaren, ganz unreflektierten Nötigung und inneren Wesensnotwendigkeit, auf die eigene Weise zu erleben, zu erkennen, zu fühlen, zu denken und denken zu müssen – und, endlich, nicht mehr mit Strafen an Leib und Leben rechnen zu müssen. Wir sind heute Zeugen eines Bewußtseinswandels aus freien Stücken, des Abwerfens veralteter, in Sackgassen führender Strukturen und der unwillkürlichen Wiedererlangung unseres eigensten europäischen Einheits- und Ganzheits-Erlebens, -Fühlens, -Verstehens der Gesamtwirklichkeit, die durch anderthalb Jahrtausende der Umerziehung abgebrochen worden waren, wenn es auch im Untergrund bald an den Rand gedrängt, bald bewußter fortströmte, um wie Geysire in den Ketzern an die Oberfläche zu stoßen und in der Durchsetzung gegen das fremde Denken sich weiter und höher zu entwickeln.

Durch die Mission kamen mit der christlichen Lehre, sodann in wiederholten Schüben mit der nord-westlichen Drift aus dem östlichen Mittelmeerraum, aus der festlandgriechischen Antike, aus Neuplatonismus, Aristotelismus und Renaissance-Platonismus immer neue Wellen des scharfschneidenden, alleszerspaltenden Dualismus, der noch einmal durch den geistesverwandten Franzosen René Descartes (1596-1650) neuetabliert und zur geistigen Großwetterlage des Abendlandes wurde. Auf der cartesianischen Radikalspaltung aller Wirklichkeit in die beiden Substanzen Geist und Materie erhob sich das erfolgreiche, scheinbar aller Lösungen mächtige, rein mechanistische Weltbild Isaac Newtons der festdeterminierten kosmischen Maschinenwelt.

Für das durch dualistisches Spaltungsdenken tief geprägte Abendland und die seinen dualistischen Autoritäten als einer heiligen Verpflichtung noch demütig hörige Zeit hatte die große, befreiende Stunde des Nikolaus Cusanus zur Befreiung aus seiner Unmündigkeit umsonst, weil fünfhundert Jahre zu früh geschlagen. Kopernikus, Francis Bacon, Descartes und Newton beherrschten auf Jahrhunderte hinaus das Feld. „Der Körper enthält nichts, was dem Geist zugerechnet werden könnte", hatte Descartes klar und unumstößlich festgestellt, „und der Geist enthält nichts, was zum Körper gehörte". Und da es zwischen beiden keine Verbindung gibt, kommt es demnach darauf an, daß Gott „bei Gelegenheit" meiner Absicht, die Hand zu heben, möglichst gleichzeitig meine Hand hebt, so daß mein Wille und meine Bewegung zusammentreffen. Im übrigen aber sah Descartes „keinerlei Unterschied zwischen Maschinen, die von Handwerkern angefertigt werden, und Körpern, die allein die Natur zusammengesetzt hat". Nach dieser mechanistischen Naturauffassung funktionieren die ganze Natur, die Tiere, sogar der menschliche Organismus wie das gesamte Universum in strenger Kausalität nach mechanischen Gesetzen wie Maschinen oder Automaten.

Ganz im Sinne dieses tief dualistisch geprägten Zeitalters trägt in den Augen dieser Mechanisten die Natur alle negativen Attribute der zur Eva erniedrigten Frau, die man beherrschen und sich gefügig machen, zum Gehorsam zwingen und sich unterwerfen muß, um sie auszubeuten, wie der englische Kronanwalt und Lordkanzler Francis Bacon forderte.

Das kartesianische Denken von zwei geschaffenen Substanzen, die einander entgegengesetzt, gar nichts miteinander gemein haben und sich gegenseitig ausschließen, von Gegensätzen, die scharf voneinander abgegrenzt sind, gerät wie jeder Dualismus schnell in die Gefahr, in die Extreme zu drängen, in ein hartes Entweder-Oder, das die eine Seite intolerant diffamiert, entrechtet, verdrängt oder vernichtet – während der andere Gegensatz die absolutistische Alleinherrschaft und Monopolstellung erlangt. So wie jetzt in Nachfolge des Kartesianismus der Geist eliminiert wird und der ursprüngliche *Dualismus* zum radikalen „*Monismus*" der Materie als einziger Substanz d.h.: zum reinen Materialismus – entartet. Der Monismus, das „*Einzigkeits*"-Denken – nicht zu verwechseln mit dem *Unitarismus,* dem „*Einheits*"-Denken, dem die „Einheit" beider Gegensätze zugrundeliegt – der Monismus ist nichts anderes als ein extremer und brutaler Dualismus, der der *einen* Seite, der *einen* Substanz, der *einen* Partei die Alleinherrschaft zugeschanzt hat dadurch, daß er die andere liquidierte. Die Transporteure dieses Denkens im Gefolge Descartes' fanden sich in allen Nationen des Abendlandes in großer Zahl, so Lamettrie, Holbach, Diderot und Christian Wolff, Marx, Engels, Czolbe, Strauß, Moleschott, Karl Vogt, Lenin und Stalin, Büchner und Haeckel, Dühring und Russell u.a.

Die sterile Einseitigkeit des selbstherrlichen Monismus fordert freilich sogleich die Revolte des verdrängten und abgewürgten Gegensatzes heraus. Ein Schaukelspiel, das sich auf allen Ebenen wiederholt: Der Idealismus schlägt in den Materialismus, der Materialismus in den Idealismus um, der kahle Rationalismus in den Irrationalismus und umgekehrt, ein Zeitalter der Askese in eines ausschweifender Leiblichkeit. Und so fort. Das dualistische Denken stürzt die Menschen von einem Extremismus in den anderen mit seinen gefährlichen Übertreibungen und verhängnisvollen Negationen und Verdrängungen, wie ein Schiff, das, einseitig entladen, auf der belasteten Seite krängt und Gefahr läuft zu kentern. Das Hin- und Herschlagen der Extreme, das die abendländische Geschichte unter der Herrschaft des Dualismus in Atem hält, beschleunigt und radikalisiert sich mit der Neuzeit immer stärker, zumal der bindungslose Mensch dem Extremismus und Totalitarismus zuneigt. Was früher ganze Epochen währte, staut sich heute hoch zur immer rascheren Abfolge von ,,Wellen'' und immer kürzerem ,,Generationen''-Wechsel.

Kann es sich bei dem Bewußtseinswandel zu einem ,,neuen Denken'', das Europa befähigen soll, einen wahren Aufgang in ein neues Zeitalter zu verwirklichen, um ein einfaches Umschlagen des abendländischen in den Gegensatz handeln? Wohin kann heute ein Bewußtseinswandel zielen, der nicht in neuer Sinnlosigkeit auf Grund läuft?

Vom Persondenken zum Ganzheits-Denken

Was das Wesentliche, die Struktur des neuen Bewußtseins, ausmacht, wird sich uns sowohl im physikalischen wie im metaphysischen Bereich gleicherweise zeigen. Wählen wir zunächst den letzteren – freilich auch schwierigeren.

Alle Offenbarungsreligionen beispielsweise entwerfen ihr Bild vom Menschen, indem sie ihn aus dem Gegenüber zu Gott abheben, sie ,,de-finieren'' ihn oder ,,grenzen'' ihn ab gegen ein Höheres, Göttliches.

Das neue Menschenbild hingegen definiert den Menschen im Hinblick auf ein Gegenüber, sondern vom Ganzen aus, besser: aus seiner Einheit mit dem Ganzen, besser: aus seiner Teilhabe an dem – in ihm anwesenden, zugleich ihn umgebenden – Ganzen. Es schält den Menschen gleichsam aus dem Ganzen des Seins heraus und *besondert* ihn, indem es ihm Grenzen der Gestalt verleiht, *ohne* ihn *abzusondern*, ohne ihn von dem Ganzen abzutrennen. Es zieht die Grenzen seiner Gestalt, seines Daseins innerhalb der Dimension des Seins selbst in der Weise, daß es das *Daseiende* – Mensch, Baum, Tier und die gesamte Mannigfaltigkeit des Kosmos – dem *Sein* – mit einem anderen Wort: dem „Ganzen", dem „Göttlichen" – nicht als ein Gegenüber in einen Gegensatz setzt, sondern ihn als in Gestalt eingegrenztes Ganzes, als Teilhaber des göttlichen Seins und in ihm unablöslich verwoben, verwurzelt begreift. Mit anderen Worten: so, daß die Existenz die Transzendenz miteinschließt, das Endliche das Unendliche in sich birgt, daß jedes zeitliche, sterbliche Wesen das Ewige in sich enthält. Nicht im Sinne des platten Pantheismus, der den Menschen und die gesamte Natur mit „Gott" gleichsetzt wie A = A. Vielmehr in dem Sinne, daß der Mensch eine andere Seinsweise des Göttlichen, eine individuelle und eigentümliche Entfaltung des göttlichen Seins darstellt.

Verständlicher mag diese Sicht ein Vergleich mit den dualistischen Auffassungen beleuchten. Wie sie alle, so stellt die christliche zwei getrennte Personen einander gegenüber: hier Gott, dort Mensch. Hier der männlich vorgestellte Person-Gott, der außerhalb oder oberhalb der Welt und der Menschen in erhabenem Für-Sich-Sein geglaubt wird, der als ein in Menschengestalt gedachtes Subjekt, als allmächtiger und allweiser Schöpfer aus Nichts die Schöpfung, die Welt als sein Objekt geschaffen hat, der jeden einzelnen Menschen gemäß seinen Verdiensten und Vergehen belohnt und straft, der liebt und zürnt, Gnade übt und richtet und der seinen Sohn zu ihm gesandt hat.
Anders die Vorstellung von Gott in nichtdualistischer Sicht. Hier ist das Göttliche weder Person noch gestalthaft, weder Substanz noch Geist, weder Vernunft noch Wille, weder Seele noch Liebe, weder das Gute noch Energie, die jeweils als menschliche Vermögen oder Ideen oder kosmische Kräfte unserer entfalteten Wirklichkeit dem für alle Zeiten und alle Fortschritte unseres Erkenntnisvermögens Unerforschlichen, Unbegreiflichen unadäquat sein müssen und allein als mythische Bilder und Chiffren Geltung beanspruchen können.
Ja, hier ist „Gott" – vorausgesetzt, daß wir dieses Wort ohne jegliche Anthropomorphismen nehmen und ohne es mit Vorstellungen menschlicher Qualitäten und Vermögen, noch unserer alltäglichen

oder physikalischen Wirklichkeiten auszustatten – auch nicht eine „Leerformel", sondern ein alles menschliche Vorstellen übersteigendes Benennen. Eben das hatte um 100 nach Christi den in einem bunten Götterpantheon heimischen Römer Tacitus verwundert, daß es für die Germanen „unvereinbar mit der Erhabenheit des Göttlichen" sei, „ihm irgendwie menschenähnliche Züge zu geben". „Mit Götter*namen* benennen sie jenes Geheimnis, das sie nur in ahnender Verehrung schauen."

Hier ist „Gott" weder Subjekt noch Objekt, sondern allem Subjekt- und Objekt-Sein voraus als das, worin alle Gegensätze, die sich in der Welt auseinandergefaltet haben, alle Größte und Kleinste, Bewegung und Ruhe, Gut und Böse in einer Einheit „zusammenfallen". Hier ist das Göttliche das Ganze, das sich immerfort in alles Entfaltende und in allem Enthaltene, die Tiefendimension der Wirklichkeit, ihr „göttlicher Bereich", wie Teilhard de Chardin sagt, ihre göttliche Dimension.

Damit stoßen wir auf das Wesentliche. Denn was gegenwärtig im Bereich des Metaphysisch-Religiösen vor sich geht, das geschieht – wir werden dessen sogleich Zeuge werden – schon in hundert anderen Bereichen: An die Stelle des *„substantiellen"* und *„Person-"Denkens*, die zur Struktur des *Dualismus* gehören, tritt bereits überall und, weithin in die sich vom Spaltungsdenken befreiende Zukunft weisend, zum *Einheits-* und *Ganzheitsdenken* – d.h. zum *„unitarischen"* und zum *„ganzheitlichen"* die mit ihnen engstens verbundene Denkweise, die ich das *„dimensionelle"*[4] oder *Felddenken* genannt habe.

Die neue Denkstruktur ist ureuropäisch

Mit dem Abwerfen der sich den neuen Entwicklungen und Fortschritten der Wissenschaften nicht mehr gewachsenen, sich neuer Lösungen unfähig erweisenden, vielfach sich zerstörerisch auswirkenden dualistischen Strukturen stellt sich eine neue Denkweise ein, die in Wahrheit uralt ist. Sie entspricht der spezifisch europäischen Struktur des Welthabens und Weltdeutens, die durch die europafremden nur zwangsweise überdeckt, unterdrückt und verschüttet war. Sie reicht sowohl in die frühhellenisch-vorsokratische Epoche zurück, zu dem „théos"-Erlebnis des „Aufleuchtens" des Göttlichen im Weltganzen, der indogermanischen Diaphanie des „Durchscheinens der göttlichen Allgegenwart" in allen Erscheinungen,[5] sowie zu dem frühesten Urgedanken der „arché" der in Milet siedelnden Ionier Thales und Anaximander, dem ewig quellenden, lebendig schaffenden Ur- und Wirkgrund, aus dem alles entsteht und in das hinein alles vergeht, der „Ganzheit der Ursprungswirklichkeit", dem „Unbegrenzten"[6] – als auch in dem altgermanischen Erfahren des allem Menschlichen und allen Wesen innewohnenden „Heils", mit dem sie am Weltgrund teilhaben und in ihm geborgen sind, und im germanischen Glauben an die Allverwobenheit von Menschenschicksal und Weltgeschehen im Bejahen der Schicksalsgegensätze.[7]

Ureuropäische Denkweise spricht im besonderen aus Heraklits Verkündigung des göttlichen Logos, des den Kosmos wie das Leben des Menschen durchherrschenden und ordnenden göttlichen Weltgesetzes, aus seinem Kernprinzip der göttlichen Einheit, die sich im Kampf der Gegensätze und ihrer Wechselbedingungen offenbart und durch den Menschen in die Welt wirkt, wie umgekehrt der Mensch am Göttlichen teilhat, in dessen unabsehbare Tiefe er mit seiner Seele hinabragt, deren „Wesen so unergründlich tief ist, daß du ihre Grenzen nicht ausfindig machen kannst, wenn du auch jeden Weg abschrittest".

Trotz der Zwangsherrschaft des abendländischen, christlichen sowie griechischen Dualismus hat sich das dimensionelle Denken des Europäers in immer neuem Aufbegehren und in einer überwältigenden Einstimmigkeit der religiösen Aussagen durchgesetzt: Sie alle, Ketzer aller Nationen, aller Berufe und Bildungsgrade, haben darauf verzichtet, das Unbegrenzte, Unerfaßliche in Grenze und Gestalt zu fassen, als Objekt zu vergegenständlichen, als Person zu personifizieren oder es mit menschlichen Kategorien und mit Qualitäten menschlicher Wertung – und sei es als „Liebe" oder „Güte", als „vollkommenes" oder „höchstes Wesen" – überhaupt erreichen zu wollen. Ob Anaximander es Urgrund und das Unbegrenzte nennt, Heraklit das Weltgesetz, der Angelsachse „gewif", das Gewebe des Schicksalsteppichs, ob Meister Eckhart vom Gottesgrund spricht, Heinrich Seuse vom Allerwirklichsten, Nikolaus von Kues vom Wesensgrund aller Dinge, vom überall befindlichen Mittelpunkt und unendlichen Umfang, Henry More[8] von der Vierten Dimension, Giordano Bruno von der unendlichen Allgegenwart, oder ob es bei Jakob Böhme auftritt als Ungrund oder die große Tiefe überall, bei Shaftesbury als göttlicher Weltgrund und bei Herder als das tiefste Sein alles Seins, bei Goethe als das Unerforschliche oder das Eine, das sich vielfach offenbart; ob Schleiermacher es als das Unendliche versteht, ob Rilke es als Weltinnenraum, als das Sein oder als das Ganze bezeichnet, Teilhard de Chardin vom Göttlichen Bereich, Le milieu divin, spricht, die Unitarier von der All-Einheit, Schöll vom Wirkgrund, Saint-Exupéry vom vollkommenen symbolischen Fundament des zugleich Unzugänglichen und Absoluten, Jaspers vom Umfassenden, gedacht als das Sein selbst, Heidegger vom Sein als dem nicht zu objektivierenden Quellgrund alles Seienden, durch das überhaupt Seiendes ist, oder Szczesny von der unbegreiflichen, aber von uns immer mitzudenkenden und immer mit im Spiel befindlichen Dimension, Rombach von der göttlichen Dimension als Bedingung aller Wirklichkeit – sie alle, Stimmen aus tausend Generationen unseres Kontinents, sie alle erfahren das Göttliche in einer grundsätzlich anderen Weise als der substantiellen, wie sie für den Dualismus und alle Religionen, die das Göttliche vergegenständlichen zu „Gestalten des Weltseins in Analogie zum Menschsein" (Jaspers), als „Seiendes gegenüber Seiendem", weseneigentümlich ist. Sie alle erachten es „als unvereinbar" mit dem für allezeit Unerforschlichen und damit, ihm menschliche Züge und Gestalt zu verleihen, und achten die Erhabenheit des nur ahnbaren „Geheimnisses" wie ihre Vorfahren, die noch aus dem ureigenen Erleben schöpften. Sie alle erfahren das Göttliche auf „dimensionelle" Weise, in der Weise einer alles durchwirkenden Dimension.

Dieses dimensionelle Denken, uralt und spezifisch europäisch, dessen Struktur wir noch genauer bestimmen müssen, ist trotz der Gewaltherrschaft des intoleranten, bis heute beharrlich das Göttliche substantiell vergegenständlichenden und personalisierenden Dualismus dem Europäer niemals ganz ausgetrieben worden, wie all jene Stimmen beweisen, mit denen sich nur die Engagiertesten und Entschiedensten über einer breiten schweigenden Schicht Eigenständiger im Untergrund zu Wort meldeten.

Ja, wir haben heute allen Grund, diese Denkungsart in uns neu zu entdecken und zu beleben. Denn die Keime zu diesem sogenannten „neuen" Bewußtsein sind über unzählige Einzelne hinaus seit Beginn dieses Jahrhunderts weithin sichtbar und schon überall nicht nur in sämtlichen Wissenschaften, sondern auch in allen Lebensbereichen in der Entfaltung begriffen. Sie warten nur darauf, erkannt und bewußt gemacht zu werden, um wachsen zu können.

Ein Signal und Modell des neuen Denkens: Die Atomphysik

Der kühne und über alle Maßen Aufsehen erregende Pionier eines grundsätzlichen Denkwandels war Anfang dieses Jahrhunderts die Atomphysik. Hier plötzlich warf dank einiger genialer Männer eine ganze Wissenschaft entschlossen seit der Antike gültige dualistisch-mechanistische Denkschemata ab. Und – was sich immer von neuem als Folge geistiger Entsorgung von untauglichen Paradigmen einstellt –, die neuen Strukturen bewährten sich auf ungeahnte Weise, indem mit ihrer Handhabung unerwartete Lösungen möglich wurden und sie in der Tat ganz neue, vordem ungeahnte Wirklichkeit erschlossen: die Welt des Kleinsten. Was war geschehen?

1. Dem cartesianischen Dualismus von Materie und Energie, dem scharfen, abgrenzenden Gegensatz von totem Stoff und von Kraft gibt das Denken der Atomphysiker eine klare Absage: Materie kann sowohl als Masse wie auch als Energie in Erscheinung treten – je nach der Betrachtungsweise des Beobachters, der also selbst in dem Erkenntnisergebnis mitenthalten ist.

Dieser Doppelaspekt der subatomaren Elektronen, Protonen und Neutronen je nach Art bzw. Apparatur der Beobachtung als Teilchen oder als Welle, Korpuskel oder Schwingung, diese von Niels Bohr sobenannte Komplementarität der zwei einander ausschließenden Beschreibungen derselben Wirklichkeit, stellen dennoch erst zusammen die Wirklichkeit dar.

2. Materie ist keineswegs, wie die mechanistisch-dualistische Physik sie nahm, eine feste Substanz, die durch eine klar definierbare Oberfläche begrenzt, von dem sie umgebenden Raum abgegrenzt und von ihm qualitativ verschieden ist. Sie ist nicht kompakte, starre, unbewegte, tote Masse wie für die klassischen, auf der antiken Vorstellung fußenden Systeme. Wenn man mit Atomen und Molekülen umgeht „wie mit Steinen und Sandkörnern", warnt Heisenberg, „kann man zu ganz falschen Ergebnissen kommen". Die Materieteilchen, die Elektronen, sind in unaufhörlicher Bewegung, vielfältiger Wechselbe-

ziehung und Wechselwirkung, die untereinander zum durch und durch dynamischen Ganzen verwoben sind.

3. Es gibt also keine „nackten", isolierten Elektronen in einem leeren Raum, auf die von fern her Schwerkraft einwirkte. Nicht substantielle Materie ist wie für die dualistisch-klassische Physik das physikalisch Alleinwirkliche und Letzte. Vielmehr „gibt (es) noch eine andere Art von Wirklichkeit, nämlich Kraftfelder", in denen auch Gravitation und Elektromagnetismus „nur Formen oder Zustände einer tieferen Wirklichkeit sind", eines „universellen Feldes".

4. Materie ist nach dieser Annahme Schwellung, äußerste Verdichtung des Feldes, ist letzten Endes nichts anderes als außerordentlich starke Zusammenballung der Energie, aus der das Feld besteht. Materie und Feld, als verschieden dichte Konzentrationen von Energie, sind daher qualitativ gleich. Materieteilchen sind nicht feste Partikel, vielmehr rotierende Schwingung, Prozeß äußerst dynamischer Wechselwirkungen im unlösbaren Zusammenhang mit dem umgebenden Strahlungs- und Energiefeld, ja des ganzen „einheitlichen Urfeldes".

5. Diese Annahme Einsteins enthüllt „das gesamte Universum als ein elementares Feld, in dem jeder Stein, jedes Atom, jeder wandernde Komet, die langsam kreisende Milchstraße und jedes sich bewegende Elektron nur als Welle oder Schwellung des ihnen zugrundeliegenden Raum-Zeit-Kontinuums erscheint": Jedes einzelne Geschehen wirkt sich auf das Ganze aus, und das ganze Universum wirkt und beeinträchtigt jedes einzelne.

6. Gemäß der Allgemeinen Relativitätstheorie definiert die in Raum und Zeit verteilte Materie an jeder Raumstelle und in jedem Zeitpunkt ihr eigenes Bezugssystem, das allen anderen gegenüber gleichwertig und in bezug auf die Naturgesetze gleich gültig ist. Wie aus seinem „europäischen", religiös bestimmten Denkansatz schon der Cusaner erkannte.

7. Die Elementarteilchen, die Materie, ja das Universum sind instabil und im Werden begriffen, nicht von stabilem Bestand und lediglich gleichförmiger Wiederholung, wie die klassische Physik sie – durchaus mit großem Erfolg bei Vorausberechnung anhand der Naturgesetze – unter Ausschluß der Zeit und des Werdens dargestellt hatte: auch darin in treulicher Nachfolge des platonischen Griechentums, das, aus einer tiefverankerten Furcht und Abscheu vor allem Veränderlichen, wild Wachsenden, regellos Werdenden und Vergänglichen

überall auf ewig wandellosen Bestand von zeitloser Geltung und beharrendem Sein bedacht, die abendländische Naturwissenschaft als ein automatenhaft funktionierendes Universum zu errichten bewog, ein Gebäude von monotoner, gleichförmiger Wiederholung konstanter Naturgesetze, in dem unwandelbare Substanzen und Bewegungszustände ihre vorgeschriebene, mathematisch erfaßbare Rolle spielten, aber Aktivität, Entwicklung, Zeit nicht vorkamen, es sei denn eine Zeit, die von den Dingen getrennt ohne inneren Bezug zu ihnen war![10]

Was Heidegger an der sich an Platon anbindenden Philosophie des Abendlandes als „zeitlosen Seins"-Begriff kritisierte, was den Engländer Whitehead fordern ließ, die Materie in einen „Strom von Einwirkung einzubetten",[11] das hat den mit dem Nobelpreis ausgezeichneten, in Brüssel und Texas lehrenden Russen Ilya Prigogine[12] zu einem neuen Zeit-Begriff im Sinne von nichtumkehrbaren, „irreversiblen" und schöpferischen Prozessen wie der Selbstorganisation der Materie aus Ungleichgewichtszuständen, aus Unordnung und Chaos zur spontanen Entstehung neuer, geordneter Strukturen geführt. Mit diesem Begriff der produktiven, offenen Zeit, die um die geschichtliche Komponente erweitert ist, bricht Prigogine mit der längst überholten, aus dem festland-griechischen Denken überkommenen Zeitlosigkeit der einzig auf das Unveränderliche bezogenen Automaten-Natur und Naturwissenschaft und gibt ihr das eigenständig europäische, dynamische Denken des unaufhörlichen Sich-Entfaltens, Werdens, Bewegens und der unendlichen Erfinder- und Selbstordnungskräfte zurück. Ein Denken, das er als „Verzeitlichung des Raumes" kennzeichnet. Damit *kehrt das „neue" Denken mit dem Ablegen der fremden Strukturen* an seine Quelle *zur ureuropäischen Weise der germanischen Weltsicht* zurück, wie sie sich auch sprachlich ausgeformt hat in dem Wort „Welt". Dieses „Welt", englisch world, mittelhochdeutsch werelt, althochdeutsch weralt, werold, ursprünglich „Menschenzeit", hat selbst Zeitcharakter,[13] ist lebendiges Geschehen von Taten und Kräften.

Übereinstimmungen zwischen Religion und Naturwissenschaft?

Nicht zu übersehen sind die zahlreichen Übereinstimmungen zwischen dem Denken der modernen Physik und dem so modern anmutenden Weltbild des Cusaners. Nicht zu übersehen ist auch die Identität der Strukturen der europäischen Religion und der Atomphysik. Doch so schnell sich hier Analogien aufdrängen, sie dürfen nicht dazu verführen, beide zu verwechseln oder gar gleichzusetzen, Wissenschaft anstelle von Religion, Glauben anstelle von Wissen zu setzen. Nichts wäre verfehlter, als aus der Übereinstimmung der *Strukturen* zwischen ihnen Identitäten etwa des Göttlichen mit der Kraft, der elektromagnetischen Energie oder einem energetischen Feld ableiten zu wollen.

Hier ist vielmehr das für den Betrachter der abendländischen Geschichte und des tief erbitterten Kampfes zwischen Kirche und Wissenschaft, der immer vergeblich versuchten Überbrückbarkeit zwischen Glauben und Wissen, kaum Vorstellbare eingetreten: Glauben und Wissen *widersprechen* sich *nicht*!

Es dürfte einmalig in der Geschichte des Westens sein – und müßte sich doch von selbst verstehen – daß die Ergebnisse der wissenschaftlichen Forschung dem religiösen Weltbild nicht nur nicht widersprechen, sondern daß beide einander *zustimmen*![4] Weil unsere „Wirklichkeit" nur die „Entfaltung" des Göttlichen ist und weil die Wissenschaft es mit dieser „ausgefalteten", unserem Erkennen zugewandten Seite derselben ewig unerkennbaren göttlichen Wirklichkeit zu tun hat, deren die Religion sich ahnend gewiß ist. Das bedeutet weder für den Wissenschaftler noch für die Religion Resignation, im Gegenteil: die niemals überspringbare und durch das weiteste Vordringen des menschlichen Geistes dennoch unaufhebbare *Grenze unseres Erkennens zugeben*, heißt gerade, die Existenz eines Unerkennbaren anerkennen. So daß letztlich jeder Schritt in der Naturerkenntnis immer auch ein Weg zum Göttlichen ist mit jedem tieferen Einblick in die Welt des atomaren oder des Erbgeschehens oder in die Welt der Gestirne, mit jedem Ergriffensein im Erfassen der alles menschliche Vorstellen übersteigenden Stimmigkeit und Ordnung, mit jedem Staunen und Überwältigtwerden.

Ist jemals die Naturwissenschaft eine dringendere Aufforderung an den Menschen gewesen, sich eines göttlichen Seins und der Göttlichkeit des Seins bewußt zu werden?

Das dimensionelle oder Felddenken

Dieselbe Bewußtseinsstruktur im physikalischen wie im metaphysischen Bereich! Ist es noch verwunderlich, wenn auch für den Physiker Werner Heisenberg „Gott in der Welt und im Ich anwesend ist"?[15] Die Analogie ist mehr als Zufall. Die Ablösung des dualistisch-substantiellen Denkens durch das dimensionelle ist mehr als der Übergang zu einer der Sache angemessenen Methode – sie bezeichnet einen grundsätzlichen Wandel der Bewußtseinsstruktur:

Statt der Person die Dimension, statt der Substanz das Feld: das ist nicht ein bloßer Austausch, nicht bloße Änderung der Blickrichtung, noch jene oft beschworene Blick- oder „Bewußtseinsausweitung". Der Bewußtseinswandel, der hier vor sich geht, ist weder durch einen Wechsel der Perspektive, noch durch eine neue Intensität, Tiefe oder Weite zu leisten.

Im dimensionellen Denken ist eine ganz andere, eigentümliche Weise der Bewegung des Denkens, eine andere Weise des Welthabens, Weltverstehens und Weltdeutens am Werk, die sich in einer bestimmten Struktur und durchgehenden Ordnung der Gesamtwirklichkeit auswirkt. Worin besteht diese Eigentümlichkeit?

Bezeichnend für beide Strukturen sind schon die unterschiedlichen Denkansätze und die Funktion, die sie beide jeweils der „Grenze" in ihrer Wirklichkeitsdeutung zuweisen, und ebenso die Art und Weise, wie sich „Gegensätze", die eine so große Rolle bei ihnen spielen, hier und dort verhalten.

Die „Grenze" – Trennung oder Verbindung?

Was tut die Grenze? Ihre Aufgabe ist in dualistischer und in dimensioneller Sicht durchaus nicht dieselbe.

Für den Dualismus hält die Grenze, was sie begrenzt, zusammen und schließt das Umschlossene ab gegen Andersartiges, indem sie es von dem, was es nicht ist, trennt und unterscheidet. Und indem sie es vom anderen absetzt, bestimmt sie es als das, was es ist und als nichts anderes. Sie macht es zu dem, ,,was durch und in sich selbst ist und nicht durch ein anderes oder an oder in einem anderen ist"[16] und das heißt zur ,,Substanz", zum in sich Geschlossenen, von anderem unabhängigen Individuum, zum Ich, welches das, was es nicht ist – das ,,Nicht-Ich" – sich ins Gegenüber stellt. Die Grenze macht es zum Subjekt, das das andere als Objekt sich unterwirft.

Ganz anders verhält sich die Grenze in der dimensionellen Weltsicht. Indem hier die Grenze das, was sie begrenzt, herausschält aus dem grenzenlosen Ganzen, aus dem Feld, be-sondert sie trennend Gleiches, ohne es vom Ganzen, vom Unendlichen abzusondern, das ja, als ein Etwas in Zeit und Raum verendlicht, *in ihm enthalten* bleibt.

Und es geschieht das Paradoxe: Indem die Grenze begrenzt, berühren sich in ihr das Umschlossene und das Umschließende. In der Grenze selbst fallen das Begrenzte und das Unbegrenzte, das Verendlichte und das Unendliche, das Innen und das Außen in eines zusammen. Die Grenze ist zugleich Trennungswand und Nahtstelle, Schale und Kontaktfläche. Als Einheit des Außen und Innen verbindet die Grenze zugleich das Innen mit dem Außen in der Weise, daß die Außenseite stets auf die Innerlichkeit zurückweist, die äußere Gestalt Äußerung der Innerlichkeit ist, das Innere aber sich im Äußeren auswirkt und über sich selbst hinausreicht in das Außen, in das Feld, in das Ganze wie ein ,,Hof", eine Aura, ein Umwelt-Feld – wie auch das Außen beständig hineinwirkt in das Innen. Jede durch eine Grenze bestimmbare, ,,sichtbar" gemachte Gestalt ist sich selbst immer voraus, weil sie auf Grund des in ihren Grenzen anwesenden Unbegrenzten, Ganzen *mehr* ist, als sie ,,ist".

Anstelle der dualistischen Konfrontation von Hier-Subjekt und Dort-Objekt herrscht hier ihre Wechselbedingung und Wechselbeziehung und damit das Sowohl-Subjekt- als-Objekt-Sein jedes einzelnen. Denn was tun die Gegensätze?

Die ,,Gegensätze" – Verneinung oder Bejahung?

Ganz unterschiedlich verhalten sich auch die Gegensätze im dualistischen und im dimensionellen Denken.

Indem für den *Dualismus* die Grenze das Umschlossene absetzt von dem, was es nicht ist, setzt sie ihm sein Anderes als „Gegensatz" entgegen. Das eine schließt das andere aus. Die Grenze bestimmt jedes einzelne als Gegensatz des anderen und isoliert es von ihm, unaufhebbar.

Der Dualismus (wobei wir hier die Unterschiede in den Strukturen des orientalisch-hurritischen und des griechisch-platonischen außer acht lassen[17]) spaltet das Sein von vornherein in einander ausschließende, unvereinbare, unüberbrückbare Zweiheiten, indem er allen Wert – beispielsweise im christlichen Dualismus: Heiligkeit, Liebe, Güte, Allmacht – auf die eine Seite und allen Unwert – Sündigkeit, Ungehorsam, Bosheit, Ohnmacht – auf die andere Seite häuft.

Jedes Denken setzt unumgänglich Zweiheit, Dualität, die es sodann mit Bedeutungen belegt, indem es sich selbst und die Welt deutet.

Auch das *dimensionelle* Denken setzt Zweiheit und stellt sie ins Gegenüber. Und diese zwei, aus dem Ganzen vereinzelten Gegensätze, in denen das Ganze je anwesend ist, sind durch das ihnen gemeinsame Ganze, durch ihre Tiefendimension, miteinander verbunden, gleichsam wie kommunizierende Röhren. In ihrem Innersten, in ihrer Tiefe, in ihrem Urgrund sind die Gegensätze eins. Das bedeutet den Zusammenfall der Gegensätze im göttlichen Seinsgrund, Coincidentia oppositorum – dies ist der tiefe Gedanke des Cusaners und des Jakob Böhme, der darüber hinaus in der Tat alles europäische Denken bewegt hat.

Er besagt: Als unaufhörliche Ausfaltungen aus dem Urgrund, dem Ganzen, in dem alle Gegensätze unausgefaltet liegen, ist die *Welt* von Gegensätzen durchwirkt, ohne die es kein Leben, keine Bewegung, kein Werden gäbe. Denn jedes Seiende braucht seinen Widerspruch. Die Gegensätze bedingen sich wechselseitig und müssen doch ständig miteinander ringen, ohne Stillstand. Und wenn sie sich auf neuer Ebene in höherer Einheit aufheben, so nur, um neuen Gegensatz zu zeugen, um das Leben am Leben und ständigem Werden zu halten.

Demgegenüber neigen die Gegensätze in *dualistischen* Paradigmen, also Denkmodellen, infolge ihrer bereits ursprunghaften Unvereinbarkeit und Ausschließlichkeit einerseits, außerdem aufgrund ihrer extremen Wert- und Rangunterschiede dazu, sich tödlich zu verfeinden, den je anderen sich absolutistisch zu unterwerfen oder zum Zwecke der Alleinherrschaft zu liquidieren. Eng mit der Neigung zur

Einseitigkeit verbindet sich die Tendenz zur Verfestigung einer zeitlosen, einfürallemal fertigen, statischen Welt und einer sich mechanisch fortsetzenden Kette von Ursache und Wirkung, einer linearen Kausalität, die einen ersten Verursacher einer einmaligen wandellosen Schöpfung, einen Baumeister oder unbewegten ersten Beweger notwendig voraussetzt.

Dagegen stehen auf Seiten des *dimensionellen* Denkens unaufhörliche Schöpfung als Entfaltung der einander gleichberechtigten Gegensätze, als immerwährendes Werden und Wiedervergehen aus den innersten Kräften und Strebungen der sich selbst ordnenden und organisierenden Natur, das heißt: Begrenzung und Entgrenzung als Leben und Sterben, Anziehen und Abstoßen, Einatmen und Ausatmen, Systole und Diastole, Zeugen und Zerstören in allseitiger Verflochtenheit und unendlicher Wechselwirkung von allem mit allem in einem schöpferischen, offenen Universum.

Das übergreifende Einheitsdenken:
Unitarisch – ganzheitlich – dimensionell – dynamisch

Der Dualismus sowohl hurritisch-christlicher, wie griechisch-platonischer Herkunft, mit dem wir es im Abendland bis heute zu tun haben, ist ein recht komplexes Denkmodell mit seinen Tendenzen des Spaltens, Entgegensetzens und Verfeindens, mit seinen einseitigen Hoch- und Entwertungen, mit seiner Neigung zum radikalen Entweder-Oder und Todfeind-Denken, mit seinem Drängen in den extremen Monismus, seinen scharfen Grenzziehungen mit den Folgen der Vergegenständlichung isolierter Substanzen, der Versteinerung in statischer Bewegungshemmung, Zeitlosigkeit und Wandellosigkeit. Kein Wunder, daß Europa, das von sich aus so stark aus einem Einheits-Bewußtsein lebte und dachte, in seinen Ketzern gegen den schlechtsitzenden Schnitt des ihm gegen seinen Willen übergestülpten Denkkorsetts aufbegehrte, daß viele sich ihm nicht anbequemen konnten, daß die Wissenschaften und voran die empirische Forschung in offenen Widerstreit gerieten und Gegenpositionen bezogen, daß die natürlichen Phänomene selbst gegen den fremden Schnürleib protestierten. Bis ganz neue Denkansätze dank der schöpferischen Fantasie genialer, autoritäts- und dogmenunabhängiger Männer und Frauen des

20. Jahrhunderts dennoch den Fragestellungen eines hochentwickelten Wissensstandes und den Erfordernissen der zukunftgewandten Wirklichkeitsgestaltung die ihnen angemessenen Denkbahnen neuen Stils suchten.

So vielfältig der Fächer des Dualismus, so mehrseitig stellt sich auch das „neue Denken" dar, in dem sich in Wahrheit die Strukturen des europäischen Denkens erneuern und vielfältiger und differenzierter entwickeln.

Es freilich schlechtweg als „ganzheitliches" Denken zu charakterisieren, wie die New-Age-Bewegung unter Fritjof Capra aus naturwissenschaftlicher Perspektive es propagiert,[18] wäre viel zu eng und schmalbrüstig; damit würde Wesentliches unter den Tisch fallen und gerade das, was die Mehrdimensionalität und die Offenheit dieses Denkens, das ein neues Zeitalter heraufführen, neue Wirklichkeit gestalten soll und überhaupt erst einmal den entscheidenden Bewußtseinswandel zu leisten hat, nicht andeutend erfaßt. Das ganzheitliche Denken allein, das sich um den Beginn dieses Jahrhunderts gegen den Atomismus erhob, der seit Leukipp, Demokrit und Epikur alles Geschehen im Großen und Kleinen den Bewegungen reinmaterieller Atome zuschreibt und seine Schlachten und Siege durch Einzug in alle Naturwissenschaften hauptsächlich in den zwanziger Jahren ausgefochten hat, wäre dem Dualismus auf anderen Schlachtfeldern kaum gewachsen.

Auf die dualistische Auseinanderreißung des göttlichen Bereichs von der Welt und vom Menschen erfolgte ein und dieselbe Antwort seit eh und je, seit Pelagius und Eckhart, seit Eriugena und dem Cusaner, seit Bruno und Böhme, Fichte und Schelling, Goethe und Teilhard de Chardin: die Antwort ihres *Einsseins*, ihrer *unitas*.

Auf die dualistische Aufspaltung des Seienden, des Universums, des Seelenlebens, des Körperlichen in einzelne Teile kam die Antwort der auf dem Einssein beruhenden, durch das Einssein bedingten *Einheit und Ganzheit aller Mannigfaltigkeit*, wie beispielsweise ein Organismus jedem Teil vom Ganzen her und aus der Beziehung der Teile untereinander überhaupt erst Sinn und Bedeutung erteilt.

Auf die dualistischen Grenzziehungen und Eingeschlossenheit beziehungsloser, starrer Substanzen antwortet das *Übersteigen der Grenzen* in das umgebende, offene *Feld*.

Welche feineren Facetten das aus Urältestem sich entwickelnde, neue Denkmodell auch noch ergänzen, seine Denkstruktur kann als unitarisch – ganzheitlich – dimensionell gekennzeichnet werden. Diesen drei engverkoppelten Teilaspekten ist gemeinsam das „Übergreifen", das neue „Einheit" bewirkt:

1. Das göttliche Sein durchwirkt alles Seiende, das es unaufhörlich aus sich entläßt, aus sich entfaltet und mit dem es wesens-eins ist. Wir nennen dies „unitarisch".

2. Die Ganzheit – eines Organismus, eines Liedes, eines Sonatensatzes oder eines Wortes etc. – übergreift die Summe aller seiner Teile zu einer Sinneinheit und kann ihrerseits wieder als Teilganzes von einer höheren Ganzheit übergriffen werden. Wir nennen dies „ganzheitlich".

3. Das Umgrenzte – das Materieteilchen, die Körperzelle, die Gestirne etc. – greift über seine Grenzen hinaus auf das umgebende Feld, mit dem es eine Wirkeinheit bildet. Wir nennen dies „dimensionell" oder „feldartig".

Weil dieses neue Denken der nur verschütteten, aber in uns allen latent vorhandenen Denkweise entspricht, haben zahlreiche Europäer – und d.h. stets auch Europa Entstammende in anderen Kontinenten, besonders in den Vereinigten Staaten – seit langem diesen Bewußtseinswandel mit dem Gefühl der Befreiung – wie etwa Nietzsche – vollzogen. Zahlreiche sind heute aus der Einsicht in die Gefährdungen durch den Dualismus auf dem Wege, sich seiner zu entledigen und nach besseren Lösungen Ausschau zu halten. Sie begegnen sich mit den wach gewordenen jüngeren Generationen auf denselben Straßen.

Seit der Jahrhundertwende stehen bereits überall die Marksteine des neuen Bewußtseins aufgerichtet. Seitdem leisten überall Denker und Forscher, Wissenschaftler aller Disziplinen, Wirtschaftler und Politiker eigene schöpferische Beiträge zur Entstehung einer neuen Wirklichkeit. Überall betreten Menschen auf gleichen Wegen neue Räume. Nur wenige Streiflichter auf einzelne Bereiche, die auf das Wesentliche des Wandels gerichtet sind – ohne hier die weiteren Entwicklungen verfolgen zu können – mögen die unerschöpfliche Fruchtbarkeit des neuen Denkens im Eröffnen neuer Wirklichkeiten beleuchten.

Das neue Denken und die Wissenschaften

Spezialistentum, das sich in die Wände seines Fachgebiets einigelt, ist der neuen Wirklichkeit nicht mehr gewachsen. Das dimensionelle Denken überschreitet die Grenzen zwischen bisher isolierten Spezialwissenschaften, die sich immer häufiger in übergreifenden Arbeitsfeldern zusammen an einen Tisch setzen. Vordem durch Gegenstand und Methode sauber abgegrenzte Disziplinen nähern und überschneiden sich und gehen echte Symbiosen ein. Da stellen sich der biologischen Forschung die organische Chemie, die Physik, die Physiologie, die Psychologie und die Mathematik zur Verfügung. Da spricht der Biotechniker die Sprache des Physikers und Chemikers. Die Biochemie arbeitet Hand in Hand mit Medizin und Psychotherapie. In ganzen Arbeitsfeldern wie der Lebensforschung oder Human-Wissenschaft löst den starren Methodenmonismus eine Pluralität der verschiedenen Aspekte und Methoden ab. So wenn etwa der Anthropologe sich mit dem Verhaltensforscher, dem Völkerpsychologen, dem Historiker und dem Philosophen zusammenfindet.

Biologie
Erbinformation, Membrane, Zugvögel

Überall geht die Naturwissenschaft darauf aus, einst scharf gezogene Grenzen aufzuheben und die allgemeinen Wirkweisen zu suchen, die sowohl den pflanzlichen und tierischen, als auch den tierischen und menschlichen Bereich, ja das Anorganische und Organische übergreifen. So werden überall für endgültig gehaltene Grenzen der Forschung aufgehoben und in die dunklen Vorbereiche des Lebens, der Materie, des Denkens vorgeschoben, in die Bereiche des Vorpsychischen, des Vorbewußten, des Vorsprachlichen.
Die Vorstufen, die Nahtstellen, die Übergänge, das Werden selbst werden überall feldmäßig ausgeleuchtet.
Die Erforschung der Vererbungsträger, der DNS, führt die Forscher auf der Suche nach der Existenz sich selbst reproduzierender Systeme an die Nahtstelle von Materie und Bewußtsein, wie Eugen Wigner![19]
Noch weiter zurück fragt Manfred Eigen und gelangt, indem er die Grundlagen von Physik und Chemie in Einklang bringt, zur ersten

mathematisch-exakten Theorie der Evolution der Materie, die nicht mehr eine Frage nach Ursache und Wirkung, sondern untrennbar verflochtener Wechselwirkungen zwischen Information und Lebensfunktion ist, daraus in der „Ursuppe die informationsträchtige Materie sich in dialektischem Prozeß gemeinsam mit der auswählenden Speicherung oder selektiven Ausscheidung zu einfachen und immer höheren Lebensformen organisiert."

Die dimensionelle Sicht der Grenze, die sowohl trennt als verbindet, indem sie das Wechselspiel zwischen Innen und Außen vermittelt, erweist ihre Fruchtbarkeit ebenfalls in einer neuen Erkenntnis, nicht weniger bedeutend als die Entschlüsselung der Materie-Entstehung und des genetischen Codes und Ursprung einer neuen Wissenschaft: der Membranologie. Die geradezu sinnfällige Erscheinung des Doppelaspekts der Grenze sind die alle Zellen umschließenden und von den anderen Zellen abgrenzenden Membranen, die für bestimmte lebensnotwendige Substanzen durchlässig sind und ohne deren aktive Pumpvorgänge von einer Zelle zur anderen Leben nicht möglich wäre. Die früher allein dem Substantiell-Stofflichen zugewandte Naturwissenschaft hatte jede Frage nach dem Seelischen und jede Anerkennung von Qualitäten verpönt und das Tier einseitig auf sein automatenhaftes Bezogensein auf Arterhaltung verengt. Die neuere Biologie stellt die zu blassen Schemen zerschlagene Ganzheit des Lebendigen wieder her, das jetzt in seiner Erlebniswelt, einer Welt der Qualitäten und der Sinne gesehen und aus ihr verstanden wird. So rückt für Portmann „die rätselvolle Innerlichkeit des Lebendigen" ins Zentrum, die eine Sinneinheit mit der äußeren Gestalt bildet, während jeder Laut, Duft, jedes Verhalten „Glied seiner Innerlichkeit" sind[20].

Der Wandel vom *atomistischen* zum ganzheitlich-dimensionellen Denken wird deutlich: Wo ehemals summierende Aufzählung „äußerer Merkmale" zu nichts besserem als zur Unterscheidung und Systematisierung gut war, hat eine neue Sicht den unerhörten Aufschwung eines neuen Wissenschaftszweiges herbeigeführt: der Verhaltensforschung. Sie hat die Rolle der Gestaltmerkmale innerhalb ihres Feldes als Bedeutungsträger gedeutet. Und es zeigt sich etwas Neues, was der bisherigen Forschung entgangen war: Die Aufgabe der Gestaltmerkmale der Pflanze, des Tieres ist nicht bloße Arterhaltung, sie ist gar nicht an Empfänger „adressiert" – vielmehr „Selbstdarstellung und damit Erscheinung einer Innerlichkeit in der Sprache der Sinne. Alle

Anpassungen, die der Erhaltung dienen, alle Rollen im Lebensspiel, so wesentlich sie für das Bestehen der Lebensaufgabe sind, letztlich sind sie Glieder eines viel umfassenderen Sinns der lebenden Form."

Welch unerwartete Einblicke, welche Wandlung in der Auffassung vom pflanzlichen und tierischen Leben hat das dimensionelle Denken ermöglicht, so daß die neueste Biologie vorzustoßen vermag „in die Regionen, wo das Geheimnis der Weltbeziehung offenbar ist".

In welche Weltbezüge in der Tat das Tier eingefügt ist, zeigt die immer staunenswürdige Hinordnung auch auf das Geschehen am Himmel, an der angeborenen Gabe der ziehenden Vögel, sich bereits bei ihrem ersten Kontinente überfliegenden Zug in Raum und Zeit zu orientieren – „durch Konstellationen der Sterne gelenkt. Ein Vogel von der Größe einer Grasmücke, mit einem Gehirn, das genau ein halbes Gramm schwer ist, das auf dem Nagel unseres kleinen Fingers Platz hat, ein solches Wesen hat eine angeborene Beziehung zum Nachthimmel, die ihm Reisen über Land und Meer ermöglicht und sichere Heimkehr zum alten Nestort! Und das etwa 1 mm breite Gehirn eines Strandkrebschens leistet, bescheidener zwar, durchaus Vergleichbares mit der Sonne".

Der Vogel wird in seiner Weltbeziehung gesehen, nicht isoliert, noch als „simplifizierte Apparatur": in seiner „Aufgehobenheit in der Welt durch seine Erbstruktur. Wir müssen lernen, daß der Größe der Aufgehobenheit des Tiers die Größe unseres Offenseins entspricht – und daß nicht Instinktverarmung, sondern Reichtum der Zuwendungsmöglichkeit das human Besondere ist".[21] „Ich sage das", stellt Portmann gegen das Messen von Verschiedenartigem mit demselben Maßstab fest, „gegen die Idee, die den Menschen als ein Mängelwesen sehen will, das durch harte Selektion zum homo faber geworden sei."

Das Tier kann nicht das Maß für den Menschen abgeben und vom Tierischen aus gedeutet werden, worin Gefahr und Verantwortung jeder Verhaltensforschung liegen. Damit wendet er sich gegen die dualistische Deutung des Menschen durch Arnold Gehlen, der ihn aus dem Gegensatz zum Tier vom Tier aus definiert: vom Tier aus jedoch „fehlt" dem Menschen etwas, nämlich das Tierische, seine Instinkte, ist er ein „Mängelwesen".

Da es *kein absolutes Bezugssystem* geben kann, sondern viele jeweils gleichwertige, tragen auch Mensch und Tier je in ihrer Sonderart ihr

Maß, ihr Gesetz in sich selbst, so wie sie jeweils in ihrer eigenen Welt stehen, ja jeweils nur aus ihrem Umwelt-Feld zu verstehen sind.

Ökologie als dimensionelle Wissenschaft
Nachtschmetterlinge und Fledermaus. Der See

Das junge Gewächs auf dem Boden der Biologie, die Ökologie, hat das Felddenken in den dreißiger Jahren hervorgetrieben. Sie ist die vollkommene Anwendung des dimensionellen Denkens: Nicht der Organismus als nach außen abgegrenzte Ganzheit ist ihr Thema, sondern das Beziehungsgefüge der Wechselwirkungen zwischen Lebewesen und „Umwelt", der „Lebenseinheit", mit der es in allseitiger Wechselbeziehung lebt und „aus der heraus es zu verstehen" ist.

Als erster schlägt Jakob von Uexküll mit seiner „Umwelt-Lehre" die Bresche, die später Friedrichs, Thienemann, Dotterweich, Möbius und andere zu dem eigentlichen Arbeitsfeld der Ökologie erweitern. Der naiven Annahme, die Welt sei dieselbe für den Menschen wie für alle Lebewesen, entgegnet Uexküll: Jedes Lebewesen hat seine eigene Umwelt, die es mit seinen Sinnesorganen und seiner Lebensfunktion selbst entwirft und auf die es „kontrapunktisch abgestimmt" ist. Zwischen seinem Umweltfeld und seinen Sinnesorganen besteht die gleiche wechselseitige Beziehung wie zwischen seinem Verhalten und dessen Objekten.

Wenn Nachtschmetterlinge, die von Fledermäusen gejagt werden, für alle Laute taub sind mit Ausnahme der hohen Pieplaute ihrer Verfolger, so handelt es sich nicht um eine mechanische Einwirkung zweier Tierkörper durch Reiz und Reaktion, „sondern um die Übereinstimmung zweier Baupläne, die gar nicht mechanisch erfolgen kann, weil ein Bauplan sich zwar nach Raum und Zeit ausbreiten kann, aber völlig unkörperlich bleibt. – Das Gehörorgan der Nachtschmetterlinge ist von vornherein kontrapunktisch zum Pieplaut der Fledermaus komponiert".[22]

Die eigentliche Ökologie geht über Uexküll und seine bedeutsame Lehre von der spezifischen Umwelt jedes Lebewesens hinaus und befaßt sich mit den komplexen Lebensbedingungen in einer bestimmten Lebenseinheit und ihrer Wechselwirkung mit dem Lebensraum – etwa einem See. Zu ihm „gehört alles Lebendige, das ihn erfüllt und an ihn gebunden ist, von den kleinsten pflanzlichen und tierischen Lebewesen, die im freien Wasser schweben, von den Schilfwäldern, die ihn umsäumen, den unterseeischen Wiesen, die seine Hänge am Uferwasser überziehen, und allem Getier, das in diesem lebt, bis zum Fisch, der die organischen Erzeugnisse in naturhaftes Fleisch umsetzt, das vom Menschen genutzte Endprodukt des großen Kreislaufs der Stoffe im See"[23]

Aller Stoffwechsel ist zugleich auf das andere abgestimmt, anderem zu Nutzen zur Verwertung, zu Verhinderung von Schäden, ein wechselseitiges Einander-Bedingen, Aufeinander-Angewiesensein. Alles, auch die Bakterien, die die organischen Verbindungen wieder in ihre Urbestandteile zerlegen und in den Gesamtkreislauf zurückführen, sind wichtig, keins könnte ohne jedes andere und ohne das Ganze sein. Welch ein Unterschied von jener „dürren Abstraktion" früherer Wissenschaft, die das Einzeltier beschrieb, als stünde es allein da, das hier mit und durch den ganzheitlichen Bezug zu seiner Umwelt, einer scheinbar autarken Lebenseinheit, lebt. Und doch kann der See nur leben in der Wechselwirkung zu einem größeren Ganzen, der Landschaft, von der er vielfältig abhängt, so wie alle Lebensfelder der Erde in größere Felder eingebettet sind und auf noch höherer Ebene ein Gesamtfeld bilden. Ja – „die Fäden, die das Lebendige mit seinem Raum verbinden, spinnen sich über die Erde hinaus, und aus weiten Fernen strahlen Wirkungen auf die Erde, ohne die Leben überhaupt nicht denkbar ist". Die allseitige Verflechtung alles Geschehens greift noch über die irdische Ganzheit hinaus, die ihrerseits in das höchste Ganze, den Kosmos, eingegliedert ist. Und hier hat eine andere Wissenschaft mit großem Nachholbedarf das Wort.

Astronomie und Astrophysik.
Verwandt mit dem Weltall – Der dennoch unendliche Weltraum

Die Erde: isoliert in einem unermeßlich großen, unvorstellbar lebensfeindlichen, weil leeren Weltraum, der sich rasend ausdehnt! Die Erde: ein winziger Planet unter Hunderten von Milliarden Sonnen in einem der unzähligen Milliarden Spiralnebel und vom nächsten Fixstern, Alpha Centauri, fast 40 Billionen Kilometer entfernt! Unsere Erde und damit wir selbst ein Stäubchen in unausdenkbarer Einsamkeit, verloren in einer fürchterlich gleichgültigen Leere treibend, aus der von irgendwoher Strahlen unsere Teleskope treffen, die Milliarden Jahre alt sind und das Bild einer Materie übermitteln, die es schon seit Jahrmillionen nicht mehr gibt.

Dieser Alptraum des „modernen" Weltbildes hat sich an den objektiven Forschungsergebnissen gebildet, welche die Astronomie anhand exakter Beobachtungen und Messungen erarbeitet hat. Und doch – so erklärt die neueste Wissenschaft – ist dieses das allgemeine Bewußtsein zum Teil jetzt erst erobernde Weltbild, das die Menschen mit dem Gefühl der Bodenlosigkeit, mit Entsetzen und Angst erfüllt, im wesentlichen falsch.

Aber wie? Waren die Beobachtungen, Messungen, Berechnungen falsch? Stimmen die Fakten und Daten nicht mehr? Gewiß, die Technik hat neue, weiterreichende, fortlaufend vergrößerte Teleskope zur Verfügung gestellt, die noch genauere Messungen erlauben, neue Tiefen des Weltraums erschließen, neue Objekte registrieren und neue Probleme aufgeworfen haben.

Und dennoch ist der Wandel radikal: Die größte Parabolantenne hätte nichts geändert, hätte nicht der Mensch begonnen, das Weltall auf *andere Weise* zu befragen; andere Gesichtspunkte an die Forschung, an die deutende Einordnung der Ergebnisse, an die Befragung benachbarter Wissenschaftszweige heranzutragen, das Weltbild der beziehungslosen Isoliertheit in der Leere eines unendlich großen und unendlich toten Universums abzulösen durch ein von ihm radikal verschiedenes, das eine geistige Wende von immenser Bedeutung darstellt.

Die den Zukunftsweg auch der astronomischen Forschung und Weltsicht entscheidende geistige Wende fort vom festumreißenden, scharf abgrenzenden, isolierenden und das heißt vom substantiellen Denken hin zum dimensionellen Denken: Vielleicht die großartigste und faszinierendste, „ganz sicher aber die bedeutsamste Einsicht der modernen Erd- und Himmelskunde" ist nach Hoimar von Ditfurth „die sich seit einigen Jahren vorbereitende Erkenntnis, daß in dieser Welt, in der wir uns vorfinden, in Wirklichkeit alles eng miteinander verknüpft ist, das Größte mit dem Kleinsten, das uns Allernächste noch mit dem, was sich an den Grenzen des für uns noch beobachtbaren Universums abspielt".

Und wieder zeigt es sich: Wer mit diesem Bewußtsein an genau dieselben Fakten des ehedem substantiellen Weltbildes herangeht, der stößt „auf verblüffende und unerwartete Zusammenhänge, darauf, daß unser Leben abhängt von der schwachen Kraft, die eben ausreicht, um eine Kompaßnadel nach Norden auszurichten, darauf, daß es diese Kraft, das Magnetfeld der Erde, wahrscheinlich nicht gäbe, wenn die Erde keinen natürlichen Trabanten hätte. Ohne Mond wäre die Erde, wie es heute scheint, unbewohnbar – ein eindrucksvolleres und symbolträchtigeres Beispiel für die tatsächlich bestehende enge Verflechtung unseres Lebensraumes ist schwer vorstellbar.[24] Mit diesem Bild einer in allen Teilen eng zusammenhängenden Welt, die unter den unendlichen Verflechtungen von Einflüssen und Wechselwirkungen wirklich ein lebendiges, unerschöpflich werdendes und sich entwickelndes Universum wird, entsteht ein Weltbild, radikal verschieden von jenem der beziehungslosen „in alptraumartiger Verlorenheit in der leeren Weite des Raumes" dahintreibenden Erdkugel irgendwo in einer „eckensteherischen" Position am Rande des Weltalls, wie Kopernikus dem Abendland seine unglückliche „nihilistische" Erniedrigung der Erde auf Jahrhunderte eingeprägt hatte.

Hier bricht unwissentlich ureuropäischer, cusanischer[25] Geist wieder durch von der allseitigen Verschränkung unseres Lebens auf dem Planeten Erde und des ganzen Planetensystems mit der Sphäre der Sterne und den Kräften und Einwirkungen aus den tiefsten Fernen des Weltraums, von denen wir mitabhängen, wie die Pflanzen von Licht, Luft und Erdreich.

Denn auch die Sonne ist hier nicht mehr ein im leeren Raum schwebender, stabiler Himmelskörper, vielmehr ein ungeheurer Kernprozeß, der unaufhörlich ein in alle Richtungen sich unbegrenzt ausdehnendes, materielles, elektromagnetisches Strahlungsfeld erzeugt, das weit über das Planetensystem hinausreicht, es in seinem „Milieu" hält und gegen die gefährliche, aus dem Weltraum hereinprasselnde Höhenstrahlung schützt.

Denn ein ungeheures universelles Kraftfeld ist das gesamte Universum, ein unendlich vielfältig verwobenes Netzwerk von allseitigen Beziehungen, Einflüssen, Wirkungen, deren Stabilität Grundlage und Garant unserer Existenz und unseres gewohnten Lebensumfeldes ist. Neues Licht hat das Felddenken etwa auf das Rätsel der Pulsare und andere Rätsel der Astrophysik geworfen. So auf die trotz allem offene

Frage nach der Entstehung des Kosmos, wobei die neue, mit dem Nobelpreis geehrte Theorie zwei liebgewordenen, mit denen die Astrophysik bisher arbeitete, widerspricht – nämlich:

1. Der große „Urknall", mit dem vor hundert Milliarden Jahren plötzlich ein aus dem Nichts entstandenes „Uratom" wie eine riesige Bombe explodiert sei und in alle Richtungen Galaxien hinausgeschleudert habe, die sich noch heute mit ungeheurer Geschwindigkeit voneinander entfernen – entsprechend der Theorie des Belgiers Lemaître –, hat nicht stattgefunden.

2. Das endliche und abgeschlossene Universum mit einer Größe von einer Milliarde Lichtjahren, mit dem die Astrophysik seit Einstein rechnet, „stimmt – so Hannes Alfvén – mit der Wirklichkeit nicht überein".

Auch hier kehrt wieder, was wir schon kennen: Verzicht auf substantiell begrenzendes Denken, die Anerkenntnis der Wechselseitigkeit bzw. Symmetrie der Gegensätze als Bedingung des Werdens, schließlich der Materie als „Verdichtung" des Feldes. Und so lautet seine und seines Mitarbeiters Klein Theorie: Nicht aus einem einzigen, dichten Klumpen ist an einem einzigen Punkt und zu bestimmter Zeit, vor der es nichts gab, das Universum entstanden. Und nicht als endlicher, wenn auch unbegrenzter Raum von bestimmbarem Umfang. Das Problem der Rotverschiebung, das zu der in vieler Hinsicht unbefriedigenden Urknall-Theorie geführt hatte, sagt der Schwede Alfvén, läßt auch andere Erklärungen zu. Ohne neue Naturgesetze einführen zu müssen, kommen sie beide zu einem anderen Modell, „das unser Weltbild erneut ausweitet":

Der „Urzustand" war ein unendliches Feld aus hochenergetischer Strahlung, die Proton-, Anti-Proton-Paare erzeugte. Trafen Protonen und Anti-Protonen zusammen, so zerstrahlten sie und zerfielen in Elektronen und Positronen, so daß das Feld aus sehr dünnem „Ambiplasma" bestand, aus einer Mischung aus Materie- und Antimaterie-Teilchen, d.h. einer Symmetrie von positiven Protonen, Neutronen und negativen Elektronen, welche Materie, *und* von negativen Antiprotonen, Antineutronen und positiven Positronen, welche die Antimaterie bildeten. Beide „Gegensätze" stimmen in ihren Eigenschaften voll überein und sind nur in ihrer Ladung entgegengesetzt. Das hochinstabile, bewegte Ambiplasma hat sich weiter durch Gravitation an unendlich vielen Stellen konzentriert und durch Trennung von Materie und Antimaterie die Bildung von Galaxien ermöglicht, die somit Verdichtung des Plasmafeldes darstellen.

Durch die Gravitation aber bewegen sich die Galaxien aufeinander, auf Zentren zu, doch ohne ineinander zu stürzen. Ja, ohne sich zu berühren, werden sie durch den hierbei zunehmenden „Strahlungsdruck" wieder nach außen geschleudert. Dies der Prozeß, bei dem die Rotverschiebung auftritt, die die Forscher so stark beschäftigt hat. Wird der Strahlungsdruck wieder geringer als die Gravitation, so bewegen die Galaxien sich wieder aufeinander zu. Der Kosmos pulsiert. Die sich dabei freisetzende Strahlung aber kann wieder neue Materie bilden. So sind die Quasare in Entwicklung begriffene Galaxien.

Ist nun die das Feld der etwa zehn Milliarden Galaxien umfassenden „Metagalaxie" bereits das ganze Universum? Könnte es nicht außerhalb unserer Metagalaxie weit im unendlichen Raum noch „weitere Metagalaxien geben, die zusammen ein noch größeres System bilden, eine 'Teragalaxie?" fragt Alfvén. Und er antwortet: Wir müssen damit rechnen, daß unsere Metagalaxie in großer Entfernung metagalaktische Geschwister hat, vielleicht viele Billiarden Lichtjahre entfernt, und daß wir uns „in einem unendlich offenen Raum" befinden, der millionen-, milliardenfach größer ist als das von uns bisher vorgestellte Weltall – ein Modell, das den Vorzug hat, auch „mit den Berechnungen der Geometrie des Raumes nach der Relativitätstheorie verträglich" zu sein.[26]

Mit dieser Außerkraftsetzung der herrschenden Modelle wurde unter unseren Augen eine dimensionelle Wirklichkeit sichtbar – ein Ereignis, das ohne Bewußtseinswandel nicht möglich gewesen wäre. Und dem gewiß noch weitere folgen werden.

Psychologie und Soziologie
Kraftfelder der Seele – Doppelnatur des Menschen

Im Banne des ihm durch Kirche und Religion verordneten Spaltungsdenkens hat der Europäer erst spät gegen seine Zerreißung in Körper und Seele opponiert, jedoch als Selbstbetroffener entschiedener, als da es um seine stummen Brüder, „die Kreatur unterhalb von Mensch und Geist", um die Tiere ging, denen christliche Naturverachtung die Seele überhaupt abgesprochen hatte – wie zeitweilig auch den Frauen

–, die Descartes zu Automaten gestempelt und mit denen die Tierpsychologie sich noch in unserem Jahrhundert im Behaviorismus und durch Pawlow befaßte, ohne bei ihnen überhaupt mit einem „psychischen Faktor" zu rechnen.

Der Mensch: für die einen ein starrer, unreiner, sterblicher Leib, in den sich von oben eine unsterbliche, ihn belebende, sich durch ihn verunreinigende Seele hinabsenkt, für den nächsten ein sündiges Gefäß, das durch den elterlichen Geschlechtsakt seine Sündigkeit an die erlösungsbedürftige Seele weitergibt, für den Dritten das wohlkonstruierte Uhrwerk eines Automaten, das durch außerweltliche Eingriffe oder materielle Impulse in Bewegung gesetzt wird. Solch brutaler Dualismus geriet in die schwierige Lage, dem abendländischen Menschen die hoffnungslose Unvereinbarkeit von Seele und Leib mit den seltsamsten Kunstgriffen akzeptabel machen zu müssen: etwa durch Verabsolutierung der Seele auf Kosten des Leibes – der für Leibniz „nur meine Vorstellung" ist, oder des Leibes auf Kosten der Seele – wie für den Materialismus von Lamettrie bis Marx. Wer solche einseitigen Lösungen scheute, mußte wenigstens nach Vermittlern zwischen den zwei Substanzen suchen – wie Descartes –, nach einem Parallelismus oder einer Synchronisierung – wie Leibniz und Spinoza –, oder er mußte Gott selbst bemühen, „bei jeder Gelegenheit" die einzelne seelische Bewegung mit der entsprechenden körperlichen zeitgleich zusammenzuschalten – wie Malebranche und Geulincx.

Als die Wissenschaft begann, sich dem Menschen zuzuwenden, teilte sie ihn dementsprechend auf. Mit dem Leib befaßten sich Biologie und Medizin, mit der Seele die Psychologie – mit den Werkzeugen ihrer mathematisch-naturwissenschaftlichen Methoden. Und so konnte es nicht ausbleiben, daß sie die Seele immer mehr atomisierte und mechanisierte, bis sie zu einer „Psychologie ohne Seele" geworden war.

Viel Kritik, viele Korrekturen, viele Neuansätze, Umwege und Abwege waren unausweichlich, bis Einseitigkeiten und Abseitigkeiten überwunden wurden und entscheidende Schritte aus der Sackgasse des Dualismus, des Atomismus und Substantialismus herausführten. Und wohin?

Schon am Anfang des Wandels liefen alle Schritte – wie konnte es anders sein? – in derselben Richtung zusammen: „Struktur, Organismus, Ganzheit, Gestalt" hieß ihre Devise, und: „Das Ganze ist mehr als die Summe seiner Teile" – „Die Glieder haben vom Ganzen her

Sein und Bestimmung" – „Ganzheit bedeutet vom Ganzen her abgeschlossene Struktur".

Doch legten einzelne Richtungen der Ganzheits- und der Gestaltpsy-
chologie damit nicht die „individuelle Ganzheit" in feste Grenzen, so
daß das Individuum nur im Innern sein Universum fand, aber nicht
das Außen sah, nicht den anderen?

Das wurde zur neuen Herausforderung. Also den Blick über die
Grenze zur Gesellschaft ausweiten? Nein, forderte der Praktiker
Heyer,[27] Internist und Psychotherapeut: „Neue Denkweisen müssen
gewonnen werden, so wie der Physiker das beispielsweise in seiner
Lehre von der Komplementarität von Teilchen-Welle geleistet hat" –
neue Denkweisen wie die des Feldes! „Sind also Stoff und Kraft keine
kontradiktorischen Widersprüche, sondern die Erscheinungsweisen
eines uns als solchen unzugänglichen Ens (Sein), so gilt das auch für
das Stoffliche und das Unstoffliche des Organismus, für Leib und
Psyche. Deswegen sind beide komplementär – und keine Einheit –.
Dies Eines-Sein von Stofflich und Unstofflich gibt es lediglich in jenem ‚dunklen Hintergrund' – da wo Physisch und Psychisch noch un-
getrennt sind." In unserer Wirklichkeit sind beide, Leib und Seele, nur
verschiedene Aspekte desselben. Seele ist ja nicht, wie die dualistische
Auffassung es sah, etwas zum Leib Hinzutretendes, sondern, nach
Detlev von Uslar, „die eigentliche Wirklichkeit unserer Lebendig-
keit", zugleich unserer Leiblichkeit, unserer Zeitlichkeit und unserer
Begegnungen. Denn das Psychische „ist gar nicht etwas von der Welt
absolut Geschiedenes, sondern es ist gerade die Verwobenheit dieses
Lebewesens mit allen Fasern in die ihn umgebende Welt".

Der Mensch selbst ist ein Feld, das über ihn und seine „Grenzen" hinausreicht: ein „Persönlichkeits-Umwelt-Feld". Diese neue dimensionelle Sicht eröffnet auch für den Amerikaner Murphy[28] neue und tiefere Einblicke in das Wesen des Menschen. Dabei bestätigt Murphy
überraschend unsere Ausführungen über das Wesen der Grenze:
Denn von einer solchen Sicht aus „ist die Haut keine absolute Bar-
riere... Eine scharfe Begrenzung zwischen Selbst und Nicht-Selbst zu
finden, ist eine metaphysische Aufgabe. Wenn das schon durch die
einfachsten Tatsachen der biologischen Existenz bewiesen wird, ist
schwer einzusehen, wie man Menschen nur vom Gesichtspunkt ihrer
inneren Struktur her betrachten kann, von einer Persönlichkeit her,
die nur innerhalb der Haut steckt. Wenn die Biologie recht hat mir ih-

rer Betrachtung des Organismus als eines organisierenden und organisierten Punktes in einem Feld, so gewinnen wir hier eine Basis für die Analyse, von der aus das Mensch-Welt-Verhältnis, das Organismus-Umwelt-Feld, studiert werden kann".

Als ursprünglicher Biologe weiß Murphy, daß der Prozeß des Lebens nicht einfach aus einer Folge von Ereignissen im Organismus besteht, sondern ein „Feld aus Ereignissen" ist, „bei denen innere und äußere Prozesse eine komplexe Gesamtheit darstellen. Die Lebenspotentiale können zwar, etwa bei den Sporen eines Farns, als eingeschlossen in einen Teil aufgefaßt werden, aber der Lebensprozeß kann nicht so eng lokalisiert werden. Das Leben eines Menschen liegt auch nicht in seinem Körper, noch etwa seine Persönlichkeit", – sie liegen in einem Feld, das sich, wie ein elektromagnetisches Feld, laufend durch immer wechselnd gesteuerte Ströme zwischen Außen und Innen verändert.

Von „Feld" zu sprechen, fügt Murphy hinzu, ist mehr als eine Metapher. Das „embryonale Feld" z.B., das Energieverhältnis von mütterlichem und embryonalem Körper, ist ein Feld im genaueren Sinne eines elektromagnetischen Feldes. Und solche Felder bestehen nach der Geburt, nur immer komplexer werdend, fort.

Für die frühere Psychologie war der Mensch nur eine Abstraktion, nur eine gedachte Größe. Nie – so Heyer – begegnen wir Menschen isoliert, individuiert, sondern immer eingeschlossen in ein Lebensinsgesamt, in ein Feld. Nein, in unzählige „Bezugssysteme" oder Felder, die einander überschneiden wie das der Familie, der Spielwelt, der Schule, des Berufs, der Freundschaft, der Konfession oder Partei, des Volkes, in Felder, die untereinander in engen Wechselwirkungen und Abhängigkeiten stehen, so daß Veränderungen in den einen auf die anderen zurückwirken, wie es Hofstätter[29] gezeigt hat. Sie alle zusammen machen die einmalige Wirklichkeit des betreffenden Menschen aus. Schon als Werdender, als Kind, wächst er in immer neue Felder hinein, „bis alle Vergangenheit ‚in' ihm west, die zuvor ‚um' ihn war, die außen von ihm war".

Doch nicht nur die „überpersönlichen Raumgestalten", wie Bilz, Schüler Uexkülls, diese Felder nennt, auch die „überpersönliche Zeitgestalt"[30] umfaßt den Menschen und seine Toten, seine Ahnen, die ihn gemacht haben und noch in ihm sind und die er mit dem eigenen Leben zu verantworten, „zu verwalten" hat. Der Mensch steht im Feld seiner Vorfahren ebenso wie aller Großen seiner Geschichte, aber auch der Kulturgemeinschaft. In diesem Kulturfeld, das ja nicht nur um ihn west, sondern noch stärker in ihm wirksam ist, wird für den Psychologen „die Vorhandenheit des Draußen-Befindlichen als auch innen wesend deutlich". Das Außen ist zugleich ein Wirken des Innen.

Auch die Wege der Psychologie und der Soziologie sind Abschied von den einseitigen Extremen des Dualismus, der – wie Gehlen[31] sagt – „das jeweils hypertroph gewordene am Menschen, den Geist oder die Triebe", für das erklärt, was den Menschen ausmacht, und Entscheidung für ein dimensionelles Denken, das „ihn auf dem Hintergrund der jeweiligen Gesellschafts- und Arbeitsverhältnisse" sieht. Ein Psychotherapeut, der die besonderen seelischen Felder, an denen jemand teilhat, nicht kennt, ist darum in Gefahr einer Fehldeutung.

Denn auch „der Mensch besitzt eine Doppelnatur", so stellt er sich der Soziologie dar: Er „trägt beides an sich, Anlage zur Gesellung und zur Besonderung", die – wie Alfred von Martin mahnt, als Wertbegriffe „nicht einseitig absolut gesetzt" werden dürfen. Ihn kennzeichnen sowohl geistige Selbständigkeit wie soziale Verantwortung. Seine Doppelnatur ist auf die fruchtbare Spannung zwischen öffentlichem und ‚privatem' Leben hin angelegt. Diese Spannung könnte nur auf Kosten des Menschseins aufgehoben werden und objektiv auf Kosten der Kultur. „Die Aufhebung aller lebendigen Spannungen, die ‚terrible Simplifizierung' des Begriffs ‚der Ordnung' zu dem einer notwendigen Uniformität (und Monotonie) ist überhaupt das Grundgebrechen jenes einseitigen (d.h. alles Irrationale eliminierenden ‚Rationalisierungsprozesses', in den auch Bürokratisierung, Militarisierung, Technisierung, Kollektivierung hineingehören."[32]

Von der Zweiheit Person und Gesellschaft, Individuum und Gemeinschaft, Ich und Kollektiv aus gesehen – die von der dualistischen Soziologie in extremer Einseitigkeit zum radikalen Gegensatz mit absoluten Wert- und Unwertzuteilungen versteinert wurden – heißt das für das Felddenken der neueren Soziologie:

Person und Gemeinschaft sind keine Gegensätze, sondern nur „die beiden Seiten eines wachsenden sozialen Ganzen" (J.M. Baldwin). Sie stehen komplementär zueinander: „Genauso wie die Gesellschaft in keiner Weise getrennt von den Individuen existieren kann, die sie aufbauen", (T. Parsons) kann das Individuum buchstäblich nicht existieren und Mensch werden ohne seine Teilhabe am Feld der Gesellschaft und ihrer Kultur. Keinem von beiden darf „eine Priorität zuerkannt werden, vielmehr stehen und entstehen beide in unausweichlicher Wechselbeziehung" (Ch. Cooley). Gesellschaft ist sowohl Ursache als Wirkung des Individuums, wie das Individuum Ursache und Wirkung der Gesellschaft.

Die Gesellschaft ist auch hier nicht mehr substantiell, sondern dimensionell gesehen als ein „totaler organischer Prozeß" lebendiger, in wechselseitiger Abhängigkeit stehender Vorgänge – dem ebensowenig alleinige Realität zukommt, während der Einzelne nur sein Produkt wäre wie im Marxismus, noch umgekehrt. Der Mensch als Ganzheit, der sowohl Einzel- als auch Sozialwesen und sowohl durch Vererbung als durch Umwelt bedingt ist, nimmt seinerseits wirkend und schöpferisch am sozialen und historischen Geschehen teil. Und muß doch fähig sein, sich vom Ganzen abzuheben, ja in eigener Verantwortung auch gegen den Strom zu schwimmen. Denn beide Qualitäten sind dem Leben wesentümlich: die Verbundenheit mit dem Gesamt wie der Drang nach Unterscheidung und Selbstsein. Der Drang nach Gemeinschaft *und* nach Einsamkeit.

Medizin
Furunkel, Krebs, Selbstmord und die Stiefkinder der Heilkunst

Krankheit – was ist das?
Von *draußen* ist etwas in den Menschen eingedrungen, so sagten die einen: ein im Totenreich unzufriedener Geist, der sich im Leib des glücklicher Lebenden eingenistet hat und ihn eifersüchtig quält, wie manche Ägypter glaubten – der Teufel, der in den Menschen gefahren ist und durch Jesus und später durch die abendländischen Ärzte im Priestergewand durch Gebet und Züchtigung ausgetrieben werden muß – der Einfluß der Sterne, eine Strafe Gottes oder die Wirkung von Bakterien.

Im *Innern* ist etwas in Unordnung, sagten andere: Gestört ist das Mischungsverhältnis der Körpersäfte Blut, Schleim und Galle, so Empedokles und Hippokrates – gestört ist die Bewegung der Atome in den Gängen des Körpers, so Asklepiades in Rom. Die Säftelehre herrschte neben der Überzeugung von der Krankheit als Strafe bis in die Neuzeit.

Das einzelne Organ ist nachweisbar anatomisch verändert, sagten Dritte, oder: das entzündete Gewebe, der geschädigte Knochen, die verstopfte Vene müssen behandelt werden. Auf die Seele war man dabei nicht gestoßen.

Da meldet sich Anfang des Jahrhunderts vielstimmiger Protest: Die extrem lokalisierende Organ- und Zellularpathologie, also eine Lehre, die die Betrachtung der festen Teile des Körpers und ihrer Elementarbestandteile, der Zellen, allein im Auge hat, hat die Krise der Medizin verursacht. Der reinen Lokaldiagnose und Lokalbehandlung muß eine Beeinflussung des Gesamtorganismus, eine gleichzeitige konstitutionelle Allgemeinbehandlung an die Seite treten, forderte in den 20er Jahren der Wiener Bernhard Aschner. Ein großer Teil von Erkrankungen, insbesondere die Psychose, chronische Hautkrankheiten, Neuralgien und chirurgische Tuberkulose, kann mit Hilfe universell orientierter, humoral-pathologischer Behandlungsweise gegenüber den Erfolgen der Lokalpathologie zweifellos oft unerwartete Heilung erreichen.

Das substantiell begrenzende, einseitig lokalisierende, den Krankheitsherd isolierende Denken in der Medizin hat versagt. Während der 30er Jahre setzt sich das Ganzheitsdenken in den medizinischen Grundanschauungen durch. Es gibt keine lokalen Krankheiten, stellt jedoch jetzt Theodor Bovet[33] fest, stets ist die ganze Person krank: „Ein Furunkel ist eine Allgemeininfektion, die eine Leukozytose und die sonstigen Blutveränderungen besorgt, er kann Metastasen setzen und zur Sepsis führen und ist umgekehrt weitgehend von den Immunitätsverhältnissen, dem Hormon- und Vitaminstoffwechsel und etwaigen Begleitkrankheiten ... abhängig. Ein Knochenbruch bewirkt durch die Resorption und Callusbildung ebenfalls Veränderungen des Blutbildes und Kalziumstoffwechsels, er kann einmal eine Fettembolie setzen; umgekehrt ist die Heilung wesentlich abhängig vom Zustand der Schilddrüse und der Epithelkörper sowie vom Vorhandensein von Vitamin D. – Ständig erwerben wir neue Kenntnisse vom Zusammenhang scheinbar lokaler Erkrankungen der Haut, des Auges, des Ohres oder irgendeines anderen Organs mit dem Gesamtorganismus".

„Die Bezeichnung ‚krank'", so lautet mit einer kurzen Formel die neue, ganzheitliche Diagnose, „kann nur auf den ganzen Menschen, nicht auf ein einzelnes Organ angewendet werden. Krank ist nur das

Individuum, das unter dem Nachlassen der Organfunktion leidet"
(Ribbert) und einer Schwächung des Immunsystems, der körpereige-
nen Abwehr.

Das ganzheitliche hat gemeinsam mit dem ihm zu engst verbundenen
Felddenken auf dem Gebiet, das immer noch die größte Aufmerksamkeit auf sich lenkt, neue Zusammenhänge aufgedeckt. Nicht eine Substanz, so stellt die heutige Krebsforschung[34] fest, erzeugt schon Tu-
more. Ein Carzinogen, ein krebserzeugender Stoff, wozu auch Viren
gehören können, wandelt nicht geradewegs jede gesunde Zelle in eine
Krebszelle um. Vielmehr sind „Zellen eines höheren Organismus Glieder einer hochkomplexen Gemeinschaft und damit den Steuerungsim-
pulsen dieses Gemeinwesens unterworfen", nämlich den „übergeord-
neten Regulationsfeldern des Gesamtorganismus". Carzinogene greifen nicht die einzelne Zelle, sondern das ganze Gewebe an, in dem sie
normale Zellen aus dem Regulationsfeld ausschließen und isolieren.
Sie wirken indirekt über das Feld des Gewebes, indem sie zum Zusam-
menbruch des schützenden Kontrollmechanismus führen und das Ab-
wehrsystem als Ganzes schwächen; oder dadurch, daß die Zelle
„taub" für das Regulationsfeld wird, weil die für ihr Leben wichtigen
komplementären, nach innen und außen regulierenden und transpor-
tierenden Membranen versagen, indem sie die Zelle einseitig nur noch
abgrenzen, was tiefe Strukturveränderungen im Innern zur Folge hat.
Die Zelle wird zur Tumorzelle, weil ihre Membranen, ihre „Grenzen",
nicht mehr „verbinden", sondern trennen. „Krebs entsteht nicht aus
heiler Haut" (Schmidt). Ein Virus allein genügt nicht, um Brustkrebs
hervorzurufen, wenn nicht eine bestimmte Hormonlage und andere
Faktoren „stimmen".

Das gilt auch für Infektionskrankheiten: Ein Bakterium, ein Virus
verursachen noch nicht die Erkrankung – es braucht eine Angriffsflä-
che, eine Disposition, ein gestörtes Feld. Und zu ihm gehört auch die
psychische Verfassung. Seelisch überanstregte, deprimierte, über-
ängstliche Menschen sind anfälliger und reagieren heftiger. Ein Lei-
stungsabfall, eine Störung der Funktionen können zu anomalen ana-
tomischen Veränderungen führen. Ja, seelische Fehlhaltungen können körperliche Krankheiten hervorrufen – und körperliches Geschehen, eine Infektion, eine Blut- oder Lebererkrankung kann sich seelisch auswirken.

Und dennoch ist leib-seelisches Geschehen nicht trennbar: nicht das eine primär, das andere sekundär in geradliniger Kausalität von Ursache und Wirkung – sie sind in Wechselbeziehung. „Was so als Einfluß bezeichnet wird", sagt Victor von Weizsäcker, „ist in der erlebnishaften Wirklichkeit selbst niemals wieder entweder psychisch oder physisch, sondern ab ovo beides"[35] Beobachtungen an Migräne-Kranken und an Asthmatikern durch Jores zeigen, daß der körperliche Aspekt überhaupt nicht vom seelischen zu isolieren ist und, daß niemals Wetter und Klima für sich, geschweige „Klima-Allergene" als „Ursache" gelten können, vielmehr die Erlebniswelt des Kranken berücksichtigt werden muß, in der Innen- und Außenwelt in engster Wechselwirkung stehen. So gehören Klima und Landschaft, in der der Mensch aufwächst, zum Umwelt-Feld des Menschen, das ihn im Seelischen und Leiblichen zeitlebens mitbestimmt. Vor allem in der vegetativen Beziehung bestimmen sich Organismus und Umwelt in einem unauflösbaren Verhältnis wechselseitiger Abgestimmtheit[36].

In diesem Sinne der Komplementarität von Psychischem und Physischem versteht sie auch der Arzt und Psychologe Alexander Mitscherlich als „zwei Phänomene, die man gar nicht auseinander hervorgehen lassen kann: wir können nur die Voraussetzungen, die Konditionen zu ermitteln versuchen, unter denen das eine Moment dem anderen die fortschreitende Verwirklichung gestattet"[37] Während der heutige Medizinstudent an der Universität teilweise noch immer zur Einäugigkeit erzogen, in seinem Lehrstoff die Erlebnissphäre grundsätzlich ausgeklammert, die Krankheiten vorwiegend auf Krankheitserreger, Ernährungsschäden und materielle Natureinflüsse zurückgeführt wird, verlangt Mitscherlich, die Verflechtungen eines Kranken mit seinem unmittelbaren und weiteren Umweltfeld für die Beurteilung der meist „funktionellen Leiden" zu erkunden; wobei es oft angezeigt sein mag, „dem Kranken zu einer emotionellen Korrektur, zu einer realitätsgerechten Erlebnisverarbeitung, zu einer Stärkung seiner Ich-Funktionen zu verhelfen. Nicht nur die individuelle Konstitution, nicht nur das individuelle Lebensschicksal mit seinen Szenerien, auf denen bekannte Personen als Akteure auftreten, sondern auch sozialpathologische Zustände nehmen Einflüsse auf das menschliche Verhalten und kommen in den Krankheitsbildern zum Ausdruck"[38]

Man beginnt heute zu verstehen, daß etwa Selbstmordhandlungen ebenso individuelle wie soziale Hintergründe haben und nicht nur als

Reaktion auf eine aktuelle Gegebenheit zu erklären sind, sondern als Endergebnis einer Persönlichkeitsentwicklung, die in der Kindheit maßgeblich eingeleitet wurde, aus seinem Zeit-Feld, ja – daß Psychisches niemals aus dem Individuum allein verstanden werden kann, sondern aus seiner Verflochtenheit und Bestimmung durch die horizontalen *und* die vertikalen Dimensionen, in denen der Selbstmörder steht.

Für die Öffentlichkeit noch sichtbarer zeichnet sich der Beginn des Wandels vom dualistisch-substantiell-begrenzenden Denken zum dimensionellen Felddenken hin auf einem Gebiet ab, auf dem bisher menschliche Scheu und die Gleichgültigkeit der Gesellschaft durch eine mittelalterliche extreme Ausgrenzung, Abwertung und Isolierung von sich fernzuhalten pflegen – die psychisch Kranken.

Noch bis 1793 hatte man sie im christlichen Abendland – im Gegensatz zur humanen medizinischen Versorgung in islamischen Ländern – wie Verbrecher in Ketten gelegt, weil man sie nach biblischem Aberglauben für vom Teufel besessen hielt. Noch jetzt sind sie einer Zwangsjackentherapie ausgeliefert, in der bis heute die aggressive Tendenz der kirchlichen Teufelsaustreibung nachwirkt. Und während noch 1970 in Süddeutschland eine neue Anstalt in strenger Isolation außerhalb menschlicher Siedlungen errichtet wurde, hat der Psychiater Helmut Koester[39] mit dem Bau seiner großen Klinik mitten im Wohnbezirk der rheinischen Großstadt Düren und mit seiner neuen Therapie ein Beispiel dafür gegeben, ,,daß eine moderne Psychiatrie nie Medizin des isolierten Menschen sein kann, sondern daß Diagnose, Behandlung und Rehabilitationsbemühungen beginnen und enden müssen im Netzwerk zwischenmenschlicher Beziehungen, in das der Patient verwoben ist".

Dieser neue und ungewöhnliche Gedanke wurde seitdem mancherorts verwirklicht, u.a. in Süddeutschland, in Wien und in Düsseldorf durch Caspar Kulenkampff in der ,,action robinson", daß ,,Behandlung und Wiedereingliederung" eines psychisch Kranken nicht ohne Bezug auf die Gesellschaft, ohne die gleichzeitige Einbindung des sozialen Feldes erfolgen kann. Dieses Prinzip der Feldheilung liegt auch dem Pariser Modell der ,,Psychiatrie de Secteur", der ,,Behandlung zu Hause" zugrunde[40]

In den Kliniken geht man einen doppelten Weg: indem man die Grenzen nach innen niederlegt und nach außen:

„Wir bemühen uns heute, was uns dank der modernen Psychopharmaka möglich ist, unsere Krankenhäuser nach innen zu öffnen, möglichst wenig Patienten noch auf geschlossenen Abteilungen unterzubringen, ihnen mehr als früher Verantwortung und Entfaltungsmöglichkeiten zu geben, ihnen beim Einüben sozialer Interaktionen behilflich zu sein, sie gegenseitige Toleranz und das Ausagieren und das Dulden von Ansprüchen erlernen zu lassen, an sie sinnvoll abgestufte Anforderungen zu stellen und ein Angebot ausfüllender, befriedigender, auf die heutige Arbeits- und Gesellschaftsstruktur abgestimmter Tätigkeiten zu vermitteln."

„Entscheidender aber als dieser Ansatz eines inneren Strukturwandels, ist, daß wir versuchen, unsere Krankenhäuser auch nach draußen zu öffnen, sie aus dem Ghetto-Dasein hinauszuführen, der Öffentlichkeit, dem Bürger das Leben im Krankenhaus nicht nur zu zeigen, sondern an die aktive Mitarbeit und partnerschaftliche Hilfe" von Laienhelfern, Pensionären, Alleinstehenden, aber auch berufstätigen Männern und Frauen, Studenten und Schülern zu appellieren, die man in den Umgang mit seelisch Gestörten einführt, zu regelmäßigen Teambesprechungen mit Ärzten und Pflegern zusammenholt, die sie auf Spaziergängen begleiten, mit ihnen spielen, lesen, basteln, diskutieren und Vertrauensbindungen zu ihnen knüpfen, die sich auch nach der Entlassung bewähren.

Beispiel eines Felddenkens, das mit jahrhundertealten Versäumnissen und Unmenschlichkeiten an diesen Stiefkindern der Heilkunst bricht und, statt durch isolierende, depersonalisierende Ausgrenzung, aus der Mitmenschlichkeit der Feldbeziehung zu heilen vermag.

Brückenschlag zwischen Geistes- und Naturwissenschaft

Was sich bislang oftmals bis in politische Auseinandersetzungen hinein etwa über Kernkraft und Gentechnologie zuspitzt, was in unverhohlenen Feindseligkeiten bei Lösungsversuchen von Überlebensfragen explodiert und ein abgründiges Auseinanderklaffen von Denkweisen und Wertorientierungen offenlegt, das hat seinen Ursprung in der tiefen Kluft zwischen Naturwissenschaften und Geisteswissenschaften. Einem gefährlich werdenden Dualismus, der – wie 1959 die weltweit widerhallende Anklage des britischen Kulturkritikers Brian

Percy Snow brandmarkte – die abendländische Kultur auf verhängnisvolle Weise in zwei fundamental verschiedene Kultur-Blöcke spalte, die miteinander keine Sprache der Verständigung und des Verstehens haben, sondern jeweils auf den anderen von hohem Sockel herabsehen und ihn und seine Methoden verachten.

In dieser offenbar unversöhnlichen Feindschaft setzt sich der antikgriechische Dualismus von Materie und Geist bis heute fort, der schon in seiner Heimat zu der Spaltung in „Physik" und „Sophia" geführt hatte. Ganz anders das christliche Mittelalter, das mit dem Apostel Paulus „die Weisheit der Welt für Torheit" erklärte, so daß die abendländische Scholastik in ihrer Verachtung der „niederen Dinge" alles Streben, alle Kräfte, allen Glanz an die Erkenntnis der „erhabensten Dinge" wandte, wie die Bibel, die Väter und höchsten Autoritäten sie bereithielten. Die Philosophie mit ihren Hilfstruppen im getreulichen Dienste der Theologie herrschte gleichwohl unumschränkt. Denn erste, kühne Pfadsucher und Pfadfinder der Natur als der Spuren des göttlichen Wirkens wurden von den geistlichen Wächtern peinlich verhört und zum Schweigen gebracht. Die von den Übersetzerakademien Toledos und Siziliens hereinflutenden Werke vielseitiger arabischer Naturforschung brachten eine erhebliche Verlagerung der extrem einseitigen Gewichtslage. Aber der tiefe Graben ließ sich trotz zeitweiliger Vermischung der Disziplinen nicht beheben. Mit dem krassen Zwiespalt, den Descartes nach renommiertem Muster durch die Realität legt, gräbt der Kartesianismus den Graben zwischen den Realwissenschaften, Geisteswissenschaften und Naturwissenschaften breiter denn je. Endgültig?

Und doch haben sich unterhalb der gewohnten scharfen Grenzziehungen, die sich in eine Aufspaltung in zwei autonome Teil-Kulturen ausgeweitet hatten, Verbindungen, Wechselbeziehungen, Gemeinsamkeiten angebahnt. Gemeinsamkeiten nicht nur der Forschungsobjekte, sondern auch der Betrachtungsweise, der Methoden. Die Aufhebung der Spezialisierung der verschiedenen Fachdisziplinen – wir sahen es bereits – hat in Verfolg neuer, umfassender Aufgabenstellungen auch eine Zusammenarbeit natur- und geisteswissenschaftlicher Fächer nötig gemacht. Grenzüberschreitungen etwa zwischen Physik und Chemie, Biologie und Psychologie und andere sind längst an der Tagesordnung. Die Psychologie rückt geradezu zu den meistgefragten Partnern auf, zumal sie selbst mit je einem Fuß – als verstehende und als experimentelle Psychologie und mit enger Beziehung zur Physiologie – als Platzhalterin in beiden Lagern steht und als Verbindungsglied, das es wie kaum eine andere mit dem lebenden Zusammenhang der Menschenseele und immer als Glied umfassender Zusammenhänge zu tun hat, zumal in dem Maß, indem die zukünftige Naturerkenntnis den Menschen miteinbezieht.

Ganzheit, Komplementarität, Einheit von Stoff und Feld, Doppelfunktion der Grenze, Doppelnatur des Sowohl-als-auch, Werde-Charakter und irreversible Prozeßhaftigkeit – beide Wissenschaftskontrahenten finden sich auf gemeinsamen Denkbahnen in einer für sie beide gültigen und welteröffnenden, neue Erkenntnis ermöglichenden, tiefere Einblicke in die Realität gewährenden Wirklichkeitssicht wieder. Gerade dieser Wandel im Denken und die mit ihnen verbundenen Lernprozesse lassen das wechselseitige Verstehen zwischen ihnen wachsen, wie die enthusiastische Nachfolge bewiesen hat, die dem Pionier Atomphysik von allen Seiten aus Natur- wie Geisteswissenschaft zuteil wurde. Hier auch weitet sich das Blickfeld der exakten, empirischen und erklärenden Disziplinen, die sich genötigt sehen, ihre eigenen Prinzipien unter den gewandelten Strukturen neu zu durchdenken; wobei sie mit dem Bereich der Metaphysik schon die Grenzüberschreitung zur Geisteswissenschaft unternehmen. Das aus dem ganzheitlichen sich aufbauende „systemische" Denken, das damit überall Einzug hält, tut ein weiteres zur Annäherung zwischen zwei künftig noch stärker aufeinander und auf Verständigung und Zusammenarbeit angewiesene Partner.

Indem die positivistische Naturwissenschaft des 19. Jahrhunderts die Begreifbarkeit der Welt absolut setzte, die Möglichkeit, sie bis in die letzten Winkel zu durchleuchten und zu erkennen, verabsolutierte und ihre Ergebnisse als das wahre Sein selbst ausgab, ließ sie einen blinden Wissenschaftsaberglauben ins Kraut schießen, zumal sie ihre unbestreitbaren Erfolge zu dem Glauben zu berechtigen schienen, daß die von ihr formulierten Naturgesetze objektiv wahre Erkenntnis darstellten und ermöglichten. Es bedurfte der schwererkämpften Einsicht der Atomphysik, daß gesichert geglaubte Naturgesetze und auch mathematisch exakt bewiesene Erkenntnis nicht unumstößliche und nicht objektive, nicht absolute Wahrheit erfassen. Die Wissenschaft kann bei atomaren Vorgängen nicht mehr vom Verhalten der Elementarteilchen „an sich" sprechen, sondern nur von dem Vorgang, der durch die Wechselwirkung des Teilchens mit der menschlichen Beobachtung hervorgerufen wird. Wie die Heisenbergsche „Unschärfetheorie" besagt, ist der Forscher, der Mensch selbst, dessen Meßapparatur unumgänglich eine grobe Störung verursacht, in den Erkenntnisvorgang miteinbezogen. Das bedeutet: Eine objektive Aussage über die Wirklichkeit, über die Natur „an sich", ist der Wissenschaft versagt. Sie ist nur aus dem lebendigen, in Wechselwirkung stehenden Zusammenhang von Ich und Welt, von Subjekt und Objekt zugänglich. Wir sind nicht nur Zuschauer, wie Nils Bohr sagte, sondern immer auch Mitspieler im Schauspiel des Lebens.

Die Natur gibt sich uns niemals in ihrem An-Sich-Sein im Ganzen. Das aber besagt: daß dem Erkannten eine Wirklichkeit zugrundeliegt, die uns niemals faßbar wird. In dieser Anerkenntnis der dem menschlichen Erkennen gezogenen Grenzen treffen nunmehr die Geisteswissenschaften, denen Kant und Goethe wie bereits vor tausend Jahren Eriugena und vor fünfhundert Jahren der Cusaner die Achtung vor dem „Unerforschlichen" eingepflanzt hatten, sich mit den Naturwissenschaften. Das „Wissen um das Nicht-Wissen", das der Cusaner seinem Hauptwerk „De docta ignorantia" als Titel gegeben hatte, schließt für den Europäer gerade die *Gewißheit* in sich, daß das *Unerkennbare* in aller Natur und in allem Erkennbaren enthalten ist.

„Das kosmische Erlebnis der Natur ist das stärkste und edelste Motiv naturwissenschaftlicher Forschung", bekennt ganz im Sinne Max Plancks Albert Einstein kurz vor seinem Tode, „es ist das tiefste und erhabenste Gefühl, dessen wir fähig sind. Aus ihm allein keimt wahre Wissenschaft. Wem dieses Gefühl fremd ist, wer sich nicht wundern und in Ehrfurcht verlieren kann, der ist bereits seelisch tot. Das Wissen darum, daß das Unerforschliche wirklich existiert und daß es sich als höchste Wahrheit und strahlendste Schönheit offenbart, von denen wir nur eine dumpfe Ahnung haben können – dieses Wissen und diese Ahnung sind der Kern aller wahren Religiosiät".[41]

Somit geben beide – Geisteswissenschaft und Naturwissenschaft – der Welt in Ehrfurcht vor ihrer unergründlichenTiefe ihre unendliche Unerschöpflichkeit zurück, die der Dualismus mit der wurzeltiefen Spaltung des Seins so gründlich aus der von ihr materialistisch verflachten Natur hinausgeleugnet hatte. Auch die Naturwissenschaft treibt das Religiöse nicht mehr aus, entzaubert und entleert aus einem keimenden unitarisch-ganzheitlichen Bewußtsein die Wirklichkeit nicht mehr, sondern läßt die tieferen Dimensionen ahnen, die sinn- und wer-teschaffend sind, und gibt damit den Weg frei für „das Bewußtsein der Tiefe in allem Weltsein" (Jaspers). Sie gesteht auch dem Menschen seine Tiefendimension zu, aus der die Freiheit seiner Entscheidungen und sein Verantwortungsgefühl stammen, die im technischen Zeital-ter zunehmend und mehr denn jemals gefordert sein werden.

Das „neue" Denken der Komplementarität und des Sowohl-als-auch

Der Mensch besitzt eine Doppelnatur, sagen uns die Psychologie, die Soziologie und Soziopsychologie. Eine „Doppelnatur", wie auch die Materie, wie auch das Licht eine Doppelnatur besitzt. Aber was sollen immer wieder solche Analogien zwischen unbelebten Objekten der Physik und der Welt des Lebendigen, selbst der Welt des Menschen? Wer solche Analogien aufstellt, ist sich bewußt: „Es handelt sich hier um Variationen des gleichen Themas auf verschiedenen Ebenen der Wirklichkeit: was in der Ebene der naturwissenschaftlichen Objekte in deren Form existiert, kehrt in der Sphäre der Idee als Entsprechung wieder"[42] weil das Bewußtsein, das Denken der Zukunft von ganz-heitlich-dimensioneller Struktur ist. Daß sich in allen Gebieten der Wissenschaft aber auch des praktischen Lebens Analogien zur Physik herstellen, bedeutet mehr, als daß Physik nun einmal Mode sei. Allent-halben beginnt ein Denken von einheitlicher Struktur sich durchzuset-zen auch ohne bestimmten Einfluß – spontan. Wie es schon früher un-vermittelt in Worten und Werken einzelner genialer Menschen überra-schend Neues, für ihre Zeit und Zeitgenosen Ungewohntes, ganz Un-erhörtes ans Tageslicht förderte: eines Nikolaus von Kues, Giordano Bruno, Jakob Böhme, Goethe.
Weshalb denn übt das Paradigma, das Denkmuster der Komplemen-tarität der Gegensätze, der Doppelnatur der Materie, aber auch des Menschen, der Doppelfunktion der Grenze, des Feldes eine derartige Anziehung aus, wenn nicht deshalb, weil es uns spontan, fast unreflek-tiert überzeugt, weil es auf einer der unseren entsprechenden Struktur unseres Bewußtseins beruht, die immer in uns da war, die nur überla-gert, zum Teil tief gestört war.

Was bedeutet es, wenn der Mensch nicht mehr als Abstraktion, nicht mehr nur als gedachte Größe definiert wird, isoliert, als Mensch an und für sich – den es ja nicht gibt? Wenn er heute aus der Abstraktion herausgeholt und aus seinem „Bezugssystem" verstanden wird, aus den „Feldern", in denen er steht?

Auch unser „Felddenken" und „Komplementaritätsdenken" kommen nicht von ungefähr. Sie sind uns ja nicht fremd!

Anders als der Asiate, etwa der Inder oder der Chinese, der – selbst wo es dem kommunistischen Staat gelungen ist, mit dem Zerschlagen des althergebrachten sozialen Gefüges sein ihm wesensmäßiges soziales Empfinden zu zersetzen – ganz und ausschließlich aus dem ozeanischen „Wirgefühl" des uralten umfassenden Sippenverbandes existiert, in dem er unterschiedlos, „ichlos" aufgeht[43] –

anders als der Christ, der herausgelöst aus den Kollektivs, aus Familie, Sippe, Polis, Gens in vollendeter Vereinzelung vor Gott steht in Ihm zugewandten Gottesgehorsam und Gottesliebe, der geheißen ist, „Vater und Mutter zu verlassen", um Ihm nachzufolgen, herausgerufen aus den natürlichen Bindungen und allein auf Gott gerichtet zu einem neuen Bund[44] –

anders als sie ist der Germane[45] *sowohl* ein Mensch der Sippe *als auch* selbstbewußtes, sich selbstbehauptendes Individuum. Er ist voll und ganz beides: er lebt als unlösliches Glied der Sippe in und aus ihrem „Frieden" in einer tiefinnerlichen und absoluten Bindung mit jedem anderen Glied dieser Einheit, als wären sie durch denselben Blutkreislauf verbunden, so daß, was dem einzelnen zustößt, sie alle trifft – während bei den Menschen der Bibel das Verhältnis unter Brüdern als die ständig von Spannung, Zwist, Eifersucht, Feindschaft, Haß bis zum Mord gefährdete Beziehung gezeichnet wird unter der Frage: „Soll ich meines Bruders Hüter sein?" – Darum ist die Sippenbildung zugleich unabdingbare Verpflichtung, weil jeder mit seinem Handeln für das Ganze einsteht, seine persönlich erworbene Ehre dem Ganzen hinzufügt, mit jeder Minderung das Ganze verbluten läßt.

Aber je intensiver einer ein *Sippenmensch* ist, eine umso stärkere *Persönlichkeit* wird er, um so größer sein Gewicht als *Individuum*. Als Individuum kann er sich nur groß entfalten, verfügt er nur über die Kraft, Kühnheit, Mut und Willensstärke und über seine moralischen Energien, sie zu bewähren und ein ganzer Mensch und „Mensch von großer Art" zu werden, *wenn* er mit allen Fasern fest in der Sippe verwurzelt ist. Noch der einsame Kämpfer, der auf sich allein stehende Held, sie sind hundertfach mit der Sippe verwachsen, durch sie in der Welttiefe gehalten, im Urgrund geborgen. Selbst der Tod löst sie nicht aus der Sippenbindung – während das Alte Testament den Toten aus der Beziehung zu Jahwe ausschließt und sein Grab als verunreinigend entsakralisierte und die mittelalterliche Kirche die Verstorbenen aus der Gemeinschaft der Gläubigen „aussegnete". Noch im Tod[46] bleibt hier der Tote aktives Glied seiner Sippe, ratgebend, mitplanend, mitentscheidend, so wie seine Verwandten ihn in ihr Leben, Denken und Handeln mit einbeziehen, in ihre Verantwortung aufnehmen, ihn mit ihrer erworbenen Ehre und ihrem Heil durchwärmen. Bei seinem Grabhügel als einer ihrer heiligsten Stätten suchen sie Rat, schließen sie Verträge, weihen sie ihre Waffen, holen sie sich Heil für ihre Ehe, für ein neues Amt und für große Unternehmungen. Der „Neiding" beweist als das genaue Gegenteil des Sippenmannes indirekt diese menschliche „Doppelnatur": Der aus seiner Sippe Ausgeschlossene, aller Bindung verlustig Gegangene und Vereinzelte ist kraftlos und schwach, friedlos und heillos, seines Mutes, seiner Willenskraft, jeder Freude beraubt, seine Pläne sind unfruchtbar, er versagt in seinen Kämpfen, in seinem Ethos und verfällt der Verzweiflung.

Und wiederum: Weshalb denn geht es allen wie eine Erleuchtung auf, daß Leib und Seele nicht zwei grundverschiedenartige, verschiedenwertige, voneinander getrennte Substanzen sind, aber auch nicht unterschiedslose Einheit, sondern zwei Aspekte, zwei Seiten eines Ganzen in fortwährender „Wechselwirkung" unerkennbarer Art? Warum verstört einen Teilhard de Chardin immer wieder das unselige Auseinanderklaffen von Geist und Materie – überall im Denken der Kirche und der Welt – was für ihn das Verhängnis schlechthin bedeutet? Und warum erfaßt ihn ein Jubel, „als ich, wie von einem inneren Druck befreit und erleichtert, bei meinen ersten, noch zögernden Schritten in einem sich ‚entwickelnden' Universum feststellte, daß der Dualismus, in dem man mich bis jetzt gehalten, sich wie ein Nebel vor der aufgehenden Sonne zerstreute. Materie und Geist: keineswegs zwei Dinge – sondern zwei Zustände, zwei Ansichten desselben kosmischen Stoffes – und im Grund durchaus dieselbe Sache". Oder: „In naturam rerum ist das eine untrennbar vom anderen; das eine nicht möglich ohne das andere."[47]

„Das eine nicht möglich ohne das andere" – sowohl als auch! So sehr ist dies „unsere", eine europäische Wahrheit, daß die Komplementarität von Zweien – die keineswegs mit den chinesischen miteinander rivalisierenden Gegensätzen von Yin und Yang[48] identisch oder vergleichbar sind, die einander im rhythmischen Zyklus *wechselweise ablösen* im Stile des „bald so – bald so" oder „einmal Yin – einmal Yang" – daß also die Komplementarität von Zweien uns zum Wahrheitskriterium[49] dienen kann: dagegen jede Einseitigkeit, jedes Übergewicht in den Relationen von Zweien uns verdächtig sein muß, jedes Entweder-Oder von Gegensätzen, zumal unterschiedlichen Ranges oder Wertes, uns mißtrauisch machen sollte – aber das Sowohl-als-auch von Zweien, ihre Wechselbedingung und gleichberechtigte Wechselbeziehung uns zufriedenstellen kann und uns ihr wahres Wesen aus der tieferen Einheit, der sie entsprangen, verstehen läßt. Grundzüge eines neuen Bewußtseins und – wie sich immer mehr zeigt – eines neuen Weltbildes.

Das „neue Denken" ist nicht neu – es ist unser ureigenes: und *das* ist neu. Wir brauchen es nur zu wecken und bewußt zu machen. Es wird auch unser zukünftiges Weltbild und unser Bild vom Menschen auf einer höheren Ebene bestimmen.

Die neue Weltsicht

Der dialektische Unitarismus

Zwar glaubte mit vielen anderen auch Hegel (1770-1831), in einer „Zeit der Geburt und des Übergangs zu einer neuen Periode" zu leben, die jäh einen qualitativen Sprung tut, so wie „beim Kinde nach langer stiller Ernährung der erste Atemzug jene Allmählichkeit des nur vermehrenden Fortgangs abbricht" und das eben Geborene der Welt übergibt.[50] Doch nach allem, was zwischen Hegel und uns sich begeben hat an Wandlungen und Umstürzen, weist in bestürzender Weise der übliche Trott jedes scheinbar alltäglichen Tages aus, daß wir uns über einem elementaren Einbruch bewegen, in dem stündlich eine Weltzeit abläuft und eine neue schon den Klöppel hebt. Mitten in einem Zeitenumbruch, zu dem die Wende der Hegelschen Epoche sich verhält wie ein Erdbeben zu einer geologischen Umschichtung. Die in Ebbe und Flut stetige Dünung der Geschichte ist über ihrem vulkanischen Grund zur mächtigen Sturmwelle angeschwollen, die innerlichst Fremdes zernagt, Verwesendes fortreißt und ein sich von innen heraus zerfallendes, zersetzendes Zeitalter in ihren Wogen zu begraben im Begriffe ist. Ein Umbruch, der im dialektischen Dreischritt aus der Auflösung des Bestehenden den Sprung zum Neuen ansetzt – ohne ins Leere zu springen.

Denn dies wird nicht ein vollständig neuer Anfang sein wie der erste Schöpfungstag. Nichts wird sein, was nicht keimhaft angelegt – ja, seit Anfang hier gewachsen war und mit harter Hand wie Unkraut ausgejätet wurde, wo immer es sich gegen die Diktatur des wesensmäßig intoleranten Dualismus hervorwagte. Doch kraft seiner eigenen, auf *Einheit angelegten Bewußtseinsstruktur* mußte Europa eines Tages den Spaltpilz des Dualismus, gegen den es sich so oft, so verzweifelt und so vergeblich zur Wehr gesetzt hatte, wie einen Fremdkörper wieder ausscheiden.

Hegel jedoch hatte dem seinsmäßigen Dualismus den kleinen Finger gegeben und mit seiner Vereinseitigung und Absolutsetzung des *Geistes* – entsprechend der inneren Logik aller dualistischen Strukturen – die Einseitigkeit der Absolutsetzung der *Materie* provoziert. Indem Marx sich brüstete, Hegel „vom Kopf auf die Füße zu stellen", setzten er und Engels Hegels These „Das Absolute ist der Geist" die Antithese entgegen: „Der Geist ist das Produkt der Materie – Der Geist ist nichts anderes als das im Menschenkopf umgesetzte und übersetzte Materielle – Es existieren nur materielle Gegebenheiten, die das Denken, Fühlen und Wollen, kurz: das Bewußtsein des Menschen bestimmen." Ein Extremismus, der den Zerfall des christlichen Zeitalters entscheidend mit auf dem Gewissen hat und Europa und die Welt an den Abgrund führte.

Um in dem Abgrund nicht unterzugehen, bedarf es einer schöpferischen *Synthesis*, welche die Verabsolutierung des Idealismus und des Materialismus „aufhebt" im Sinne der Hegelschen Dialektik des *Be-*

wahrens, Verneinens und *Emporhebens*. Wir nennen sie den *dialekti-schen Unitarismus*.[51]

Die Gesamtwirklichkeit ist mehrdimensional

Es ist nicht ein Sein hier, ein anderes über den Wolken. Es ist nur *ein* Sein, neben dem es kein anderes gibt, so daß alles, was ist, in ihm ist. Das ist uralter, seit Anaximander und Heraklit, Pelagius und Eriugena sich durch die Jahrtausende in allen größten Geistern unseres Kontinents erneuernder europäischer Glaube.

Es ist nur *ein* Sein, das nur durch sich ist und alles Seiende sein macht. Damit ist gesagt: Gott und das Sein sind dasselbe. Denn indem das Sein in ewigem Werdegang sich aus dem bloßen Nichts ins Etwas „entfaltet", dadurch daß es sich in Gestalten „be-grenzt" und damit *in* ihnen „an-west", anwesend ist, „ver-wirklicht" es sich – freilich auf eine andere Seinsweise! – im gesamten Universum, in jedem Atom, in jedem Regenwurm, in jedem Stern, in jedem Menschen. Nicht ein für allemal im Beginn aller Zeiten. Nein, ständig *werdend* legt in ihnen das Sein seine Einheit auseinander mit aller Mächtigkeit seiner drängenden Fülle in die Fülle der Mannigfaltigkeit des Seienden in unaufhörlichem Entstehen und im Wiedervergehen, mit dem es zu sich selbst zurückkehrt.

Wie wir wissen, ist die unserem Bewußtsein, die unserer Erfahrung sich gebende Raum-Zeit-Welt nur der durch unsere menschlichen Erkenntnisformen ermöglichte, aber eingeschränkte *Ausschnitt* der objektiven, realen Welt des Universums, in das unsere Wissenschaft sich seit Jahrhunderten vortastet ohne sie jemals ganz erhellen zu können. Doch weder ist – wie naive Weltsicht glaubt – „unsere", die *subjektive Wirklichkeit*, noch ihre Ergänzung durch die *objektive Wirklichkeit* des realen Universums *die ganze Wirklichkeit*. Die *Gesamtwirklichkeit* hat eine Seite, die über alle Erkenntnis – und wenn wir sie noch so weit vortrieben – *grundsätzlich hinausreicht*, sie überschreitet, d.h. „transzendiert", und nur unserem religiösen Erleben ahnbar wird. Die prinzipiell unerforschliche Wirklichkeit ist in der real seienden, erforschbaren dennoch mitenthalten, in ihr wirksam und wirkend – *sie* bilden *eine Einheit, eine unitas*. Wir finden uns in einer Gesamtwirklichkeit, die *mehrdimensional* ist.

Dieses ewig sich ins Seiende entfaltende, unaufhörlich werdende und sich wieder zurücknehmende, entwerdende Sein, das mit der ausgewickelten Mannigfaltigkeit des Seienden *wesensidentisch*, doch von *verschiedener Seinsweise* ist – dieses *Einssein von bedingter und unbedingter Wirklichkeit*, mit seiner Mehrdimensionalität und Transzendenz – es bedeutet nicht einen abstrakt-monistischen Pantheismus der „reinen Identität" (wie im Brahmanismus, im Eleatismus oder bei Spinoza), geschweige den nur in der Vorstellung christlicher Ankläger existierenden Pantheismus der „Allgötterei", für den die Natur angeblich selbst Gott sein soll; noch etwa den statisch-immanenten Pantheismus Krauses! Vielmehr: einen *dialektischen Unitarismus der unablässigen Bewegung des Seins in Begrenzung und Entgrenzung*, das im Herausgehen aus sich in seine Entfaltungsweisen in einer sich steigernden Wirklichkeitsfülle und Vieldimensionalität mit sich *wesensidentisch* und eins bleibt.

Begrenzung und Entgrenzung des Seins

Die Entfaltung des Seins erscheint unter einem vierfachen Aspekt:
1. *In allem Seienden begibt das Unendliche, Ewige* sich in die Welt des Gestalthaften, Begrenzten. Das besagt: Jedes Endliche bestimmt sich durch die Grenzen, die es aus dem Unendlichen herausschneiden, derart, daß es *innerhalb seiner Grenzen* selbst *unendlich* ist. Alles Zeitliche enthält so zugleich das Ewige, jedes Seiende enthält in sich ein „Mehr", als es selbst „ist". Jegliches in der bedingten Welt empfängt Sinn und Bedeutung von dem in ihm enthaltenen Unbedingten, von seiner *Teilhabe an dem in ihm anwesenden Ganzen, am Sein*.
Denn – wie schon gesagt – während, entsprechend dem unterschiedlichen Seinsverständnis von Dualismus und Unitarismus die *„Grenze" dualistischer* Art das Umgrenzte hermetisch gegen das Außen, ein wesenhaft Anderes, isoliert, es als autarke Substanz von ihm scharf scheidet und qualitativ unterscheidet, besondert die *„Grenze" in unitarischer* Sicht, indem sie das Unbegrenzte als Gestalt in Raum und Zeit umgrenzt, trennend *Gleichartiges*, ohne es vom Ganzen, Unendlichen isolierend abzugrenzen, das vielmehr als unendliche Dimension in ihm verbleibt, zugleich aber die *Gestalt feldartig überschreitet*.

Dem entspricht, während die *substantiell-gegenständliche Vorstellung* des Dualismus einen *Person-Gott* von einer radikal wesensverschiedenen Schöpfung oder „Atome und Moleküle wie Steine und Sandkörmer" (Heisenberg) von einem leeren Raum trennt, die *dimensionelle Vorstellung* des Unitarismus vom Göttlichen – einem ursprünglichen indogermanischen Neutrum pluralis „das god", oder Eckharts Wort von „Nichtgott, Nichtperson, Nichtgeist", als einer *allesdurchdringenden Dimension*, der „Tiefendimension", des „Göttlichen Bereichs" (milieu) bei Teilhard de Chardin, des Innerst-Wirklichen aller Wirklichkeit.

2. *Das Sein ist unaufhörliches Werden*, ist *Prozeß* immerwährender „Entfaltung", irreversibler, unumkehrbarer Entwicklung, „Begrenzung" und „Entgrenzung". Das besagt: Alles ist Wandel, Bewegung in der gerichteten Zeit, unendliche Dynamik. Unser „Welt", „world", werald, werold" bedeutet ursprünglich „Menschenzeit" und hat selber Zeit-, Prozeß-, Geschehenscharakter. An die Stelle einer statischen, fertigen Weltschöpfung und einer linearen, sich mechanisch fortsetzenden Kette von Ursache und Wirkung treten hier *allseitige Verflochtenheit, Wechselwirkung* von allem mit allem.

3. *In allem Seienden faltet das urschöpferische Sein sich aus* in die Welt *des unendlich Verschiedenen*. Das besagt: Es gibt schlechterdings *nichts Gleiches*, nicht zwei Schneekristalle, nicht zwei Fingerabdrücke, nicht zwei Prozesse oder Konstellationen, die übereinstimmen. „Die individualisierenden Prinzipien (können) in keinem Individuum in derselben harmonischen Proportion wie in anderen zusammentreffen", so der Cusaner.[52] Gott wiederholt sich nicht in seinen Werken. Die *absolute Ungleichheit* alles Wirklichen ist Geburtshelfer des unendlichen Reichtums des *Einzigartigen, Unwiederholbaren, Individuellen*. Sie ist zugleich „die Quelle der unausschöpflichen Energie, die alles Geschehen im Universum vorantreibt", so Theodor Soucek,[53] „den Fluß ununterbrochener Veränderung im Werden *unaufhaltsamer Entwicklungen* zum Fortgang zwingt":

4. In allem Werden liefert das Sein sich aus an die Welt der *sich wechselseitig bedingenden und miteinander ringenden Gegensätze* – im Unterschied zur dualistischen *Spaltung in ihr einander ausschließendes Entweder-Oder* bis zur gegenseitigen Vernichtung. Das besagt: Als unaufhörliche Ausfaltung des Seins, in dem alle Gegensätze eins sind, ist die Welt von Gegensätzen durchzogen. Hier braucht jeder Gegen-

satz sein Gegenteil, um zu sein, wie es Licht nicht gäbe ohne Finsternis, wie Gutes nicht sein könnte, wenn die Möglichkeit, Böses zu tun, nicht wäre. Die Gegensätze müssen ständig kämpfen, auf daß keiner ins Übermaß wachse und sich selbst zerstöre, wie Paracelsus lehrte. Und wenn sie sich auf höhrerer Ebene verbünden, so nur, um neuen Gegensatz zu zeugen. Beide sind notwendig füreinander und haben ihr Recht und ihren Sinn für das Ganze, für unablässiges Werden, für Mutation, Selektion, Evolution als zielstrebige Dialektik zu immer neuer Schöpfung und Steigerung zu höheren Formen des Lebens. Beide sind notwendig für den Menschen, auf daß er nicht in satter Ruhe einschlafe, notwendig für Reifung und Verwesentlichung.

5. *Woraus alles Seiende entsteht, dahinein vergeht es wieder*, während es in seinem Sein, in seinem göttlichen Wesen erhalten bleibt und nur in seinen Zuständen sich wandelt. In der „großen Bewegung des Seins" (Teilhard de Chardin), das sich der Begrenzung, der Zeitlichkeit, dem Werden und dem Vergehen ausliefert, kehrt es im Tod mit uns in sich selbst zurück. Alles wandelt sich in den Ursprung zurück, aus dem es hervorgegangen ist: ins Sein, ins Ewige, in die grenzen-lose Freiheit und Offenheit des Göttlichen.[54]

Diese Bewegung verläuft nicht etwa zyklisch als sich wiederholender Kreislauf von Wiedergeburten, Wiedereinkörperungen, Seelenwanderungen noch als die oft und zu unrecht berufene „ewige Wiederkehr des Gleichen" – dieser tragisch-trotzige Jubelruf Nietzsches, den er als schützende Maske vor seine Verzweiflung über seinen fortschreitenden Verfall hielt.[55]

Anfang, Mitte und Ziel der „großen Bewegung des Seins", die jedes Leben ausmachen, ist das Göttliche, mit dem das Wesen des Menschen in sein ewiges Wesen kommt, in die offene Freiheit *und* Geborgenheit des göttlichen Seins.[56]

Das neue Menschenbild

Hochverantwortlicher Mitschöpfer Gottes

Wie das gesamte Universum explicatio, Entfaltung des Seins, Gestaltwerdung, Ver-wirklichung des Unbedingten ist, so auch der Mensch,
als eine vorläufig höchste, gewiß nicht endgültige Stufe der Evolution.
Wie auf allen Ebenen der gestalteten Wirklichkeit, so verwirklicht sich
das freie Urschöpferische auch im Menschen in allen seinen leib-see-
lisch-geistigen Kräften, seinem Fühlen, Wollen und Denken. Im
menschlichen Bewußtsein kommt es zu sich. Durch seinen Willen und
alle schöpferischen Energien wie durch all seine Entscheidungen und
Taten hindurch wirkt es in die Welt hinein. Als das Urschöpferische
verlängert es sich durch uns, durch unsere Hände und Hirne in immer
neuen Wirklichkeiten. Im Handeln, so schon Fichte, „handelt nicht
der Mensch, sondern Gott selbst in seinem ursprünglichen Sein ist es,
der in ihm handelt"[57] Oder hören wir die religiöse Stimme unseres
Jahrhunderts, Pierre Teilhards de Chardin:

> „Im Handeln schließe ich mich der Schöpferkraft Gottes an;
> ich falle mit ihr zusammen; ich werde nicht bloß ihr Instrument
> sondern ihre lebendige Verlängerung"[58]

Und darum bedarf das Sein des Menschen. Denn nicht der Mensch hat
sich – wie das Alte Testament, das Christentum und die gnostischen
Strömungen ihr Menschenbild deuten – schuldhaft von Gott abgeson-
dert. Sondern umgekehrt: Das göttliche Sein hat den Menschen ins
Dasein entlassen, weil es seiner zu seinem Selbstoffenbaren bedarf[59]
Ebenso wie es sich in unendlichem Werdegang durch den gesamten
Kosmos in allem Einzelnen verwirklicht und wirkt und so Sein und
Seiendes, Gott und Welt einander bedingen und „brauchen", so auch
Gott und Mensch. Das Urschöpferische und die menschlichen schöp-
ferischen Kräfte bedürfen eines des anderen, auf daß es im mensch-
lichen Selbstbewußtsein sich als *Freiheit* setze, in der der Mensch die
Fesseln der Kausalität und des Instinkts hinter sich läßt. Sie brauchen
einander, damit der Mensch die sittliche, die geistige Welt allererst
schaffe, die künstlerische, die wissenschaftliche, die technische – die
alle es ohne den Menschen ja nicht gäbe – und damit die *Weltwerdung
Gottes* fortführe als *hochverantwortlicher Mitschöpfer Gottes*.

Aber ist der Mensch denn innerlich frei? Sind sein Denken, sein Empfinden, sein Wollen nicht von vielfältigen inneren und äußeren Faktoren determiniert? Ohne der dualistischen Neigung zu verfallen, sich im Entweder-Oder einseitig auf die Seite der Freiheit oder die des passiven Bestimmtwerdens zu schlagen, löst der dialektische Unitarismus das Dilemma zwischen Fremdbestimmung und Selbstbestimmung, nicht indem sie sich gegenseitig verneinen, sondern sich im bejahenden Sowohl-als-auch auf einer anderen Ebene bewahrend „aufheben": Er setzt an die Stelle des gemäß Paulus, Augustin und Luther infolge der Erbsünde unfreien, prädestinierten Menschen mit dem – wie der Reformator erklärt – „geknechteten Willen" einerseits und an die Stelle des von materiellen, ökonomischen und gesellschaftlichen Umweltfaktoren gemäß Karl Marx, bzw. nach Freud von angeborenen Triebmechanismen determinierten andererseits das Bild des Menschen, der Teilhaber ist des in ihm anwesenden Unbedingten – wie sich die Ketzer aus europäischem Selbstverständnis sahen und daraus ihre hohen sittlichen Anforderungen an sich selbst entnahmen. Das bedeutet hier: Der sowohl durch seine Abstammung und Anlagen als auch durch seine Umwelt und deren Einflußnahme durch Erziehung, Gemeinschaft und Geschichte *Bedingte* hat zugleich teil am *Unbedingten* – d.h. dem *Durch-Nichts-Bedingten, unendlich Freien*.

Seine Freiheit freilich besteht nicht darin, daß er alle Anlagen, Antriebe und Motive, alles ihn aus Umgebung, Geschichte und Situation Bestimmende und Motivierende außer Kraft setzte – sondern darin, daß *er sie gestaltet*, indem er sie *zum Material seines eigenen Vollzuges* macht. Denn in jedem Bestimmtwerden ist ja *er selbst* es, der fühlt, denkt, sich verhält, der will. Es ist die *Freiheit des freien, unbedingten Seins*, die *in den Menschen hineinreicht als Selbsttätigkeit, als Selbstgesetzgebung*. Durch sie macht er das ihn Motivierende zum Gegenstand seiner eigenen Entscheidung. Es ist seine Vernunft selber, sein Wille selber, die sich als wesenhafte Freiheit – und d.h. als dem Unbedingten, Göttlichen zugehörig – erkennen. Im Menschen begegnen sich so Freiheit und Gebundenheit. Er ist nicht nur das eine *oder* das andere: nicht nur Freiheit oder nur Gebundenheit! wie jeder Dualismus und sein übermütiger Bruder, der Monismus, wie jede einseitige Rassen- bzw. Umwelttheorie, speziell der amerikanische Behaviorismus wollen – sondern sowohl *Gestalteter als Gestalter, sowohl Kreatur als Kreator*. Er ist das einzige Wesen, das in sich selbst das Bedingte mit dem Unbedingten, die Notwendigkeit mit der Freiheit verknüpft. Ja, unsere Freiheit ist derjenige Ort, an dem die göttliche Dimension offen zutage liegt. Sie erlaubt, das Unbedingte in unserem Bedingtsein, d.h. das Göttliche in uns selbst zu finden, anstatt es außerhalb der Welt zu suchen. Und weil der Mensch aus seinem Einssein mit dem Unbedingten seine Freiheit empfängt, ist er als einziges Wesen *der Verantwortung fähig. Freiheit aufgrund dieses Einsseins ist das Wesen des Menschen, Verantwortung „für" das Göttliche ist Bestimmung und Sinn seiner Existenz.*

Verantwortung „vor" Gott heißt „*sich* verantworten", d.h. Rechenschaft ablegen. *Verantwortung „für" Gott* stammt aus der Gewißheit des Einsseins, aus einer *„Schicksalseinheit" mit dem Göttlichen* und aus der Verpflichtung des Menschen, mit dem eigenen Leben und Handeln für das „Schicksal" des Göttlichen einzustehen und sein Weltwerden fortzusetzen. Tiefere Verantworung gibt es nicht.

Selbstwerdung und Selbstüberschreitung

Die Verantwortung des Menschen für Gott beginnt bei ihm, dem Menschen, selbst. Als Mitwirker des Göttlichen und als dessen Entfaltung trägt er Verantwortung, so vollständig wie möglich er selbst zu werden, alle Gaben und in ihn gelegten Kräfte zu erschließen, beständig an sich selbst zu arbeiten und im Widerstreit der Lebensgegensätze sich zu bewähren, zu reifen und dennoch nie fertig und immer auf dem Weg zu sein und bereit für Wagnis und Einsatz. Wachsen aber kann nur, wer sich selbst übersteigt, die Schale seines Ichs überschreitet, die entgrenzt auch auf die eigene Tiefe, auf sein Unbedingtes hin. Nicht indem er sich in östlicher Versenkung im bewußtlosen Ozean verliert – sondern umgekehrt: indem er das Sein als Kraft in sich erschließt, die ihn trägt und befähigt, sich als ein wesentlicher Mensch in einem wesentlichen Leben zu verwirklichen. Weil das Unbedingte mit uns wächst, ist es an uns, ständig uns selbst zu überholen und über uns hinauszuwachsen, um uns, beim Kinderwickeln oder am Operationstisch, an der Schreibmaschine, in der Flugzeugkanzel oder am Reißbrett als hochverantwortlicher Mitwirker des Ewigen, Göttlichen in der Welt zu erfüllen und zu verwirklichen. Nur der ist wahrhaft frei, der auch den Lebenswidersprüchen, Konflikten und Widerständen des

Daseins, dem Schmerz und der existentiellen Not nicht ausweicht, sondern wagt, sie anzunehmen und ihnen standzuhalten, und die Kraft – die im Annehmen, das sich dem Weltgrund vertraut, und im Standhalten sich kräftigende Kraft – erwirbt, und der so mit jedem Überwinden das Göttliche in sich größer werden läßt.

Selbstwerdung des Menschen aber ist Voraussetzung für die Bewährung seiner größeren Verantwortung.

Verantwortung für den Mitmenschen

Verantwortung „für das Göttliche" bedeutet 2. Verantwortung für den Mitmenschen, nicht nur für den Nächsten, nicht nur für den Glaubensbruder, auch nicht nur für den „Fernsten" einer unverbindlichen und nur in der Theorie anvisierten Menschheit.

Wenn wir uns dessen bewußt sind, was im 9. Jahrhundert der Schotte Eriugena in Paris lehrte, daß alle Dinge und Wesen des Universums in Gott gründen und „Gott sich in ihnen auf wunderbare und unaussprechbare Weise als der Unbegreifliche begreiflich macht", – wenn wir dem zustimmen, daß, wie vor 600 Jahren der „Frankfurter" im Deutschherrenhaus zu Sachsenhausen in sein kleines Buch „Vom vollkommenen Leben" schrieb, daß „Gott alles Seienden Sein" und „alles in Einem und Eines in allem ist", – wenn wir mit dem vor 550 Jahren zu höchsten kirchlichen Würden aufgestiegenen Philosophen von der Mosel, Nikolaus Cusanus, fragen können: „Was ist demnach die Welt anderes als die Erscheinung des unsichtbaren Gottes? Was ist Gott anderes als die Unsichtbarkeit des Sichtbaren? – doch eben das Eine, das in allem Berührbaren berührt wird", – kurz: Wenn wir uns der Einheit alles Seienden mit dem in uns anwesenden Seinsgrund gewiß sind, so müssen wir zugeben, daß die göttliche Tiefe unserer Seele dieselbe göttliche Tiefe jedes Ortes der Welt, jedes Wesens und Lebens ist. Denn jedes Zeitliche ist eine Gestaltwerdung des Ewigen.

Wer seiner eigenen Teilhabe am Göttlichen gewiß ist, erkennt es in allem Lebendigen und erfährt seine verbindliche und verpflichtende Macht. Verantwortlich für das Göttliche heißt darum zugleich, verantwortlich für jedes Lebewesen und verantwortlich für jeden Menschen. Als Gestaltwerdung des Göttlichen begegnen wir ihm in jedem Du, berühren wir es in jedem Menschen, gleichviel welcher Rasse,

Klasse, Religion, Partei er angehört, berührt es uns durch jedes Wesen. Wer sich dessen bewußt ist, kann gar nicht anders, als sich über das eigene Ich hinausweiten und jedem Menschen entgegengehen, offen in Güte, Hilfs- und Schutzbereitschaft, Verstehen und Toleranz. Diese Grundeinstellung zum anderen Menschen unterscheidet sich schon im Ansatz tief selbst von solchen, die eine positive Zuwendung zum anderen fordern wie Nächstenliebe, Solidarität, Bruderschaft oder Brüderlichkeit. Um wieviel krasser aber von dem Marxschen Menschenbild des Neides, der Habgier, des Egoismus – den schon sein Vater geißelte als „allesbeherrschenden Flecken auf Deinem Charakter" – und von der eiskalten Menschenverachtung, mit der er in seinem Briefwechsel mit Engels[60] durch 38 Jahre seine kommunistischen Wegbegleiter und die Genossen Arbeiter, die er öffentlich mit „Liebessabbeleien", mit „Phrasen ditto truth, morality, justice" und geschickt „placierten Gefühlsduseleien von heiligen Zielen und Errettung der Menschheit" zu ködern gezwungen sei, gnadenlos als „Gesindel", „bornierte Hunde", „Bande", „Spitzbuben", „komplette Esel", „Lumpenhunde", „Canaillen", „Saumenschen", „dies Vieh" u.s.w. verhöhnte. „Kunststücke" Marxscher „Humanität", über die die beiden Freunde sich ins Fäustchen lachten und die beleuchten, was von Feststellungen zu halten ist wie: „Marx hatte ein brennendes Verlangen, den Unterdrückten zu helfen", wie Karl Popper erklärte, ja – „daß er die Blüte der westlichen Humanität darstellt", wie Erich Fromm schreibt,[61] „voller Sorge um den Menschen und seine Zukunft."

Ganz anders wiederum das Menschenbild Siegmund Freuds, der im Mitmenschen die unabweisliche „Versuchung" erblickt, ihm zu schaden, ihn zu quälen, ihn zu töten. Oder Alexander Mitscherlich, der feststellt: „Es gibt offensichtlich keine natürlich angeborene Rücksichtnahme aus Menschlichkeit. Der Unterlegene wird zur ungehemmten Mordgier."[62]

Bruderschaft – nach welchem Bild versteht sich hier das Bild von Mensch zum Menschen? Unter Brüdern, Kindern derselben Eltern, gibt es neben herzlichem Zugetansein auch viel Streit, viel Zank, oft auch viel Fremdheit. Die Geschichte des klassischen Bruderpaares der Bibel Kain und Abel aber ist eine Geschichte von Feindschaft und Haß, die in Gewalttat, in Mord endet: Symbol des feindseligen Dualismus und seiner Tendenz zum tödlichen Entweder-Oder, das in der starren Einseitigkeit des Monismus vereist.

Die Geschichte lehrt, der „Brüderlichkeit", zumal seit ihrer Inflation durch politischen Mißbrauch und Zynismus der „brüderlichen Hilfe" zur Tarnung brutaler Vergewaltigung von Völkern, zu mißtrauen. Ebenso in solchem Zusammenhang dem Sprechen von Liebe. Wieviel Heuchelei wird mit diesem Wort gezüchtet. Wer will von sich sagen können, daß er im strengen Sinne des Wortes diese und jene konkreten Menschen hier und dort „liebt", wenn er den Gehalt des Wortes nicht ausdünnen oder verschleudern will? Das „Liebe deinen Nächsten wie dich selbst" hat nicht ausgereicht, den Nächsten als Menschen anzuerkennen und als Menschen zu behandeln, wenn er nicht an denselben Gott glaubte. Die durch Jesus und durch den Anteil am „Leib Christi", d.h. der Kirche, gegründete „Brüderlichkeit" hat ihre Grenzen sehr scharf gezogen und im Verlauf der abendländischen Geschichte stets dort geendet, wo der Mitmensch „nicht gehorsam ist seinem Evangelium", weshalb die „Ehre Gottes" Unmenschlichkeiten gebot bis zur tödlichen Mißachtung menschlichen Lebens hundert- und tausendfach.

Verantwortung aufgrund der „Menschwerdung" des Göttlichen in jedem Menschen greift tiefer als „den Nächsten lieben wie sich selbst". Sie beruht auf einem Einsgefühl, das tief unterhalb von Sympathie oder Antipathie angesiedelt ist und durch sie gar nicht berührt wird. Darum liegt für uns, „ohne daß Wille und Reflexion als Stoßkissen dazwischen lägen", in jedem Menschen ein Anrecht, ein Anspruch, der uns aus jedem Schrei eines Verletzten, Getretenen, Hilflosen ruft, der uns durch jede Not fordert.

Gibt es eine tiefere Grundlegung der Mitmenschlichkeit, gibt es eine zwingendere Veranlassung, in dem Menschen neben uns die „Würde" einer „Entfaltung" des Göttlichen anzuerkennen, ihn nicht als Mittel zum Zweck zu gebrauchen, sondern stets als Selbstzweck zu achten, ihn niemals als Objekt der Unterdrückung, Ausbeutung, des Nutzens, der Beeinflussung oder wie immer gearteten Verdinglichung einer verwalteten, verobjektivierenden Welt zu „benutzen", sondern ihn überall als Subjekt der Selbstbestimmung von eigenem und gleichem Recht und eigener und gleicher Freiheit zu wollen?

Fangen wir damit an, den Menschen, der vor uns steht, mit neuen Augen zu sehen, indem wir uns ihm öffnen, über uns hinaussteigen, ihn ernst nehmen, uns in ihn hineinversetzen, um ihn zu verstehen. Nehmen wir auch den Andersdenkenden und Andersglaubenden in seinem Anders- und Sosein an, gestehen ihm die Freiheit zu, seinen eigenen Weg der Selbstverwirklichung zu wählen und zu vertreten, indem wir die Schranken von Religionen, Parteien und Rassen durchbrechen. Kehren wir hier gegenüber dem Andersdenkenden wie auch im Verhältnis zum Feind zu jenem frühen, grenzüberschreitenden Felddenken des germanischen drengskapr-Geistes zurück, der im schärfsten Gegensatz zu dem schneidenden Todfeind-Denken, wie es dualistische Weltanschauungen hervorgebracht haben und Marx, Lenin und Schaff es mit Haßgefühlen auf die Spitze treiben, dem anständigen Gegner frei von persönlicher Feindseligkeit oder gar selbst im Eifer der Auseinandersetzung dem ritterlichen fair play und der Treue zu sich selbst verpflichtet.

Rufen wir jenen zu, die sich in aggressiv-brutalem Extremismus und allen unversöhnlichen Einseitigkeiten verhärten, sich freizumachen von der dualistischen Geisteshaltung des Entweder-Oder mit ihrer wesensmäßigen Intoleranz, mit der Versteinerung ihrer apodiktischen ideologischen Verdammungsurteile, mit ihrer Neigung zu Totalitarismus, Fanatismus und Terror aus dem Hinterhalt, der sich wie Bankräuber hinter Vermummung und Maskierung feige versteckt mit dem bösen Mut, der aus der Feigheit der Anonymität quillt, den wehrlosen Feind zu töten, ohne für seine Untaten haftbar gemacht werden zu können, und ohne die Absicht, für sie einzustehen.

Diese chaotischen Ausuferungen illustrieren nur noch eindringlicher die Notwendigkeit eines grundsätzlichen Bewußtseinswandels, den abseits solcher Entartungen freilich schon viele vollziehen, auch aus der jungen Generation – einen Wandel zur Geisteshaltung des Sowohl-als-auch, in der Mitmenschlichkeit sich zu bewähren hat in der Aufgeschlossenheit für den anderen unabhängig von seiner Zugehörigkeit zu anderen Gruppen, in der Achtung seines Selbst- und Soseins, in der Verteidigung der Freiheit seiner Meinung, auch wenn sie nicht die unsere ist und in einer allumfassenden Toleranz gegenüber Andersgläubigen, Andersdenkenden – die nur etwas nicht duldet: Intoleranz.

Verantwortliche Gestaltung der Welt

In höchstem Maße ist der Mensch, als eine Verwirklichung des Göttlichen, das durch ihn in die Welt wirkt und sein Weltwerden fortsetzt, verantwortlich für die Gestaltung der Welt. Dies ist des Menschen Begründung und Bevollmächtigung: stellvertretend zu leben, zu wirken als „Mitschöpfer" des Urschöpferischen, seine Gaben und alle Kräfte für das Ganze einzusetzen und mit ihnen in die „Schöpfung" einzugreifen, sie in immerwährendem Werden fortzuentwickeln und Stillstand, Erstarrung, Rückfall ebenso wie jeden Mißbrauch zu verhindern, als Garant des Lebens, des Aufstiegs, der Dauer.

Zweierlei mußte im Menschen zusammentreffen, daß er sich über die Stufe des Tierischen hinaushob: seine Langlebigkeit und langdauernde Reife weit über die Zeit geschlechtlicher Aktivität und Pflege der Nachkommen hinaus *und* die Fähigkeit, Informationen zu erwerben und in den Erbanlagen zu bewahren, ja die Fähigkeit, Wissen nicht nur an die Nachkommen sondern weltweit zu übertragen. Meinen diese spezifisch menschlichen Anlagen nicht auch die Sorge für Kontinuität, tätige Verantwortung für ein den engsten Kreis Übersteigendes, für die Gemeinschaft?

Denn dies ist seine sittliche Aufgabe: für Menschenwürde und Vernunft, Ordnung und Gesetz zu sorgen, durch persönlichen Einsatz für menschenwürdige Existenz und für die sozialen Ordnungsformen der Familie, der Gesellschaft, des Volkes und Staates, der Menschheit einzustehen, anstatt sich durch Abladen von Verantwortung auf „die Verantwortlichen" prinzipiell von jeder Verantwortung zu befreien, an der Entwicklung der Welt, ihrer geistigen und sittlichen Evolution zu arbeiten und mit jedem Tun – mit jedem Tellerspülen, wie mit jeder großen schöpferischen Leistung, mit der Fließbandmontage wie mit der Krebsoperation oder dem Einschlagen eines Nagels – Göttliches in der Welt zu verwirklichen.

Arbeit versteht sich hier nicht als Mühsal und Plage „im Schweiße des Angesichts" zur Strafe für die aus dem Paradies Vertriebenen und als lebenslanger Fluch Jahwes zum Sühnen der Sünder.

Arbeit ist hier Mitwirken mit dem Göttlichen und Verwirklichen des Göttlichen in der Welt mit jedem Bauen und Bodenputzen. Jede Anstrengung, die dem Menschen dient, jede Tätigkeit, die das Ewige im Zeitlichen verwirklicht, ist Fortsetzung der Schöpfung, die des Künstlers wie die des Wissenschaftlers, die des Bauern wie die des Arztes oder Technikers.

Solange Menschen als Menschen leben, verwandeln menschliche Hirne die Natur. Denn in und von ihr, wie er sie vorfindet, kann der Mensch nicht leben. Jeder Speer, mit dem er ein Tier erlegte, jedes Werkzeug, jeder Webrahmen, jedes Tuch, jedes Fell, mit dem er seinen Körper bedeckte, den Fuß schützte, sie waren technische Veränderung der Natur, Hilfe für den Menschen. Der erfindende Techniker wird mit der Zeit immer sichtbarer zum Prototyp des hochverantwortlichen Mitschöpfers Gottes, durch den hindurch die göttliche Schöpferkraft ausgreift, indem er latente, gefesselte Gestalten aus dem Verborgenen in die Freiheit der wirklichen Existenz entbindet und mit ihnen die Welt des Menschen bereichert und erleichtert.

Hat der Techniker mit dem Künstler die schöpferische Findung neuer, formender und umgestaltender Wirklichkeit gemein und verbindet ihn mit dem Wissenschaftler die strenge, verpflichtende Bindung an das Reich der Naturgesetze und die hingebungsvolle Askese des Forschenden, so teilt er mit dem Arzt darüber hinaus die Zweckerfülltheit seines Tuns in der Hilfe für den Menschen und die Aufforderung an äußere Gewissenhaftigkeit gegenüber dem Werk, an dem das geringste Versagen, der kleinste Fehler für den Menschen Tod bedeuten können.

Er trägt etwas von allen in sich und geht noch über sie hinaus. Durch die Anwendung von Naturgesetzen auf Zwecke erzeugt der Techniker, indem er Materie bearbeitet und zusammenfügt, neue Gebilde von eigener Form und eigener Gesetzmäßigkeit, ersonnen, um den Menschen zu helfen, ihre Lebensbedingungen zu verbessern, Menschen zu verbinden und an ihrer Freiheit zu arbeiten – Gebilde, die die Natur nicht enthielt und nie allein aus sich hervorbringen wird – wie schon Nikolaus Cusanus das technische Tun des Löffelschnitzers beschrieb – etwas, was in ihren Elementen nicht enthalten war, aber die Wirklichkeit fast täglich mit neuen Qualitäten bereichert und mit eigengesetzlicher, die Oberfläche der Erde verwandelnder, dem Mitmenschen dienender, befreiender, „erlösender Macht".

Das gilt für die Erfindungen neuer Energieerzeugung wie neuer Materie, das gilt für die Erfindung des Rades wie der Röntgenstrahlen und des Radioteleskops – und für den Erfinder wie für jeden Fertiger, Mitarbeiter. „Wir begegnen", schreibt der Philosoph Friedrich Dessauer, selbst Ingenieur und Industrieller, „dem Schöpfer, der sich des menschlichen Geistes bedient, um sein Werk weiterzubauen. Der technische Mensch setzt potentielles Sein vorgegebener Gestalten in aktuelle Wirklichkeit um. Hier stehen wir vor dem transzendenten Wesen der Technik. Dieses Mysterium ist Schöpfergeist, durch menschliches Denken und menschliche Hände in Formen geprägt – dargebotene Menschenhilfe."[63]

„Die Schöpfung geht weiter", jubelt unverhohlen das tiefe Glücks- und Selbstbewußtsein des Menschen, am Schöpfungswerk beteiligt zu sein: „Und wahrhaftig sind auch die Siege über Raum und Zeit, das Sprechen und Sehen über Weltteile, die Eroberung der Luft, das Eindringen in die Sternenwelt, die Verwandlung der Elemente, die Besiegung der Krankheiten durch machterfüllte Zweckformen, also technische Gestalten, Bereicherungen der Schöpfungswelt. Sie sind so wirklich wie die Gegenstände der Natur. Aber sie sind ja geistig, final geordnet, dem Dienst am Mitmenschen gewidmet und dadurch erhöht. Von dieser Anteilnahme am fortfahrenden Schöpfungswerk geht eine Weihe aus für den technischen Beruf. Selbst der letzte Diener der Technik kann hiervon die Würde seines Berufes empfangen, wenn er erkennt, an welcher Mission er beteiligt ist."[64] Das Wissen um die „Mission", tätig an der Fortsetzung des göttlichen Schöpfungswerks mitzuwirken, an der alle Menschen an ihrem Platz und nach ihren Kräften beteiligt sind, ist jedoch kein Grund zur Hybris, sondern zu erhöhter, zu höchster Verpflichtung, in Verantwortung Tag für Tag hier und jetzt im Dienst am Ganzen für Förderung und Bestand des Lebens mitzuarbeiten.

Es sind aber gerade die Technik und die hochtechnisierte Welt, die einen Bewußtseinswandel sichtbar machen, indem sie höchste Verantwortung herausfordern und aktivieren und den Menschen in ständig neue Verantwortungssituationen rufen – jeden einzelnen, der hervorbringend oder benutzend mit Technik umgeht; worüber noch zu sprechen sein wird. Einen Bewußtseinswandel zu einer *Vertiefung und Ausweitung der moralischen Dimension unserer Existenz.*

Wir sagten: Das Sein und das Seiende – religiös gesprochen – Gott und Mensch bedingen einander wechselseitig: Gott bedarf des Menschen, seines verantwortlichen Mitwirkens dank seiner Freiheit, durch das er seine Schöpfung fortsetzt – und der Mensch bedarf Gottes. Denn in Verantwortung leben ist nicht alles. Es fehlt der „Grund", im doppel-

ten Sinne, *aller echten Freiheit und aller Verantwortung, aller Selbstüberschreitung* und damit auch die Vorbedingung dafür, daß das Leben als sinnvoll erlebt und gelebt werden kann.

„Verbinde mich wieder dem Baum, von dem ich stamme – ich trage Verlangen, zu sein"

Kehren wir noch einmal zurück zur Urgegebenheit der unitas, des
Einsseins des ganzen Universums mit dem göttlichen Sein, das sich in
allem verwirklicht, alles durchdringt und umgreift. Dieses Einsseins
mit dem Göttlichen sind sie alle – auf den verschiedenen Ebenen der
Evolution – auf unterschiedliche Weise teilhaftig: Die Pflanze ist noch
am engsten, am dichtesten im Göttlichen verwoben, das Tier immer
noch enger als wir in diese Einheit eingebunden. Blicken wir in die
Blüte des Apfelbaums, in die Augen eines Hundes, eines Kindes, und
das Göttliche blickt uns noch unverstellt an. Erst mit dem steigenden
Bewußtsein, erst in den bewußten Menschen reicht die *Freiheit des Unbedingten* hinein als *seine Freiheit*, sich dem Unbedingten, Göttlichen
anheimzugeben *oder* zu verschließen. Anders als bei Pflanze und Tier,
die in ihrer Einheit mit ihm dessen nicht bedürfen, liegt es darum am
Menschen selbst, die Einheit herzustellen, sich der Tiefe seines Urgrunds zu öffnen und die Enge seines Ichs zu überschreiten in die Tiefendimension, die es in allen Richtungen transzendiert, unendlich
übersteigt.

In einem Gleichnis redet, wie gesagt, Nikolaus von Kues Gott so an:
„Du hast es ganz zur Sache meiner Freiheit gemacht,
daß ich, wenn ich will, ich selbst sein werde.
Bin ich nicht ich selbst, so bist Du auch nicht mein.
Es hängt also von mir ab, nicht von Dir."[65]

Es hängt immer vom Menschen selbst ab. Hier ist die letzte Ursache
des Sinnverlustes, wie er in den Nihilismus geführt hat, angesprochen.
Kraft der ihm gewordenen Freiheit *entscheidet immer der einzelne
Mensch selbst*, ob er sich abschnürt gegen das in ihm Wesende, es igno-
riert, leugnet, ob er sich seinem tiefen Seins- und Wesensgrund aufschließt oder entfremdet. Und ein Entfremdeter wird in einer leeren,
sinnlosen Dingwelt, nur auf das eigene Ich, das persönliche Glückser-
leben und Fortkommen bedacht, nur in sich selbst verkrampft und

verkapselt. Nur der Mensch kann sich – und das ist seine eigene Entscheidung, sein Vorrecht zu Selbstgewinn oder -verlust, Heil oder Zerstörung – *öffnen oder sperren* gegen seine göttliche Dimension, eintauchen in jenen Grund des Seins, in den Grund der eigenen Seele, der auch der „Grund Gottes" ist, wie Meister Eckhart wußte.

Wohl verbinden wir uns durch alle Arbeit und alles schöpferische Wirken mit dem Ewigen, und dadurch, daß wir uns immer wieder, wie Ausatmen auf Einatmen, wie Lösung auf Spannung folgt, sei es in einer stillen Stunde, in der Natur, in der Musik, im „Nachsinnen", dem innersten Selbst öffnen – davon die uralten Strophen des germanischen Havamal eindringlich Zeugnis legen – in uns selbst hinabsteigen und die Tiefe jener Wasser ahnen, die auf unfaßbare Weise unser Leben speisen und als unbegreifliche Kräfte unablässig in alles Denken und Handeln münden.

Nicht aber durch Betäubung und Flucht aus der Wirklichkeit in „andere", „okkulte", in „übersinnliche", in „Para"-Welten mit Hilfe des technisch-bewußt eingespritzten Sinnenrausches durch Psychopharmaka oder durch Transmissionsmeditation, Reinigungsmeditation, telepathische Kontakte, Spiritismus und andere esoterische Praktiken, Visionen, außersinnliche Wahrnehmung oder „leiblich-erotische Identifikationen", die vermeintlich den Anschluß an die Transzendenz durch „Transgression" und die angestrebte große „Transformation" herbeiführen solle, wie die buntirrisierende New Age-Bewegung sie anbietet. Nicht indem wir in indischer Versenkung uns von der Welt, von allen Dingen und von uns selbst leermachen und ganz auslöschen, um in die Leere hineinzusinken, „samadhi zu nehmen" und in dem bewußtlosen Ozean aufzugehen „jenseits der hundertfachen Negation". Und gewiß nicht, indem wir aus der verabscheuten, verhaßten Welt aussteigen und den Mantel der Verachtung, der Resignation oder der Angst immer enger um uns zuziehen und in Verzweiflung, Null-Bock-Trotz, eine Ohne-mich-Traum- oder Alternativwelt flüchten jenseits jeglicher Verantwortung.

Anstatt sich auf solche für den Europäer ohnehin vergeblichen Experimente mit ihm fremden – und darum reizenden – Bewußtseinswelten einzulassen, sollte diese Jugend sich in ihrer Leere, Resignation und Verzweiflung einer europäischen Mystik Meister Eckharts oder Teilhards anvertrauen, zu der sie unmittelbaren Zugang hat. Und sie wird anstelle von Weltflucht zu sich und zu einem sinnerfüllten, tatkräftigen und freudigen Leben in haltgebender Geborgenheit hinfinden. Nicht durch Enthebung aus der Realität erfährt sie wahre Seinsfindung, sondern gerade durch tieferes Eintauchen sowohl in das eigene „Selbst" wie immer wieder im Eintauchen mitten in die lebensvolle Wirklichkeit, wo auch sie die Welt berührt, indem sie sie mit Händen oder Instrumenten, mit Herzen und Hirnen ergreift – indem sie ihr engstes Ich überschreitet und sich leidenschaftlich der Welt und der Arbeit an ihr verschreibt, durch alle Wirklichkeit mit ihren Schönheiten und Schrecken, in Gott eindringt, ihn in der Natur, in ihrer Stille und ihrem Aufruhr entdeckt, unaufhörlich durch alle Schöpfungen und Gestaltungen des Geistes, der Musik, der Künste, der Dichtung, der Wissenschaften, der Technik, der Metaphysik zu ihm aufbricht, indem sie endlich schweigend in sich selbst hinabsteigt, um sich in ihm wiederzufinden.

Denn darum kann Menschsein sich sinnvoll nicht in der zweidimensionalen, horizontalen Wirklichkeit erfüllen, weil er ein mehrdimensionales Wesen ist, das mehreren Dimensionen angehört. Mit seinem unabsehbaren Selbst, dem aus der Tiefe des Seins gespeisten Quellgrund des Ichs, seines Wollens, Entscheidens und Wirkens, transzendiert er sein Ich in die Tiefendimension, ist er zugleich Teilhaber der unbedingten, göttlichen Dimension. Seinem Wesen nach ist er immer Zeitliches und Ewiges, Bedingtes und Unbedingtes zugleich. Wer ihm sein Unbedingtes bestreitet, sein Ewiges abspricht, entfremdet ihn seinen eigenen Wurzeln, aus denen er sich immer wieder mit Sein auffüllt und die Kräfte gewinnt, aus Schmerz und Leid zu genesen, sich in ihnen zu bewähren und zu behaupten, an ihnen zu reifen und so erst er selbst zu werden und eine feste Identität zu erringen.

Der wurzellose, sich den Gründen seines leeren, sinnlosen Daseins versagende, halt- und orientierungslos durch die Öde des Nur-Materiellen, Tatsächlichen, Faktischen irrende Mensch der Krise muß wieder lernen, wie Eckhart den Materialisten seiner Zeit zurief, „die Dinge zu durchbrechen und seinen Gott darin zu ergreifen und ihn kraftvoll in einer wesenhaften Weise in sich herauszubilden". So im Hindurchbrechen durch die horizontale Wirklichkeit in ihre Tiefe, im Wiederfußfassen im Sein erfährt der Mensch den scheinbaren Widerspruch: Die Bindung ist der Grund der Freiheit. Dank der Nabelschnur, die den Menschen an das Sein anschließt, ist er frei, sicher und fähig, sich zu übersteigen, ohne die Gefahr, sich in Hingabe und Wagnis preiszugeben, zu „entfremden", zu verlieren, weil er immer in seinem tiefsten Grunde gehalten, „geborgen" ist. Durchschneidet er die Nabelschnur, dann gerade wird er unfrei, haltlos und leer und geht seiner Identität verlustig. Es ist die Unitas, das Einssein seines menschlichen Bedingtseins mit dem Unbedingten, Göttlichen in sich, es ist die Beheimatung in der Totalität des Seins, die er als Seinsfülle und Sinnfülle erlebt und die ihn in die Bewährung seiner universellen Verantwortung beruft.

In der „Stadt in der Wüste" legt Antoine de Saint-Exupéry dem Großen Kaid dieses Gebet in den Mund:

> „Verbinde mich wieder dem Baum, von dem ich stamme.
> Ich bin ohne Sinn, wenn ich allein bleibe.
> Hier bin ich aufgelöst und vorläufig.
> Ich trage Verlangen, zu sein."[66]

Vom schwachen Sünder zum Mitarbeiter Gottes

Freilich, Verantwortung stand und steht im Abendland nicht hoch im Kurs. Sie wird im Gegenteil, wie Bernard Shaw beobachtet hat, „von den meisten gefürchtet". Der im vorchristlichen Europa Sich-Selbstbestimmende, der aus freier Entscheidung Handelnde, der vollbewußt für seine Entscheidung, für seine Tat und für ihre Folgen persönlich Einstehende, den das Hildebrandslied, die Edda ebenso wie die Sagas groß in sein Schicksal stellen, dem Pelagius kompromißlos seine Freiheit von einem allgemeinen Menschheitsmakel erkämpft und – gegebenenfalls eine typisch germanische Wertung – eine *individuelle* Schuldfähigkeit zuerkennt – er geht mit der Taufe, die das Wort „Sünde" auf alle Lippen und in das Bewußtsein aller Europäer brennt, unwiderruflich seines innersten Selbstes verlustig. Paulus und Augustinus erklären die gesamte Menschheit um des Ungehorsams der ersten Menschen willen für Sünder, vom Mutterleib an der Sünde verfallen, die sie weder begangen, noch derer sie sich durch bestes Wollen oder tätiges Sühnen jemals entledigen können, die dennoch jedem persönlich angerechnet wird und von der einzig die Gnade des Allmächtigen sie zu erlösen vermag: Jede eigene Bemühung, sich von dem angeborenen Zustand der Sündigkeit zu befreien, ist bereits sündig, weil anmaßender Selbstüberhebung entspringend.

Dieses dem partriarchalischen Herrschaftsverhältnis des Vorderen Orients entstammende Menschenbild des passiven, ohnmächtigen, zum bedingungslosen Gehorsam verpflichteten Untertans hat nach Max Weber alle okzidentalen Herrschaftsstrukturen religiöser wie profaner, despotischer wie legaler, staatlicher wie familiärer Art seit Beginn des Abendlandes geprägt und ist mit seinem genuinen Grundmuster von Obrigkeit und Untertan, Befehlsgewalt und Gehorsam in Kirche, Staat und Familie bestimmendes Vorbild geworden. Der Dualismus von autokratischer Macht und untertänigem Gehorsam wurde europäischen Menschen anerzogen, die etwas besessen hatten, was für den gesamten Nahen und Fernen Orient überhaupt unvorstellbar war: die *Freiheit des Widerstandsrechts* der auf *Gegenseitigkeit Ebenbürtiger* gegründeten Gefolgschaft gegenüber dem frei gewählten Herzog, sofern dieser gegen seine *Verpflichtung* ihr und sich selbst gegenüber verstieß.

Jetzt entstanden Herrschaftsbeziehungen, hierarchisch gestuft zwischen jeweils rechtlich *Ungleichen.* Klassisches Modell das Schreiben des Preußischen Ministers von Rochow 1838: ,,Es ziemt dem Untertan, seinem König und Landesherrn schuldigen Gehorsam zu leisten und sich bei Befolgung der an ihn ergehenden Befehle mit der Verantwortlichkeit zu beruhigen, welche die von Gott eingesetzte Obrigkeit dafür unternimmt; aber es ziemt ihm nicht, die Handlungen des Staatsoberhauptes an den Maßstab seiner beschränkten Einsicht anzulegen.``

Kein Wunder, daß jahrhundertelang Erziehung und Gewöhnung an Bevormundung und Fügsamkeit ein Bewußtsein von Gelenkt- und Bestimmtwerden, von passivem Objektsein und Ohnmacht züchteten. Selbst seit die Aufklärung, die nach einem Wort Kants ,,den Menschen aus seiner selbstverschuldeten Unmündigkeit``, seinem Unvermögen und Mangel an Mut befreite, ,,sich seines Verstandes ohne Leitung eines Anderen zu bedienen``, und mit der Infragestellung der ,,Leitung eines Anderen`` auch das Bild des Allmächtigen in Zweifel geriet, selbst als weitgehend anonyme Mächte an seine Stelle traten und alle Autoritäten an Macht einbüßten, selbst heute noch erhält sich das *Muster des Objektseins* und *der Unmündigkeit und Passivität.* Selbst heute noch lebt das Bewußtsein der dem Abendländer seit Menschengedenken von den Kanzeln eingeredeten *Schwachheit* des sündigen Fleisches und seiner *kreatürlichen Ohnmacht,* gemäß dem auch für ihn geltenden Bekenntnis: „Wollen habe ich wohl, aber das Gute vollbringen habe ich nicht, denn das Gute, das ich will, das tue ich nicht ... sondern die Sünde, die in mir wohnet". (Röm. 7,18-19) Die Überzeugung, grundsätzlich nicht verantwortlich, weil Objekt eines mit eherner Gesetzmäßigkeit ablaufenden Prozesses zu sein, von Marx nachhaltig infiltriert, wuchs sich aus zu dem *Gefühl des hilflosen Erleidens, Benutzt- und Ausgebeutet-Werdens*, zu dem sich heute teils klagend, teils aggressiv auslassenden Wahn des *Ausgeliefert-, Bedroht- und Mißbrauchtseins*.

Das allzulangwährende Beschneiden der moralischen Selbstbestimmung des europäischen Menschen und der Selbstachtung von seiten der Religion, der Kirche, des Staates und in der patriarchalischen Familie haben die Überzeugung von der eigenen Schwäche, Unmündigkeit und Angst aus dem Gefühl des Objekt-Seins und der Ohnmacht ins Kraut schießen lassen, die moralischen Energien gelähmt, die Persönlichkeitsbildung mit der Fähigkeit zu Wertentscheidungen, die Bereitschaft zur Übernahme von Verantwortung und Eigeninitiative unterentwickelt und die Abkapselung des nur auf sich bezogenen Ego in einer verödeten, kälter werdenden Welt vorangetrieben – kurz: im Sinne eines einseitigen Selektionsdrucks eine *menschliche Involution*, eine Rückbildung, bewirkt, die mit ihren krebsigen Entartungen den Niedergang des Zeitalters mitverschuldet.

Und dies in einer Zeit, die gerade den Mut zu Selbständigkeit, Wagnis, schöpferischer Phantasie und verantwortlicher, weitblickender Initiative, die Leidenschaft der Hingabe, Einsatz und Opferbereitschaft und den Willen, ja die Freude, sich in sinnvoller Leistung und Wettbewerb auszugeben zum Gewinnen der Zukunft dringend braucht, diese Zukunft jedoch schon so lange durch wuchernde Ängste und sprungbereite Hysterie in der Flucht vor der Wirklichkeit aufs Spiel setzt. Die ich-schwache, an folternden Leeregefühlen leidende Aussteigergeneration gerät in eine alarmierende Akkumulation der Lebensangst, die am lautesten und ansteckendsten vermillionenfacht aus Hitparaden und Goldenen Schallplatten schreit:

Ich hab Angst, Angst, Angst,
    Angst, nichts als Angst vor dem Dunkel der Nacht,
Ich hab Angst, Angst, Angst,
    Angst, nichts als Angst, ich werde umgebracht.

Hab' Angst vor morgen.
Manchmal hab' ich Angst vor mir selbst.

Gib mir den Tod! Ich hab genug,
    ich will nicht mehr leben...
Ich will nicht mehr geben! –
    Ich hab genug!

Wie ohne die Schwerkraft der Erde kein Leben auf diesem Planeten
möglich ist, so ist ohne die Schwerkraft der Seele auf den Grund Gottes, in den Wurzelgrund des Seins, ein Leben aus dem Wesen, aus der
Fülle, aus der Kraft nicht gegeben. Verantwortung – und das ist es, was
der Ich-Schwache, auf sein Ego-Verengte, Entselbstete, durch die Gehorsamserziehung Verunselbständigte sie fürchten läßt – verlangt
einen ganzen Menschen. Der aus eigenem Entschluß in freier Selbstbestimmung verantwortlich Handelnde muß die Situation und die Folgen aus dem Gesamtzusammenhang überblicken und bedenken, was
nicht nur fachliche Kenntnis voraussetzt, auch Einfühlungs- und Vor-
stellungsvermögen und die moralische Urteilskraft, die Werte zu wä-
gen. Er muß über Mut und Festigkeit, über ein feinfühliges Gewissen
und innere Unabhängigkeit und sowohl über Kräfte des Verstandes als
des Herzens wie Güte und Menschlichkeit verfügen und zu Selbstdisziplin und einer inneren Askese fähig sein. Denn verantwortliches Handeln setzt eine Selbstlosigkeit voraus, die über das Ich hinauszudenken, das Ich auf ein Übergreifendes, eine Gemeinschaft, das Volk, die
Nation hin zu überschreiten und sich freiwillig an eine Sache hinzuge-
ben vermag und die sich in der Bereitschaft bewähren muß, für die Folgen seiner Entscheidungen und seines Tuns einzustehen. Ein Wort
Theodor Storms, mit dessen Ethos er, die ihm unerträgliche Untertan-
nengesinnung vor Augen, seiner Zeit weit voraus war, trifft eben diesen Unterschied:

„Der eine fragt: Was kommt *danach*!
Der andre fragt nur: Ist es recht?
Und also unterscheidet sich
Der Freie von dem Knecht."[67]

Wenn in einem echten Wandel von der Gesellschaft angstvoll in sich
verkapselter Ich-Atome zu einer Gemeinschaft sich selbst überschrei-
tender Hingabewilliger die Furcht vor Freiheit und Verantwortung
schwindet, wie sie sich in vielen Einzelnen, vor allem in der Jugend an-

kündigt, wird mit dieser Freilegung und ganzheitlichen Entfaltung der eigenen, bislang oft unausgelebten, ungeforderten und nichtmotivierten Wesenskräfte eine neue Evolution vor sich gehen. Der europäische Mensch, der diese seit Jahrhunderten ungekannte Freiheit nutzt, sich den unendlichen Möglichkeiten für schöpferische Phantasie und Eigeninitiative stellt und in offener Leistungsbereitschaft und Leistungsfreude an den gigantischen Aufgaben der Zeit bewährt – anstatt, seine Aktivität in ideologisch gesteuerten Verhinderungsinitiativen zu erschöpfen – läßt durch seine hohe, in Sorgfalt und äußerster Gewissenhaftigkeit übernommene Verantwortung für fortschreitende Evolution und Fortführung der Schöpfung sein Bewußtsein von Ohnmacht und Opfer-Sein, seine Ängste und Verzeiflung an der Leere und Sinnlosigkeit des Daseins hinter sich. Er reift aus den lähmenden Demontagen und Depressionen seines Wesens zur Entwicklung neuer Fähigkeiten, neuer Kräfte, zu Selbstwertgefühl und Selbstvertrauen.

Eine Jugend, die die Freiheit annimmt, sich selbst zu fordern und sich Aufgaben und Ziele abzustecken, wird erst ihre eigenen Kräfte kennenlernen und staunen, wozu sie fähig ist. Sie wird lernen, statt sich als Opfer zu bemitleiden, Opfer – zuvörderst an Ichsucht – zu bringen, statt sich *gegen alles*, verantwortlich *für das Ganze und andere* zu engagieren. Sie wird aus vermeintlicher Trostlosigkeit und Untergangssehnsucht zu Freude, Lebensbejahung und Sinnerfahrung finden und zu jener Erfüllung durch eigene Leistung, die als Glück erlebt wird. Ein Leben in Verantwortung ist ein erfülltes Leben, weil in ihm Wesen und Bestimmung des Menschen erfüllt werden: ein – wie Meister Eckhart sagte – ,,Mitwürker gotes" in der Welt zu sein.
Auf den Menschen selbst kommt es an, wie weit er fähig ist, sich aus den ihn seiner selbst entfremdenden Bewußtseinsstrukturen, seiner Selbstauffassung seines ihm durch eine lange Tradition anerzogenen Selbstverständnisses als ohnmächtiger Sünder zu lösen und dem innersten, ureigenen Wesen und Wollen zu folgen: von der zum Gehorsam verpflichteten Kreatur zum verantwortlichen Kreator.

Vier Urbilder des Mißtrauens in den Menschen

Horchen wir in die Zeit hinein, so fangen wir die unterschiedlichsten Stimmen ein, die dennoch – seien es christliche, seien es atheistische, seien es „grüne" oder rein nihilistische – alle etwas Entscheidendes gemeinsam haben.

Da ist – schalten wir morgens das Radio ein – die eindringliche Stimme aus der Morgenandacht, die uns als schwache, kreatürliche Wesen mit unseren sündigen Neigungen zur Hingabe im Gebet an die verzeihende Gnade und Liebe des Allmächtigen weist.

Da ist das unbarmherzige Marx'sche Bild vom Menschen als dem total unfreien, total hörigen, willenlosen und blinden Werkzeug eines ökonomisch-gesellschaftlichen Mechanismus, ausersehen, mit seinem Rücken den Weg zu pflastern, über den einst die siegreiche Revolution ziehen werde.

Da ist in der fortlaufenden Abwendung und Auflösung des Zeitalters in Überdruß und Ekel, in Kritik und Protest gegenüber dem Bestehenden wie dem Zerfallenden, gegenüber Seichtheit und Sinnlosigkeit der Mensch des Nihilismus, der Mensch des inneren Hohlraums, von Angst gebeutelt, am Abgrund der Verzweiflung balancierend, der Mensch, der mit seinem destruktiven Jargon jedes Wertbewußtsein zerrüttet und mit dem ätzenden Griffel eines negativ arbeitenden Verstandes alles in Frage stellt, alles, auch sich selbst.

Da ist schließlich der Mensch voller Selbsthaß, der in der menschlichen Spezies nur noch eine Fehlgeburt, einen Irrweg der Evolution erkennen kann, die vernichtungswürdig ist und abgeschafft werden muß – und dies ist die neue Variante des Sündigkeitsbewußtseins – „damit die Natur (jetzt das absolut Gute) leben kann".

In aller Brutalität präsentierte das Fernsehen vor Millionen Zuschauern in öffentlicher Diskussionsrunde über „Die Lust des Untergangs" diese vorläufige Quintessenz menschlichen Zerfalls in dem Gespräch über das Buch „Das Untier" mit dem Autor Professor Horstmann, der kurz und entschieden forderte: „Mit dem Menschen muß Schluß gemacht werden!". Und dies meinte er wortwörtlich.

Hier hat das christliche Muster von dem bösen Menschen, dem Sünder, gegenüber dem allein guten Gott eine neue, zeitgemäße Abwandlung seitens des Öko-Atheismus erfahren: Jetzt steht – wiederum dualistisch – der Mensch als das absolut Böse der allein guten Natur gegen-

234

über. Als der Gegensatz zum Tier, dem schlechthin Guten, ist der böse Mensch das Un-Tier und absolut unwert, zu leben. „Wir Untiere", erklärt Horstmann,

> „wir Untiere wissen es alle ...: daß wir ein Ende machen müssen mit uns und unseresgleichen, so bald und so gründlich wie möglich – ohne Pardon, ohne Skrupel und ohne Überlebende.
> Der wahre Garten Eden – das ist die Öde.
> Das Ziel der Geschichte – das ist das verwitternde Ruinenfeld.
> Der Sinn – das ist der durch die Augenhöhlen unter das Schädeldach geblasene, rieselnde Sand.
> Das Organische wird zum Anorganischen werden.
> Die Erde wird vermonden.
> Erst wenn der letzte Seufzer verklungen ist,
> erst wenn der letzte Keim verdorrt ist,
> wird wieder das Paradies auf Erden sein."[68]

Vier Menschenbilder – vier Folgerungen. Sie alle, die den Zerfall des Menschseins teils mit verursacht haben, teils beschleunigen, stimmen, so verschiedenartig, ja gegensätzlich sie sind, in *einem* überein: Sie alle schreiben dem Menschen ein *negatives, minderwertiges* Wesen zu. Sie alle setzen ein *Mißtrauen* in ihn, das sich *bis zur Verachtung* steigert. Sie rechnen mit seiner *Unfähigkeit zum Positivem, Gutem aus eigener Kraft.* Sie züchten Ohnmachtgefühle und Schwachheit, Selbstverachtung, Resignation und Ausstiegsmentalität, Weltflucht und Selbstmord. Sie lähmen seinen Willen und brechen seine moralischen Energien. Sie provozieren Todesängste und Todessehnsucht – mehr: die Pflicht zu Selbstvernichtung und Untergang.

Kann man auf negative Menschenbilder, die dem Menschen mißtrauen, nach Zusammenbrüchen, wie sie bereits eingetreten sind und noch bevorstehen, eine Zukunft bauen, einen menschenwürdigen, tragfähigen, echten Neubeginn?

Hier stehen wir vor der Kernfrage, die über Niedergang oder Aufstieg, über Dahinsiechen und Versinken im Chaos oder die evolutionäre Stufe zu einem neuen Zeitalter entscheidet. Von der Antwort auf diese Frage hängt für Europas und unserer Kinder Zukunft mehr ab als von Regelungen des Geburtenüberschusses, der Naturschädenbeseitigung, der Hungerskatastrophen, Energieversorgung oder Becquerellhöchstwerten.

Ein „positives" Menschenbild, das dem Menschen vertraut

Wenn uns etwas zu einer echten Hoffnung auf eine lebenswerte Zukunft berechtigen soll, dann ist es ein *positives* Menschenverständnis. Europa braucht ein Vorbild vom Menschen, das in den Menschen *Vertrauen* setzt und *positive, konstruktive Wesenskräfte in ihm voraussetzt*, das seine sittlichen Energien und schöpferischen Fähigkeiten anspricht, in ihm weckt, bestärkt und zur Entfaltung bringt – ein *Vertrauen zu sich selbst* kraft seiner Geborgenheit im gottheitlichen Urgrund und seinem Urvertrauen in das Sein, das ihn als heilhafte Lebenskraft beschwingt – ein Vertrauen, das ihm ein tiefgegründetes Verantwortungsbewußtsein, sittliches Urteilsvermögen, Selbstbestimmung zu Richtigem, Werthaftem und Entscheidungsfähigkeit *zutraut*, die Selbstlosigkeit der Überschreitung des Ichs und des Mitbedenkens, Mitsorgens, Mitschützens des andern, der freien Bereitschaft zu Dienst und Opfer.

Und nicht, weil Nutzen und Erfolg oder das eigene Seelenheil es nahelegten, sondern aufgrund einer tiefer angelegten, religiös gebundenen Verantwortung, durch die er sich mit Gott in jeder Arbeit, der einfachsten wie der gewichtigsten, durch die ganze Wirklichkeit hindurch, in allen Schichten des glühenden, lebendigen Lebens vereinigt. Nicht im *Ausweichen* vor seinen Gewalten und Stürmen, seinen Schmerzen und seinem Elend, – gerade im Aushalten und Standhalten, indem er die Herausforderung annimmt und in sich austrägt, dringt das Göttliche in ihn ein, der es im Sich-Selbst-Behaupten in sich größer werden läßt, im Sich-Bewähren „sich selbst überholt" – wie Teilhard de Chardin – oder: der „auf sein Elend tritt, um höher zu stehen", wie Hölderlin bekennt, sie, die gemeinsam mit Pelagius, Gottfried von Straßburg, Cusanus und Böhme, Schelling, Hebbel und unzählige andere die urgermanische Bewährung des Heils aus der selben *Gewißheit der Geborgenheit im Unvergänglichen* erfahren.

Wenn einst die römisch-christliche Mission das vorgefundene positive Bild des Menschen aus göttlicher Abstammung, des dem Göttlichen Verbundenen, im Heil Geborgenen und sein Heil Bewährenden, durch das negative Menschenbild des Sünders, der infolge der Triebhaftigkeit des schwachen Fleisches gefallenen Kreatur, unfähig, aus eigener Kraft das Gute zu tun, wenn es Jahrhunderte der Predigt, der strengsten Erziehung und Strafen bedurfte, um anstelle der Grundkraft ihres Existierens, des Heilbewußtseins, ihnen das Bewußtsein der Sündigkeit einzupflanzen und den religiösen Wesenskern zu zerstören, im wahrsten Sinne diesen Kern zu spalten: das Bewußtsein des Einsseins und Einklangs mit dem Göttlichen, kraft dessen sie ein machtvolles Leben der Tat und Ehre lebten, umzufunktionieren zur Überzeugung, „böse zu sein von Jugend auf" und durch unreine Zeugung sündiger Väter und Mütter ein elender, schwacher Sünder zu sein – so gilt es, damit nicht Untergang, sondern ein neues Zeitalter anheben kann, an Stelle aller negativen, tiefpessimistischen Bilder vom Menschen endlich wieder *ein positives Vorbild* für ihn aufzurichten. Keineswegs etwa – und das kann nicht gründlich genug unterstrichen werden – das germanische zu imitieren, ein für allemal Vergangenes nachzuäffen!

Es gilt, jene bankrotten Modelle des von allen Wurzeln losgerissenen Nomaden, des sich losreißenden Unbehausten, alles Sinns verlustigen Gegenwartsmenschen zu überwinden durch ein wieder religiös gegründetes, im eigenen Grunde wurzelndes Selbstverständnis unserer grenzaufhebenden Verwobenheit im Ganzen des Seins – durch ein Selbstverständnis, das den Menschen stark macht, lebensbejahend und lebenstauglich, das ihn mit dem Bewußtsein der Geborgenheit im Sein beheimatet, mit der jederzeit und in jeder Situation – sei es in Verantwortung und Entscheidung, in Werk und Wagnis, in Not und Gefahr, in Trauer und Seligkeit unverlierbarer Gewißheit des Einsseins und Einklangs mit dem, was unser Sein ausmacht, was uns bedingt und vollendet.

Erst die Selbstbefreiung von Menschenbildern, die uns unserem einstigen Wesen entfremdet haben, wie sie im Laufe der Geschichte von zahllosen eigenständigen Männern und Frauen und gemäß ihrem natürlichen Selbstverständnis vollzogen wurde, die Besinnung auf unser eigentliches Wesen und die besonnene Hinführung zu den uns eigenen Wesenskräften, die ohne Bevormundung oder Bestrafung sich endlich in freier Wesensentfaltung entwickeln können, werden ganz neue Seiten des Menschlichen hervorbringen und zu einer neuen menschlichen Evolution beitragen. In keinem Felde aber hat diese Entwicklung bereits so sichtbar eingesetzt wie in der Evolution der Frau im Vergleich zu den Frauen vor hundert Jahren.

Das neue Bild der Frau u n d des Mannes

Das unabweisliche Verlangen, sie selbst zu sein

Wie kein anderes Feld erlaubt der Wandel, der sich seit Beginn der Frauenbewegung vor reichlich hundert Jahren in den Vorbildern und im Verhältnis der Geschlechter begeben hat, Richtung und Sinn des gegenwärtigen Zeitenumbruchs und zukünftiger Entwicklung zu erkennen. Ja, wie keine andere Entwicklung berechtigt die der unmündigen, ungebildeten, demütig gehorsamen Dienerin ihres Herrn und Gebieters, des gefallsüchtigen Frauchens und Spielzeugs des Mannes, das mit Vierzig, Fünfzig frühgealtert und frühverkümmert mit schwarzem Kleid und Häubchen im Lehnstuhl hockt, zu den selbständigen und selbstbewußten Frauen mit der schlanken, drahtigen, hochbeinigen Erscheinung in ihrer natürlichen Gelöstheit und energiegeladenen Vitalität, die menschliche Reife mit scheinbar unzerstörbarer Jugendlichkeit verbinden, eine evolutive Fort- und Höherentwicklung durch Abstreifen der von ihnen als unnatürlich empfundenen, ihr Wesen entstellenden und vergewaltigenden Fesseln vorauszusagen. Nicht im Sinne einer allgemeinen Liberalisierung und Lockerung abgelebter, durch Anpassung an Industrialisierung und Arbeitswelt überlebter Dogmen.

Hatte es das je gegeben: Frauen, die aus eigener Entscheidung und Kraft gegen heftigste Schwierigkeiten dem totalen Widerstand und Unverstand der Männer zum Trotz die scheinbar festgefügte patriarchalische Geschlechterordnung gestürzt, scheinbar ewig gültige Wahrheit entwurzelt und das Gesicht des Menschen, Frau und Mann, grundlegend veränderten? Frauen, die ohne Formgebung durch den Mann, sondern gegen seinen Willen und Widerspruch selber dem eigenen Inbild gemäß ihre Form prägten?

Dieser vor aller Augen einzig dastehende Wandel hat sich – und das ist seine seltsamerweise überhaupt nicht bemerkte, unüberschätzbare Bedeutung für die historische Gesamtentwicklung – nicht aus sozialen, ökonomischen oder rationalen Erfordernissen angebahnt, ganz gewiß aber ohne jegliche Führung oder Verführung durch irgendwie geartete geschichtliche Vorbilder, geschweige das Wissen, daß es Derartiges schon einmal in der Geschichte Europas gegeben hat – sondern aus dem sicheren, nur an den Richtkräften des eigenen Wesens orientierten Wissen um das So-Sein-Müssen und So-Sein-Wollen: aus dem dringenden Verlangen, endlich sie selbst zu sein.

Vier Mythen deuten das Verhältnis von Mann und Frau

Jedes Ordnungsgesetz, das mit dem Anspruch auftritt, allgemeingültig zu sein – eben dagegen wehrten sich die Frauen Nord- und Mitteleuropas Mitte des vorigen Jahrhunderts – vergewaltigt das Selbstsein und Eigenrecht derer, deren Gesetz es nicht entspricht. Das Wesen von Mann und Frau, sowie der Begriff, was „männlich", was „weiblich" sei, kann nicht für alle Menschen und Kulturen gleich sein, noch haben Psychologen im Verein mit Biologen, Zoologen oder Verhaltensforscher ein Mandat aus biologischen Funktionen des Zeugens und Empfangens, des Werbe- oder dem ohnehin nicht festgelegten Brutverhaltens von Tieren etc. geistig-seelische Züge für den Menschen zu fingieren,[69] wobei man zu übersehen pflegt, daß der Mensch nicht ein Natur- sondern ein Kulturwesen ist, das heißt: er belegt „seine Welt" und damit auch sich selbst ganzheitlich, seiner Bewußtseinsstruktur entsprechend, mit Bedeutungen. Das jeweilige Verhältnis von Mann und Frau hat seinen tiefen, metaphysischen Grund im ganzheitlichen Sein des Menschen, weshalb seine Haltung gegenüber dem Göttlichen oder dem Schicksal seiner Haltung zum anderen Geschlecht gleicht. Das Selbstverständnis der Geschlechter und ihr Verhältnis zueinander unterscheiden sich von Kultur zu Kultur, von Religion zu Religion, oft schon von Volk zu Volk. In ihren Mythen von der Erschaffung des Menschen als Mann und Frau haben die verschiedensten Völker in frühesten Zeiten ihrem jeweiligen Selbstverständnis, nach dem ihnen eingeborenen Stilgesetz, Gestalt gegeben. Hören wir vier Mythen die auf ihre Weise das Männer- und Frauenvorbild europäischer Menschen bestimmt haben:

1. Da spricht um 1000 v. Chr. der ältere, jahwistische Schöpfungsmythos der Bibel in Genesis 2 von der Erschaffung Adams, d.h. des „Menschen", aus einem Erdenkloß, aus dessen Rippe Jahwe eine Frau „um seinetwillen" und „für ihn" bildet, die Sünderin, die infolge ihrer Triebnatur den Mann von Gott abzieht, weshalb Jahwe sie der Gewalt des Mannes unterwirft – „Und er soll Herr sein über dich":

Der jüdisch-christliche Mythos von der *hierarchischen Über/Unterordnung radikal gegenwertiger Geschlechter* – ein Mythos, der den europäischen Frauen (aber auch Männern) seit der christlichen Missionierung und teilweise noch bis heute zum tragischen Schicksal wurde.

2. Im nachhomerischen Griechenland der klassischen Zeit beauftragt in Platons spätem Dialog „Timaios" der Weltenschöpfer die von ihm eben geschaffenen Götter, nunmehr die Sterblichen zu erschaffen, „zuerst das überlegene Geschlecht, das in der Folge den Namen ‚Mann' führen werde". Was bei ihrer Schöpfung übrig geblieben ist, sollen die Götter mischen, diese Seelen auf die Sterne verteilen, sie über die Gesetze des Weltalls belehren und sie dann einem sterblichen Körper einpflanzen. Vergehe sich aber einer der Männer gegen ein vom Verstand gezügeltes Leben, werde er wiedergeboren als Weib und bei fortgesetzter Schlechtigkeit als Tier. „So entstanden also die Frauen und die weibliche Gattung überhaupt: Die früher Feiglinge und Übeltäter waren, wurden bei ihrer zweiten Geburt Frauen"[70] erfährt das Abendland im 12. Jahrhundert die Bestätigung der abgründigen Verworfenheit der „weiblichen Gattung" von den Lippen des weisen Griechen.

Dieser griechisch-platonische Mythos beschreibt wie der christliche einen *Dualismus des absoluten Wertes des Mannes hoch über der moralisch-geistigen Minderwertigkeit der Frau*. Er spiegelt die athenische Gesellschaft ab, „die exklusivste Männerkultur" aller Zeiten, aus der mit Ausnahme der Freudenmädchen die Griechin in das Haus verbannt ist und in einer Geringschätzung lebt, die in ihrer Zeit einzig dasteht. Im gleichen Sinn wie die um den Verstand des Mannes gekommene Frau für Platon nichts anderes war als die um der Schwäche und Schlechtigkeit willen gestrafte „Wiedergeburt des Mannes", ist sie auch für seinen Schüler Aristoteles „ein unvollkommener Mann" mit schwachem ärmlichem Verstand.

3. Doch als ordnungsliebender Systematiker ordnet Aristoteles beide Geschlechter seinem System ein und dessen ursprungsverschiedenen Prinzipien zu: Mann und Frau verhalten sich wie Form und Materie. Er ist das aktiv Schöpferische, überragend an Sein – sie formbedürftiger Stoff, bloße unbestimmte Masse noch ohne Kraft und eigentliches Sein: Der mittelmeerländlische Mythos der *Polarität der einander sowohl ausschließenden als auch ergänzenden Gegensätze* der Ge-

schlechter. Das klassische Modell dieses Mythos hatte Platon schon im Dialog „Das Gastmahl" gezeichnet: Einstmals gab es drei Geschlechter, neben Männern und Frauen auch Menschen, rund wie eine Walze, mit zwei Gesichtern, vier Armen und vier Beinen, die vor- und rückwärtsliefen und radschlagend dahinrollten und in ihrer übermäßigen Kraft gegen den Himmel anstürmten. Da beschloß Zeus, „sie durchzuschneiden wie Birnen beim Einmachen". Seitdem ist „jede Hälfte sehnsüchtig auf der Suche nach der anderen" und stets auf ihr Gegenstück bezogen und seiner bedürftig, auf daß es sie wieder zu einem Ganzen mache.[1] Dieses Geschlechtermodell der polaren oder komplementären Bezogenheit, das Ovid in seiner „Ars Amatoria" zum anmutigsten Kunstwerk stilisierte, ist im ganzen Mittelmeerbereich zuhause und über Frankreich bis hinaus nach Wales.

4. Nach dem zwei bis drei Jahrtausende alten, germanischen Mythos stammen Mann und Frau von dem aus der Vereinigung von Himmel und Erde geborenen Gott Tuisto und seinem Sohn Mannus ab; und nach ihrem göttlichen Urahn Mannus heißen beide „man", „Mann", ebenso wie sie beide, Mann und Frau, nach dem Adjektiv von „man": „mannisco", „Mensch" benannt sind. Auch in dem germanischen Mythos, den die „Völuspa", „Der Seherin Schau", in der Edda überliefert, steht nicht *ein* Geschlecht allein wie in dualistischen Mythen, sondern stehen beide Geschlechter gleichwertig nebeneinander am Anfang der Menschheit und ohne Vorrang eines Geschlechtes vor dem anderen. Ask und Embla, beide dem heiligen Lebensbaum entsprossen, werden zugleich von den Göttern mit denselben Gaben bedacht. Drei Götter finden sie angetrieben am Strand, noch ohne Schicksal und ohne „Heil", jene im Menschen wirkende göttliche Kraft. Und die Götter geben ihnen beiden dieselbe Beseelung, Geistbegabung und Schicksalsfähigkeit: Der germanische Mythos sieht Mann und Frau als Ebenbürtige in *gleichrangigem Neben- und Miteinander*.

Verteilung menschlicher Eigenschaften auf Mann und Frau

In den unterschiedlichen Strukturen des Geschlechterverhältnisses spricht sich aber zugleich das jeweilige Verhältnis zum Geschlechtlichen aus und die unterschiedliche Rolle, die die „Geschlechtskomponente" jeweils bei verschiedenen Völkern spielt. Und sie führt geradewegs zu dem Ursprung eines bisher noch unerkannten Vorgangs von schwerstwiegenden Folgen für das Selbstverständnis der Geschlechter im Abendland, auf den ich 1955 in „Am Anfang waren Mann und Frau" aufmerksam gemacht habe, zu dem Ursprung der Aufteilung menschlicher Züge auf die beiden Geschlechter, die die dreitausendjährige Tradition bis in die Gegenwart festschrieb.

Der hebräische Mann des Alten Testaments gesteht sich keineswegs ein, daß er selber wie das Weib „Fleisch" und ein von sinnlicher Begierde Getriebener ist, als den die Geschichte Ruben, der sich an einer Schlafenden vergeht, das Flehen des Predigers zu Jahwe, ihn vor den Fesseln „jedes schönen Weibes" zu bewahren, die Briefe des Paulus und andere Zeugnisse ihn charakterisieren. Da der Mann dem eigenen Geschlechtsgenossen natürlicherweise stets seine geschlechtsfreie Seite zuwendet, erscheinen er selbst und das männliche Geschlecht ihm frei von Geschlechtsgebundenheit. Die Männer, untereinander von keiner Geschlechtlichkeit erregt, nehmen aneinander nur die Stimme des „reinen Geistes" wahr und erleben sich, da ihre Teilnahme am „Fleisch" zwischen Mann und Mann nicht angesprochen wird, als *Mensch schlechthin.* Sie wird ihm *bewußt* aber durch die Frau. Und wenn sie – gleichviel ob durch ihre „Schönheit", ihre „Reize", ihre bloße Gegenwart – seine Geschlechtlichkeit anspricht, ist ihm dies Beweis nicht für *seine,* sondern für *ihre* Triebhaftigkeit. Entsprechend 1. Mos. 3,12: „Das Weib gab mir von dem Baum, ... und ich aß," schreibt Paulus: „Adam ward nicht verführt: das Weib ward verführt und hat die Übertretung eingeführt." (1. Tim. 2,14) Da hier der Mann als selbst von leicht erregbarer Sinnlichkeit Getriebener an der Frau nur die geschlechtliche Seite erblickt, sie nur als Geschlechtswesen in seinem Blickfeld steht, *„ist"* sie für ihn nur ein Geschlechtswesen und nichts als dies, der Inbegriff der fleischlichen Verlockung, die er in sich selber fürchtet, die ihn allzuleicht zu vergewaltigen droht, und was er bekämpfen muß oder durch seine Herrschaft niederhalten.

Kein Wunder, daß immer wieder mönchische Askese und zölibatäre Enthaltsamkeit – so einen Tertullian, Chrysostomus oder Petrus Damiani – aus der Angst des geiststrebigen Mannes vor der Dämonie der eigenen geschlechtlichen Versuchung in wildesten Frauenhaß ausbrechen ließen, in Ekel und Abscheu vor dieser „Lockspeise des Satans, euch, sage ich, rede ich an, ihr Lusthäuser des alten Feindes," beschimpft Petrus die Ehefrauen der langobardischen Geistlichen, „ihr Wiedehopfe, Eulen, Nachtkäuze, Wölfinnen, Blutegel, die ohne Unterlaß nach mehr lüstet! Kommt also und hört mich, ihre Metzen, Buhlerinnen, Lustdirnen, ihr Mistpfützen fetter Schweine, ihr Ruhepolster unreiner Geister, und was es sonst für Scheusalsnamen geben mag, die man euch beilegen möchte ... An euch weidet sich der Teufel und mästet sich an der Fülle eurer Üppigkeit. Ihr seid Gefäße des Zornes Gottes, aufbewahrt auf den Tag des Gerichts. Ihr seid grimmige Tigerinnen, deren blutige Rachen nur nach Menschenblut dürsten, Harpyen, die das Opfer des Herrn umflattern und rauben und die, welche Gott geweiht sind, grausam verschlingen. Auch Löwinnen möchte ich euch nicht unpassend nennen, die ihr nach Art wilder Tiere die Mähne erhebt und unvorsichtige Menschen zu ihrem Verderben in blutigen Umarmungen räuberisch umklammert...“[72]

Durch das ungeheure Übergewicht, mit dem diese Grundeinstellung zum Bereich des Geschlechtlichen das abendländische Bewußtsein überfrachtete, ist erst die durchgehende Aufteilung *allgemeinmenschlicher* Werte, Eigenschaften, Tätigkeiten, Zuständigkeiten auf die *Geschlechtszugehörigkeit* fixiert worden. Durch sie hat die *Geschlechtszugehörigkeit* überhaupt erst eine so bedeutende Rolle zu spielen begonnen, eine Betrachtungsweise, an die wir uns wie an etwas Selbstverständliches gewöhnt haben, ohne daß es uns auffällt – ja, die sich heute im Anspruch der Feministinnen *überschlägt*, allen bisherigen „man“ unbedingt und unabweisbar ein „frau“ entgegenzusetzen. Und die vor der Mission auf bares Unverständnis gestoßen wäre.

Das Maß ist die Persönlichkeit – nicht das Geschlecht

Für den sexuell kühler veranlagten Nordländer spielte die Geschlechtskomponente eine durchaus geringere Rolle. Das heißt keineswegs, daß er seine Geschlechtlichkeit gering achtet oder ihr ausweicht. Er bejaht und anerkennt sie, aber er vermag sie zu beherrschen und ihr ihren Platz zuzuweisen. Sie besitzt für ihn weder die gefährliche Dämonie des Verbotenen und zu Unterdrückenden, noch die berückende Magie der rettenden Selbstentfremdung im andern wie für den noch den Spannungswert als unerläßliche Bedingung der Liebe genießenden Südländer.

Das gibt ihm die Freiheit, die Frau in gleicher Sachlichkeit wie seinen Geschlechtsgenossen ins Auge zu fassen und sie als eine menschliche Ganzheit zu sehen. Die Frau steht in seinem Blickfeld als weiblicher Mensch, was ihre geschlechtliche Seite mitumfaßt.

Daß er die Frau nicht, wie der Orientale und der Südländer, primär durch die Brille des Geschlechts erblickt, drückt sich bereits in der germanischen Sprache aus, die für *beide* Geschlechter das Wort „Mann" und „Mensch" verwendet, wogegen die hebärische Sprache den Mann „Adam", „Mensch" nennt und „Eva", hebr. „Hawwa" von „hiwja" die Schlange, ableitet; und bei Platon und Aristoteles gleichfalls der Mann das absolute Maß gibt, in Bezug auf das die Frau ein „unvollkommener" ist, ohne Verstand und moralisch verkommen, seine Wiedergeburt aus männlichem Abfall.

Diese Sicht erklärt zweitens, daß nach dem eddischen Mythos die ersten Menschen von den Göttern gemeinsam dieselben Gaben des Geistes, dieselbe Beseelung und Heilsfähigkeit empfangen.

Diese Sicht erklärt drittens, daß der Germane die menschlichen Eigenschaften an beiden Geschlechtern sah, die geistigen und seelischen Qualitäten an beiden rühmte und Tugenden und Lastern beiden zutraute. Denn er erkannte ganz realistisch und ohne Vorurteil, daß Söhne ihre Klugheit auch von der Mutter erbten und Töchter ausgreifenden Sinn auch vom Vater. Von Asdis, Grettirs Mutter, hieß es: „Das sagten viele, es wäre nicht wunderbar, daß sie so tapfere Söhne hätte, so tapfer wie sie selber wäre." „Sie hatte die gleiche Wesensart wie ihr Vater", schildern Chronisten Töchter bekannter Männer hier und da.

Diese Sicht erklärt schließlich das für spätere Zeiten und mit anderen Völkern kaum Vergleichbare: Hier gibt *nicht* in erster Linie *die Geschlechtszugehörigkeit* den Ausschlag, was einer darf, sondern die bessere Eignung, die bessere Einsicht, das sittliche Gewicht der Persönlichkeit, sei es bei Mann oder Frau. Das bedeutet keineswegs – wie man heutzutage allzu schnell und unbesehen zu folgern bereit ist – „Gleichmacherei", sondern ihr Gegenteil: Bei gleichen Rechten und gleichen Pflichten die *jeweilige Eignung*; ebenso wie man ja auch jedem Mann nur solche Arbeit zumutet, die er nach seiner Konstitution zu leisten imstande ist und mit einer seinen individuellen geistigen und körperlichen Kräften angepaßten Berufswahl rechnet.

Die Beurteilung nach der Geschlechtszugehörigkeit aber steht als Folge der fremden dualistischen Rollenverteilungen heute derart im Vordergrund, daß man sich eine andere Wertung kaum noch vorstellen kann. Die Maxime des germanischen „je nachdem", der Grundsatz, daß jeder sich selbst das Maß gibt und daß „nicht alles sich für jeden schickt", bedeutet sowohl den einzelnen Mann als auch die einzelne Frau nach ihren individuellen Fähigkeiten oder Unfähigkeiten zu diesem zuzulassen oder von jenem auszuschließen. An der Stelle des Kriteriums der Geschlechtszugehörigkeit steht hier das Individuum, der einzelne Mensch – und das sollten wir für die Zukunft wieder lernen.

Ebenbürtigkeit im selbständigen Mit- und Füreinander

Wenn ein isländischer Großbauer sich gegen die Vorstellungen seiner Freunde in zwei wichtigen Fragen der Entscheidung seiner Frau anschließt, wenn ein mächtiger Häuptling sich in seinem Starrsinn durch ihren Rat umstimmen, ein dritter sich durch die vorgebrachten Einwände überzeugen läßt, so tun sie dies in freier Anerkennung aus sachlicher Einsicht. Für diese Männer auf Island, in England, in Südgermanien, bei den Sachsen und den Langobarden gab es kein gesetztes Recht, Herr zu sein über die Frau, das einen Entscheidungsanspruch auf Grund der Zugehörigkeit zum Geschlecht des Adam gegenüber dem der Eva herstellte, noch ein „Naturrecht", das den Vorrang des männlichen Willens über weibliche Schwäche ableitete. Wenn sie sich von ihren Frauen Rat holten oder sich umstimmen ließen, so war so etwas möglich, weil sie jeder für sich ganze Männer und Persönlichkeiten waren. Denn wer ganz in sich gründet und seiner selbst gewiß ist, braucht für seine Würde nicht zu fürchten und den erniedrigt es nicht, dort, wo er Achtung entgegenbringt, einen Rat anzunehmen, selbst wenn er die eigene Meinung aufgeben muß. Nicht aus Schwäche oder Unterlegenheit überläßt der Germane einem anderen die Entscheidung, sondern aus Vertrauen.

Und dies Vertrauen ist kein blindes, sondern ein sehendes Vertrauen. „Du sollst entscheiden", antwortet ein Mann seiner Frau, „denn ich habe oft die Erfahrung gemacht, daß du klug bist und das Beste willst," beide gewohnt, die großen wie die kleinen Fragen des Alltags gemeinsam zu beraten. „Die Frauen mögen's entscheiden," klingt es immer wieder. „Das magst du bestimmen." Wie die Zeugnisse der Prähistorie und Geschichte des Nordens wie des Südens, der Runensteine, der Mythen, der großen Heldendichtung und der überreich wie bei keinem anderen Volk fließenden Quellen der Sagas übereinstimmend zeigen und Tacitus bestätigt, standen hier Männer und Frauen als ganzheitliche Menschen bei verschiedener Arbeitsteilung in derselben Welt in gleicher Haltung und Gesinnung, beide gleichen Rechten und Pflichten, beide gleichen Idealen und sittlichen Werten lebend und demselben Werturteil unterstellt: in einem Nebeneinander selbständiger und sich selbstbestimmender Persönlichkeiten.

Die Frau sorgt hier ebenso wie der Mann für Ehre und Frieden der Sippe, dingt Gesinde, gibt Knechten die Freiheit. Wenn sie die Persönlichkeit dazu ist, wählt sie sich selbst den Gatten oder regiert in Abwesenheit ihres Mannes den Gau. Wenn sie das Zeug dazu hat, bietet sie selbständig Mannschaft auf, nimmt Verfolgte unter ihren Schutz und in ihr Haus auf, sie schließt Verträge oder schlichtet den Kampf der Männer.

Niemand erblickt etwas Außergewöhnliches darin, wenn sie wie Unn die Tiefweise die Führung der gesamten Verwandtschaft übernimmt, um sie aus den Kriegswirren in Norwegen zu retten, mit großem Gefolge, dem angesehene und mächtige Männer angehören, die keineswegs Anspruch auf Führung erheben, ausreist, auf Island Land nimmt und an ihre Gefolgsleute verteilt und Unfreien Freiheit und Gut schenkt. Oder wenn eine Frau wie Thordis, die auf dem Thing eigene Gebäude für sich und ihre Leute besitzt, in großen Prozessen gebeten wird, den Schiedsspruch zu tun. Die Frauen leben nicht am Rande des Volksschicksals dahin, sondern das Leben ihrer Gemeinschaft aktiv mit. Sie ist in vollem Sinne des Tacituswortes „Gefährtin des Mannes in Mühsal und Gefahren", als die sie bei der Heirat von ihm ein gezäumtes Pferd, einen Schild mit Speer und Schwert empfängt, Schicksalsgefährtin sowohl in der Ehe wie im Volksganzen. Und daher ist die Rolle der einflußreichen, selbständig handelnden Frau hier nicht die unerhörte, einmalige Ausnahme wie in anderen Kulturen. Die Männer bitten sie um ihren Rat, Unterstützung oder Schiedsspruch, rufen sie um ihre Entscheidung über Krieg und Frieden an, schließen mit oder vor ihr Verträge oder lassen sich durch sie bei fremden Fürsten vertreten. Daß Mann und Frau „eines Sinnes" sind, daß sie in gleicher Haltung und Gesinnung denselben Idealen und Zielen in ausgreifender Tatkraft, stolz und selbstbeherrscht, rücksichtslos gegen sich selbst und groß im Einsatz für Sippenehre und die der größeren Gemeinschaft folgen, daß sie „in dieselbe Richtung blicken" und „am selben Strang ziehen" – das ist der Boden, aus dem ihre Liebe sich stark wächst, und die tragfähige Grundlage ihrer Ehe.

„...ob die Weiber Menschen seien oder nicht?"

Die selbständige Stellung der Frau wandelt sich von Grund auf, als mit der christlichen Mission die Römische Kirche die patriarchalische Über-Unterordnung gemäß dem biblischen Gebot Jahwes „Dein Wille soll deinem Manne unterworfen sein, und er soll Herr sein über dich" für die germanische Welt verbindlich bestimmt und mit Paulus und den Kirchenvätern die Frau, der nach Tacitus in der Auffassung der Germanen „etwas Heiliges innewohnt", als Strafe für Evas Sündentat und triebhaften Ungehorsam in die Gewalt und Zucht ihres kirchlicherseits zur Strenge verpflichteten Herrn und Gebieters gibt im Sinne des Gottesfluchs, den ein sächsischer Geistlicher seinen Landsleuten nahebringt:

„Gehe fort von der Freude!
Du sollst in deines Ehemannes Gewalt sein!
Von der Furcht vor deinem Gatten hart geängstigt,
Sollst du in Niedrigkeit deiner Taten Verirrungen büßen!"[73]

Nach Thomas von Aquin ist sie folglich „dazu bestimmt, in der Botmäßigkeit des Mannes zu leben", nach Luther „sich vor ihm zu bücken", der „höher und besser ist als sie", die „Verführerin" und „Priesterin des bösen Feindes".

Das ist die abendländische Konsequenz des uralten hurritischen Geschlechter-Dualismus, wie zwei Männer desselben Volkes und derselben Generation ihn um die Zeitenwende in ihrer erstaunlichen Auslegung des Sündenfalls mit derselben eigentümlichen Logik formuliert haben: Die Reinwaschung Adams auf Alleinkosten Evas durch Paulus:

„Adam ward nicht verführt,
das Weib aber ward verführt
und hat die Übertretung eingeführt."

überträgt der Philosoph Philo in die klare, unmißverständliche These, die am Beginn des christlichen Zeitalters die Grundlage einer extremen Wesensspaltung der Geschlechter in unvereinbare Gegensätze für Theorie und Praxis, für Meinung, Behandlung und Erziehung von Männern und Frauen durch zwei Jahrtausende hergegeben hat:

> „Die Lust wagt nicht ihre listigen Verführungskünste dem Manne gegenüber anzuwenden, sondern sie verführt die Frau und durch sie den Mann sehr geschickt und treffend; denn der Geist ist in uns das männliche Prinzip, die Sinnlichkeit das weibliche."[74]

Der Zwiespalt, der jetzt die Seele des Menschen zerreißt, wird vergegenständlicht und – was ihn entschärft – auf Mann und Frau verteilt, „verschoben". Geist und Sinnlichkeit bezeichnen jetzt im christlichen Abendland zwei einander entgegengesetzte Daseinsentwürfe der Geschlechter und trennen sie in „Menschen" und „Weiber", wie man von ihnen zu sprechen sich gewöhnt. Ja, es ist noch nicht einmal sicher, ob die Weiber eine Seele haben und überhaupt als Mensch zu betrachten sind. Dieser Frage, ob der Frau der Name „homo" zuzuerkennen sei, widmen sich im 6. Jahrhundert auf der fränkischen Provinzialsynode in Mâcon die Bischöfe mit Ernst und Hingebung.[75] Und diese Frage schläft nicht ein. Noch im 13. Jahrhundert muß Meister Eckhart das Wort „Mensch" vor der Römischen Lehre für beide Geschlechter reklamieren: „Das Wort ‚homo' nehmen *wir* für Frauen und Männer; aber die Welschen wollen es nicht den Frauen lassen!" Noch im 17. und 18. Jahrhundert beunruhigt sie die Deutschen: 1660 erscheint die „Gründliche Beschreibung, Argument und Schlußartikel, belangend die Frage, ob die Weiber Menschen seien oder nicht?" 1791 veröffentlicht einer „Beweis, daß die Frauenzimmer Menschen sind". Und kaum glaublich – noch 1862 sieht jemand sich genötigt zu dem „Beweis, daß die Frauenzimmer doch Menschen sind; eine Erwiderung auf die Broschüre, daß Frauenzimmer keine Menschen seien"[76]

Extremer Geschlechterdualismus

Die kirchlich verordnete Geschlechterordnung prägte das europäische Bewußtsein in einer langwierigen, schmerzhaften Umpolung im Sinne eines absoluten Andersseins von Mann und Frau, ihrer prinzipiellen

Wesens- und Rangverschiedenheit, dergemäß der Mann sich als der Mensch schlechthin verstehen lernte, Wesen und Existenz der Frau aber aus ihrer Geschlechtlichkeit ableitete und ihre Bestimmung allein aus dem Bezug auf sich selbst, den Herren, definierte. Die Frau mußte lernen, keinen eigenen Willen zu haben, vielmehr sanft, demütig und gehorsam ihrem Gebieter und seinem Haus zu dienen und seine Erziehungsnahmen geduldig zu ertragen. Nach alttestamentlicher Psychologie war sie schwach, triebhaft und haltlos, nach dem Afrikaner Augustin „ein hinfällig Ding, das keine Macht über sich hat", von Natur aus über keine Denkfähigkeit, noch irgendwelche Verstandesgaben verfügt. Eine Ausbildung ist daher sinnlos und eher schädlich; sie würde nur zur Überschreitung des ihr gesetzten Rahmens und zu unziemlicher Einmischung in die Welt des Mannes verleiten. Man vergleicht sie mit Kindern und behandelt sie als solche. Für die geschlechtslose, ihrem Frauentum zugunsten der Jungfräulichkeit entsagende „Schwester in Christo" gelten ohnehin andere Kriterien und Würden. Für die dem leiblichen Leben ergebene Evastochter, die in der Vorstellung der Kirchenväter von ruchloser Sexualität überfließt, hatten Paulus und Luther als Schutz vor „Hurerei" die Ehe empfohlen. Und nur die heilige Macht des kirchlichen Sakraments der Ehe und die Kinderzeugung rechtfertigten jetzt ihre Existenz. Erst der Mann macht sie zur Frau, die als Unverehelichte ein soziales Nichts ist. Nur durch den Mann erlangt sie eine soziale Stellung. Er bestimmt, wie sie sein soll und was sie sein darf.

Da steigt im 11./12. Jahrhundert die höfische Gesellschaftskultur des Minnesangs mit ihrem mittelmeerländischen, an Ovid geschulten Stil raffiniert-gefälligen Spiels zwischen Kavalier und Dame, pikant angereichert durch die spezifisch arabische Galanterie des vor der launischen Herrin in letzter Selbsterniedrigung knieenden, ergebenen Dieners über Alpen und Pyrenäen. Indem die neuen, fremden Vorbilder mit ihren bis ins einzelne fixierten Spielregeln nachhaltig in die gesamte abendländische Gesellschaftskunst einsickern, bestärken und verschärfen sie das *absolute Anderssein* der durch die kirchliche Erziehung und Zucht angelernten Geschlechterrollen durch *ihre polaren Entgegensetzungen* vom aktiven Umwerben seitens des Kavaliers und des passiven Empfanges der Liebe von seiten der Dame.

Der Mann als der allein Bestimmende definiert die Existenz der Frau ausschließlich *aus dem Bezug auf ihn selbst*, nicht nach dem, was sie an sich selbst ist, sondern *für ihn*: Er interpretiert ihren Daseinsentwurf als Fortpflanzung, Dienst in Hege und Pflege *für ihn* und ihr Wesen dementsprechend als Empfänglichkeit, Hingabe, Unterwürfigkeit, Anschmiegsamkeit *an ihn*, Gefühlsbetontheit, Personenbezogenheit, Zärtlichkeit *für ihn*.

Damit fiel die ursprüngliche ganzheitliche Welt der Geschlechter im Abendland auseinander in *zwei einander wesensfremde Welten*:[77] in eine „männliche" und in eine „weibliche" Welt. Der Mann war weiterhin frei, seine Existenz selbst und ganz individuell zu entwerfen als ein Leben des tätigen Ausgriff und der Leistung, ein Leben des Geistes und der Macht – mit Ausnahme von drei Bezirken: Zuhause war er der *Gebieter* mit dem Recht – aber auch der Pflicht – sie durch Züchtigung zum Gehorsam zu zwingen wie der Held Siegfried im Nibelungenlied, der Kriemhild in der Kemenate „den Leib zerbläut", um sodann vor „den süezen kinden" bei Hofe „wonniglich Gewand" zu tragen und ihre Augen „an allen Dingen zu weiden". Vor der Gesellschaft nämlich ward derselbe Held, wenn auch nur in fiktiver Unverbindlichkeit, *Schein-Kavalier*, als der galante, „sehr ergebene" *Diener* der huldreich Gnade gewährenden, „gnädigen" Herrin. In der Kirche hingegen kniete er als zerknirschter *Sünder* vor dem Allmächtigen, der „den Menschen" mit dem doppelten Fluch beladen hatte, „weil du dem Weibe gehorcht hast".

Die Frau aber wurde ausschließlich nach fremden – biblisch-hurritischen, mittelmeerländisch-ovidischen und arabischen – Vorbildern erzogen:

„dem Mann zu gefallen und ihm zu gehorchen"

wie Rousseau den Sinn ihres Daseins bündig zusammenfaßte. Was sie an und für sich selbst war, ist jetzt „Männerart". Eine willensstarke, selbstbeherrschte, tapfere, sachlich urteilende Frau „artet sich nach dem Manne", wie Gottfried von Straßburg feststellt. Frauen, die sich in die neuen Schablonen nicht fügen wollen, sind „unweiblich", sie „fallen von Frauenart ab". Alles, was vordem galt, gilt fortan als „männlich" und wurde an einer Frau hart geahndet.

Das Dogma vom Wesen „des" Mannes und „der" Frau

Infolge der Fixierungen der zwei Geschlechterrollen aus unterschiedlicher Herkunft durch die Erziehung und durch das Wunschbild des Mannes entstand eine dogmatische Festlegung der Begriffe des „Männlichen" und des „Weiblichen" auf extreme Gegensätze, die männliche Dichter und Philosophen, spätere Psychologen und Laien immer wieder zu mehr oder weniger geistreichen Spielen mit klappernden Antithesen begeisterten.

Es sind im wesentlichen viererlei Modelle, die an der Entstehung dieses im christlichen Abendland nahezu bis in die Gegenwart herrschenden Dogmas vom Wesen „des" Mannes und „der" Frau als einander ausschließende, absolute Gegensätze zusammengewirkt haben:

1. die mit kirchlichen Machtmitteln durchgesetzte Verpflichtung auf den extremen Geschlechterdualismus des alttestamentlichen Sündigkeitssyndroms;

2. die Erziehung beider Geschlechter nach jeweils unterschiedlichen Leitbildern und Lebensstilen: der Männer nach germanischem Vorbild und germanischer Wertordnung, der Frauen nach fremden Vorbildern aus zwei verschiedenartigen Kulturen und Wertordnungen, nach jüdisch-christlichem und ovidisch-mittelländischem;

3. die materialitsisch-naturalistische Deutung der männlichen bzw. weiblichen Psyche nach dem biologischen Modell von Zeugen und Empfangen;

4. das physikalische Modell der „Polarität", dessen Anwendung auf das Wesen des Geistigen und gar des Menschen schon Goethe als unangemessen abgewiesen und Hegel als „irreführende Taschenspielerkunststücke" gegeißelt hatte; neuerdings im Sinne der „Ergänzung" im Stile des platonischen Halbierungs-Mythos gegensätzlicher Teile des Ganzen als „Komplementarität" bezeichnet.

So wurden alle erdenklichen Gegensatzpaare – oft bis zum Widersinn – auf Mann und Frau verteilt: Aktivität – Passivität, Widerstände überwindendes Einwirken – duldendes Erleiden, in die Ferne ausgreifende Tat – einfühlendes Hegen und Pflegen in der Nähe, Verstand – Gefühl, Kreativität – Imitation, Geist – Natur, Genialität – Fleiß, Sachbezogenheit – Personenbezogenheit, Objektivität – Subjektivität, Leistung – Spiel, Kraft – Anmut, kriegerisch – friedliebend, tapfer – ängstlich, willensstark – haltlos, energisch – sanft, hart – weich, kühl

– anschmiegsam, spitz – rund, gerade – wellig, Dreieck – Kreis, Berg – Tal usw. usw.

Die Verpflichtung beider Geschlechter auf solcherweise einander ausschließende angebliche Wesensgegensätze hat die Menschen unseres Kulturkreises zu Spezialisten vereinseitigt, verarmt und in ihrem Menschsein gemindert. Sie hat die Frauen sich selbst tief entfremdet und verbogen, sie an ihrem Selbstsein gehindert und so ihre innere Freiheit zerstört und damit unschöpferisch gemacht.

Unter dem Diktat der „Polaritäten" wurde der europäische Mann zum Spezialisten des Verstandes erzogen, des logischen Denkens, des kühlen Intellekts, der sein Leistungsleben ausschließlich von rationalen Prinzipien, unabhängig vom hinderlichen Gefühl leiten ließ. Er hatte sich seiner emotionalen Reaktionen zu schämen, sie zu unterdrücken und sich inniger Zärtlichkeit als unmännlich zu enthalten. – Die Frau dagegen war ausschließlich für die Sparte des Gefühls, des Gemüts, der Seele und der Tränen zuständig, instinktbetont, triebhaft, spontan oder von Augenblickseingebungen des „Herzens" motiviert, zum Dienen und Bedienen, zum Pflegen und Hegen des Nahen und Nächsten bestimmt.

Und wer von den Männern und Frauen seinen Anlagen nach dem jeweiligen Rollenanspruch nicht entsprach, war gezwungen, seine Wesensart zu verdrängen oder sich als „unmännlich" lächerlich, bzw. als „unweiblich" anstößig zu machen.

Sinn und Bedeutung des Ausbruchs aus dem „Puppenheim"

Nur konsequent, daß die Frauen, die vor hundert Jahren als erste die Zumutung der ihnen aufgezwungenen Rolle im Stil einer ihrem Innersten widerstrebenden „Weiblichkeit" abschütteln und endlich sie selbst sein wollten – ein ganzer Mensch, statt Puppen nach Wunsch und Bedürfnis, Wohlgefallen und Bequemlichkeit ihres Besitzers, ganz und gar aus der Rolle fielen. Es waren die germanischsten unter den Frauen Europas, die das Unerhörte wagten, zu sich und ihrer durch Tradition und Gesetz sanktionierten Situation Stellung zu beziehen, und dabei entdeckten, daß sie kein unmündiges, weder zum Gehorsam noch zum Spielzeug verpflichtbares Kindwesen ihres ge-

strengen, nüchternen, von betriebsamer Geschäftigkeit erfüllten und
ermüdeten Herrn und Gebieters waren, von ihm durch unübersteig-
bare Abgründe getrennt, sondern ein Mensch mit dem Willen zum
eigenen Gesetz, zur Entfaltung ureigener Wesenskräfte und zur Verantwortung zu selbständigem Wachstum und Reifen zur Persönlichkeit.

In einem rührenden „Aufruf" macht sich 1891 das Verlangen einer
Frau, auch wollen, auch denken zu dürfen, Luft und das Verlangen,
sich selbst zu bestimmen:

Aufruf

Man hat von jeher uns gelehrt,
daß wir nicht haben eignen Wert.
Nichts darf die Frau für sich erstreben,
für Mann und Kind nur soll sie leben.
So war's gelehrt, so war's geglaubt,
so war der Frau das Recht geraubt,
das Recht zu wollen und zu denken,
das eigne Schicksal selbst zu lenken.
Dieselbe Pflicht, das selbe Recht
führt Mann und Weib nun ins Gefecht.[78]

Kein Wunder, daß die „erste Emanzipation", wie jede Kraft, die, bis
zur Unnatur gehemmt, plötzlich freigesetzt ist, hier und da über das
Ziel hinausschoß; und allerlei Übertreibungen und Verrenkungen sie
zeitweilig in Mißkredit brachten. In Verkennung und Verkehrung dieses Wandels sprangen zwei Tendenzen aus der Gesamtentwicklung
heraus: die Tendenz zur Vermännlichung der Frau, die bis in die Imitation männlichen Gehabens ausartete und inzwischen ganz abgeklun-
gen ist, und der in das gegenteilige Extrem tendierende „Feminis-
mus", der zu jeder bisher von Männern besetzten Stellung in welchem
Gelände auch immer die exakt entsprechende Position durch Frauen
in Besitz zu nehmen begehrt – zwei Ausartungen, die durch ihr Haften
an dem radikalen Geschlechter-Dualismus den Sinn des geschichtlichen Vorgangs entstellen.

Denn das Verstehen dieses Geschehens der *Selbstentfaltung der eigenen Identität der europäischen Frauen* erlaubt es: erstens solchen Pa-
rolen und Fehlentwicklungen, die das Ganze diskreditieren, den Boden zu entziehen, zweitens, die alten Vorurteile und Ängste vor allem
auf männlicher Seite zu entkräften, drittens ein für beide bejahenswer-

tes Ziel aufzuzeigen, auf das hin – entsprechend dem inneren Gesetz dieses Aufbruchs und den deutlich sichtbaren Richtungszeichen – die auch durch Widerstand und Unverstand der besorgten Männer nicht mehr aufzuhaltende Entwicklung sich bewegt. Diese Entwicklung ist von evolutionärem Ausmaß, nicht nur für die Frau im Ganzen, sondern auch für das Wesen des Mannes. Die evolutionäre Entwicklung, die die Frau eingeleitet hat, wird den Menschen insgesamt auf eine höhere Stufe heben.

Die positiven Ansätze für diese Wandlungen werden bisher hier und dort bereits sichtbar. Das lehrt etwa ein Blick in die jungen Ehen der Zwanzig- bis Vierzigjährigen, in die schon infolge der Berufstätigkeit der Frauen an die Stelle der reinlichen Arbeitsteilung eine Gemeinsamkeit der Aufgaben einzieht, die wechselweise von beiden Partnern übernommen werden, ein Teilhaben am Sorgen für Kinder und Haushalt, ein selbstverständliches Miteinander von Mann und Frau, das sich bereits beim Neugeborenen bewährt, das jetzt nicht mehr ausschließlich in die Sphäre der Frau gehört. Hier wird längst Väterlichkeit als natürliche menschliche Qualität gelebt, als dem Mann zugehöriger Wesenszug, als für die Entwicklung seiner Kinder unverzichtbare Notwendigkeit, die ihm genauso hingebungsvoll und zärtlich vertraut ist wie der Mutter.

„Mütterlichkeit" – entgegen landläufiger Auffassung nicht unbedingt an leibliche Mutterschaft gebunden noch „automatisch" mit ihr gegeben – ist nicht mehr eine der Frau allein vorbehaltene „Spezialität": sie eignet als Väterlichkeit ebenso dem Mann und kann von ihm entwickelt werden und, mit Zartheit und Güte geübt, sein Wesen mitprägen. Mann und Frau schicken sich heute an, *aus der Einseitigkeit ihrer Spezialisierungen zurückzukehren zur Ganzheit ihres Menschentums*. Der Mann beginnt zur bloßen Verstandesausrichtung auch das Gefühl in sich zu entdecken, zu bejahen, sich zu ihm zu bekennen und es in sich zuzulassen.

Die Frau ist dem Mann auf diesem Wege ein gutes Stück vorausgegangen. Sie hat sich von der *Spezialistin für Halbierungen des Menschlichen* schon weit entfernt und aus eigener Kraft, aus eigener Wesensfindung der Ganzheit weit genähert.

Gewinnung neuer Dimensionen des Menschseins

Drei Besorgnisse freilich streiten heute gegen eine Entwicklung zur menschlichen Ganzheit: Der Mann verlöre seine Männlichkeit, heißt es; Mann und Frau würden zu neutralen, farblosen Wesen; und schließlich: Liebe und Ehe müßten unter der erlahmenden Spannung veröden. Diese Besorgnisse können nicht ernst genug genommen werden, denn sie blockieren unnötigerweise eine unaufhaltsame Entwicklung, weil sie von falschen Voraussetzungen ausgehen. Nicht das Fallen von einer Einseitigkeit in eine neue: nicht eine sogenannte „Verweiblichung unter Verlust der Männlichkeit" sind zu erwarten – vielmehr ein vollmenschliches Mannestum, das jene angeblichen männlich-weiblichen Gegensätze – die *gar nichts mit Geschlechtseigenschaften zu tun haben*, wie sich beweisen läßt[79] – von Verstand und Gefühl, Sachlichkeit und Beseeltheit, Bewährung in einem Leistungsleben und Väterlichkeit, Güte, Innigkeit in sich integriert, beide zur Geltung kommen läßt und zur Synthese verschmilzt.

Anstelle der prophezeiten Verarmung der Geschlechter besteht im Gegenteil eine bisher ungekannte Bereicherung. Beide, Mann und Frau, gewinnen *weitere Dimensionen des Menschseins* hinzu, die ihrem Wesen mehr Gehalt, mehr Tiefe und Weite geben, sie differenzierter, reicher, vollständiger machen und ihrem Leben und *Zusammenleben neue Qualitäten und Möglichkeiten freisetzen*, auch die, in ihrer Liebe und Ehe, in der früher die Liebenden sich zu oft an den Widerhaken der unversöhnlichen Wesenswidersprüche wundgerieben hatten, sich in *tieferer Übereinstimmung* und Innigkeit zu erfüllen.

Entsprechend dem physikalischen Modell der Anziehung und Abstoßung ungleich- bzw. gleichnamiger Magnetpole gilt nach verbreiteter Meinung die „Spannung" als unerläßliche Bedingung der Liebe und die Devise: „Gegensätze ziehen sich an." Ovid hat diese Beziehung zwischen den Liebenden im mittelmeerischen Stile aufs reizendste als bezaubernde Kunst mit allen Schlichen und Finessen gelehrt, die der Magie des ständig neuen Reizes zum Schüren der Flamme bedarf, damit die Liebe im Zunahe des Alltags und in der Gewohnheit der Ehe nicht erlahme. Was für die Völker und die Menschen dieses Stiles selbstverständlich ist und bei uns das Ansehen einer Regel genoß, ist für uns längst keine Garantie mehr für eine glückliche Liebesbeziehung in harmonischer Ehe. Noch gilt es überhaupt für den Nord- und

Mitteleuropäer, der gerade *im gegenseitigen Verstehen*, und das bedeutet: in Gleichklang und Gleichrichtung des Wesens, der Lebensauffassungen, Neigungen, Interessen die tragfähige Grundlage von Liebe und Ehe erblickt. Diesen Unterschied zweier Weisen der Liebe meint Antoine de Saint-Exupéry, den die Erfahrung ganz im germanischen Sinn „gelehrt hatte, daß die Liebe nicht darin besteht, daß man einander ansieht, sondern daß man gemeinsam in die gleiche Richtung blickt"[80]

Wenn hier *„Gleiches sich zu Gleichem gesellt"*, so schließt dies ja keinesfalls die erotische Anziehungskraft aus; sie wirkt sich nur auf gänzlich andere Weise – ausgehend im Seelischen – aus; nicht aus den Sinnen, die sich im Spannungsfeld erhitzen, oft auch ohne die Seele zu erreichen. Noch verurteilt es die Partner zur Langeweile, im Gegenteil: Mann und Frau nicht mehr menschliche Hälften, sondern ganze Menschen, haben durch besseres Verstehen, wechselseitige Anregung und die Möglichkeit, einander zu raten, zu helfen, füreinander einzutreten und einzustehen, bessere Schlüssel für eine reichere Gemeinschaft und tiefere Bindung, für die Erziehung ihrer Kinder und die Bewältigung ihres Lebensweges in den Händen. Und dies ist in Europa schon millionenfach gelebte, bewährte, als natürlich empfundene Wirklichkeit.

Der Sinn des Geschehens seit dem Aufbruch der Frau aus dem „Puppenheim" vor hundert Jahren wird viel zu kurzsichtig gesehen, wenn man ihn allein in ihrer Selbstbefreiung, Emanzipation und in ihrer „Gleichberechtigung" mit dem Mann erblickt. Dies war und bleibt immer noch notwendig – ist aber geschichtlich gesehen nicht das Entscheidende. *Es gibt keine Wandlung eines Geschlechts ohne die des anderen.* Auch der Mann ist, ob er mag oder nicht, in die Entwicklung hineingerissen, in eine Entwicklung, die – ohne im mindesten an zeitgebundene Formen, Werte, Ideale oder Gesinnungen einer endgültig vergangenen Frühzeit anzuknüpfen, geschweige im bewußten oder beabsichtigten Rückgriff auf jene frühe Vergangenheit – nichts anderes bedeutet als *die Verwirklichung seines ureigensten Wesensgesetzes.* In einen Wandel, der keineswegs eine als Schreckgespenst an die Wand gemalte „Verweiblichung" herbeiführt, keine „Niveauminderung" – sondern im Gegenteil Steigerung und Wesensfülle, nicht „Nivellierung der Geschlechter", geschweige denn „Neutralisierung" – sondern im Gegenteil *Entfaltung ungenutzter Anlagen und Kräfte, Ausformung neuer Möglichkeiten der Selbstfindung* durch Preisgabe

der verkrüppelnden Einseitigkeiten, Überspitzungen und neurosener-
zeugenden Verdrängungen durch *Zulassung des verweigerten Selbstes
zur Vollständigkeit.*

„Die große Erneuerung der Welt"

Dies aber bedeutet, aufs Ganze gesehen, einen Evolutionssprung des
Menschen insgesamt, dessen Zeugen und Betroffene wir heute sind.
Er wurde von der Frau ins Werk gesetzt und wird heute schon sinnfäl-
lig ihr zuteil. Können wir es noch übersehen, daß seit jenen kindlichen,
frühverkümmerten Frauen, die unsere Urgroßmütter waren, innerhalb von nur vier Generationen Unerhörtes geschehen ist? Zu ihrer intellektuellen Entfaltung, geistigen Beweglichkeit und schöpferischen
Vitalität hat die Frau in dieser Zeit eine natürliche Vollendung und
Schönheit des Körpers hinzugewonnen, dazu ein unbefangenes, wie
ein Parfüm getragenes erotisches Fluidum, ja sogar mehrere Jahrzehnte an Jugendlichkeit und Leistungsfähigkeit. Der Mann wird es
mit der vollen Entfaltung und Anwendung der in dem einzelnen liegenden Möglichkeiten unvergleichlich viel leichter haben, seine der ihren entsprechende Wesensform zu finden – sofern er bereit ist, den
Gang der Entwicklung zu fördern statt zu hemmen.
Was sollen wir tun? Zunächst müssen wir uns in bezug auf Mann und
Frau endgültig freimachen von einem dualistischen Denken in einander ausschließenden und wertverschiedenen Gegensätzen zugunsten
eines Ganzheitsdenkens, wie es sich in anderen Denkbereichen längst
durchgesetzt hat. Zweitens gilt es, die fixierten, als Schablonen selbst
auf andere Rassen und Kulturen angewendeten Begriffe von „männlich" und „weiblich", die sich als falsch besetzt erwiesen haben, endgültig aus dem Verkehr zu ziehen und nicht weiterhin „weibliche Kom-
ponenten im Mann" und „männliche Wesensmerkmale, Eigenschaften, Züge" an der Frau als absolute Größen ins Feld zu führen, bevor
wir den wahren Unterschied zwischen den Geschlechtern nicht erfaßt
haben. Drittens muß sich der Mann entschließen, wie sein Urahn vor
tausend Jahren die Frau nicht schlechthin durch die Brille des Geschlechts zu sehen und als ein für ihn und in bezug auf ihn existierendes
Wesen zu definieren, sondern sie als Menschen weiblichen Geschlechts von eigener Daseinsbestimmung und Würde anzuerkennen.

Was der weiße Mann heute keinem Andersfarbigen verweigert – ihn als Menschen anzuerkennen und privat, beruflich, finanziell mit denselben Maßen zu messen wie sich selbst – das darf er, in seinem eigenen Interesse, auch der Frau nicht mehr verweigern. Seherisch hat Rilke diese Notwendigkeit schon 1904 vorausgefühlt: „Dieses in Schmerzen und Erniedrigungen ausgetragene Menschentum der Frau", schrieb er,[81] „wird dann, wenn sie die Konventionen der Nur-Weiblichkeit in den Verwandlungen ihres äußeren Standes abgestreift haben wird, zutage treten, und die Männer, die es heute noch nicht kommen fühlen, werden davon überrascht und geschlagen werden. Eines Tages ... wird die Frau da sein, deren Name *nicht nur ein Gegensatz zum Männlichen bedeuten wird, sondern etwas für sich, etwas, wobei man keine Ergänzung und Grenze denkt* – der weibliche Mensch. Und vielleicht sind die Geschlechter verwandter, als man meint, und die große Erneuerung der Welt wird vielleicht darin bestehen, daß Mann und Mädchen sich, befreit von allen Irrgefühlen und Unlüsten, *nicht als Gegensätze suchen werden, sondern sich zusammentun werden als Menschen ... in jenem wundervollen Nebeneinanderwohnen, das die Möglichkeit gibt, einander immer in ganzer Gestalt und vor einem großen Himmel zu sehen.*"

In Wandel und Entfaltung des Verhältnisses von Mann und Frau durch ihre Lossage von dem orientalischen Geschlechter-Dualismus – die der Dichter schon 1904 visionär beschwor – liegt seit einem Jahrhundert ein besonders spektakulärer, allen bekannter, von allen Frauen und Männern Europas mehr oder weniger begangener, für jeden nachprüfbarer Weg sichtbar vor aller Augen, den Europa schon aus dem zerfallenden Zeitalter in ein neues, „europäisches" Zeitalter geht.

Das neue Verhältnis zur Arbeit

Arbeit als Fluch und Entfremdung

Sich durch die Arbeit das Lebensnotwendigste zu beschaffen, war durchaus nicht der einzige Zweck der Arbeit – mehr als dies aber galt als Hochmut und Sünde. Sie sollte „zum 2. den Müßiggang, die Ursache so vieler Laster, vertreiben, zum 3. durch die Kasteiung des Leibes die Fleischeslust zügeln" und schließlich Almosen ergmöglichen[82] So wies um 1250 – wir hörten es schon – Hl. Thomas von Aquin die Christenheit an, in welchem Geist sie ihre tägliche Arbeit zu verrichten habe, ohne dabei auch das Heil ihrer Seele zu verlieren. Denn, das hatte schon vierhundert Jahre früher in karolingischer Zeit der Geistliche Theodulf[83] seinen Landsleuten klargemacht, ihrer Hände Werk zum Heil ihrer Seele zu betreiben war bei weitem notwendiger als nur zur Erhaltung des Lebens. Denn Gott hatte nach dem Sündenfall der ersten Menschen „die Arbeit verflucht" und als lebenslängliche Strafe über die sündigen Menschen verhängt:

> „Mit Kummer sollst du dich ... nähren dein Leben lang!
> Im Schweiß deines Angesichts sollst du dein Brot essen,
> bis daß du wieder zum Staube werdest,
>   davon du genommen bist,
> denn Staub bist du und zu Staub sollst du werden."
> (1. Mos. 3,17)

Wir erinnern uns: Der Fluch, mit dem Gott Jahwe in der Niederschrift des 1. Buches Mosis das Sünderpaar in die Fremde treibt, klingt zweitausend Jahre in sächsischen Ohren so:

> „Du sollst ein ander Land suchen,
> einen wonnelosen Aufenthalt, und in Verbannung gehen,
> ein nackter Bettler, des Paradieses und der Herrlichkeit
>   beraubt!
> Dir ist Scheidung bestimmt Leibes und der Seele
> Für das, was du durch leidiges Verbrechen anstiftetest,
> Darum sollst du arbeiten
> und dir auf Erden deinen Unterhalt selbst erwerben,

Herbeischaffen, schweißigen Antlitzes dein Brot essen, solange du hier lebst."[84]

Diesen Fluch schleudert der *Herr* in der Altsächsischen Genesis dem Menschen nach, indem er ihn in die „Fremde" treibt. In der Predigt, die fortan dem Abendland gehalten wird, ist der Mensch „Staub", ein Nichts, ein Sünder, der in seiner Entfremdung zur Strafe der Arbeit verurteilt, dem um seiner leidigen Begierden willen die Arbeit als „Kasteiung des Leibes" und Buße durch körperliche Mühe und Plage, zur Verhütung von „Müßiggang" und Ausbrütung so vieler neuer Sünden und zur Zügelung der „Fleischeslust" auferlegt worden ist. Seit der von der Römischen Kirche propagierten „Scheidung Leibes und der Seele" scheinen Gedanken und Sprache der Geistlichkeit in Lehre und Predigt bei jeder Erwähnung des „Leibes" von sexuellen Assoziationen nur so zu triefen und noch vier Jahrhunderte später unverändert dem Leiter des Studium Generale in Köln aus seiner Feder zu fließen.

Was könnten wir heute für die Lösung der unendlichen Probleme und vor uns stehenden Aufgaben unserer Zeit und der Zukunft von einem Menschen erwarten, der einerseits dem biblischen Auftrag Gottes lebt, sich die Erde, die Natur, alle Tiere und Pflanzen „untertan" zu machen, und der auf der anderen Seite sich selbst, aber auch seine Mitmenschen und Mitarbeiter als „Staub", die Arbeit aber als Strafe und Fluch versteht. Diesem biblischen Menschenbild entsprechend begriff sich in der Tat denn auch die frühe Phase des Industriezeitalters mit der zur Fron brutalisierten Arbeit und dem zum Rädchen einer Maschine entmenschten Arbeiter. Von hier stammt das verhängnisvolle Wort des amerikanischen Ingenieurs und Begründers der wissenschaftlichen Betriebsführung Taylor: die Arbeiter seien grundsätzlich „dumm, faul und gefräßig" – das besage, man muß für sie planen, sie ständig kontrollieren und im Akkord entlohnen.

Das aus dem biblischen Sündenfall begründete Modell der Arbeit beherrschte im Sinne der Erläuterung durch den Kirchenlehrer Thomas von Aquin das Abendland bis ins Industriezeitalter, bis es eine säkularisierte Neuauflage durch Karl Marx erlebte. Auch für ihn steht am Anfang der Weltgeschichte ein Sündenfall, der Sündenfall des Privatbesitzes und der Arbeitsteilung, weshalb der Mensch, aus dem Paradies vertrieben, die Arbeit als Fluch, als Verkrüppelung und als Entfremdung erfahre. Selbst der vom heiligen Thomas beschworene hehre Sinn der Kasteiung und Zügelung der „Fleischeslust" fehlt nicht in der Liste der Arbeitsursachen und -zwecke. Darin sind sich Engels und Freud einig: Unter dem Zwang ökonomischer Lebensnot ist die Arbeit als Ablenkung und Verdrängung sexueller Betätigung entstanden und angezeigt.

Die Arbeit – ein Fluch und eine Entfremdung! Wo sie freiwillig getan werde, ist sie gut. Als notwendiges Mittel zum Erwerb des Lebensunterhalts ist sie böse, ein Fluch. Dieser manichäische Dualismus führt Marx zu der unmenschlichen Konsequenz: Zunehmende Verelendung des Arbeiters sei daher nötig, sei Vorbedingung für den dialektischen Umschlag, für den Sturz der Gesellschaftsordnung, der die Klassengegensätze ausschalten, die Notwendigkeit, arbeiten zu *müssen,* abschaffen werde – Vorbedingung für die kommunistische Revolution, die das Privateigentum und „die Arbeit beseitigen" werde.

Vor reichlich hundert Jahren – 1883 – im Todesjahr von Karl Marx erschien eine Schrift des kubanischen Arztes Dr. Paul Lafargue, die, von Eduard Bernstein ins Deutsche übersetzt, den Titel trug: „Das Recht auf Faulheit – Widerlegung des 'Rechtes auf Arbeit'". Womit er sich auf ein Buch des französischen Sozialphilosophen Fourier bezog, das großen Einfluß auf die Genossenschaftsbewegung geübt hatte. Dr. Lafargue aus Kuba war Marx' Schwiegersohn. Er machte ernst mit seinem Programm als Aussteiger aus der Arbeitswelt. Weil er Arbeit für seiner unwürdig hielt, gab er seinen Arztberuf auf und lebte wie sein Schwiegervater von den Zuwendungen des Industriellen-Freundes Friedrich Engels, die zu erbitten er jedenfalls nicht für unter seiner Würde erachtete. Übrigens beging er mit seiner Frau Laura Selbstmord. In seinem Buch schrieb er: „Ein Bürger, der seine Arbeit für Geld hergibt, erniedrigt sich zum Range eines Sklaven: er begeht ein Verbrechen, das jahrelanges Gefängnis verdient."[85]

Diese Aussteiger-Mentalität hat seit den 60ger Jahren weit um sich gegriffen. Zu ihrer steilsten Zuspitzung hat sie sich im Null-Bock-Trend gesteigert. Es war ein Fernseh-Interview, das durch den Tod des interviewten 18-jährigen bei den Krawallen der Hausbesetzer in Berlin-Kreuzberg am folgenden Tag seinen tragischen Schlußakkord erhielt. Auf die Frage des Interviewers „Was machst du hier denn eigentlich", antwortete der vom Niederrhein Getrampte im Null-Bock-Jargon:

„Ich bin aus der Gesellschaft ausgestiegen,
weil ich keinen Bock hatte zu arbeiten

und weil mir das auch stinkt,
weil man dauernd unterdrückt wird
von andern Wichsern am Arbeitsplatz,
vom Meister oder so, der sagt: fegen hier!
oder sonst irgendwie in einer miesen Art.
Darum hab ich auch keinen Bock, irgendwie zu arbeiten.
Ich bin drei Monate durch die Gegend getrampt...
Und ich seh auch nicht ein,
warum ich arbeiten sollte hier in Deutschland.
Hier bei den Hausbesetzern,
das ist alles astrein und echt optimal,
hier wird auch unwahrscheinlich viel gekifft.
Ich hoff, das wird mal legalisiert, der Haschisch..."

In der „Szene" haben die Marx-Lafargueschen Töne ihre Rattenfängerei voll entfaltet: „Zwar schafft die Arbeit Werte, ein Wert selbst ist sie nicht", hatte Marx gesagt; im Gegenteil – sie ist ein Fluch, eine „Entfremdung"!

Das bedeutet in der eigentümlichen Marx'schen Psychologie:

> „Indem der Mensch sich in die Arbeit entäußert, entfremdet er sich selbst: Er verliert sich an die Dingwelt, an das Produkt, das sich verselbständigt. Die eigene Tat wird ihm zu einer gegenüberstehenden Macht,"[86]

die ihn unterjocht, statt daß er sie beherrscht. In der Tat muß für ihn der Mensch, wie Marx ihn sieht, indem er sich die platte Eindimensionalität der transzendenzlosen, rein-materiellen Oberflächenwelt ent-äußert, sich selbst verlieren, zum Determinierten, Fremdbestimmten werden, der unfrei, leer, elend, der „entfremdet" ist. Als der zukünftige Heilsbringer soll darum der Proletarier seine tiefste Verelendung erleiden, weil dies, gemäß manichäisch-gnostischem Denken, die notwendige Etappe auf dem Kreuzweg zur Erlösung sein muß.

Arbeit als Segen und Sinngebung

Wie verträgt sich die extrem negative Wertung dieses Arbeitsmodells damit, daß es Menschen gibt, die unglücklich sind, wenn sie nicht arbeiten können, die schwermütig, ja krank werden, wenn sie nicht arbeiten dürfen? Oder: wenn der Engländer Charles Lamb behauptet:

„Nicht zu arbeiten ist schlimmer, als sich zu überarbeiten" oder wenn der französische Graf de Saint-Exupéry von sich sagt, „das ungeheuerliche Nichtstun nicht ertragen" zu können. Eine Strafverschärfung für Gefangene ist es, wenn ihnen Arbeit verboten wird. Wie kamen Arbeiter dazu – wie lange Jahre geschehen – den Forderungen der Gewerkschaften nach Verkürzung der Arbeitszeit, der Lebensarbeitszeit, der Jahresarbeitszeit, der Wochenarbeitszeit mit dem Ziel der Viertagewoche und der täglichen Arbeitszeit, wie sie es seit 1974 propagieren, das heißt, nicht nur immer weniger und leichter zu arbeiten, sondern auch „unter Vermeidung aller Individualanreize und jeglichen Wettbewerbs im Betrieb", Widerstand entgegenzusetzen und der gewerkschaftlichen Kampagne gegen den angeblichen „Leistungsdruck" gründlich zu widersprechen?

In einer Studie des INFAS-Instituts, das Erhebungen in den Betrieben über die Qualität des Arbeitslebens anstellte, hatte weit mehr als die Hälfte grundsätzlich nicht den Wunsch, *weniger* zu arbeiten, und erwies sich als ausgesprochen leistungsbewußt. 68 % der Befragten setzten auf den innerbetrieblichen Aufstieg durch eigene Leistung und wünschten, ihr Einkommen solle sich nach der jeweiligen Leistung richten.

Für die eintausend befragten Jugendlichen einer Shell-Studie stand die Verkürzung der Arbeitszeit geradezu in Gegensatz zu ihrer Vorstellung von Arbeit. Noch vor der Frage nach Entlohnung kam es ihnen vor allem auf *Vielseitigkeit,* auf *Selbstbestimmung ohne Hierarchie,* auf *Verantwortung* und auf die Möglichkeit zur *Selbstverwirklichung* in der Arbeit und zur *Persönlichkeitsentwicklung* an.

Einige wenige Beispiele, die ausgesprochen positive Aspekte der Arbeit zeigen, die einen *Sinn* für den Menschen selbst besitzt, die einen *Wert* für ihn bedeutet. Hier liegt offensichtlich ein von Grund auf anderes Verhältnis zur Arbeit vor als das der Entfremdung, die angeblich jeder Mensch in der Arbeit erleidet. Aber auch *ein anderes Menschenbild,* das sich grundsätzlich von dem Marxschen Bild des Proletariers unterscheidet, der in der Angst, sich an das ihn unterjochende Produkt zu verlieren, die Arbeit im krassen Gegensatz zu den befragten Jugendlichen als Selbstverlust fürchtet.

In dieser Jugend dagegen kündigt sich ein Menschenbild an, das auch nicht das Geringste mit dem biblischen des durch den Fluch der Arbeit bestraften Sünders zu tun hat.

Aber weshalb immer wieder das Wort vom „Fluch" – liegt das nicht tausend Jahre zurück? Wie heftig die Verfluchung der Arbeit durch den Gott des Alten Testaments die Europäer beschäftigt, erregt, ja entrüstet hat, wie kränkend sie ihn empfanden, das spricht aus diesen drei Komplimenten an die Arbeit, in die sich unwillkürlich der Protest gegen jenen so abwegigen Gedanken hineindrängt. Da empört sich einer:

> „Der Müßiggang, nicht die Arbeit,
> ist der Fluch der Menschen!"

Der Geschichtsphilosoph Justus Möser formuliert 1750 ironisch:

> „Die Arbeit, dieser Fluch, womit Gott das menschliche Geschlecht *segnete,* gibt uns wahres und dauerhaftes Vergnügen."

Wie ein Jubel nimmt sich dieses Wort des Schotten Selkirk aus, das der Engländer Smiles in einem Bündel wahrer Hymnen auf die Arbeit 1870 gesammelt hat, die auch in Deutschland ein Klima Begeisterter gefunden hatte:

> „Segen der Arbeit, warst du Gottes *Fluch* –
> wie müßte *dann* erst sein *Segen* sein!"

Man war sich einig in der Überzeugung, daß „Arbeit adelt".

Arbeit – auf griechisch und auf germanisch

Solche Widersprüche weisen darauf hin: Der Sinn der Arbeit ist grundverschieden für verschiedene Menschen, Völker und Kulturen und nur zu verstehen aus ihrem jeweiligen Selbstverständnis.

Das antike Griechenland wälzte die tätige Daseinsfürsorge auf die reichlich verfügbaren Sklaven ab. Das hatte einen psychologischen Grund in ihrer spezifisch griechischen Denkweise und Weltzuwendung, wie sie sich etwa zeigten in dem ihnen eigentümlichen Verhältnis zur Welt der Tatsachen – einem Mißverhältnis zur praktischen Wirklichkeit, der sie stets gern die Theorie, die geistige Schau, die reine Erkenntnis ohne unbedingten Hinblick auf Anwendung und pragmatische Nutzbarmachung zu den alltäglichen Zwecken der Leibesernährung und Lebensgestaltung vorzogen. Und es erklärt, warum in Griechenland nie eine Wissenschaft in unserem Sinne, keine Erfahrungs- und Experimentalwissenschaft entstand, warum der griechische Geist den Barfußgang der minutiösen Beobachtung und Erfahrung in der niedrigen Welt der Materie scheute und sich stets sogleich dem steilen Gedankenflug der Naturphilosophie zum Allgemeinen, zu den Ideen aufschwang und warum sie nicht ihre technischen Kenntnisse ganz handgreiflich in die Konstruktion von einfachen Maschinen umsetzten; wie später die Araber. Die ungeliebte Arbeit war eben Sache der leibeigenen Heloten und Sklaven. Der Nerv der antiken griechischen und römischen Wirtschaft war die Sklaverei.

Und unsere eigenen Vorfahren? – so wird man fragen, war es bei den Germanen etwa anders? Die hielten offenbar doch auch nichts von der Arbeit. Sogar wissenschaftliche Werke berufen sich auf die viel strapazierte Stelle bei Tacitus von ihrer Faulenzerei und ihrem Nichtstun! Man amüsiert sich bärenmäßig mit dem Studentenulk von den alten Barbaren, die den ganzen Tag auf Bärenfellen lagen und immer noch eins tranken, was jedenfalls ein entsprechendes Licht auf ihre Einstellung zur Arbeit wirft, nicht wahr?

Erst wenn man das Kapitel 15 seiner „Germania" im Zusammenhang liest, erfährt man: Tacitus spricht dort allein von den „jungen Adligen" und der Schar ihrer Gefolgsleute, die zwischen ihren häufigen Kriegszügen ihre freie Zeit mit „Ausruhen, Essen und Schlafen" verbringen und bis zum nächsten Aufbruch „keinen Finger rühren" – aber die Sorge für Hof und Feld weiter denen überlassen, die sie auch sonst betreiben. Was jedoch für den Römer Tacitus zu diesem Volk, das immer tätig sein muß, gar nicht passen will – weshalb er kritisch anmerkt: „Ein merkwürdiger Widerspruch in ihrem Wesen!" und damit selber klarmacht, daß sie im Gegenteil ein arbeitsames Volk sind, mit dessen Bild jedenfalls Faulenzerei nicht harmoniert. In der Tat zeichnen die zahlreichen Familiensagas, die Isländer und Skandinavier in ihrer Alltagswelt schildern, und ebenso die alten Gesetze, wie die sogenannte „Graugans" ein völlig anderes Bild. Hierin heißt es z.B. über die Arbeitsteilung zwischen Mann und Frau, was ein bezeichnendes Licht auf die freiheitliche, autonome Stellung der germanischen Frau wirft, die in der bekannten Kulturwelt wohl einzigartig dasteht:

„Eine Frau ist nicht verpflichtet, an der Hauswirtschaft beteiligt zu sein, *wenn sie nicht will.*

Wenn sie aber mit ihrem Mann zusammen in der Wirtschaft steht, dann hat sie die Wirtschaftsleitung innerhalb der Hauswände zu übernehmen, *wenn sie will,* und die Milchwirt-schaft."[87]

Die gesamte Außenwirtschaft in Stall und Feld ist Sache des Mannes. Und hier packt man, sei es mit, sei es ohne Knechte, nicht nur in Haus und Stall, beim Eggen, Säen, Mähen, Heumachen, Ernten, Dreschen kräftig zu. Der Bauer fährt außerdem zum Fischfang aus, auf Bären- und Seehundsjagd, zimmert, tischlert, baut, vergrößert Haus und Ställe, ist aktiver Thingmann und jederzeit wehrhafter Krieger. „Er war ein tüchtiger Bauer", heißt es immer wieder, oder gesteigert: „Er war ein großer Wirtschafter". Von Thorstein Stangenhieb heißt es: „Er war groß und kräftig und still von Wesen und tat sich in der Wirtschaft seines Vaters so hervor und schaffte, wie nicht drei Knechte schafften." Oder vom Bauer Ulfar: „Ein Mann von überragender Arbeitskraft und bekannt dafür, daß das Heu von ihm schneller eingebracht wurde, als von allen anderen Männern."

Der Tüchtigkeit galt ein ständiger Männervergleich, den die Bauern bei geselligen Zusammenkünften anstellten. Sich als tüchtig zu beweisen, war Ehrgeiz und Stolz. Und Ausweis des „Heils". Von einem, der mit rastloser Kraft die Hacke schwingt und seine ganze Tatkraft in die Feldarbeit legt, so daß das karge Erdreich sich der Fruchbarkeit öffnet und ihm reiches Korn bringt, sagte man: er hat Ernteheil. Wenn einer sein Vieh vor Wölfen und Bären, vor Frost und Trockenheit schützt und heil durchbringt, wenn es gedeiht und sich vermehrt, sagte man: er hat Viehheil. Wenn einer die reichen Fischgründe ausmacht und mit vollen Netzen heimkehrt, sagte man: er hat Fischheil. Was meint der Bauer mit diesem „Heil"? Erfolg? Prestige?

Heiligung der Arbeit

Was nicht etwa nur im Kampf – das, was ihn in all seinem Tun und Schaffen, in jeder mit vollem Einsatz geleisteten Arbeit zu Besonderem, über sich und sein Maß hinaustragendem Wirken beschwingt, das, was ihn in seiner rückhaltlosen Hingabe, was er anpackt, gelingen läßt. Es meint die aus Urvertrauen und Geborgensein im Weltgrund schöpfende Kraft, die in ihm und durch ihn strömt und sich in sein ganzes Tun ergießt.

Dieses Arbeits-„Heil" wird im Laufe der christlichen Jahrhunderte durch den schreienden Widerspruch des Arbeits-Fluches bewußt und von einzelnen immer von neuem ganz im alten, ursprünglichen Sinne ins Bewußtsein gehoben. Die Schar seiner Verfechter, denen das Leben ein Feld der Tatenlust und ewigen Werdedrangs ist und die bei unterschiedlichstem Wesen und Wirkensbereich aus demselben Erleben schöpfen und die, obwohl ohne voneinander zu wissen, zur selben Sinndeutung gelangen, reicht durch die Jahrhunderte bis in die Gegenwart. Für sie alle ist der Mensch als Teilhaber des in ihm wirkenden Göttlichen sein hochverantwortlicher „Mitwirker", der mit seiner Arbeit die Schöpfung fortsetzt und neue Wirklichkeiten schafft – die es ohne ihn ja nicht gäbe: die menschliche Welt, die technische, künstlerische, geistige, die staatliche. Denn die im und durch den Menschen schaffende Macht drängt danach, sich in Tätigkeit, in Leistung, in einem Werk auszuzeugen und damit an der Schöpfung mitzuarbeiten – erst so kann der Mensch sich selbst verwirklichen.

Darum, so predigt der ritterbürtige Eckhart von Hochheim, den wir als den geistgewaltigen Meister Eckhart kennen: Man vereinigt sich mit Gott nicht durch süße Worte, Seufzen und schmachtende Andacht, nicht im Genießen und sich Gefallen in frömmlerischen Verzückungen, noch im Beten um das eigene Seelenheil und in seliger Beschaulichkeit, sondern im Tun:

> „Nicht als ob man seinem Innern entweichen oder entfallen oder absagen solle, sondern gerade in ihm und mit ihm und aus ihm – nämlich dem Göttlichen – soll man so wirken lernen, daß man die Innerlichkeit ausbrechen lasse in die Wirksamkeit und die Wirksamkeit hineinleite in die Innerlichkeit – könnten sie beide in einem geschehen, das wäre das beste: so wäre es ein Mitwirken mit Gott."[88]

In der Geburt Gottes im Seelengrund bricht eine machtvolle Kraftquelle in den Menschen auf und durchflutet alle seine Kräfte, die sich naturnotwendig in einem äußeren Wirken ausgeben müssen – „da muß das Allerinnerste in die Auswendigkeit kommen". Denn

> „wenn es mit einem Menschen recht stehen soll, so muß ihm je von zwei Dingen eines geschehen: entweder er muß Gott ergreifen und innehaben in jeder Arbeit – oder er muß alles Treiben und Tun überhaupt lassen. Weil nun aber der Mensch in diesem Leben nicht ohne Tätigkeit sein kann, die zum Menschen ge-

hört – und deren es vielerlei gibt – darum lerne der Mensch, mitwirken mit seinem Gott in allem Wirken und an jedem Ort.

Dann leuchtet Gott ihm ebenso unverhüllt in der weltlichen Arbeit wie in der allergöttlichsten."[89]

Das war für die Menschen seiner Zeit zum Aufatmen neu. Die Arbeit nicht mehr Sühne für den Sündenfall, wie es Predigt und Schriften eifernd fordern. Die deutsche Mystik adelt die Arbeit. Sie wird zum „Beruf" im wörtlichen Sinne der Berufung. Dabei kommt es nicht auf Inhalt oder Gewichtigkeit der Arbeit an, sondern auf die Gesinnung, in der sie getan wird: ob an der Drehbank, in der Zelle, in Küche oder Backstube, in Stall, auf dem Feld oder am Herdfeuer. Nicht aber Flucht und Absonderung von der Welt, allein ein tätiges Leben ist ein voll erfülltes Leben.

„In der Schau dienst du allein dir selber, im tüchtigen Wirken aber dienst du der Gemeinschaft."[90]

Diese *Mystik der Tat* als der Auszeugung des Göttlichen durch das Handeln des Menschen lebt fünfhundert Jahre später in Fichte, dem *Philosophen der Tat,* wieder auf und in einer kraftvollen, holzschnittartigen Sprache:

„In dem, was der Mensch tut, erscheint Gott in seinem unmittelbaren kräftigen Leben, und die aus dem leeren Schattenbegriff unbeantwortete Frage: was ist Gott? wird hier so beantwortet: er ist das, was der von ihm Erfüllte tut."

Denn

„In diesem Handeln handelt nicht der Mensch, sondern Gott selbst in seinem ursprünglichsten inneren Sein und Wesen ist es, der in ihm handelt und durch den der Mensch sein Werk wirket."[91]

Durch uns hindurch, durch alle unsere Kräfte, durch unsere Hände, Arme, durch unsere Hirne und Herzen drängt das Urschöpferische hinein in unser Tun, in jede Arbeit, in jedes Werk, so daß wir selbst sein Organ werden. Das ist nicht abgestandene Überzeugung abgelebter Vergangenheit. Der am 10. April 1955 in New York gestorbene französische Paläontologe Pierre Teilhard de Chardin bekennt, ohne Fichte geschweige Eckhart zu kennen, aus derselben europäischen *Religion des Einsseins auch in Arbeit und Tat:*

„Im Handeln schließe ich mich der Schöpferkraft Gottes an, ich falle mir ihr zusammen, ich werde nicht nur ihr Instrument, sondern ihre lebendige Verlängerung."[92]

Wir vereinigen uns mit Gott in jeder menschlichen Tätigkeit und um so inniger, je gewissenhafter wir unsere Arbeit tun. Wie könnte, so fragt er, der als Ordensgeistlicher vielen Bedenken und Vorwürfen ausgesetzt ist, die Arbeit uns von der Liebe zu Gott ablenken, uns „geistlich behindern"? Gott ist ja nicht fern, nicht außerhalb unseres Tuns –

„Er erwartet uns vielmehr jederzeit im Handeln, im Werk des Augenblickes. Er ist gewissermaßen an der Spitze meiner Feder, meiner Hacke, meines Pinsels, meiner Nadel – meines Herzens, meines Gedankens. Indem ich den Strich, den Schlag, den Stoß, mit dem ich beschäftigt bin, bis zur höchsten natürlichen Vollendung bringe, erfasse ich das letzte Ziel, nach dem mein tiefstes Wollen strebt."[93]

Das sind nicht nur Stimmen Vereinzelter. Wahre Hymnen werden aus echter Leistungsfreude und Befriedigung durch die Arbeit im Laufe der letzten Jahrhunderte in dem mehr der Tat als der Muße, mehr der prometheischen Anstrengung als dem satten Genießen, mehr der dynamischen, aktiven Lebensweise als der ruhigen Beschaulichkeit oder der Stille der Schau hingegebenen Europa auf diesen „Segensquell", „des Bürgers Zierde", auf „des Glückes Seele und des Friedens Hort", „Quell der Freude und der Tugend", auf diese „Flügel", die „tragen über Strom und Hügel" gesungen. Die Arbeit hat im europäischen Verständnis bezeichnenderweise geradezu religiöse Würde empfangen als schöpferisches Mitwirken mit dem Urschöpferischen, als Verwirklichen des Ewigen im Zeitlichen und verantwortliche Fortsetzung der Schöpfung durch den Menschen mit jedem Kinderwickeln und Staubwischen, mit jedem Ordnen und Planen, mit jedem Pflanzen und Bauen, mit jeder Schreibmaschine und jedem Computer. Jeder, der mit voller Hingabe und Gewissenhaftigkeit schafft, indem er mit seiner Arbeit sich selbst, seine Ichbezogenheit, überschreitet, nimmt am Wirken und Verwirklichen des Ewigen teil, indem er mit dem einfachsten Tellerspülen und Besenkehren, Schweißen und Sägen ebenso wie mit der Lungenoperation, mit einer Symphonie oder Erfindung „sanfter" Energien für Großanlagen und -flächen das immerwährende Weltwerden des urschöpferischen Seins durch sein Tätigsein fortsetzt.

Hat es jemals und irgendwo eine stärkere Bejahung, eine höhere Wertung, eine nur annähernd vergleichbare Heiligsprechung der Arbeit und des arbeitenden Menschen gegeben? Im Gegensatz zu dem manichäischen Dualisten Marx und zu den neomarxistischen Schulen, die die Arbeit mit dem Makel der Entfremdung und Ausbeutung des Arbeiters und die Arbeit des Selbständigen neuerdings mit dem der „Selbst-Ausbeutung" an den Pranger stellen, gewinnt hier im dialektischen Unitarismus der Mensch gerade sich selbst und seine wahre Identität, wenn er sich selbst überschreitet. Er kann sich nicht „entfremden", sich nicht von sich selbst entfernen und verlieren, wenn er in seinem eigenen Grund verwurzelt ist. Er *braucht* die Selbstüberschreitung in seiner Arbeit, um sich zu erfüllen, um seine Bestimmung zu verwirklichen, um sinnvoll existieren zu können.

Das ist es, was Fontane mit dem Paradox ausdrücken wollte: „Nur in der Arbeit wohnt der Frieden, nur in der Mühe wohnt die Ruh!"
Alles Leben *braucht* Entfaltung, will über das Bei-sich-Sein des Samenkorns hinausgehen in die Tiefe und seine Wurzeln bilden und sich hinabsenken in seinen Grund, aus dem es seine Wachstumskräfte und seinen Halt empfängt – und es will über das Bei-Sich-Sein hinauswachsen in die Entfaltung nach außen, nach oben, sich hinausstrecken in seinen Ästen aus dem Andrängen der steigenden Säfte und blühen und Früchte tragen. So will hier der Mensch sich übersteigen in verantwortlicher Leistung im und für das Ganze – aber immer wieder auch in die Stille, in sich selbst, in den eigenen Grund einkehren, aus dem ihm aller Halt und alle Freiheit, alle Wachstumskräfte, alle Fülle kommen.

Das zukünftige Menschenbild und Arbeitsmodell

Dies bedeutet für eine unserer brennendsten Zukunftsentfaltungen, endlich von den abendländischen Arbeitsmodellen Abschied zu nehmen, die unsere Gesellschaft gründlich an den Rand des Abgrunds gebracht haben. Europa braucht um einer menschlichen und sinnvolleren Arbeitssituation willen ein neues Bild und Verständnis des Menschen *und ein neues Verständnis der Arbeit*. Und zwar nicht nur im Kopf und in der Theorie, sondern in der Praxis. Daß dies mehr als ein im leeren Raum schwebender Wunschtraum ist, bewies mir der Brief eines Arbeiters, der mir nach Erscheinen meines „Nach-kommunistischen Manifests" dankte: „Sie haben meinem Leben einen Sinn gegeben." Daß dies keine rosa Wölkchen im hohen Himmel der Utopien sind beweist: Sowohl in den Vereinigten Staaten von Amerika als auch in Europa, in Deutschland, beginnt es, Wirklichkeit zu werden, daß der arbeitende Mensch sich als verantwortlicher und sich selbstbestimmender Mitarbeiter erfahren darf. All die schweren Mißstände mit den Auswüchsen schwerer Inhumanität, die die Fabrikarbeit im vorigen Jahrhundert gezeigt hat und in vielen Ländern noch zeigt, waren Abwege aufgrund des verfehlten Vorbildes des biblischen, nichtigen Menschen. Außerdem aber sind diese Arbeitsverhältnisse mit künstlich abgequältem, zornigem Erlösungspathos Marx-Engelscher Revolutionssehnsucht einer inzwischen gänzlich veränderten Wirklichkeit angedichtet.

Der heutige Mitarbeiter versteht sich keineswegs als der unterdrückte, hoffnungslos verelendete Proletarier und überläßt dies Kostüm eifernden Bürgersöhnen. Und in der Tat – die zwei Jahrzehnte antiautoritärer Erziehungslosigkeit und des neomarxistischen Protestes gegen jede Art von unterdrückendem „Leistungsdruck", dem Fleiß als Untugend, Arbeit als Ausbeutung gilt und eine mit dem Wohlstand und der Perfektion des sozialen Netzes wild wachsenden Anspruchs- und Forderungsmentalität auf einem Leben zum Nulltarif besteht ohne Anstrengung, Arbeit und Risiko, ohne Verantwortung, sind nicht ohne gefährliche Spuren verfallener Arbeitsmoral geblieben; – wie Untersuchungen in der Bundesrepublik Deutschland im deutlichen Gegensatz zu den Vereinigten Staaten und zu Japan feststellen mußten.

Diese Tendenzen haben dem allgemeinen Kulturverfall des Abendlandes verstärkend zugearbeitet. Aus diesem Boden entsprangen die Verweigerungs-, die Aussteiger-, die Null-Bock-Mentalität, die teilweise in die Alternativbewegung, in das Sammelbecken der Grünen, zu Hausbesetzern und anderen Protestgruppen einsickerten. Bis in neuere Erhebungen über Fragen der Arbeitsmoral zeichnen sie weiterhin ihre niederdrückenden, sich auflösenden Spuren.

Daneben aber treten ganz neue Entwicklungen ins Bild, die mit dem Wandel der Industriegesellschaft durch die notwendige Beherrschbarkeit neuer Technologien, neuer Strukturen des Produktionsprozesses und höherer Komplexität des Arbeitsvorgangs eine Steigerung nicht nur an Arbeits- und Leistungsmotivation, sondern an Intensität des Leistungseinsatzes, an Bereitschaft zu selbständiger und verantwortungsvoller Arbeit, kurz: eine gegenüber aller bisherigen höhere Arbeitsethik und Persönlichkeitsentwicklung für die Zukunft verheißen. Hier wiederum zeigt sich die große, ins Positive weisende *Bedeutung der Wende* durch die *Ablösung von abendländischen Strukturen*, durch Abstreifen von Vorbildern und zu Dogmen verfestigten Grundsätzen, *die den Europäer in seinem Wesen gemindert und behindert, ihn sich selbst entfremdet und an seinem Selbstsein verhindert haben:* Die Verfluchung der Arbeit als Strafe für einen Menschen, der, von Gott als Sünder, als Staub, als ein Nichts angesprochen, um seines Ungehorsams willen zur Fron des Broterwerbs im Schweiße seines Angesichts sein Leben lang verurteilt war, entsprach, was Frederick Winslow Taylor aus Germantown in den USA den Arbeitern an Mißachtung ins Stammbuch schrieb: sie seien dumm, faul und gefräßig, man sei genötigt, für sie zu planen und sie ständig zu kontrollieren und durch Akkord ständig in Trab zu halten. Die Männer und Frauen sind unter diesen suggestiven „Einreden" und Bedingungen in ihrem menschlichen, ethischen, sozialen Niveau, ihren Leistungen, Fähigkeiten, ihrem Arbeitsinteresse und ihrer Arbeitseinstellung weit hinter den selbständig Arbeitenden, die eigene Entscheidungsmöglichkeiten haben, den *nicht* an Routine Gebundenen, *nicht* Kontrollierten, mit komplexer und komplizierter Arbeit Betrauten, sich vielseitig Betätigenden der neuen, im Entstehen begriffenen industriellen Arbeitswelt zurück auf einem primitiveren Stand geblieben.

Eben dies macht wieder deutlich: *Mißtrauen in die Menschen* schwächt ihre Kräfte, lähmt ihre moralischen Energien und senkt Niveau, Antrieb und Leistung. Ihre Lebenswerte liegen vorwiegend in der Kompensation der als Elend, Mühsal und Beraubung empfundenen Arbeit durch äußere Befriedigung von Lust, Amüsement und Entspannung im Nichtstun. *Vertrauen in den arbeitenden Menschen*, dem man Entscheidungsfähigkeiten zutraut, dem man die Freiheit einräumt, Probleme selbst zu lösen, mit Schwierigkeiten fertigzuwerden, seinen Arbeitsbereich selbst zu organisieren und zu kontrollieren, dem man Verantwortung überträgt, weckt dagegen Kräfte der Bewährung, fordert zur Identifikation mit der Arbeit heraus und läßt ein Pflichtgefühl und Bewußtsein der Verantwortlichkeit entstehen; wie es auch

Untersuchungen durch internationale und Strukturvergleiche belegen.[94]

Man hat inzwischen gelernt, daß nicht die Arbeitsumwelt, ja nicht einmal das Arbeitsentgelt für den Arbeitnehmer das Entscheidende sind, sondern der Arbeits*inhalt*, nämlich die Arbeit als solche und der selbstkontrollierte Erfolg der erbrachten Leistung. Man hat gelernt: Die Arbeit muß nicht möglichst leicht und möglichst problemlos sein. Nicht Arbeitsvereinfachung und Arbeitserleichterung z.B. durch das Fließband, durch Spezialisierung auf einzelne Handgriffe und möglichste Reduzierung der Anstrengung geben Befriedigung und Selbsterfüllung in der Arbeit. Denn man hat weiterhin gelernt: Der Mitarbeiter will – und das gilt ganz allgemein – gerade *vielfältig gefordert* sein. Er will weder ein Rädchen unter vielen sein, noch seine Aufgabe isoliert für sich nur durch Routine und Spezialgriffe vor sich sehen – er will *mitdenken,* seine Aufgabe – in ganzheitlicher, dimensioneller Sicht – im *Zusammenhang verstehen,* das Arbeitsziel überblicken und *mitplanen* und, seiner individuellen Zeitperspektive entsprechend, seine Arbeit *selbst einteilen,* seine *Arbeitszeit* selbst bestimmen. Und er will seine Leistung *eigenverantwortlich kontrollieren* und darüber hinaus sie durch *eigene Vorschläge* verbessern. Er will durch entsprechende Ausbildung in die Lage versetzt werden, sich an *verschiedenen* Arbeitsplätzen einzusetzen.

Größere Selbstständigkeit, Eigenverantwortung, Selbstbestimmung und Pflichtgefühl und das mit ihnen gestiegene Interesse an vorbildlicher Leistung machen sich in solchen zukunftzugewandten Betrieben, denen es an echter Vermenschlichung der Arbeit gelegen ist, nachweisbar ganz handgreiflich etwa an rapidem Sinken von Ausschuß und Qualitätsmängeln bemerkbar, an hoher Produktivität und besserer Qualität, an weniger Abwesenheit vom Arbeitsplatz, an weniger Krankschreibungen und weniger Fluktuation. Also könnte man sagen: Es zahlt sich aus! Humanisiere – die lockeren Zügel lohnen sich!

Dies ist freilich eine erfreuliche und sogar überraschende Auswirkung, doch das Wesentliche an diesem Wandel ist der Mensch. Und dies gilt für jede Arbeit im Büro, Behörden, Handwerk, Fabrik:

Dieses von Verantwortlichen für die Mitarbeiter in der sich wandelnden Arbeitswelt zumal angesichts der höheren Anforderungen der industriellen Entwicklungen aus europäischem Geiste gestaltete

Arbeits-Modell führt auf seine Weise zur Entfaltung europäischer Identität durch Selbstverwirklichung in selbständiger, sich selbstbestimmender und planender Verantwortung für interessante Aufgaben, die dem Mitarbeiter noch etwas Schöpferisches abzufordern vermögen, die ihm berechtigte Erfolgserlebnisse bescheren und ihm eine stärkere Identifikation mit der eigenen Leistung und mit dem eigenen Betrieb und echte Sinnerfüllung geben.

In einer Untersuchung, die die für die Stimmungsmache gegen Arbeit und Leistungsdruck bezeichnende Frage aufwarf „Macht Arbeit krank? Macht Arbeit gesund?" hieß es: „Wer anti-industriell eingestellt ist, der identifiziert sich nicht mit der Arbeit, noch mit seinem Betrieb und ist mit ihm nicht verbunden, der will sich nicht anstrengen, ist uninteressiert und verspürt Langeweile, der ist unzufrieden und meldet sich am meisten krank. Befriedigte Arbeitnehmer kennen nicht das Gefühl der Sinnlosigkeit." In der Unzufriedenheit und Unlust dessen, der sich nur als seelenloses, fremdbestimmtes Rädchen in einer Maschine erfährt, kann auch eine Selbstüberschreitung auf den Mitmenschen hin nicht gedeihen. Nachweislich gewinnen dagegen in der Arbeit sich bestätigende, innerlich zufriedene, in sich gründende Menschen ein stärkeres Selbstwertgefühl und Selbstvertrauen, ein entspanntes und aufgeschlossenes Verhältnis zur Wirklichkeit und ein gesteigertes Lebensgefühl. Sie entfalten eine größere Freudefähigkeit, eine Freude aus dem Erfülltsein in ihrer Arbeit.

Für die Frau hat sich der Sinn der Berufsarbeit innerhalb des letzten Jahrhunderts in noch besonderer Weise gewandelt. Der Beruf ist für sie heute im Wesentlichen, auch neben der notwendigen Existenzsicherung, weder bloße Beschäftigungstherapie für sich langweilende Töchter, noch die übliche Wartestellung zwischen Schulabschluß und Ehe, das unverbindliche Intermezzo vor dem eigentlichen Leben und ihrer eigentlichen Personwerdung durch den Mann, der allein es war, der aus dem „Fräulein" die „Frau" machte.

Familie und Beruf sind heute aus dem einst nahezu starren Entweder-Oder, die nur im wirtschaftlichen Notfall und nur in Ausnahmefällen vereinbart wurden, weitgehend gleichwertige Bestandteile des Lebensplans geworden, die, im Unterschied vom Mann, nach freier Entscheidung und Wahl und entsprechend den jeweiligen Umständen, den Bedürfnissen und dem Alter der Kinder oder der körperlichen Belastbarkeit durch die Doppelbelastung, nacheinander oder nebeneinander bestehen können. Gerade die *Freiwilligkeit,* weiter zu arbeiten, wenn die Kinder sie nicht mehr brauchen, beleuchtet die besondere Bedeutung der Berufsarbeit für die Frau, die oft erst noch erkannt und anerkannt werden will. Ihr Beruf bedeutet Selbständigkeit und Selbstbestimmung, das Sichauswirkendürfen in einem, den eigenen Neigungen und Fähigkeiten nahekommenden Feld und damit Sinnerfüllung durch Ausgefülltsein, Selbstverwirklichung, vollbrachte Leistung, Kontakte und Anerkennung.

Bewährung als Selbsterfüllung

Arbeit – Fluch oder Segen, Entfremdung oder Lebenserfüllung? Bis in die Gegenwart scheiden sich mit ihnen die Geister kraß und schicksalhaft, was das harmlose Verschen vor zweihundert Jahren immerhin schon auf den Punkt bringt:

„Arbeit macht das Leben süß,
macht es nie zur Last.
Der nur hat Bekümmernis,
der die Arbeit haßt."

Auf der einen Seite nimmt – auch dies ein spezifisches „Krisen"-Sypmtom – seit wenigen Jahren die Zahl derjenigen weiter erheblich ab, für die noch vor kurzem ein glückliches Leben ohne Arbeit kaum möglich war, während die Anzahl derer ansteigt, die sich nur ohne Arbeit ein glückliches Leben vorstellen können, jedoch bald in die gähnende Bodenlosigkeit und echolose Leere geraten, in das aufklaffende Nichts, das ihnen die Kraft aussaugt und das Wollen vampyrhaft abtötet, in den alleshassenden Nihilismus und sich in sinnlosem Aktionismus ausläßt auch gegen sich selbst – die unglücklichen Nachfahren des Dr. Lafargue.

Andererseits wächst in den herausragenden Inseln sich neu orientierender, auf ein neues Menschenbild und eine gewandelte Arbeitswelt setzender Betriebe die Identifikation mit ihr. Gerade durch die Anforderungen und Herausforderungen, in denen der Mensch seine Kräfte in der Arbeit einsetzen, sich verwirklichen und bewähren muß, führt die Arbeit ihn zu einem erfüllten Leben, weil in ihr Bestimmung und Sinn des Menschen als verantwortlicher Mitschöpfer des Urschöpferischen an Werden und Evolution der Welt erfüllt werden.

Denn was ist Glück – diese größere, reichere, reifere und so viel seltenere Schwester der Freude? Doch dies: *Sinn und Bestimmung* des Menschseins – wie auch immer die verschiedenen Menschen es verstehen mögen – *erfüllen*. Das heißt für uns Europäer: sich selbst verwirklichen, *sich bewähren* in jedem Tun, in verantwortlichem Handeln, in einer gewissenhaft und mit vollem Einsatz ausgeführten Arbeit, einer gelungenen Leistung, wie klein oder groß sie auch sei, oder einem schöpferischen Werk – in die er sich ganz hineingibt, im selbstüberschreitenden Tun für andere, in einem Kind und der Hingabe der Liebe.

Im Gegensatz zu den Mißverständnissen des „Glücks" in Wohlleben und Genuß, im Rausch jeder Art oder in der totalen „Bedürfnisbefriedigung", die Karl Marx verheißt, wird – so unglaublich es klingt – echtes Glück gerade im selbstvergessenen Übersteigen des egoistischen Ichs erfahren, in jenem Aus-sich-Heraustreten und im buchstäblichen Sinne *Sich-für-etwas-Einsetzen*.

Weder in der Flucht vor Verantwortung, die viele auf vielerlei Weise versuchen, noch in der *Erfüllung* unserer Wünsche blüht die seltene echte Blume Glück, sondern im tätigen *Erfüllen* der Bestimmung unseres Menschseins.

Das neue Verhältnis zur Natur

Herr und Feind der Natur

Es bedurfte erst der Smog-Signale, gleichzeitig aus Berlin, London, Tokio und New York, daß jäh der heiße Schock die Menschen ansprang und die blanke Angst um Leben und Überleben. Erst als die nackten Stangen der Fichten in von Flechten verklebten Wäldern das Entsetzen umgehen ließen, als die toten Fischleiber an verschmutzten Flußrändern anlandeten, als die Müllhalden zu Bergen wuchsen, rissen die Nebel, in denen die abendländische Menschheit sich stolz und sorglos zum Herrn über die Erde und was auf ihr wuchs, lief, kroch und flog, in Gottes Auftrag bevollmächtigt glaubte.

Denn also sprach Gott in dem – der älteren, schon um 1000 v. Chr. aufgezeichneten Sündenfallgeschichte vorangestellten – Priesterlichen Schöpfungsbericht von ca. 550 v.Chr. in 1. Mose 1,26 und 28:

> „Lasset uns Menschen machen in unserem Bild (imago) gemäß unserem Abbild (similitudo), die da herrschen über die Fische im Meer und über die Vögel unter dem Himmel und über das Vieh und über die ganze Erde und über alles Gewürm, das auf Erden kriecht…
>
> Und Gott segnete sie und sprach zu ihnen: Seid fruchtbar und vermehret euch und füllt die Erde und macht sie euch untertan und herrscht über Fische im Meer und Vögel unter dem Himmel und über alles Getier, das auf Erden kriecht."

Des Menschen *Ebenbildlichkeit mit Gott besteht* danach einzig – was übliche Auslegungen ignorieren – im Unterwerfen und Herrschen.

Ebenso wie der Psalmist im Psalm 8 die Rolle des Menschen nicht anders als die des unumschränkten Herren und Herrschers über die unterjochte Schöpfung erblickt: „Du machtest ihn zum Herrscher über deiner Hände Werk, *tatest ihm alles unter die Füße.*" Denn das Wesen orientalischer Herrschaft bedeutet Willkür nach Laune und wechselnden Einfällen, die an Gesetze nicht gebunden ist, bedeutet Niederwerfung und Niederhaltung in absolutem Gehorsam kraft unumschränkter Machtfülle, die nach Augenblickseingebung und Gutdünken Gnade oder Grausamkeit austeilt.

Diese Gottebenbildlichkeit, wenn auch infolge der zeitlich verschiedenen Schichten des Alten Testaments noch später erwähnt, wird freilich gemäß dem Neuen Testament durch den Sündenfall zerstört, weshalb Christus sie erneuern muß. Denn in der folgenden Erzählung von der Schöpfung Adams und Evas im 1. Moses 2, 7–14 herrscht ein anderer Geist: ein Geist der Versuchung, der den Menschen von vornherein mit Verboten und seine Freiheit mit strengen Grenzen beengt, ihm mißtraut, ihn überwacht und nicht aus den Augen läßt, damit er *nicht sein werde wie Gott* und wisse, was gut oder böse ist", so daß Adam wie in eine ihm gestellte Falle tappt. Und um ihn, der Staub und nichts als Staub ist, zu strafen und ihn vollends zu hindern, seine Hand auszustrecken und sich anzumaßen, ewig zu leben – „als unsereiner" – treibt Gott, der Herr, ihn in tiefste Erniedrigung.

Der Mensch aber, triebhaft und ungehorsam, versteckt sich feige, um nicht zur Rechenschaft gezogen zu werden, und läuft vor seiner Verantwortung davon. Ja, als Jahwe ihn zur Rede stellt, schiebt er alle Verantwortung von sich auf sein Weib, und das Weib schiebt sie auf die Schlange, nicht bereit, für ihre Taten einzustehen. Mit seinem Fluch stößt Gott sie in eine vierfache „Entfremdung", in ein vierfaches, feindseliges Gegeneinander: in das Gegeneinander von Mann und Frau als das des Herrn und der ihm unterworfenen Magd – in das Gegeneinander der Brüder von Haß und Brudermord – in das Gegeneinander von Mensch und Natur, die ihm fortan Disteln und Dornen tragen soll, mit der er in Mühsal und Schweiß ringen und die er niederzwingen muß, um leben zu können – und in das Gegeneinander mit allem kriechenden Getier: „Ich will *Feindschaft setzen",* flucht Jahwe der Schlange, „zwischen dir und dem Weibe und zwischen deinem und ihrem Samen –

derselbe soll dir den Kopf zertreten
und du sollst ihn in die Ferse stechen!"

Aufstand gegen die Erniedrigung der Natur

Wenn auch das Abendland sich stets gern und mit erstaunlich gutem Gewissen auf das „herrschet über sie und macht sie euch untertan" berief und die mit dem gefallenen Menschen gefallene Natur tief unter den Menschen stellte, so ist diese Einstellung keineswegs in aller Welt die allgemeine. Und selbst nicht jede Technik ist als Veränderung und Verarbeitung der Natur Naturbeherrschung. Andere Kulturen haben je auf ihre Weise durchaus andere Beziehungen zwischen Mensch und Natur entwickelt. Bieten nicht schon so verschiedene Völker wie Ägypter, Germanen und Bantu gänzlich abweichende Bilder?
Für die Ägypter waren die Sonne und die Gestirne, die Tiere und Pflanzen voll göttlicher Mächtigkeit, ja „göttlicher", den Göttern noch näher als die Menschen?[95] Nach dem Mythos der Germanen stammen die ersten Menschen von Bäumen, und die Weltesche durchdringt, indem sie Himmelsweite und Wurzelgrund vereint, den Weltenraum; denn für sie waren Mensch und Weltall, Mikro- und Makrokosmos wesenseins, gewissermaßen „aus gleichem Holze". Die westafrikanischen Neger sehen in Flüssen, Bäumen und Tieren Reinkarna-

tionen ihrer verstorbenen Ahnen; für sie schwingen Mensch, Tier, Pflanze und Mineral in einer Harmonie Gleichberechtigter. Diese und viele andere Völker kennen keine Herrschaft über die Natur und ihre Lebewesen in der Weise, in der sie mit der Naturfeindschaft des hurritischen Dualismus nach Europa kam. Neu und unverständlich, so daß 1070 der Mönch Noker von Zwiefalten im Schweizerischen „die sündenvolle Natur, die euch noch so liebenswert dünkt", wie er sich beschwert, als „Kloake" schmäht, als „unreines, stinkendes Aas".

Als ein ketzerisches Aufbegehren gegen den naturfeindlichen Spiritualismus und als der Inquisition würdig erschien daher anfangs die Preisung aller Gotteskreatur durch Francesco von Assisi und sein Gotteslob *durch das Lob* der „Schwester Sonne" und der „Brüder" Mond, Sterne, Wind und Lüfte, der „Schwester Wasser", des „Bruders Feuers" und der „Frau Mutter Erde". Mit ihr nimmt er das alte Motiv der Gotthaltigkeit der Erde und alles Irdischen wieder auf, die in einer angelsächsischen Anrufung des Flursegens und des „Wachsens und Aufsprießens der Äcker", des „Schwellens und kräftigen Treibens von Halmen und reifen Früchten, der breiten Gerste und des weißen Weizens Früchte und aller Erdenfrüchte", den stärksten Widerspruch zur Verfluchung des Ackers um des Menschen willen durch Jahwe bildet:

„Heil sei dir, Erdflur, der Irdischen Mutter!
Sei du grünend in Gottes Umarmung,
Mit Futter gefüllt den Irdischen zu Frommen!"[96]

Der Minnesänger der Natur, Francesco, gibt der Natur ihre alte göttliche Würde zurück, indem er sich Tieren und Vögeln, den „Wesen unterhalb von Mensch und Geist" zuwandte, die ausgeschlossen sein sollen von der Erlösung aus dem Jammertal und von dem Heil, das die Kirche ausschließlich den Menschen vorbehalten hat. Und er steht mit seiner erneuten Heiligung der Natur nicht allein. Am Rhein, in Tirol, in Kärnten, Meißen und Sachsen wagen sie den Aufstand gegen die Erniedrigung und Verteufelung der Natur, die für sie im Gegenteil gerade der Weg ist, der zum Göttlichen führt. Als der „zarte Gottesgarten", „in dem Gott wunderbar viel Wunder gewundert hat und manche herrliche Wundersaat keimen läßt", als „Gottes hohes Wundertal" mit seiner „grundlosen Tiefe" wird die Natur zur Begegnungsstätte mit dem Göttlichen. „Die schelten sie!" entrüstet sich Friedrich von Sonnenburg, der sie von dem „Sündengestank als wie ein fauler

Hund" befreit und sie als unmittelbarste Gottesoffenbarung feiert:
„Wer dich schilt, Welt, der schilt Gott!"[97]
Und dieser Aufruhr, der in Europa weit um sich greift, ist ja nicht neu.
Hatte nicht schon im 9. Jahrhundert der von den britischen Inseln an
den Hof Karls des Kahlen gekommene Schotte Eriugena diesen Akkord der Gotthaltigkeit aller Natur, der jetzt verachteten und ver-
fluchten, vollangeschlagen mit seinem kühnen Werk „Über die Einteilung der Natur", der erste, dem die Ehre zuteil wird, dafür von Rom
auf den Index librorum prohibitorum gesetzt zu werden und bis zur
letzten Ausgabe von 1948 an erster Stelle zu stehen? Gegen die durch
den Neuplatonismus noch versteifte Naturfeindschaft hatte er seine
kraftvolle Stimme erhoben:

> „So dürfen wir Gott und die Kreatur nicht als zwei voneinander
> Getrennte betrachten, sondern als eins und dasselbe: die Krea-
> tur gründet in Gott und Gott schafft sich in ihr auf wunderbare
> und unaussagbare Weise."[98]

Hatte diese Stimme nicht im 11., 12. Jahrhundert in Frankreich,
Deutschland und England einen ganzen Chor europäischer Denker
geweckt in Chartres, Laon, Reims, Le Mans und Paris, in Köln, Freising, Regensburg, auf dem Ruppertsberg und in Oxford? Natur ist für
sie alle nicht von Gott Wesensverschiedenes, ihm Entgegengesetztes,
Sündiges: nicht etwas für das Seelenheil Schädliches wie für Augustin,
nicht etwas scheinhaft Unwirkliches, Chaotisches, häßlich Verwesendes oder Grund des Bösen wie für Parmenides, Platon und den Neuplatonismus noch als etwas regellos, triebhaft Wucherndes, das man
beschneiden, in feste künstliche Formen zwingen, sich gefügig machen muß wie in der Mittelmeerwelt. Die Natur gilt ihnen allen als ein
göttlich durchwaltetes Eines und Ganzes, als Weltwerdung Gottes, als
„Weg" zu ihm, als „Fußstapfe Gottes" – so für Meister Eckhart, für
den Cusaner, Giordano Bruno, Kant, für Goethe, Schelling, Hölderlin, die wohl größten Sänger der Gott-Natur-Unitas. Und für die überraschend Geistesverwandten dieses Jahrhunderts, die Legion sind,
darunter die bis in Satzprägungen oft übereinstimmenden Rilke und
Teilhard de Chardin, denen „sich auf Gott richten" heißt, „sich auf
die Erde richten", für die das Göttliche „durch alle Wesen reicht",
„durch alle Geschöpfe ohne Ausnahme"[99]?
Ja, die Entstehung der europäischen Naturwissenschaft war erst möglich auf dem Boden der neuen „uralten" religiösen Sinngebung der

Natur – denn „die innere Einheit des gesamten Universums als der Ausfaltung der Einheit seines Grundes ist ein Apriori aller naturwissenschaftlichen Erkenntnis im europäischen Sinne."[100]

„Derselbe soll dir den Kopf zertreten..."

Doch das waren nur die Mutigsten. Mit der Durchtränkung des gesamten Lebens im Abendland mit dem Geist mosaischer Gottesforderungen an den Europäer gehörte stets diese: die Natur zu beherrschen nach freier Willkür und Gutdünken, sie zu überwältigen und zu besiegen, sie sich untertan und dienstbar zu machen.

Drängt sich nicht das Bild des ehelichen Gebieters auf, der durch „Gottes Gebot" gehalten ist, seine Frau, wenn sie ihm nicht gehorchen will, „zu bezwingen, daß sie ihm werde untertan und dien' mit Demut ihrem Mann"? Die Ähnlichkeit ist nicht rein zufällig. Der Fluch, der auf das Weib zielte, traf über sie hinaus die Schlange und alles Getier, die Erde und alle Natur, die ganze „Frau Welt" als Träger der Sünde. In der Tat erhebt 1620 der Programmatiker des „Herrschet über sie", der Engländer Francis Bacon (1565–1626) die rigorose Forderung, die Natur „sich gefügig und zur Sklavin zu machen". Dieser Zeitgenosse Giordano Brunos – den seine Trunkenheit von der Gotterfülltheit aller Wesen der Natur bis zu den unendlichen Räumen des unendlichen Alls auf den Scheiterhaufen auf dem Campo Fiorie in Rom gebracht hatte –, der von unersättlicher Ehr- und maßloser Machtgier getriebene Großsiegelbewahrer und Lordkanzler des englischen Königs, der über seine Bestechlichkeit und seinen Hunger nach Macht und Einfluß zu Fall kam, schrieb, während in Toulouse der junge Dichter Lucilio Vanini für seine Schrift „Von den wunderbaren Geheimnissen der Königin und Göttin der Sterblichen, der Natur" durch Herausreißen seiner Zunge verstümmelt den röchelnden Flammen des regennassen Holzstoßes übergeben wurde, in seinem „Novum Organon" über die Methoden wissenschaftlicher Forschung mit der ihm eigenen erschreckenden Gefühlskälte: es gelte, die „nackte" Natur zu beherrschen, sie „unter Druck zu setzen", sie „auf ihren Irrwegen mit Hunden zu hetzen" und wie eine Hexe „auf die Folter zu spannen, um ihr ihre Geheimnisse zu entreißen", sie „zu besiegen" zum „Nutzen und Fortschritt des Menschengeschlechts". Um die Welt als Ding in den Griff zu bekommen, sei es erforderlich, die menschliche Herrschaft über die Natur aufzurichten, – denn „Wissen ist Macht" – und dadurch die Herrschaft über die Welt zu erweitern und „das regnum hominum, das Reich des Menschen, dem alle Macht auf Erden in die Hand gegeben ist, zu erwerben"[101]

Von hier die erneute Proklamation des „Macht euch die Erde untertan und herrschet über sie", mit der vollen Autorität der emporsteigenden Naturwissenschaft vorgetragen. Von hier die Idee des Fortschritts, die in der Aufklärung als Fortschritt der Vernunft, bei Saint-Simon und Auguste Comte Wurzel schlug als Glaube an den Fortschritt der Technik und durch sie ermöglichte Naturbeherrschung, um als Fortschrittsideologie in den Marxismus einzugehen. Ihm zufolge hat die Menschheit den Auftrag, fortzuschreiten in immer umfassenderer Naturbeherrschung, Durchrationalisierung und Technisierung der Erde.

„…und du wirst ihn in die Ferse stechen"

Kein Wunder, daß die alte Naturfeindschaft und Naturentfremdung im Positivismus und im Marxismus erneut aufflammten. Für diese beiden sich emanzipierenden Erben des Dualismus, die aus der zwiegespaltenen Wirklichkeit die verachtete metaphysische Welt und damit den überweltlichen Gott und das Jenseits zum Gerümpel geworfen hatten, blieb dennoch der tiefe Graben zwischen dem Menschen und der Natur offen. „Antinatur" hieß jetzt für Comte, „Antiphysis" für Marx „die Errichtung einer menschlichen Ordnung, die den Fehlern, Ungerechtigkeiten und blinden Mechanismen der natürlichen Welt *genau entgegengesetzt* ist"[102] einer technischen, mit Hilfe industrieller Arbeit geschaffenen Gegenwelt zur lebendigen Natur.

Erst jetzt, Mitte des 19. Jahrhunderts, wurde der „Antinaturalismus" mit der Anbetung der Technik zum neuen Evangelium. Es war ein naturfremder Geist, der den Menschen mit Hilfe der Technik und der Maschine zum Zwingherrn der Natur machte. Und ihn zu spät merken ließ, wie die Natur sich für die Vergewaltigung, Ausbeutung, Verschmutzung und Zerstörung an ihrem Feinde, dem Herrscher und Ausbeuter, *rächt*. Dieser Mensch der Antinatur hat das biblische „Herrschet über sie und macht sie euch untertan" noch radikaler wahrgemacht, indem er an der Natur und sich selbst den Fluch Jahwes gegenüber der Schlange erfüllt hat, Feindschaft zu setzen zwischen ihr und dem Menschen: „Derselbe soll dir den Kopf zertreten, und du wirst ihn in die Ferse stechen."

Doch dieser Mensch der Antinatur sagt bezeichnenderweise nicht „Natur" – er sagt „Umwelt".

Umwelt gibt es nicht an und für sich, sondern nur „in bezug" auf ein Lebewesen. Als *seine* Umwelt, *sein* Milieu, *seine* Umgebung, in die es eingepaßt ist, mit der es in Wechselwirkung steht, die es bestimmt und von der es abhängt. Doch ob man von der Umweltlehre, von der Milieutheorie, vom soziologischen Umweltbegriff ausgeht – nichts führt daran vorbei, daß weiterhin der Mensch nur sich selbst meint, wenn Umweltverschmutzung oder ungeklärte Naturschäden ihn erschrecken. Daß er um seiner selbst willen nach Umweltschutz ruft. Es geht ihm um seinen „Lebensraum", um seine Gesundheit, seine Ernährung, seine Erbmasse, sein Überleben. Daß er ebenso wie vorher, als er die Natur sich dienstbar machte, sie für sich ausbeutete und zerstörte, noch aus derselben Ich-Zentriertheit denkt und über das biblische Verhältnis zur Natur, die um seinetwillen geschaffen ist, deren Blumen für ihn blühen und deren Vogelfedern und Tierfelle für ihn gewachsen sind, im Prinzip nicht hinausgegangen ist.

Und in noch anderer Hinsicht verhält er sich nach dem Vorbild der ersten Menschen. Auch er flieht die Verantwortung, indem er ganz allgemein alle Schuld für die äußere und innere Umweltverschmutzung und für die totale Krise „der Technik" zuschiebt. Die Technik und die „Umwelt" sind stets nur das, was der Mensch aus ihnen macht. Und nicht die Technik zur Strafe abzuschaffen, löst irgendeins der Probleme, sondern bei sich selbst mit einem Umdenken zu beginnen. Im Grundsätzlichen hilft auch noch nicht eine Kurskorrektur, sondern eine von Grund auf andere Einstellung sowohl zur Natur als auch zur Technik. Ein grundsätzliches Umdenken im Denken.

Erteilt nicht täglich und nachdrücklich die Natur selbst uns den Anschauungsunterricht, daß jene dualistische Trennung von Mensch und Natur, ja Herrschaft des Menschen über sie, daß auch die Trennung von Technik und Natur falsch sind? Bietet sie nicht die trefflichste Einführung in feldmäßiges Denken, indem sie uns zwingt zu erkennen, daß wir uns Menschen und unsere menschliche Welt gar nicht aus dem Ganzen des Weltzusammenhangs heraustrennen können? *Wi-*

derlegen die sich häufenden Umweltkatastrophen nicht alarmartig das mosaische Bild des von Gott sich zum Ebenbild geschaffenen Herrschers, der sich die Natur untertan machen soll? Bringen sie dem Europäer nicht endlich zum Bewußtsein, daß er ja auch mit der Biosphäre in einer einzigen, dimensionellen Verwobenheit und Verflochtenheit lebt – in einer einzigen Schicksalsgemeinschaft? Nicht nur schöpft er alle Stoffe und alle Energien für seinen Körper, für sein ganzes Leben und für seine Technik in ungeheuren Mengen aus der ihn umgebenden Natur, um sie in einem riesigen Stoffwechselprozeß umzuwandeln, sondern er scheidet die Abfallstoffe auch wieder aus, und sie fallen an die Natur zurück.

Aber er bedachte bis vor kurzem nicht: Als „der große Parvenu der Biosphäre", als der „Herr" griff er ohne Maß und Rücksicht geschweige planende Vorsorge in das kostenlose Reservoir der Natur und warf ihr gedankenlos die Abfälle seiner Verarbeitung wieder hin, ohne zu beachten, daß sie nur die des biologischen Stoffwechsels ihrem Kreislauf zuführen kann – aber nicht die chemisch ungewandelten Substanzen, die Massen von Autoschrott und Konservendosen, von Plastikerzeugnissen und anderen Kunststoffen, von Giften, Gasen, Verbrennungsprodukten und chemischen Abfällen. Doch wenn er heute lernt, den Kreislauf zu schließen, Vorsorge zu treffen, Frühalarme zu geben, Verhütungs- und Verhinderungsmaßnahmen anzuordnen und vorzunehmen – jede einzelne ist schon ein Fortschritt und Gewinn. Aber niemals genug.

Verantwortung für die Mit-Natur

Verlangt nicht die Natur – seit 1250 Jahren, seit der Sendbote des Römischen Stuhls, Bonifatius, mit Axthieben die heilige Donareiche bei Geismar vor den entsetzten Augen der Hessen fällte und den Prediger Aldebert, für den „wirklich Massen die Kirchen verließen", um mit ihm unter freiem Himmel an geweihten Plätzen auf Feldrainen, an Quellen und unter hohen Bäumen sich dem Ewigen nahezufühlen, dem Kerker und „dem Satan zum Verderben seines Fleisches überlieferte"[103] und seit Lordkanzler Francis Bacon dem Abendland zum Gebrauch der Wissenschaft und allgemeinen Praxis die Richtschnur gab, „die nackte Natur zu beherrschen, sich gefügig und zur Sklavin zu machen, sie auf die Folter zu spannen, um ihr ihre Geheimnisse zu entreißen" – verlangt nicht diese in zwölfhundert Jahren durch christliche Naturfeindschaft als „Kloake" verachtete, geschundene, ausgebeutete und schwer beschädigte Natur, endlich in die Verantwortung des Menschen aufgenommen zu werden? Muß er nicht Achtung und Respekt, die er in der sozialen Sphäre aufbringt, auch gegenüber der Natur und den Naturgesetzen betätigen und bewähren? Sein soziales Bewußtsein muß eingebettet werden in ein umfassendes ökologisches Verantwortungsbewußtsein, das mit Mensch und Natur auch die Wirtschaft der Welt und die Politik als ein universelles Feld übergreift. Gewiß sind nicht alle Naturschäden und Katastrophen auf menschliche Eingriffe, menschliche Rücksichtslosigkeit und Brutalität zurückzuführen, wie die unter Deutschen aus anderen Gründen bereitliegende Neigung zu Panik und Hysterie es oft zu schnell nahelegt. Die jäh schockierende Prognose des Club of Rome, die durch geradlinige Vorausverlängerung der Statistik ein atemberaubendes Menetekel an die Wand malte, wurde freilich schon bald widerlegt, weil man in die Rechnung den menschlichen Geist und seine ökologische und technische Fantasie nicht einkalkuliert hatte, die Ursachen, sind die Schäden erst erkannt, zu untersuchen und anzugehen. Doch es war hohe Zeit, daß Gleichgültigkeit und Unbedenklichkeit weithin aufschreckten, um den alten Dualismus zu entlarven und schlagartig eine Ahnung von der schicksalhaften Verwobenheit alles Geschehens und aller Wesen der gesamten Natur aufblitzen zu lassen: Und vielleicht bei vielen eine grundsätzlich andere Sicht freizulegen, die für uns ja gar nicht fremd oder unzumutbar, sondern die uns ursprüngliche ist.

Wer, ebenso wie im Mitmenschen, in jedem Tier, in allem Lebenden und im Schoß des gesamten Universums das Eine, Göttliche, das Wesen aller Wesen als Wirkmacht anwesend und wirkend erblickt und sich selbst als Teil der großen Ordnung und Schicksalsverwobenheit alles Lebens weiß, in der alles aufeinander angewiesen ist, für den hat jedes sein Eigenrecht und Anspruch auf unsere Verantwortung. Nicht nur aus Eigennutz und um unseres eigenen Wohls, sondern um seiner selbst und um des Ganzen willen.

Im Gegensatz zu jenen Dualisten, die peinlich wie ein Hausputzteufel darüber wachen, „daß ihnen keine Tiere in der Ethik herumlaufen", wie Albert Schweitzer sich entrüstet![104] waren es stets die Denker aus unitarischem Einheits- und Ganzheitsdenken, die wie Goethe, für den

„die Natur ein göttliches Organ" war, die „Ehrfurcht vor der Natur" als einer der höchsten Werte und Tiere und Pflanzen als einen „Zweck ihrer Selbst" (Metamorphose der Tiere) erachteten.

Oder wie sein großer Verehrer und Bruder im Geiste, Albert Schweitzer, eines der großen Genies der Hingebung und Verantwortung „für das unendliche Sein in allen Erscheinungen des Seins", die „Ehrfurcht vor dem Leben" zum kategorischen Imperativ seiner Ethik erhebt. Mit seiner Lebens- und Naturbejahung bleibt er nicht an einer oberflächlichen, sentimentalen Natur- und Tierliebe stehen, sondern geht ihr auf den Grund. „Schmerzvolles Rätsel bleibt es für mich, mit Ehrfurcht vor dem Leben in einer Welt zu leben", in der „ein Dasein sich auf Kosten der anderen durchsetzt, eines das andere zerstört. Ein Wille zum Leben ist nur wollend gegen den andern, nicht wissend von ihm. *In mir aber ist der Wille zum Leben wissend von anderem Willen zum Leben geworden… Liegt es daran, daß ich die Fähigkeit erlangt habe, über die Gesamtheit des Seins denkend zu werden? Wohin führt die in mir begonnene Evolution?* … Ich kann nicht anders, als mich an die Tatsache zu halten, daß der Wille zum Leben in mir als Wille zum Leben auftritt, der mit anderm Willen zum Leben eins werden will. Sie ist mir das Licht in der Finsternis. Die Unwissenheit, unter die die Welt getan ist, ist von mir genommen. Wo in irgendeiner Weise mein Leben sich an Leben hingibt, erlebt mein endlicher Wille zum Leben das Einswerden mit dem Unendlichen, in dem alles Leben eins ist."[105] Es mag hier erwähnt sein, daß Albert Schweitzer in seinem letzten Lebensjahrzehnt seinen Beitritt zu einer Gemeinde der Religionsgemeinschaft der Unitarier in Amerika vollzog.

Mit seinem Wort „Ich bin Leben, das leben will, inmitten von Leben, das leben will" spricht Schweitzer allen Lebewesen die Gleichwertigkeit und Gleichberechtigung mit dem Menschen zu. Darauf kommt es in Zukunft an: die alte Egozentrik des Menschen, der sich als Herr und Herrscher der Natur aufspielt, aufzubrechen. Und darauf: Natur nicht als Umwelt, sondern als Mit-Natur zu verstehen, ihr nicht als *Objekt* der Beherrschung und Ausbeutung, sondern als *Partner* zu begegnen, für den der Mensch mitverantwortlich ist.

Verantwortlich ist aber nicht nur die Umwelt-, Gesundheits- und Sozialpolitik des Staates. Verantwortlich, sein Tun im Hinblick auf das Ganze zu bedenken, ist jeder einzelne. Und auch nicht nur der Unternehmer, auch jeder Mitarbeiter, auch schon jede Hausfrau, jedes Kind.

Das neue Verständnis der Technik

Dienst an der Freiheit des Menschen

Ruhmeskränze winden wir und frühere Zeiten um die Erfindung des Papiers, der Uhr, des Buchdrucks. Staunende Bewunderung zollen wir der Erfindung der Dampfmaschine, der Glühbirne, des Schießpulvers, die zum Sinnbild schöpferischer Intelligenz überhaupt wurde. Dankbare Rührung überfällt uns beim Gedanken an den Erfinder des Kompasses, des Fernrohrs, des Mikroskops. Aber seit Karl Marx die These von der Selbstentfremdung durch die Maschine verbreitete, trägt alles vom menschlichen Erfindergeist Geschaffene, das vorher gut und hilfreich und menschlich war und Stolz erweckte, jetzt böse, schreckliche und zerstörerische Züge.

Ein durchgehender, scharfer Dualismus trennt seitdem mit stark emotionell befrachteten und extremistisch-manichäischen Wertungen und Abwertungen die Welten der Kultur und der Zivilisation, der Natur und der Technik, den Menschen und die Maschine. Der hurritische Dualismus kehrt wieder als unversöhnlicher Gegensatz von Technik und Anwender, einander wesensfeindlich wie Herrschaft und Unterwerfung. Demgegenüber stellt ganzheitlich-dimensionelles Denken europäischen Geistes durch Werner Georg Haverbeck die Technik geradezu als eine menschen-spezifische und menschennotwendige Fortsetzung der Schöpfung und gleichsam als „Verleiblichung" des Menschen dar, als spezifisch menschliche Form schöpferischer Entfaltung, die wesentlich zur Verwirklichung seiner Lebensgestalt gehört![106]

Freilich hat jene dualistische Verurteilung, einst von Männern des reinen Geistes wie Dilthey, Spengler, Klages und Freyer vorgebracht, infolge der durch menschliches oder technisches Versagen bedingten Umweltschädigungen wieder leidenschaftliche Anhänger gewonnen. Ihre Verteidigung hingegen kam meist von solchen, die zugleich selbst Männer der Technik, selbst Männer der technischen Praxis waren. „Wenn ich nur sehe", sagt der Ingenieur und Philosoph Friedrich Dessauer, „wie das ganze technische Leben die strengste Dienstbarkeit bedeutet, selbstlosesten Anschluß an die Natur, die sich dabei dem Techniker lebendig offenbart, wenn ich den eigentlichen Unterneh-

mertyp, der aus dem Technikerstande hervorgeht, mit seiner Werk-
freudigkeit, die Zärtlichkeit des Ingenieurs für seinen blanken, rhyth-
misch schwingenden, aus seinen Gedanken geborenen Maschinen-
sohn gewahre, so kann ich wohl erkennen, daß der Technik Drängen
zur Befreiung von Naturknechtschaft, Naturverhaftung innewohnt,
aber ich kann nicht erkennen, daß sie Feindseligkeit zur Natur in sich
trage. Ich weiß auch keinen Techniker, welcher der Natur mit einem
feindlichen Machtwillen gegenübersteht, aber ich weiß unzählige, die
in Ehrfurcht *dienend* in ihr die unbestechliche Richterin und Helferin
zugleich, bei der Erfüllung menschlicher Sehnsucht durch technische
Lösung, erkennen. Sie kämpfen wohl *gemeinsam mit der Natur*, doch
nicht *gegen* sie, *sondern gegen sich selbst*, gegen die Unzulänglichkei-
ten ihrer geistigen Anpassung an das Naturgesetz und an die poten-
tielle Lösung, bis zur letzten Konsequenz unter Zurückstellung jeder
Schwäche und Leidenschaft. Der Sinn ist *Freiheit durch Dienstbarkeit*
in einer Vollkommenheit der Erfüllung, wie sie sonst menschliche Tätigkeit auf Erden nicht kennt."[107]

Hier ist ein klassischer Fall, der zeigt, wie dieselbe Gegebenheit in dualistischer Auffassung als feindliches Gegeneinander, in dimensioneller Sicht als ein wechselseitiges Füreinander von Zweien verstanden
wird; wobei für die dimensionelle Auffassung beide ihr Doppelantlitz
tragen und es von dem „Betrachter" abhängt, was er aus ihnen macht:
Segen oder Fluch – das heißt: auf seine Verantwortung! Daß Technik
auch einen negativen Aspekt annehmen kann, daß sie mißbraucht,
auch gegen den Menschen benutzt werden kann, ist kein Beweis dagegen, sondern dafür.

In jener Antithese von Kultur und Zivilisation spiegelt sich, so stellt
der Arzt und Psychologe Haseloff fest, „im Grunde die Unvertraut-
heit beamteter Geisteswissenschaftler mit der technischen und wirtschaftlichen Daseinssphäre" auf Grund ihrer einseitig humanistischen Bildung wider. Dieser „ungewollte Verständnismangel" wirkt
sich aus auch in der heute allseits geäußerten, weitverbreiteten Überzeugung auch unter Abgeordneten, Medienvertretern und allen, die
nur theoretisch mit der technischen Welt zu tun haben, von der
zwangsläufig enthumanisierenden und daseinsverarmenden Wirkung
der Technik, der Maschine, deren Opfer der arbeitende Mensch sei.
Im Gegenteil – die Maschine befreit den Menschen und erhöht ihn.
Hier die Stimme Dessauers, der als Philosoph und Biophysiker zu-

gleich Ingenieur und Unternehmer selbst ein Mann der Praxis war: „Immer mehr ja übernimmt die Maschine das Reguläre, sich Wiederholende, nachdem sie schon längst das nur Dynamisch-Muskuläre dem Menschen abgenommen hat. Immer mehr wird der Mensch Regent eines subtilen, nur dem Kenner sich fügenden ‚Organon'. So drängt in allen Phasen, in Konstruktion, Laboratorium, Arbeitsmethoden, Einzelprozessen Technik mit einer ehernen Gewalt die ihr verflochtenen Menschen vom Boden des Mechanisch-Muskulären in die Höhe des Geistig-Differenzierten. Wer nämlich nicht ein inneres Gesicht von einer automatischen Drehbank oder von einem Bohrwerk oder von einer Setzmaschine, einer Schnellpresse oder einer Lokomotive hat, der wird nicht lange in Frieden mit ihr arbeiten. Je feingliedriger das Organon – das Werkzeug – desto geistiger der Arbeiter. In New York rührt kein Arbeiter mehr eine Schaufel an. Wenn ein Baugrund gegraben wird, so kommt die Schaufelmaschine. Mit Griffen und Hähnen regiert sie der Mensch, und sie bewegt die Erdmassen. Es braucht uns nicht zu erschrecken, daß vielfach die Technik noch rückständige Prozesse enthält, solche, wo dumm-mechanische Arbeit verlangt wird, hundertmal derselbe Handgriff am Tage, oder wo ein rauchender Schlot ... Gesicht und Geruch verletzt. Das sind nicht Wesenseigenschaften der Technik, sondern Rückständigkeiten, die uns erinnern, daß früher die Menschen alle Steine auf dem Rücken schleppten, sinnlos-tierisch Göpel traten, Fronarbeit leisteten; das ist Rudiment, übriggebliebene Vergangenheit, nicht Zukunft!" Und er fährt in seiner 1928 geschriebenen „Philosophie der Technik" prophetisch fort: „Man wird keine Bleiverbindungen mehr in die Luft blasen, und man wird keinen sich wiederholenden langweilig-mechanischen Handgriff einen Menschen machen lassen, da ihn ja die Maschine machen kann, eben weil er mechanisch ist und sich wiederholt."[108]

Zunehmende Technisierung – wachsende Qualifizierung

„Ist denn Automation ein Unheil?" fragt Haseloff, der sich aus eigener Erfahrung mit jenem Haupteinwand der antitechnischen Kulturkritik befaßt hat, „daß der Arbeiter von den Ergebnissen einer Tätigkeit abgetrennt wird und daß er auf Teilprozesse der Fertigung beschränkt bleibt, was seine Zufriedenheit mit der Arbeit und seine

Selbstachtung tiefgehend beeinträchtigen soll. Demgegenüber erweisen empirische Untersuchungen, daß die Arbeiter selbst eine ungenügende Technisierung der Fertigungsprozesse kritisieren und Arbeit von Hand ablehnen, wenn eine Maschine Gleichwertiges leistet. Auch die Klage über die Monotonie gleicher Arbeitsgänge erwächst vornehmlich aus den Vorstellungen von Intellektuellen, die vielfach Fließbandarbeiter noch nie gesehen und gesprochen haben. Insgesamt beruht die Rede von der ‚Entseelung' der Arbeit auf einer romantischen Verkennung der Handarbeit durch ästhetisch orientierte Angehörige der freischwebenden literarischen Intelligenz. Es ist dies eine Verkennung, für die handarbeitende Menschen selbst keineswegs anfällig sind." Im Gegenteil haben wir „deutlich zu machen, daß Mechanisierung und mehr noch Automation der Fertigungsprozesse die Anforderungen an den Arbeiter in einer durchaus positiven Weise verändert haben: An die Stelle einer unter starkem sozialen Druck zu verrichtenden körperlichen Schwerarbeit ist zunehmend die Beobachtung, Steuerung und Kontrolle von Maschinen getreten. Diese weit anspruchsvolleren Leistungsformen fordern eine *technische Sensibilität* und einen *Sachverstand*, die dem Arbeiter zweifellos mehr Stolz auf seine Geschicklichkeit und sein Können vermitteln, als die mittelalterliche Handwerksarbeit vermochte."[109] Und um wieviel mehr bei dem Einsatz von Computern und Industrierobotern, die höhere Qualifikation und Anforderung an Ausbildung und Intelligenz stellen – bei dem entgegen allen Befürchtungen *Arbeitsplätze nicht abgebaut*, sondern erhalten werden, ja *neue entstehen*. Alle Zukunftsängste werden durch ein Wachstum an Neueinstellungen und neuen Stellen widerlegt.

Der Abbau dieses Dualismus, der Technik und Maschine mit einer dämonischen, zerstörerischen Macht ausgestattet und dem Menschen ein schlechtes Gewissen und Schuldgefühl mit tiefer Unsicherheit und Angst eingepflanzt hat, ist aber von entscheidender Bedeutung und Dringlichkeit für jede Zukunftsgestaltung. Uns von ihm freizumachen, ist lebensnotwendig, wollen wir ein positives Verhältnis zur Zukunft gewinnen, die so sicher eine technische Zukunft sein wird wie auch in aller Vergangenheit, solange Menschen als Menschen leben, die Welt eine technische Welt gewesen ist, von Menschen umgewandelte, umgeformte, mit seinem Geist, mit seiner Schöpferkraft gestaltete Natur.

Nicht Herrschaft – sondern verantwortliche Begegnung von Mensch und Natur

Denn in und von der Natur, wie er sie vorfindet, kann der Mensch nicht existieren. Jede Waffe, mit dem er ein Tier erlegte, jedes Werkzeug, mit dem er das Tier zerlegte, jedes „künstliche" Feuer, mit dem er es eßbar zubereitete, jedes Fell, mit dem er den Körper bedeckte, die Sohle, die er unter den Fuß heftete – sie waren Veränderungen der Natur, Weiterführung der Schöpfung durch den Menschen.

Diese „zweite Natur" oder von W.G. Haverbeck sogenannte „zweite Schöpfung",[110] die *Technik*, in einen Gegensatz zur Natur und zum Menschen zu stellen, ihre Lebensfeindlichkeit zu konstruieren, ist eine spezifisch dualistische Spaltung. Wir müssen endlich aus einem dimensionellen Verständnis des einen organischen Entwicklungszusammenhangs begreifen: Bewußtsein, Vernunft, Geist sind auch Natur! Innerhalb der Evolution bilden sie, von Urzeiten angelegt, nur höhere Lebensstufen, neue, aber nicht weniger „natürliche" Entfaltungsweisen des Seins! Lebensschädlich ist nicht die rationale Bewußtseinsform als solche. Der Geist ist keineswegs schlechthin der feindliche Widersacher des Lebens. Lebensschädlich und Unnatur ist nur die dualistische Abspaltung und Isolierung der Ratio von den transrationalen Erkenntnis- und Regulierungskräften, ihre einseitige, hypertrophe Ausbildung und Überspitzung, ihre ausschließliche Handhabung, die mit der Verdrängung und Verkümmerung der sie nährenden intuitiven, schöpferischen Quellen des Selbst einhergeht – ebenso wie umgekehrt die ausschließliche Herrschaft von Emotionen unter Verzicht auf den Verstand, der Irrationalismus. Und der Verzicht auf die sittlichen Kräfte.

Nicht indem der Mensch sich der Natur überläßt, setzt er Gottes Weltwerden fort. Und ebenso wenig ist die Technik von Haus aus blinde Herrschaft der Ratio über tote Materie, sondern wechselseitige Begegnung: indem der Mensch als Wissenschaftler in die Natur hineinfragt und sie zu ihrer Antwort veranlaßt, indem er sich als Techniker auf ihre Naturgesetze minutiös bis ins letzte einläßt, sich ihnen einfügt und sie planvoll einsetzt. Die Natur ist die Begegnungsstätte, in der der menschliche Geist und die göttliche Schöpferkraft aufeinanderzugehen. „Der Mensch trägt nicht selbst das Flugzeug empor, treibt nicht selbst die Motoren, sondern das besorgt die Naturordnung, eben das,

291

was wir Naturgesetze nennen. Die Natur ist nicht nur eine Gesamtheit von Gegenständen, anorganischen und organischen Dingen veränderlicher Art. Vielmehr trägt sie in ihrer Tiefe eine machtvolle Ordnung, unverbrüchliche Gesetze, die sich dem Menschen anbieten, von ihm handhaben lassen. Die Arznei heilt aus dieser Ordnung, nicht der Mensch, der die Macht nicht hat, von sich aus den Tod zu verscheuchen."[111]

Der Mensch kann nur schaffen, was in der Natur bereitliegt, um durch seine Verstandeskräfte zur Wirksamkeit gebracht zu werden durch immer vollkommenere Verfügbarkeit und Dienstbarmachung der Naturkräfte – um den Menschen zu zunehmender Entlastung und Befreiung vom Druck und den Unbilden der Natur und zur Freisetzung neuer gestalterischer Kräfte zu verhelfen. Denn der Mensch wächst in der ständigen Auseinandersetzung mit der Natur in der Technik. Sie steigert seine Kräfte der Gestaltung, seines Charakters und der Disziplin in der Beachtung der Naturgesetze und der Anwendung technischer Geräte. Und mit ihm wächst seine Verantwortung ins Ungemessene: Er kann nicht tun, was er will. Die Achtung vor dem Menschen, vor seinem Leben, seiner Entfaltung, seiner Würde ist für ihn Sinn und Maß, die sein Handeln bestimmen müssen und ihm Grenzen setzen müssen.

Doch nicht nur das Schicksal jedes Einzelnen, das Schicksal von Hunderttausenden von Flugzeugpassagieren, von Millionen von Anwohnern von Talsperren ist in die Hand des einzelnen Ingenieurs, des einzelnen Fertigers und Arbeiters gegeben. Seit Hiroshima wissen wir, daß das Schicksal der Menschheit auf *seiner* Verantwortung ruht. Die Gefahren der Luft-, Gewässer- und Bodenverschmutzung sind ein täglicher Appell an jeden, der mit Technik zu tun hat, und jeden, der ihre Produkte verbraucht.

Noch nie sind dem Menschen und seiner Schöpferkraft größere Aufgaben in der Gestaltung und lebenswürdigen Ordnung der zukünftigen Welt gestellt, noch nie seine Geisteskräfte und noch niemals seine Verantwortung stärker gefordert worden – Verantwortung für den Menschen und für eine menschliche Welt in der Verantwortung *für Gott*, dessen Weltwerdung in unserer Hand liegt. Im Fortschritt der Technik verschmelzen so Mensch und Natur und das Göttliche zu einer „Schicksalsgemeinschaft". Diese Haltung hat nichts mit Romantik oder religiöser Sentimentalität zu tun, sie ist von einem aufgeschlosseneren, klareren und härteren Realismus gegenüber den Forderungen der Zeit als ein unrealistisches Beklagen und Jammern über die „Versklavung" und alles angsterfüllte Mißtrauen gegen Technik und technischen Fortschritt und das Schwärmen für die Zeiten des Spinnrockens und der Postkutsche. Ein Vergleich von Lastzug und Pferdefuhrwerk holt diese Schwärmer sehr ernüchtert auf den Boden der verkannten Realität herunter: „Wollte man die Rund-um-die-Uhr-Leistung eines Lastzuges zwischen zwei Städten, die fern der Eisenbahn im Abstand von 100 Kilometern an der Autobahn liegen, mit zweispännigen Pferdefuhrwerken vollbringen, so wäre das sicher möglich. Man müßte dann 400 Wagen, 800 Gespanne (Pferde müssen auch schlafen) und 800 Kutscher einsetzen. Wenn aber nicht zwei Lastwagenfahrer, sondern 800 Kutscher Lohn kassieren, werden die Waren teuer. Noch schlimmer ist, daß die 1 600 Pferde eine Fläche kahlfressen würden, die 3 000 Menschen ernähren könnte. Die grausame Armutgleichung des Vor-Eisenbahn-Zeitalters: Mehr Transportleistung gleich mehr verhungerte Menschen, sie scheint schon vergessen zu sein."[112] Wahrhaft katastrophale Verhältnisse würden nichtmotorisierte Verkehrsmittel anstelle von Autos heute in unseren Städten oder Großstädten anrichten. Die Erkenntnis jener „Schicksalsgemeinschaft" des verantwortlich schaffenden Menschen und der Technik mit Gott und Natur enthält geradezu eine „Herausforderung zu einem sachlicheren und nüchterneren Verhältnis zur Wirklichkeit und zur Weitung des geistigen Horizonts, letztlich zur „Vertiefung und Ausdehnung des Verantwortungsbewußtseins und damit der moralischen Dimension unserer Existenz"![113]

Ein universelles Netz wechselseitiger Verantwortlichkeit

Das Wort von der „Versklavung" verrät nur, daß der Mensch im Stande des passiven, *erleidenden Objekts* verharrt, das einflußlos und unbeeinflußbar, von etwas außerhalb seiner abhängt, was er in seiner *kreatürlichen Schwäche* ohnmächtig zu erdulden genötigt wird ohne eigene Kraft und Möglichkeit, es zu ändern. Wer aber ein positives Verhältnis zum technischen Zeitalter und zur Zukunft gewinnen will, wird nicht an einem grundlegenden Wandel vorbei können, um von dem *hemmenden Selbstverständnis der schwachen Kreatur loszukommen, ohne sogleich in das hemmunglose des Herrschers* über alle Kreatur zu verfallen. Beide Extreme, dem Abendland aus den beiden alttestamentlichen Schöpfungsberichten je nach Bedarf anerzogen, werden weder den Anforderungen einer verantworteten Zukunft noch einem zukünftigen Menschenbild gerecht. Warum sollte sich auch, wer sich als ohnmächtig abhängiges und ungefragt ins Schwungrad der Entwicklungen geratenes Opfer versteht, auch noch verantwortlich fühlen – es sei denn ihm werden Verantwortung aufgetragen, eine „Verantwortung vor" dem Auftraggeber.

Wenn wir uns von der Technik „versklavt" fühlen, erklärt Carl Friedrich von Weizsäcker[114] so ist dies nur ein Zeichen von Unreife, die durch Einüben eines verantwortlichen Umgangs mit der Technik überwunden werden muß – etwa indem man mit dem Telephon nicht jederzeit jeden anruft, sondern Rücksicht, eine neue Art von Askese übt, die nicht nötig war, solange es kein Telephon gab. Ein Zeichen, „daß wir uns noch untechnisch verhalten, daß wir die Zwecksetzung der Technik nicht rational ausführen, sondern daß wir blind alles, was technisch möglich ist, auch wirklich machen – ohne nachzudenken, ob das sein muß. Ich bin nicht sicher, ob ein zukünftiges Zeitalter nicht sagen wird, was waren das damals für dilettantische Techniker! Die haben ja gar nicht gewußt, was sie wollen! – Um ein primitives Beispiel anzuführen: Vielleicht braucht man keine Streichhölzer zu haben. Wenn man sie aber hat, dann muß man den Kindern auch klarmachen, daß man sie nicht unbedacht anzünden darf. Es ist also immer ein gewisser Grad an Bewußtheit des Verhaltens oder an Stilisierung des Verhaltens notwendig … daß man über die Anwendung reflektiert und bestimmte Verhaltensformen entwickelt … eine Art Ethos des Umgangs mit der Technik." Es kommt darauf an, die Zwecke vor Augen zu haben und die Nebenwirkungen wahrzunehmen und beide gegeneinander abzuwägen.

Wächst aber nicht mit der Notwendigkeit, „die Technik technisch zu benutzen", das Schreckensbild eines durch und durch rationalisierten Menschen vor uns auf, eines Überhirns ohne Seele und metaphysische Dimension?

Auch hier kann es kein einseitiges Entweder-Oder geben. Vielmehr kommt es auch für von Weizsäcker auf das richtige Verhältnis beider, auf ein Sowohl-als-auch an: Vernunft als „das Göttliche im Menschen" ist „genau das, wodurch der Mensch am Metaphysischen teilhat. Von dieser Vernunft leitet sich dann die Fähigkeit ab, die bei Kant Verstand heißen würde – vielleicht auch technischer Verstand heißen könnte" –, die reine Natur technisch zu verändern.

Was für die sich zukünftig weiter fortentwickelnde Technik vordringlich eine *neue Qualität der Verantwortung* derer fordert, die sie hervorbringen, jedes Wissenschaftlers und Forschers, jedes Erfinders neuer Werkstoffe und Chemikalien, neuer Maschinen und Produktionsprozesse, jedes Ingenieurs und jedes Mitarbeiters, von deren Urteilsfähigkeit, die auch die Konsequenzen überblickt und bedenkt, von deren Gewissenshaftigkeit und Sorgfalt unmittelbar das Leben von Menschen abhängt; aber auch jedes Unternehmers und Betriebsmanagers, die für den gesunden Arbeitsraum, den Bau eines entgiftenden Rauchabzugs oder einer Kläranlage, für die Reinhaltung des die Fabrik umgebenden Lebensraums, der Luft und Gewässer zu sorgen haben; aber auch die Verantwortung jedes Verbrauchers, Benutzers, jedes Autofahrers, Lokomotivführers, Piloten: von jedem, der mit Technik zu tun hat, wird strengste Selbstdisziplin und Rücksichtnahme verlangt, die über sich selbst hinauszudenken und sich auf andere einzustellen vermag, und eine Selbständigkeit, die sich in der Fähigkeit zu vorausblickender Entscheidung im Blick auf die Folgen beweisen muß. Ein unendliches Netz wechselseitiger Verantwortlichkeit spannt sich immer dichter von Mensch zu Mensch, und ein jeder ist an seinem Platz und in seinem täglichen Alltag gefordert.

Ist das zuviel? Die Technik, die der Mensch sich schuf, ist eine erhöhte Herausforderung an ihn selbst, eine Herausforderung seiner sittlichen Kräfte! Und tatsächlich wächst der Mensch in der ständigen Auseinandersetzung mit der Natur in der Technik, mit ihren Risiken und den Möglichkeiten ihres Mißbrauchs und an den Ansprüchen, die der Umgang mit ihren Instrumenten, Apparaten und Maschinen an ihn, an seinen Geist und technischen Verstand ebenso wie an seinen Charakter und an seine Disziplin in der Beachtung der Naturgesetze und ihrer Anwendung stellt. Und mit ihm wächst die moralische Dimension seiner Existenz ins Ungemessene. Noch nie waren seiner Schöpferkraft, seiner Hingabe an sein Werk in letzter Vollkommenheit, da schon *ein* Fehler Tod für viele sein kann, höhere Ansprüche gestellt, noch nie größere Verantwortung in seine Hand gelegt.

Europas eigene Religion

Eine Religion vom Rang einer Weltreligion

Die Religion der Zukunft ist uralt – und erneuert sich mit jedem Menschen, der in ihr den eigenen Wurzelgrund entdeckt, aufs neue.

Und was nicht weniger staunen macht: Die vielen, die, an Zahl täglich zunehmend, gedrängt von einer wenn auch „diffusen" religiösen Sehnsucht, aufgebrochen sind, sie alle sind unterwegs in derselben Richtung, auf das meist vage, erst geahnte, noch unbestimmte Heilige zu, das das Alltägliche, Tatsächliche der Wirklichkeit und den Menschen selbst übersteigt. Auch wenn manche ihm noch fremde, östliche Namen geben.

Es hat in Europa von jeher eine eigene, nicht-dualistische Religion gegeben, die selbst in der anderthalbtausendjährigen Phase des christlichen Abendlandes nicht ausgetrocknet ist, sondern unter der niemals ganz verchristlichten Oberfläche wie ein Grundwasser weiterflutete, um hier und dort und immer von neuem durch einzelne starke und mutige, von ihrer Glaubenskraft erfüllte Persönlichkeiten im Protest gegen die fremde Religion spontan den harten Boden zu durchstoßen. Was die Kirche als Apostaten, Häretiker oder Ketzer exkommunizierte, als vom christlichen Glauben Abgefallene, das Dogma Leugnende verurteilte, als Aufrührer und Irrlehrer verdammte, seit Theodosius 380 als todeswürdige Verbrecher der Inquisition überantwortete und, seit das Erwürgen, Verbrennen und Ertränken am lebendigen Leibe aus der Mode kam, bis in die Gegenwart mit dem Geruch der bösartigen Negation mit allen Kirchenstrafen belegte – das waren Menschen, die aus heiliger Überzeugung ihrem eigenen Glauben leben wollten, sei es im stillen So-und-nicht-anders-Können ihrer Glaubensgewißheit, sei es im offenen Widerspruch gegen die Zumutungen menschlicher Entwürdigung, Schändung, Zerrüttung. Das waren Menschen, die mit dem Einsatz ihrer Existenz und oftmals des Lebens den Beweis für den Ernst und die Tiefe ihrer ureigenen religiösen Überzeugung zu erbringen bereit waren. Nicht jene sind hier gemeint, die aus Kritik an kirchlichen Mißständen lediglich reformieren wollten, oder solche, die nur negierten. Diese Eigenwilligen und ganz auf sich gestellten Eigenständigen, Männer und Frauen, haben um ihres unmäßigen Mutes und ihres von bestialischer Grausamkeit der Kirchen verschuldeten, sie bitter anklagenden Schicksals willen vielfach auch liebevolle Beachtung, Würdigung und das Interesse von Historikern, Kulturgeschichtlern und Religionswissenschaftlern gefunden, so von Arnold, Peuckert, Heer, Nigg, Schwarz u.a. Erst aufgrund einer umfassenden Strukturanalyse ihrer religiösen Aussagen habe ich 1969 in „Europas andere Religion" (jetzt „Europas eigene Religion") nachgewiesen: Alle nicht-dualistischen Ketzer aus allen europäischen Nationen und aller Jahrhunderte von Heraklit bis Teilhard de Chardin und weiter bis in die Gegenwart haben eine *Religion*, ein und dieselbe Religion mit nur verschiedenen Akzenten, verkündet – *eine Religion europäischen Stils.*

Und Europas größte Geister – um nur Goethe und Wolfram, Beethoven und den jungen Kant, Teilhard und den Cusaner, Giordano Bruno und Hölderlin, Eriugena und Thomas Bradwardine, Michael Servet und Henry More, Jakob Böhme und Nikolai Berdjajew, Meister Eckhart und Pelagius zu nennen – sie waren seine großen religiösen Künder. Ja, ihre Reibung an dem Ungemäßen, an dem fremden Dualismus, war es, an der der europäische Geist seine eigene Flamme so mächtig entzündet hat. Wo und wann in Europa, in Nord und Süd, in West und Ost, im 5., 9., im 14., 18. oder 20. Jahrhundert ein Widerspruch gegen eins der kirchlichen Dogmen sich erhob, jemand seinen eigenen Weg zum Göttlichen zu gehen wagte, eine Stimme ihr eigenes Glaubensbekenntnis sprach, da wiederholte ihrer aller Protest wie in geheimer Verständigung mit fast grotesker Monotonie dasselbe, oft mit den gleichen Worten, da führten aller Wege, gleichviel von wo sie ausgingen, in dieselbe Richtung, da waren ihre religiösen Bekundungen, gleichviel wo sie ihren Einsatz wählten und wo sie die Akzente setzten – auf den Menschen oder auf die Natur –, die Stimmen einer einzigen Fuge, die dieselben großen fünf Themen untereinander in einer Einheit verwebt und immer neu aufnimmt und im gleichen Sinne immer neu abhandelt.

Gott

Widerspruch erhob sich immer erneut gegen die Art und Weise, wie die Kirche ihnen Gott nahebrachte, die nicht mit der ihren vereinbar war. Es führen viele Wege zu Gott. Keiner der Wege ist auserwählt, keiner der einzig gültige für alle Menschen, Völker und Zeiten. Keiner ist besser als der andere, denn alle führen zu dem einen Unerforschlichen, das die Religionen aller Zeiten und Völker meinen, wenn sie es auch unter verschiedenen Chiffren und Bildern begriffen und mit verschiedenen Namen benannt haben – dasselbe eine Unerforschliche, das über alles Erkennen und Beschreiben ewig hinausliegt und nur dem religiösen Erleben ahnbar wird. Und weil alle Wege sich dem Göttlichen von einem anderen Ausgangsort her nähern, eröffnet ein jeder eine andere Sicht. Ebenso wie ein Berg keinem Beschauer allseitig sichtbar ist und nicht zwei Menschen denselben, völlig gleichen Anblick darbietet. Seine Gestalt hat Milliarden Umrisse, sein Anlitz Milliarden Profile, und dennoch ist kein Profil richtiger, kein Umriß gültiger als irgendein anderer. Alle Beschauer nehmen dieselbe Gegebenheit wahr und doch nicht dasselbe. Denn ein jeder erblickt sie von seinem Standort aus in anderer Perspektive. Und darum ist eines jeden Wirklichkeit genau so wirklich, eines jeden Gottesauffassung genau so gültig wie die seines Nächsten und die seines Fernsten – ,,gültig'' aber ist die seine allein für ihn selbst und für die ihm Nächststehenden.

Noch vor einigen Jahren fragte eine Tageszeitung einen der bekanntesten evangelischen Theologen Deutschlands: ,,Wie kann man sich Gott in unserer Zeit vorstellen?'' Professor Helmut Thielicke antwortete: ,,Man kann sich Gott z.B. wie einen Menschen vorstellen, dem man vertraut. Wenn Ihnen der liebe Gott mit einem Bart vorschwebt, weil der Großvater so aussieht, dann wird diese Vorstellung Ihnen beim Glauben helfen. In der Bibel wird von Gottes ,Angesicht' gesprochen, von seinen ,Händen', seinen ,Augen', seiner ,Stimme', seinem ,Thron'. Denn wir können von Gott *nur* mit Hilfe unserer Worte und Vorstellungen reden. Sogar der reife Mensch, der sich vor Augen hält, daß Gott die unendlichen Räume des Alls lenkt, wird trotzdem immer wieder eine menschliche Vorstellung auf ihn übertragen.''
Diese verbreitete, von einem namhaften Theologen empfohlene Kinderbuchvorstellung vom lieben Gott, die sich zudem auf die Bibel be-

ruft, stimmt bei allen sonstigen Unterschieden im Prinzip mit dem Gottesbild, wie es auf den Kanzeln durch zwei Jahrtausende bis heute geprägt wurde, und mit dem von der Theologie als „Persönlichkeit" gefaßten Gottesbegriff in einem Wesentlichen überein: Der christliche Gott ist eine Person, ein Schöpfergott, der mit der Schöpfung auch die Menschen, seine Geschöpfe, geschaffen hat, der aus dem Jenseits das Universum und die Geschicke aller einzelnen Menschen lenkt; Gott ist der Herr der Geschichte und seines Volkes, mit dem er einen Bund geschlossen hat; er ist Richter, der Gericht hält über die widergöttliche Welt, der straft und Gnade übt und auserwählt; aber auch liebender Vater, der seinen Sohn in die Welt gesandt hat; er ist ein Ich, das sich dem Du des Menschen gegenübersetzt, das den Menschen anspricht und vom Menschen angesprochen werden kann; eine zum „höchsten Wesen" idealisierte Persönlichkeit mit ins Überdimensionale gesteigerten menschlichen Eigenschaften wie allmächtig, allwissend, allliebend, dazu gerecht, gnädig, barmherzig, gut.

Dieses Gottesbild des überweltlichen, personalen Gottes – wie es für den gläubigen Christen Wirklichkeit war, ist und ganz gewiß bleiben soll! – konnte und kann heute viele selbständig Denkende, in sich selbst Gründende, auf ihre Weise tief und stark Empfindende überall in Europa nicht befriedigen: das Bild eines vermenschlichten Gottes, dem man menschliche Charaktereigenschaften und Qualitäten wie Güte, Gerechtigkeit, aber auch Rachsucht, menschliche Affekte wie Zorn oder Liebe, menschliches Vermögen wie Wille, Vernunft, Geist, menschliche Urteile und Entscheidungen über diesen Einzelmenschen und dieses, aber nicht jenes Volk, ja dem man männliches Geschlecht zuschrieb.

Gott konnte weder „gut" sein noch „das Gute" – denn „gut" und „böse" sind allein menschliche Wertungen unserer bedingten Wirklichkeit, die auf das Unbedingte zu übertragen, heißt, es auf endliches Maß herabziehen und es zu einem Bedingten machen. Ja, bereits Gott als Schöpfer zum Verursacher der Welt und zur Erstursache zu erklären, heißt, ihn der Kausalität und der Zeitlichkeit unterwerfen. Auch konnte Gott weder gerecht sein, noch die Gerechtigkeit; er konnte weder lieben noch Liebe oder Geist sein, nur weil dies für uns Menschen die – bisher – höchste denkbare Stufe der menschlichen Evolution ist. Denn dies und alles *begrenzt* ihn, indem es *ihn von anderem abgrenzt*: als das Gute vom Bösen, seien es die Welt und der Mensch, sei es der Teufel; als den Gerechten vom Ungerechten, als Geist vom „Fleisch", wie die Bibel es ihm entgegensetzt.

Dies alles waren menschliche Begriffe, die dem kategorialen Bereich unserer Wirklichkeit entnommen waren und die *als Begriffe* ihn begrenzen, ja – die als Begriffe stets einen Gegensatz haben. Zu Gott konnte es schlechterdings keinen Gegensatz geben, kein Anderes neben ihm, kein Gegenüber! Dann war Gott ja nur ein *Teil*, ein Teil des Ganzen!

Nicht, weil sie weniger religiös gewesen wären, im Gegenteil: *aus Religion* haben sich die großen europäischen Denker während dreier Jahrtausende gesträubt, das unendliche, alles „überseiende", alles transzendierende Göttliche, in Grenze und Gestalt zu fassen, es zu vermenschlichen und zu „traktieren", wie Goethe es verächtlich nannte, „als wäre es nicht viel mehr als ihresgleichen ... Wären sie aber durchdrungen von seiner Größe, sie würden verstummen und ihn vor Ehrfurcht nicht nennen mögen"[115]

Wie nah klingt dieses Wort an eines der frühesten Zeugnisse „europäischer Religion" an. mit dem Tacitus ihr Wesen umschrieb: „Übrigens glauben sie, daß es mit der Erhabenheit der Göttlichen nicht vereinbar ist, sie in Tempelwände einzuschließen und ihnen menschliche Züge zu geben. Sie weihen ihnen Waldlichtungen und Haine und *benennen mit Götternamen jenes Geheimnis, das sie in Verehrung und im Geiste schauen.*"[116]

Auf fünf Arten hat europäische Religion vom unaussprechlichen Göttlichen zu sprechen versucht (wie schon oben im Kapitel „Denkwende" und „Die neue Weltsicht" ausgeführt):

1. in frühester Zeit sowohl im Süden, im vorplatonischen Griechenland, als „Aufscheinen", wie auch in Nord- und Mitteleuropa im „Heil", in dem dem Menschen, allen Dingen und Wesen innewohnenden Heil, das sich in den geweihten Stätten verdichtet, im Thing, im Totenhügel und das der Mensch zu bewähren und zu mehren vermag, und indem der Germane die Anwesenheit, Allgegenwart und das Sich-Ereignen des Göttlichen „mit Götternamen nur benannte", weil er vermenschlichende Aussagen – wie Tacitus, Walther von der Vogelweide, Goethe und Rilke übereinstimmend erklären – als mit seiner Erhabenheit für „nicht vereinbar" erachteten.

2. indem sie, sobald das Göttliche in Gefahr war, zu vertraut zu werden und menschlich zu entarten, es im ionischen Frühhellenentum in das

allem Mythologischen enthobene Urprinzip und den allerzeugenden „Urgrund" erhoben, der bei Anaximander zum erstenmal „theion", *„das Göttliche"* heißt; es im Norden in das allesdurchwaltende „Es" des Geschehens, das unpersönliche Schicksal, rettete, in das „gewif", Schicksals*gewebe*, und in ein kaum zu artikulierendes *neutrum pluralis,* „*das* Gott" (was nicht das „Gute" heißt, sondern „das Angerufene") – das erst vom Christentum zu einem Maskulinum des persönlichen, männlichen Herrscher- und Schöpfergottes vergegenständlicht wurde;

3. in der „negativen Theologie", die vom „ Un-endlichen", „Un-bedingten" spricht in den *Negationen* jener *„positiven"* Aussagen, mit denen das Christentum das Göttliche rational beschrieb und begrifflich objektiviert hatte, weshalb die „Theologia negativa" mit Meister Eckhart von ihm als vom „Nicht-Gott", „Nicht-Person", „Nicht-Bild", „Nicht-Geist" sprach, das „nicht-gut, nicht-weise, nicht-wahr" sei; oder

4. es noch mensch- und personenüberhobener mit Eriugena, Hildebert von Lavardine und vielen anderen nur noch in den äußersten Gegensätzen berührte, die in seiner unendlichen Umfassung *Einheit* sind, in seiner *Einheit „zusammenfallen"* als *„coincidentia oppositorum"*, wie vor allem für Nikolaus von Kues, der in letzter Scheu, das Göttliche zu vergegenständlichen, vom *„Nicht-Anderen"* gesprochen hatte, zu dem es schlechthin *keinen Gegensatz, kein Gegenüber, kein Anderes* mehr gibt;

5. schließlich in Symbolen, Chiffren oder Grenzbegriffen, die auf das immer nur notdürftig, immer unangemessen umschriebene Unbeschreibbare „hinweisen", das alle menschlich erdenkbaren Dimensionen überwest (s. oben S. 173f): ob sie mit Meister Eckhart von „Gottesgrund", mit Teilhard de Chardin vom „Göttlichen Bereich", mit Jakob Böhme vom „Ungrund" oder „der großen Tiefe überall", mit Shaftesbury vom „göttlichen Weltgrund" oder mit Anaximander vom „Weltschoß" und „Urgrund", dem „Unbegrenzten" (apeiron) spricht; ob sie es mit Schleiermacher „das Unendliche" nennt oder mit Giordano Bruno „die unendliche Allgegenwart", mit Heinrich Seuse „das Allerwirklichste", mit Herder „die Ur- und Allkraft", „das tiefste Sein alles Seins" oder mit dem Frankfurter „aller Seienden Sein, aller Lebenden Leben", mit Heidegger „das Sein alles Seienden"; ob es beim jungen Kant als „aller Naturen durchwaltende Bestrebung"

auftritt, im Angelsächsischen als „Weltordnung" oder „Weltgesetz", als „Logos" bei Heraklit und der Stoa; bei Goethe als „das Eine, das sich vielfach offenbart", ob er es als das „Unerforschliche" verehrt oder Gerhard Szczesny es als die „unbegreifliche, aber von uns immer mitzudenkende und immer im Spiel befindliche Dimension" bezeichnet, Henry More als die „vierte Dimension", Rilke als „Weltinnenraum", als „Sein" oder „das Ganze", Nikolaus von Kues als „aller Dinge Wesensgrund, Mittelpunkt und unendlicher Umfang", Friedrich Schöll als „Wirkgrund aller Wirklichkeit", Karl Jaspers als das „Umgreifende" – sie alle, Zeugen der eigenen Religion Europas, meinen dasselbe.

Und mit bassem Erstaunen vernehmen wir einzelne Stimmen heutiger Theologen aus beiden Konfessionen, mit überzeugtem, festem Ton in diesen Chor europäischer Ketzer einstimmen.

Die „europäische Religion"
beginnt in Kirche und Theologie Wurzel zu schlagen

In den Zeiten der kirchlichen Vormundschaft der abendländischen Jahrhunderte gelang es nur wenigen *geistlichen* Männern und Frauen wie Eckhart, Seuse, Tauler, Mechthild von Magdeburg, dem Cusaner und dem Nolaner – wenn auch ständig unmittelbar am Abgrund des Ketzerendes – aus dem festen Dogmengebäude mit dem jenseitigen Gott auszuwandern und eigene Wege einzuschlagen zu einem Göttlichen, frei von allen dualistischen Grenzziehungen des Personalen, der Überweltlichkeit und Jenseitigkeit, der Attribute und Eigenschaften, von aller Vergegenständlichung und Vermenschlichung.

Was einen Ordensgeistlichen wie Pierre Teilhard de Chardin, trotz aller bitteren Verbote und Strafen seitens der Kirche und seines Ordens bis zu seinem in der Verbannung eingetretenen Tode am Ostersonntag 1955 in New York, zur Auflehnung und zur Überwindung des von ihm *als das Unheil schlechthin bekämpften Dualismus* trieb, aus einem zwingenden Bedürfnis zu vereinen, einem Drang, in aller Vielheit der Schöpfung „die Einheit der Fülle" wahrzunehmen, dem Göttlichen in aller Wirklichkeit, in ihrer Schönheit und in ihren Stürmen und Widerständen zu begegnen, ihn durch die ganze Oberfläche und die ganze Tiefe der Welt zu berühren – dieses unwillkürliche, spontane Aufbrechen einer Wesensnotwendigkeit, eines Einheitsdenkens, einer Tiefenschau der Welt, die ihm transparent wird für das in allem ausgebreitete Göttliche –, dies scheint heute die Theologen in einer sonst kaum verständlichen Übereinstimmung zu drängen, sich *vom dualistisch-substantiellen Denken abzuwenden* und sich dem *europäischen, dimensionellen Einheitsdenken zu verschreiben* in einer Einhelligkeit, die erstaunen läßt.

Dem „jenseitigen", dem „supranaturalen", dem „von außen eingreifenden", dem Gott, „den es gibt, wie es einen Bodensee gibt" – wie der Theologe Manfred Mezger[117] formuliert, gelten die Absagen. Dem personhaften Vatergott, Schöpfergott, Rächer- und Richtergott kündigt man die Gefolgschaft auf. Um eine Wendung zu vollziehen, mit der man „Grund und Grundlage des christlichen Glaubens in einer Weise verläßt, die für die Kirche seit je und heute Gottesleugnung und die strafwürdigste Sünde bedeutet".

Nach dem ihnen allen fragwürdig gewordenen substantiellen Verständnis Gottes wird das Göttliche ihnen neu erlebbar, wie Pelagius, wie Eckhart, wie Fichte, wie Teilhard es vorgelebt hatten, als durchscheinend in der Welt, in der Wirklichkeit, in jedem Menschen. „Wir haben keinen Zugang zu Gott, der als der Unbewegte die Welt bewegt. Er ist uns fremd und fern", schreibt H.J. Schultz in seiner Einleitung zu „Wer ist das eigentlich – Gott?" „Gott wird zu einer Welt neben der Welt", klagt der Protestant Paul Tillich die an, die ihn zu einem „Teil" des Ganzen jenseits der Welt gemacht haben, und offenbart überraschend jenen europäischen Sinn für die göttliche Tiefendimension der Welt und des Menschen: „Der Name dieser unendlichen Tiefe ist es, die mit dem Wort Gott gemeint ist. – Gott ist der tiefste Grund unseres Wesens und Seins." Jenen seiner Glaubensbrüder, die dies nicht verstehen, ruft er zu: „Ihr werdet vielleicht einiges, was ihr über Gott gelernt habt, vergessen müssen, vielleicht sogar das Wort selbst."[119]

„Unvollziehbar" ist auch für den evangelischen Theologen Rudolf Bultmann der dualistische Gedanke eines personalen Gottes als ein Gegenüber des Menschen und der Welt in einer jenseitigen Transzendenz anstatt einer Transzendenz „mitten in der Welt". Gott ist wie einst für Eriugena „das Unbedingte *im* Bedingten, das Jenseitige *im* Diesseitigen"[120]

„Gott ist jedenfalls nicht der für sich Existierende" irgendwo über oder neben dem Universum, fügt der protestantische Theologe Herbert Braun aus echt dimensionellem Bewußtsein hinzu: „Gott ist das Woher meines Geborgen- und meines Verpflichtetseins vom Mitmenschen her."[121]

In ihnen allen klingen die Worte Dietrich Bonhoeffers nach: „Einen solchen Gott, den es gibt, gibt es nicht". Gott war für ihn kein „denkbar höchstes, mächtigstes, bestes Wesen – dies ist keine echte Transzendenz": „Gott ist mitten in unserem Leben jenseitig."[122]

Doch nicht nur im Raum des Protestantismus, auch innerhalb des Katholizismus drängen an vielen Stellen die Keime dimensionellen Denkens durch den dualistisch verhärteten Boden, der mit dem Abendland immer mehr austrocknet, während die Strukturen der eigenen Religion Europas sogar schon in die Kirchen eindringen und, seit ihre Menschen nicht mehr für Leben und Existenz fürchten müssen, sich unter den Suchenden, zumal unter den religiös aufgeschlossenen Jugendlichen weit um sich greifen.

Der von seinem Gelübde gelöste, ehemalige Benediktiner Thomas Sartory erblickt die Wurzel des gegenwärtigen Unheils klarsichtig in der dualistischen Aufspaltung der Wirklichkeit von Diesseits-Jenseits, Profan-Sakral, Natur-Übernatur, Welt-Gott. Das von den Kanzeln verkündete Gottesbild, „das kleinlicher und rachsüchtiger und eitler nicht gedacht werden kann", ist für ihn ganz „unannehmbar". „Gott ist nicht ‚über' der Welt, nicht ‚jenseits' der Welt, nicht ‚außerhalb' der Welt – sondern ‚Gott in Welt'!" – heißt das jetzt und schon morgen und übermorgen sich überall wiederholende Bekenntnis auch aus seinem Munde.

Da meldet sich die Stimme Manfred Mezgers, der es klar ausspricht, die kirchliche „Währung ‚Gott' ist längst nicht mehr gedeckt". „Das Göttliche" aber ist überall „in der konkreten, griffigen Wirklichkeit" gegenwärtig, selbst „bei der Backschüssel mit Sauerteig"![123]

Da meldet sich unüberhörbar die Stimme des schweren Angriffen ausgesetzten Religionspädagogen Hubertus Halbfas aus einer Position der gezielten Abwehr jedes Dualismus zugunsten einer bewußten Hinwendung zum Ganzheitlich-Dimensionellen, das spürbar seinem Erleben und Denken so selbstverständlich und natürlich ist, daß es „gar nicht anders sein kann". Die Grenzziehungen des Dualismus zwischen Diesseits und Jenseits, das räumlich hinter ihm wartet, wie zwischen

Zeit und Ewigkeit, die zeitlich auf die Zeit folgt – „die Scheidung dieser Wirklichkeit in zwei getrennte Bereiche ist voll unglücklicher Konsequenzen. Verachtung von Welt und Zeit, Abwertung alles Vergänglichen, Mißachtung der Gegenwart – eine so verstandene Religion entfremdet den Menschen seiner Welt und seiner geschichtlichen Stunde." Dem Dualismus setzt auch er die dimensionelle Sicht entgegen: „Gott spricht im Geschehen der Wirklichkeit. – Dabei setzen wir einen Wirklichkeitsbegriff voraus, der um die Dimension der Tiefe weiß. – Angesichts der einen Wirklichkeit fallen alle Begrenzungen, die bis auf den Tag die kirchliche Verkündigung und Praxis in dieser gedachten Gegenüberstellung bestimmen. Was aber bisher als getrennt galt, sind zwei einander ergänzende Aspekte der einen Wirklichkeit, Ausdruck ihrer Ganzheit und darum weder *gegeneinander,* noch nebeneinander, nur *ineinander* zu begreifen."[124]

Wie diese für viele „neue" Sicht, die zu einer ganz anderen, einer europäischen Auffassung vom Göttlichen führt, heute mitten ins Herz der Menschen trifft, wie etwas in ihnen bereitliegt, sich von ihr ansprechen zu lassen, zeigt eine Hörerzuschrift an den Rundfunk, in der ein junger Laie in „einer großen und freudigen Erleichterung feststellen" möchte: „Nein, man ist kein Außenseiter, wenn man so denkt und empfindet, kein einzelner mit vereinzelt dastehenden persönlichen *Erfahrungen, sondern es liegt in der Luft,* greifbar an allen Ecken und Enden, in Büchern, Aufsätzen, Rundfunkvorträgen und Gesprächen: Die Theologie hat die Welt und den Menschen entdeckt als *den* eigentlichen Ort unseres Heils, unserer Gottesbegegnung ... Nur wer lange Zeit selbst so empfunden ... kann übersehen, welch eine neue Welt einem aufgeht."[125]

Geistlichen und Laien in ihrer Ratlosigkeit gegenüber der unhaltbar gewordenen Gottesvorstellung erscheint diese Antwort der europäischen Religion wie eine „Erleuchtung", wie eine „Erlösung, daß man nicht der einzige war, mit dem etwas nicht stimmte", wie eine „Befreiung von einer großen Last geheimer und im Grunde uneingestandener Schuldgefühle", als die „kopernikanische Wende" – wie der englische Bischof John A. T. Robinson mitteilt,[126] als Heilmittel all des Unheils, das sich wie das Schreckensbild einer großen Katastrophe, die schon begonnen hat, vor ihren Augen abzeichnete. Beglückt und fasziniert von der befreienden Weite und Tiefe, die – wie Robinson von sich selbst gesteht – sich ihnen in dieser „neuen und gültigen Weise" des dimensionellen Einheits- und Ganzheitsdenkens auftut, das zu den Menschen „viel unmittelbarer" spreche als das herkömmliche dualistische.

In der Sorge, die Menschen in der Kirche nicht mehr halten zu können oder die Enttäuschten und Abtrünnigen zurückzugewinnen, bemächtigen sich Theologen und Geistliche heute wie in geheimer Abrede zunehmend der Sprache der europäischen Religion. Man fühlt sich durch die ansehnlich wachsende Religiosität, die an den Kirchen mit ihrer kalten, unüberbrückbaren Distanz zwischen dem persönlichen Gott und dem Menschen vorbei nach „Gott in allem und auch im Menschen" fragt, herausgefordert, wie der protestantische Theologe Jürgen Moltmann, eine neue Lehre von der Schöpfung durch den Heiligen Geist, eine „pneumatologische Schöpfungslehre „zu entwickeln," die die Präsenz des Geistes Gottes in jedem Geschöpf und, was noch wichtiger ist, in der Schöpfungsgemeinschaft betont. – Eine voll entwickelte trinitarische Schöpfungslehre würde die Weltimmanenz des transzendenten Gottes in dem der Welt einwohnenden Geist herausstellen"![27]

Die Geistlichen spüren es, wo nicht sie selber Ergriffene der neu-uralten, eigentlichen Religion Europas sind, daß die Menschen – nicht nur die jungen – anders denken, daß eine mächtige Woge von Religiosität – einer in ihren Augen „eher diffusen", nach Meinung Kardinal Wetters „recht konfusen Religiosität" und „Suche nach geistiger Tiefe" – unaufhaltsam anwächst, daß, was Nietzsche voraussagte, „der christliche Gott unglaubwürdig geworden", ja, wie der englische Bischof Robinson es ausdrückt, daß „Gott *anders* ist". Man beeilt sich selbst an höchster Stelle im Hinblick auf die Zukunft und im vollen Bewußtsein des bedrohten Bestandes der Kirche, ihre zweitausendjährige Lehre den Strukturen europäischen religiösen Denkens anzunähern. Was durch den Heiligen Geist – ursprünglich die „über den Wassern brütend flatternde" Vogelmutter, „ruah", die als Taube bei Christi Taufe über seinem Haupte schwebt, seit dem Konzil von Konstantinopel 381 die dritte göttliche Person der Trinität, auch der Geist Gottes und Christi, der „weht, wohin er will" – an der Stelle des Persongottes noch am ehesten die religiösen Sehnsüchte vieler befriedigen könnte. In seiner Enzyklika „Über den Heiligen Geist im Leben der Kirche und der Welt" vom 18. Mai 1986 laviert Papst Johannes Paul II.: „Das große Jubiläum, das am Ende dieses Jahrhunderts und am Beginn des nächsten gefeiert wird, muß ein machtvoller Aufruf an alle werden, die ,Gott im Geist und in der Wahrheit anbeten' (Joh. 4,24). Es muß für alle zu einem besonderen Anlaß werden, sich auf das Geheimnis des dreieinigen Gottes zu besinnen, der als solcher die Welt, besonders die sichtbare Welt, völlig übersteigt: ist er doch absoluter Geist – ,Gott ist Geist'. Zugleich ist er aber auf wunderbare Weise dieser Welt nicht nur nahe, sondern *in ihr gegenwärtig* und ihr in gewissem Sinne *immanent; er durchdringt und belebt sie von innen her.* Das gilt vor allem für den Menschen. *Gott ist im Innersten seines Seins gegenwärtig, in seinem Denken, Gewissen und Herzen; eine psychologische und ontologische Wirklichkeit.* – Auf diese Weise", kündigt Papst Johannes Paul im Eingang der Enzyklika an, ,,gibt die Kirche auch Antwort *auf gewisse tiefe Anliegen,* die sie im Herzen der Menschen *von heute* zu erkennen glaubt: *eine neue Entdeckung Gottes* in seiner transzendenten Wirklichkeit als *unendlicher Geist...* "[128]

Für solche Worte wurden im Abendland Menschen am lebendigen Leibe verbrannt, gehängt, erwürgt, geköpft, ertränkt, geschunden und gejagt![129]

Die Anpassung an die ,,europäische Religion" ist vollkommen.

Das werdende und entwerdende Göttliche und das Vertrauen in den Tod

Wie gesagt – sie alle, Künder der eigenen europäischen Religion, meinen ein und dasselbe:

Alles Seiende vom Atom bis zum Weltall mit seinen Sternen, Sternsystemen und Milchstraßen, mit Stein und Pflanze, Tier und Mensch – sie sind Entfaltung des anfanglosen, unbegrenzten, allesumfassenden und allesdurchpulsenden ,,Göttlichen", Selbstgebärungen des göttlichen Urgrunds, Selbstoffenbarungen des Verborgenen, Verendlichungen des Unendlichen, Verzeitlichungen des Ewigen, Verwirklichungen des sich ins Werden und Wirken entäußernden Urschöpferischen, unaufhörlich Schaffenden.

Und indem das Göttliche sich in allem einzelnen ,,wird", bringt es sich selbst zu gesteigerter, reicherer, lebendiger Wirklichkeit – und ist dennoch nicht mit dem Universum, mit der Natur, mit der Welt, mit seinen ,,Verkörperungen", identisch im Sinne eines platten Pantheismus: Die Welt ist nicht Gott, das Göttliche nicht die „Welt", nicht die „Natur". Gott und Natur sind in ihrer Seinsweise verschieden wie das Sein vom Seienden als dem Sein-Habenden, aber *identisch* in ihrem *Wesen*.

Das Göttliche west in allem. Es ist die unauslotbare Tiefendimension der Welt und aller Dinge, das Innerstwirkliche alles Wirklichen, das Sein alles Seienden, das alles „sein" macht, mit seiner Fülle durchströmt, in allem ganz und anwesend ist und doch ganz bei sich als das Sein, in das hinein unaufhörlich, wie alles aus ihm hervorgeht ins Dasein, alles Daseiende wieder hineinstirbt – nicht nur der Mensch, alles Leben, alle Wesen, alle Dinge.

Nichts verschwindet. Alles Lebende wandelt sich ins Ewige zurück, „um seines Seins wieder teilhaftig zu werden" (Eckhart). Alle Wesen kehren wieder in den Ursprung zurück, aus dem sie hervorgegangen sind – weshalb das Göttliche Anfang, Mitte und Ziel alles Geschaffenen ist, ja, im Tod mit ihm in seinen Grund, in seine Geborgenheit und seine Freiheit heimkehrt.

Aus solcher Gewißheit wächst das „Vertrauen in die große Bewegung des Seins, das uns hervorgebracht hat und wieder hinwegnimmt" – wie Teilhard de Chardin es – ohne dies zu ahnen – für zweieinhalb Jahrtausende gültig aussprach. Das heißt aber und bleibt das weithin seltene, befreiende Wunder: Vertrauen in den Tod! Ein Vertrauen, das größer ist als die Angst vor dem Schwinden und so groß, daß es über den Schmerz von Abschied und Verlust zu tragen vermag. Ein Vertrauen, das im Menschen weckt, was als göttliche Kraft in ihm liegt. Weil es das Ewige, Unbegrenzte, Göttliche ist, das er tief in sich birgt, darf er vertrauen, mit der Entgrenzung Gottes im Tode in ihm ohne Grenzen, geborgen und ewig zu „sein"![30]

Entfaltung der Gegensätze als Feld der Bewährung

Doch dieses göttliche Sein ist kein starres Sein, vielmehr immerwährendes Werden, das in unendlichen Formen und Gestalten „wird und entwird", um sich in ewigem Werdedrang immer wieder zu überholen, zu immer neuen, höheren Formen sich auseinanderzulegen und sich wieder zurückzunehmen, sich unaufhörlich in Gestalten zu begrenzen und zu entgrenzen – ein sich entfaltender Gott, der die Gegensätze, die in ihm eins sind, in die Welt ausfaltet und „sich im größten Gegensatz der Kräfte manifestiert" (Nikolaus Cusanus), so daß unaufhörliche Bewegung, ununterbrochenes Werden, Wachsen, Verwandeln sich vollziehen als Leben, Entwicklung, Steigerung, Evolution, ohne die keine machtvolle Schöpfungsdynamik wäre, nur Erstarrung, Stillstand, Chaos.

Entfaltung der Gegensätze aus Gott! Daß auch das Dunkel, auch das Furchtbare des Daseins, vom Ganzen umfaßt, ihren Sinn haben, so wie es Licht nicht gäbe ohne die Finsternis und die Sterne nicht leuchteten ohne das Dunkel, und wie ohne das Böse das Gute nicht wäre, keine Entscheidung, keine Freiheit, keine Tugend. Entgegen der paulinisch-manichäischen Gleichsetzung des Bösen im Menschen mit dem Satanischen, Antigöttlichen und entgegen der augustinischen Abschwächung zum Nichtseienden, empfängt das Böse für den Cusaner seinen Sinn vom Ganzen, vom Göttlichen her: Gott, so sagt er mit Pelagius, Fichte und Berdjajew, will nicht unedle Knechte, die unter Zwang gehorchen – „ein jeder Mensch hat die Freiheit der Entscheidung, nämlich zu wollen oder nicht zu wollen". Gott will den freien Menschen, dessen Adel darin liegt, frei zwischen Gut und Böse wählen zu können! *Nur weil er die Möglichkeit zum Bösen hat, kann er gut sein* – wie ja jeder Gegensatz erst am anderen zu seiner Fülle und Wahrheit kommt. Wer um ihren göttlichen Entfaltungssinn weiß, braucht vor ihnen die Augen nicht zu verschließen, weil er auch dem Negativen, auch dem Leid, auch dem Schmerz noch einen Sinn abzugewinnen vermag, sie als *Anspruch an sich, sich in ihnen zu bewähren,* begreift. Sich zu bewähren in der auf ein tiefes religiöses Seinsvertrauen gegründeten Entschlossenheit, die Gegensätze des Lebens nicht gleichsam geschlossenen Auges zu übertünchen und auszugleichen, sondern sie mit dem ganzen Selbst auszutragen und auszuhalten, um unüberwindlicher aus ihnen hervorzugehen – in der jasagenden Kraft der Seele, die sich am Abgrund ihrer eigenen Tiefe bewußt wird, die am Schmerz zu wachsen vermag und im Durchgang durch die Qual der Zerreißung auf einer höheren Ebene gereifter zu sich selbst findet, „durch und durch gehärtet und geweiht" – in der unüberwindlichen Tapferkeit des frommen Herzens, die noch dem Untergang einen Sieg zu entwinden vermag, den Sieg über sich selbst, das trotz allem sich nie aus dem Gesamtzusammenhang des göttlichen Seins verliert. So wird die Welt der Gegensätze für den europäischen Menschen zum

Feld der Bewährung, in der er das Göttliche in sich wachsen und größer werden läßt. Der Germane nannte es sein „Heil".

Freiheit durch Einssein mit dem Göttlichen

Denn als Explicatio Dei, als Entfaltung des Göttlichen ist der Mensch wie alle Wesen und Gestalten „gottentstammt", das ist europäischer Glaube und europäische Menschwerdung, wie wir sahen, seit viertausend Jahren. Wenn auch jedes einzelne am Göttlichen „teil" hat, das den gesamten Kosmos durchdringt und erfüllt als seine verborgene, in allem durchschimmernde göttliche Dimension, im Menschen erst kommt das Göttliche zum Bewußtsein seiner selbst. In der menschlichen Seele erwacht es, in der menschlichen Vernunft denkt und erkennt es sich selbst. In des Menschen seelischen und geistigen schöpferischen Kräften, in seinen Entscheidungen und Taten „verlängert" das Göttliche sich selbst in die Welt hinein und erzeugt sich durch Geist und Tun des Menschen in immer neuen Setzungen, neuen Formen, neuen Wirklichkeiten.

Indem die Freiheit des unbedingten, durch nichts bedingten, unendlich freien schöpferischen Urgrunds in den Menschen hineinragt, ist er selbst es, der alle Bedingtheiten von Erziehung, Anlagen, Umwelt zum Rohstoff *seines freien Vollzuges* macht, in dem sich Notwendigkeit und Freiheit, Determination und Autonomie verknoten. Im Menschen begegnen sich Bedingtes und das Unbedingte: er ist nicht nur schlechthin frei *oder* determiniert wie Dualismus und Monismus es wollen, sondern sowohl Gestalteter als auch Gestalter, sowohl Kreatur als auch Kreator, „der erste Freigelassene der Natur", wie Herder ihn nennt. Ja, unsere Freiheit ist das Zeichen für die Anwesenheit des Göttlichen in uns. Wie oben gesagt – die Freiheit ist die Stelle, an dem die göttliche Dimension innerhalb der Welt offenliegt. Sie läßt uns, das Unbedingte in unserem Bedingtsein, d.h. das Göttliche in uns selbst ahnen.

Wenn das westliche Christentum des Paulus und Augustinus, des Thomas von Aquin und Luthers, die den Menschen tief herabsetzen, weshalb er zur Besserung seines Tiefstandes die eingreifende Gnade benötigt, die ihm bestreitet, sich aus eigener Kraft erheben zu können – wenn es durch ein anderthalbtausendjähriges Zeitalter die uralte gott-weltliche, gott-menschliche Einheit bis in die Wurzeln spaltete und die von ihr niedergetretene Würde des Menschen, des Irdischen, des Weltlichen, des Staatlichen den europäischen Völkern zumutete, so war es allein die Religion Europas, die durch jeden ihrer von der Kirche verketzerten großen Denker ihre Selbstachtung und göttlich-menschliche Würde in Bindung und Freiheit wiederaufrichtete. Sie wird die Bestimmung und Verpflichtung, die in ihre eigene Hand gegeben ist, in den heutigen, nach Religion und Sinn hungernden und künftigen Generationen wieder neu zu gründen haben, auf das Einssein und verantwortliche Mitwirkung mit dem Göttlichen.

Verantwortung „für" Gott

Wie das Göttliche als unendliches Drängen ins Werden sein bloßes Sein ins Etwas, in die Welt entfaltet und so Gott und die Welt einander bedingen, so bedingen auch Gott und Mensch, die göttliche Schöpfermacht und die menschliche Vernunft einander, um Gottes Weltwerden zu vollführen und fortzuführen. Und weil der Mensch aus seinem Einssein mit dem Göttlichen seine Freiheit empfängt, in der er sich als einziges Wesen über die Unfreiheit der Instinkte und der Kausalität erhebt, ist er allein der Verantwortung fähig. So wird der mit göttlichen Kräften wirkende Mensch zum hochverantwortlichen Mitschöpfer Gottes. Der verantwortlich ist *„für Gott"*. *Freiheit aufgrund des Einsseins ist das Wesen des Menschen, Verantwortung für das Göttliche ist Bestimmung, Sinn und Würde seiner Existenz.* Sie ist in seine Hand gelegt. Was er aus ihr macht, liegt bei ihm selbst.
Verantwortung „vor" Gott heißt: *sich* verantworten, Rechenschaft ablegen, was auch der Unfreie kann, dessen Verantwortung sich formal auf gewissenhafte Erfüllung des Aufgetragenen erstreckt, für dessen Inhalt er weder zuständig noch haftbar ist. Verantwortung „für" Gott stammt aus der Gewißheit um ihre „Schicksalsgemeinschaft" und aus der Verpflichtung, die sie aus ihr empfängt und die das Einstehen für die Folgen einschließt. Seine Freiheit rechtfertigt sich erst durch Übernahme von Verantwortung. Beide fordern sich wechselseitig. Erst Freiheit ermöglicht Verantwortung, aber Freiheit bedarf ihrer auch.

Gegenüber einer „Religion der Liebe" kann hier im vollen Sinne von einer *„Religion der Verantwortung"* gesprochen werden – als des Gefordertseins des sich in Selbstlosigkeit überschreitenden, auf die Welt hin, auf alles Leben und auf den Menschen hin sich überschreitenden Menschen, der aus der Gewißheit der Schicksalseinheit mit dem Göttlichen in der Verantwortung für das Weltwerden Gottes in jeder Arbeit, der einfachsten wie dem großen schöpferischen Werk lebt und schafft, in der Freiheit und Geborgenheit, welche die unablösliche Verwurzelung im Seinsgrund verleiht.

Diese Religion braucht keinen Kult und keine sakramentespendende Kirche – sie ist Mitwirken mit dem Göttlichen und Mitschaffen am Göttlichen im Labor wie auf dem Bau, im Büro wie auf dem Feld, mit jedem Bohren und Schweißen, mit jedem Kindererziehen und Kohlefördern. Zu ihr bedarf es weder asketischer Absonderungen, Wirklichkeitsflucht oder Praktiken wie sie neuerdings in Amerika und in Esoterik-Gruppen um sich greifen, keiner rauschhaften Ekstasen, spiritistischer Sitzungen, aber auch keiner Priester, Dogmen und geoffenbarten Bücher. Jeder, der mit voller Hingabe und Gewissenhaftigkeit schafft, „wirkt der Gottheit lebendiges Kleid", verwirklicht das Ewige im Zeitlichen und nimmt, sein enges, zeitliches Ich überschreitend, am Ewigen teil.

Gott singt aus dem Vogel und wartet im Mitmenschen

Jeder, der sich seiner Verwurzelung im Weltgrund bewußt wird und sich ihm öffnet, dem leuchtet das Göttliche aus allem und in allem, dem singt es aus dem Vogel, dem klingt es auf dem Streichkonzert von Beethoven, den blickt es aus den Augen des Geliebten an, den umschlingt es mit den Armen eines Kindes. Dem wird die Welt in Schönheit und Schrecken, Geburt und Tod, Seligkeit und Gefahr transparent für das Göttliche. Dem wird, an welcher Stelle er sie auch berührt, zur „Kontaktfläche" mit dem Unnennbaren, das ihn selbst bedingt. Den ruft es aus dem Schrei des Verletzten, Getretenen, Hilflosen. Den fordert es durch jeden Schaden, der nicht nur behoben, durch jede Not, die nicht nur gelindert, sondern verhindert werden will.

Und die verödete, christlicherseits von allem Heiligen leergefegte Wirklichkeit, das sogenannte „Diesseits" des außerweltlichen „Jenseits", empfängt für ihn die Dimension der Tiefe und des Numinosen zurück. Denn dies nur überwindet den Existenzekel und die Leere des von allen Bindungen frei-gestellten, zwischen Angst und Gier, Überdruß und Süchtigkeit vom Nichts umdrohten Menschen, der in der Furcht vor Sinnlosigkeit und jähem Tod sich in einer Schein- und Rauschwelt betäubt und versichert: hindurchzubrechen durch das dürre, abgestorbene Außen der Wirklichkeit und durch das Nichts-Als der Dinge in ihre Tiefe, in den „Weltinnenraum", in den Gottesgrund, in den „Göttlichen Bereich", der nicht in einer unerreichbaren Ferne liegt – sondern in uns und in jedem Mitmenschen, sobald wir ihn auch als eine Gestaltwerdung Gottes begreifen, und der in allem wartet und uns beständig mit seiner Gegenwart durchglüht und umringt. Nur der enge, verkrampfte Mensch, der ausstreicht, was den Sinnen und dem Verstand nicht greifbar scheint, der sich in seiner Ichheit abschnürt gegen das umfassend Ganze, ihm innerlichst innewohnende Göttliche, der sich an Versicherungen gegen den Tod, die es nicht gibt, und an die handfesten Balken seiner flächigen, flachen Tatsachenwelt klammert, wird eine Beute seiner eigenen Enge und Angst und zutiefst unfrei.

Gott aus dem Jenseits heimholen, auf daß er im Menschen groß werde

Meister Eckhart hat den Dualisten seiner Zeit zugeredet, Gott nicht als etwas außerhalb von sich selbst zu erfassen. „Manche einfältigen Leute glauben, sie sollten Gott (so) sehen, als stünde er dort und sie hier. Dem ist nicht so. Gott und ich sind eins." Ist nicht mehr noch der heutige Mensch aufgerufen, Gott aus dem Jenseits der Welt und dem Jenseits des Menschen wieder in sie heimzuholen, „auf daß er im Menschen groß werde" – mit Eckharts Worten: Gott zu „enthöhen" und ihn zu „verinnigen"?
Rufen die Stimmen all derer, die für diese Wahrheit gelebt und ihr Leben gegeben haben, nicht mitten hinein in diese Zeit der neuen Grundsteinlegung zwischen ringsum stürzenden Mauern? Trifft nicht ihre verstörten Menschen, denen Gott abhanden gekommen ist, weil sie ihn aus der Welt verdrängt oder ganz gestrichen haben, ihr Ruf: sich der Einheit mit ihm bewußt zu werden, um ihn durch sich ausbrechen

zu lassen in allem Tun und in die Beziehungen zu *jedem* Menschen und *allem* Leben und – wie Teilhard wollte – „mit unbezähmbarer Leidenschaft *zugleich* und *zutiefst* an Gott und an die Welt zu glauben; – dann, dessen kann man gewiß sein, wird eine große Flamme alles entzünden: weil ein großer Glaube geboren – oder zumindest wiedergeboren – sein wird.!"[131]

Mit denselben Worten, die ich vor zwanzig Jahren an den Schluß von „Europas andere/eigene Religion" setzte, als die Zukunft, dem Heute verglichen, noch in weiter Ferne schien, schließe ich dieses Kapitel mit vielfältig begründeter Gewißheit:

Zweifellos ist die Stunde gekommen, da der orientalische Dualismus an seiner Sündigkeitserklärung des Menschen, an seiner Verelendung der Wirklichkeit und an seiner Zerspaltung der Welt zugrunde geht und die trotz seiner am Leben gebliebene eigentliche Religion Europas – die „europäische Religion" – in Wiederheiligung der Wirklichkeit und des Menschen und Heilung einer kranken und gespaltenen Welt Europa endlich besitzen und es zu einer erst jetzt beginnenden „europäischen" Zukunft bevollmächtigen wird.

Schluß

AUFGANG EINES „EUROPÄISCHEN" EUROPAS

„…noch niemals gab es ein so offenes Meer!"

Friedrich Nietzsche

Ewiges in der Brechung der Zeit

„Ich wandte mich ab" – hieß die letzte Kantate des Kölner Komponisten, bevor er sich selbst tötete. Dieses Wort könnte über den Demontagen dessen stehen, was einmal Musik als die sich ins Metaphysische erhebende Kunst Europas gewesen ist. Wir erlebten im 1. Teil (S. 38 ff) in der Selbstzersetzung und im Zerfall der sich in absurder Selbstverkennung als „Neue Musik" bezeichnenden „Avantgardisten" das unüberhörbare Signal des Untergangs des Abendlandes: ihre planmäßige Austreibung aller – spezifisch europäischen – musikalischen Mittel, ihre absichtvolle Zerschlagung auch noch letzter musikalischer Substanz, ihre gezielte Verbannung von Sinn und Verständlichkeit, ihre kalkulierte Terrorisierung der Hörer durch Großangriffe auf Haut, Nerven, Gehör und Gehirn.

Doch während noch die Techniker der Kaputtheit selber ihre innere Kaputtheit demonstrieren, regen sich hier und dort schon heilend gestaltende Kräfte, die Maß und Wesen des Menschen und das Göttliche im Menschen unversehrt durch das Chaos des Niedergangs hindurchtragen, ohne sich im Durchwaten des Zeitstroms mitziehen zu lassen, aus dem Vertrauen auf die an den Rändern des Abgrunds aufgebrochene Tiefe ihrer Existenz, auf die Kräfte der Erneuerung und Verwandlung in Schönheit, ins Ewige und zu zeitloser Gültigkeit und aus dem Mut zu Intuition und Kreativität, frei von den Richtlinien und Behinderungen der avantgardistischen Diktatur, in selbständiger, lebendiger Entwicklung. Für sie mögen Namen und Werke des Peter Michael Braun, Peter Michael Hamel, Harald Heilmann, Friedrich Voss und des jungen Wieland Neu stehen. „Wie aber", fragt Braun, „wenn jemand einen bestimmten Weg einschlägt und plötzlich ein ganz neues Panorama der Situation vor sich sieht, atemberaubende Korrektur der bisherigen Anschauungsweise? Wenn er z.B. erkennt, daß das Schöne und sein absoluter Inbegriff, GOTT, unabhängig von moderner Reflexion immer dagewesen sind, daß sie über ,kritischem Bewußsein' erhaben auch an den Künstler immer neue Anforderungen stellen?" – zumal „ein solches Erlebnis von großer Tragweite für meine künftige Arbeit sein wird."[1] In seinem Schaffen zeigt sich: Das *Wesen* der – europäischen – Musik ist *eines* durch allen Wandel der Zeit und „wesentlich außerzeitlich: Epiphanie des Zeitfreien, Ewigen in der Brechung der Zeit"[2].

Für sie eröffnet der Musikwissenschaftler Martin Vogel in „Die Zukunft der Musik" mit Propagierung der ohrgerechten „Reinen Stimmung" (anstelle der künstlichen „temperierten") unerschöpfliche Möglichkeiten sowohl an Skalen und Klängen, „die noch niemals erklangen", als von höchstem Wohlklang bis zu schärfster Dissonnanz, geeignet, „der alten Forderung nach dem Schönen und Erhabenen in neuer Form zu genügen"[3]

Denn echte Musik wie alle echte Kunst sprengt die Zeitlichkeit. Auf ihr Wesen gesehen, ist und bleibt die Kunst, nach Heidegger, „eine Weihe und ein Hort, worin das Wirkliche seinen bislang verborgenen Glanz jedesmal neu dem Menschen verschenkt, damit er in solcher Helle reiner schaue und klarer höre, was sich seinem Wesen zuspricht"[4]

Die Keime des Untergangs

Wir stehen in einem Zeitenumbruch von epochalem Ausmaß. Die „Gegenwartskrise" ist in Wahrheit ein ungeheurer Umschmelzungsprozeß, in dem sich mehr wandelt als Jahresmoden, als „Generationen" der Nachkriegszeit, als Stilperioden oder Geschichtsepochen, in dem ein Zeitalter täglich vergeht und täglich bereits ein neues entsteht. Diese alles erfassende, alles erschütternde „Krisis", die aufs stärkste den Menschen selbst in ihrem Griff hält, macht sich nicht nur im religiösen Bereich am heftigsten geltend, sie hat hier ihren eigentlichen Herd. Sowohl heute in dem religiösen Selbstverlust des Einzelnen wie in dem einstigen ganzer Völker. Und im religiösen Bereich werden sich die tiefstgreifenden Wandlungen abspielen, hier die Entscheidung, die Wendung sich vollziehen.

Denn die Disposition für diesen Krankheitsvorgang war schon im Beginn des jetzt vergehenden Zeitalters vorgegeben durch den *Absolutheits- und Missionsanspruch* seiner verfaßten Religion und ihrer *Mißachtung Andersgläubiger;* wodurch sie sich grundsätzlich vom Islam unterscheidet, für den der Prophet die Missionierung von Christen, Juden und Parsen ausdrücklich ausschließt. Schon im Anfang der christlichen Mission war das Ende angelegt: Die *Unvereinbarkeit* verschiedener, auf *verschiedenartigen Denkstrukturen* beruhender religiöser Auffassungsweisen mußte, wo eine starke religiöse Potenz vorhanden ist wie in diesem niemals religionsmüde gewordenen Europa, notwendig zu ständigen Konflikten und schließlich zur vollständigen Abstoßung des Ungemäßen führen. Die spezifische Krankheitsursache, die in anderer Umgebung wahrscheinlich irrelevant geblieben wäre, entstammt hier dem Wesen dieser dem Europäer aufgedrängten Religion selbst: Daß der aus zwiefacher Wurzel stammende *religiöse Dualismus* mit seiner *Spaltung des Seins, der Welt und des Menschen* in sich ausschließende, *wertverschiedene Gegensätze* zu Völkern kam, die so stark aus der alles, auch alle Gegensätze *umfassenden und durchdringenden Einheit* lebten – gerade das mußte schließlich für sie tödlich werden. Hier liegen gleichsam die Keime dieser Entwicklung: An den Axthieben des Bonifatius gegen den Stamm der heiligen Eiche von Geismar geht so gesehen als Spätfolge heute das Abendland unter...

Supermarkt und Schulungskurse für ein New Age

... *Nicht* – wie der Mentor der amerikanischen New-Age-Bewegung Capra meint – weil vor 350 Jahren in Europa Descartes in seinem strohdürren Rationalismus nach gut dualistischer Manier die Welt in zwei säuberlich getrennte Substanzen Geist und Ausdehnung zerlegt und mit den daraus zu Maschinen und Automaten zusammengebauten Menschen, Tieren usw. ein mechanistisches, nach festen Gesetzen funktionierendes Universum dem Forscher Newton und dem intellektuellen Abendland als gültiges Weltbild dargeboten hat – *und* weil dieses Weltbild gegenwärtig mit der durch die Atomphysik verwandelten Wirklichkeit zusammenstößt, katastrophale Ein- und Umstürze heraufbeschwört, kurz: ins Chaos führt: *Darum* sei ein neues Zeitalter, mithilfe eines „neuen", ganzheitlichen Denkens zu schaffen, in der Weise der „Mystiker aller Zeiten", besonders der Chinesen mit ihrem wechselnd sich ablösenden Yin-Yang-Zyklus und taoistischen Grundzug zu Harmonie und Ausgleich. Diese stark religiös betonte Bewegung der USA, die die jüdisch-christliche Tradition total ablehnt zugunsten von fernöstlichem Spiritualismus, Yoga, Zen, indischer, pythagoreischer, indianischer und keltischer Weisheit, dazu je eines Spritzers Teilhard de Chardin, Alan Watts und Rudolf Steiner – sich durch Meditation, Fasten, gemeinsames Schweigen, mithilfe von Alchemie, Psi und Astrologie auf das bevorstehende „Wassermannzeitalter" vorbereitet – mit Reinkarnationshypnose, Sterbeerfahrungen Wiederbelebter[5] Spiritismus und okkultistischen Praktiken aller Art in eine „Parawelt" einzudringen, das Bewußtsein zu „erweitern", zu „vertiefen", zu „transformieren" sucht – bemüht sich unter ihren in Kursen geschulten Anhängern, die westlichen Werte durch östlichen Spiritualismus zu ersetzen, das logische Denken durch intuitive Wahrnehmungen abzulösen, sich mehr „vom Herzen als vom Intellekt lenken" zu lassen und an die Stelle des „aggressiven, expandierenden, wettstreitorientierten *maskulinen Yang-Zeitalters"* das „ausgleichende, erhaltende, ökologische, *feminine Yin-Zeitalter"* zu etablieren. Und damit wiederum neue Einseitigkeiten, neue Entfremdungen, die schon den Virus neuer Opposition, neuer Ablehnung und des absehbaren Endes in sich tragen! Gewiß aber haben die USA bei aller Erbschaft abendländischer Probleme außerdem ein gerütteltes Maß an eigenen, hausgemachten: wie etwa das Unmaß an Brutalität, das jetzt ins Gegenteil, in die „sanfte Transformation" umschlagen soll – Probleme, für die nicht Descartes/Newton haftbar zu machen sind, für deren Ausforschung überdies die Perspektive des Physikers kaum ausreichen, für deren Heilung ein Gemischtwarenmarkt etwas zu weitläufig, zu kommerziell und für Europäer grundfalsch assortiert sein dürfte.

Das Geheimnis des europäischen Aufgangs: Selbstwerdung und Seinsfindung

Warum aber wird die Neuentfaltung Europas keine leere Utopie sein? Weil alles, was zu ihr nötig ist, alle Mittel oder Heilmittel in seinen Menschen selber liegen als ihr eigenstes, natürliches Wesen, Denken, Glauben – ohne daß sie es in Schulungskursen lernen und einüben müßten. Weil es nur des *Abstreifens des Nicht-Eigenen* bedarf, um *das Eigene sich unbehindert entfalten zu lassen* – um es endlich in Freiheit entfalten zu dürfen!
Das Geheimnis des Überlebens, der Neuentwicklung, des Aufstiegs Europas – es ist ganz einfach: Sie geschehen durch seine *Selbst*-Verwirklichung in den Maßen seiner Selbst-*Verwirklichung:*

– durch das Abstreifen der dualistischen Bewußtseinsstruktur im Geistig-Seelischen, im Welt-Wahrnehmen und -Deuten, im Erleben, Fühlen, Denken, durch Absage an das Denken im Entweder-Oder, in Wertgegensätzen und Einseitigkeiten – durch das Abstreifen des auf dualistischen Strukturen beruhenden Selbstverständnisses und Menschenbildes des Sünders, des schwachen, ohnmächtigen, unfreien, der Gnade und Erlösung bedürftigen;

– durch das Abstreifen der dualistischen Geschlechterrollen, des Herrn und Gebieters und des zum Gehorchen, zum Dienen und zum Gefallen bestimmten Weibes und durch Absage an ihre dualistischen Wesenshalbierungen;

– durch Absage an die dualistischen Spaltungen und einseitigen Diffamierungen der Gesamtwirklichkeit in Überwelt/Welt, Jenseits/Diesseits, Gott/Welt, Gott/Mensch und aller Bereiche der Wirklichkeit.

Sie alle, die dem Wesen und Bewußtsein des europäischen Menschen nicht entsprechen, die ihn gehemmt und gemindert, ihn sich selbst entfremdet und verfremdet, bis zur Unkenntlichkeit verbogen und entstellt haben, die vor allem die Frauen gebrochen, seelisch verstümmelt, verkrüppelt, versklavt und unsägliches Leid über sie gebracht haben – diese dem europäischen Menschen zugemuteten, zwangsweise übergestülpten *Bewußtseinsformen* haben ihn um sein Selbst und um seine Wahrheit gebracht.

Europa wird erst zu seiner Wahrheit kommen, wenn es wieder *es selbst* wird, sich selbst *bestimmt,* sich als solches selbst *behauptet,* sich gegenüber fremdem Anspruch selbst *bewahrt* und sich in seiner Geschichte *als es selbst* ver-wirklicht und *bewährt.*

Dieses schlichte Wort des Nikolaus Cusanus, das wie eine banale Tautologie klingt, verstehen wir Europäer erst jetzt: „Jedes Seiende ist nur in seinem eigenen Sein ganz es selbst. In jedem anderen kann es sich nur uneigentlich präsentieren – und das geschieht unweigerlich um den Preis des Andersseins."[6] Wir brauchen nur wir selbst zu werden, und wir werden eine sprunghafte Entwicklung durchmachen. Denn die Behinderung, Verrenkung, Verkrüppelung unseres eigenen Wesens hat uns die Knochen gebrochen. Wir müssen wieder gehen lernen, neue Kräfte aus unserer inneren Heimkehr schöpfen und auf einer höheren Ebene erst in unser Wesen und Selbst hineinwachsen.

Jeder Schritt, in dem der europäische Mensch wieder an Entfaltungsfreiheit gewinnt, führt aus der *Involution* zu Wachstum, Höherentwicklung, *Evolution*.

Die europäische Zukunft liegt in ihren Menschen selbst. Es kommt nicht darauf an: die Welt zu verändern, sondern das nur verschüttete, in allen latent vorhandene Einheits- und Ganzheitsbewußtsein sowohl durch Abstreifen der dualistischen Denkweisen freizusetzen als ihren gefährlichen „Kernspaltungen" zu entkommen durch *Entgrenzen der versteinerten Gegensätze.* Was der europäische Mensch braucht, ist ein Leben aus dem Ganzen des Seins, in dem die Grenzpfähle niedergelegt sind zwischen Welt und Überwelt, zwischen dem Menschen und dem Göttlichen, zwischen Mensch und Natur, zwischen den Menschen untereinander, den Geschlechtern und Generationen, zwischen Klassen, Völkern, Rassen, Staaten und Blöcken.

Entgrenzen bedeutet nicht Chaos, nicht Enthemmung, die alle Ordnungen ins Gleiten bringt – sondern: die Isolierung aufheben, die dem Leben nicht entspricht, die krank und lebensunfähig macht. *Entgrenzen* heißt: die Wände und Mauern durchlässig machen für einen Austausch zwischen Außen und Innen, zwischen den Zellen des Körpers, zwischen dem Oberflächen-Ich und den tieferen Schichten des Selbst, mit dem wir an der Tiefendimension der Wirklichkeit, am Urgrund teilhaben – aber auch zwischen Mann und Frau, zwischen Mensch und Mensch wie zwischen Völkern und Nationen. *Und doch:* jedem sein Eigenrecht gewähren und sein Sosein respektieren!

Was die Zeit und die Zukunft brauchen, ist ein Leben, in dem die alte haßerfüllte Unversöhnlichkeit sich ausschließender Gegensätze und das Freund-Feind-Denken aufgehoben sind, die mit ihrer Intoleranz und brutalen Mißachtung von Menschen anderen Geschlechts, Denkens oder Glaubens, anderer Herkunft und Art besten Gewissens blutige Vernichtung geübt und den dualistischen Riß in die Welt hinausverlagert haben, der sich zu einer planetarischen Spaltung auswuchs. Es gilt ein Denken, das die Gegensätze aus dem feindlichen *Entweder-Oder* befreit, das alle einseitigen Urteile und Diffamierungen meidet und sie in ein tolerantes *Sowohl-als-Auch* einstellt, das ihre gleichberechtigte Wechselbedingung und dialektische Steigerung als Bedingung des Lebens anerkennt.

Ein Denken, das aber die Gegensätze auch keineswegs auslöscht um einer indifferenten Harmonisierung und homogenen, gleichmacherischen Einheit willen, in deren „Nacht", wie Hegel spottete, „alle Kühe schwarz sind". Ein Denken, das die Gegensätze als die notwendigen *Doppelseiten* des Lebens bejaht, das nur aus ihrer ständigen *Wechselwirkung* lebt und in frei verantworteter Entscheidung.

Entgrenzen aber bedeutet auch dies – und das ist es, was der verzweifelte und geängstigte Mensch von heute lernen sollte – seine eigenen Grenzen, die Grenzen des engen, auf sich selbst gekrümmten Ichs nach außen und in seinem Innern zu übersteigen, so daß ihm im Annehmen und Austragen der Konflikte und Widersprüche des Daseins aus seinem innersten „Selbst", aus der ihn tragenden Tiefe die Kraft zuwächst, die furchtbare saugende Leere, die ihn auszehrt, die Ängste und Trostlosigkeiten seines flachen, verödeten Daseins zu überwinden, so daß er auf tieferer Ebene den Grund und die Fülle des Seins gewinnt und das befreiende Bewußtsein von letztem Geborgen- und Getragensein. Und dies gilt für die europäische Zukunft allgemein.

Denn Selbstbefreiung von Fremdem und Wandel des Denkens reichen nicht aus, um die Zukunft zu gewinnen. Wie vor 25 Jahren in „Das Reich und das werdende Europa"[7] so lautet hier unsere Antwort: Europa kann ohne Selbstverlust und ohne Verrat an sich selbst, nicht ohne tiefere Bindung, nicht ohne die innere Mitte, nicht ohne seinen religiösen Wesenskern „sein". *Er* ist der Quell und schaffende Grund seines Selbst und Bedingung seines Selbstseins. Wie auch einer heilen, kraftvollen Identität. Die Zukunft wird davon abhängen, ob das sinnentleerte und sehnsüchtig sinnsuchende Europa zu seiner authentischen und kraftvollen religiösen Einwurzelung hinfindet – denn, so wiederum Nikolaus von Kues: „Jeder kann nur wahrhaft ‚sein', sofern Gott in ihm sein Sein ausmacht". Erst im Wiederfußfassen in der eigenen Tiefendimension, im Göttlichen Bereich, werden ihm die Kräfte zukommen, um seinen ganzen Reichtum schöpferischer Möglichkeiten zu entfalten, sich zu einer neuen Ethik der universellen Verantwortung, zu kultureller Neuschöpfung aus eigenem Gesetz und zur Schaffung eines „europäischen" Europas von geschichtlichem Rang zu erheben.

Es waren seine Hunderte von Ketzern, die Blutzeugen und großen und größten Künder der eigenen Religion Europas, die für heute und für alle Zukunft gültig Zeugnis für das allem innewohnende, freie, urschöpferische Göttliche abgelegt haben, in denen Europa immer von neuem seine zerstörte Identität wiedererrang. Haben nicht nur sie, aller Verfolgung und Schändung zum Trotz, die unschätzbaren Beweise für die Tiefe und die Erhabenheit europäischer Religiosität und Geistigkeit erbracht? Gibt es nicht außerdem eine Fülle ermutigendster Beispiele für die Tragfähigkeit, Lebendigkeit und den hohen geistigen Anspruch der europäischen, unitarisch-ganzheitlichen Sicht der Wirklichkeit und Weise des Welthabens und Weltdeutens, die ungebrochen dieselbe ist durch dreitausend Jahre und die überall, wo Europa sich von seiner Überwältigung durch den christlichen und den griechischen Dualismus frei machte, sich in die größten europäischen Geistesschöpfungen ausgegeben und Europa im letzten Jahrhundert in Wissenschaft, Forschung und Technik durch entscheidende, neue Einsichten den Vorrang gesichert hat?

Auch dies unterstützt die große Zuversicht, denn es bedeutet: Europa hat seine Rolle noch nicht ausgespielt. Es ist erst im Begriff zu sich selbst zu kommen und in Freiheit das zu werden, was es seit Augustinus und Bonifatius nicht werden durfte – oder nur im heimlichen oder im offenen, bald erstickten Protest.

Und es bedeutet dies: Europa ist erst auf dem Wege, endlich in Freiheit seine eigenen religiösen Kräfte zu entfalten – Wege, die jeder einfache Mensch gehen kann, Wege, die nicht Flucht aus der Welt, aus der Zeit sind, sondern in unverlierbarer Seinsverbundenheit ins Leben hineinführen, in ein wesentliches Leben der Tat, des Helfens und verantworteten Schaffens, zu einer Freiheit und inneren Unabhängigkeit von Schicksalsschlägen, zu einem freudigen und krafterfüllten Leben ohne Angst, zu einer Gebundenheit einzig an die inwendige Gottheit im eigenen Wesensgrund. Nur wer um sie weiß, wer sich den offenen Horizonten öffnet, indem er sich dem Göttlichen anheimgibt, ohne je hinauszufallen aus ihm – er lebt selbst in der Hingabe und Bejahung des Lebens mit allem Herrlichen und Furchtbaren, allen Gefährdungen und Unsicherheiten dennoch aus einer Sicherheit, die frei macht. „Im Unerschütterlichen zu Hause", nannte es Werner Bergengruen.

Und es war einer, der dem Abendland noch eben das apokalyptische Ereignis angekündigt hatte: die alles Fassungsvermögen übersteigende „lange Fülle und Folge von Abbruch, Zerstörung, Untergang", die „ungeheure Logik von Schrecken", die „Verdüsterung und Sonnenfinsternis, derengleichen es wahrscheinlich noch nicht auf Erden gegeben hat"... – und der im selben Atemzuge mit einem überschäumenden Dank und Glücksgefühl fragte: „Woran liegt es doch", daß „selbst wir ... die wir gleichsam auf den Bergen warten, zwischen Heute und Morgen hingestellt und in den Widerspruch zwischen Heute und Morgen hineingespannt, wir Erstlinge und Frühgeburten des kommenden Jahrhunderts" – „woran liegt es doch, daß *wir* ohne rechte Teilnahme für diese Verdüsterung, vor allem ohne Sorge und Furcht für *uns*, ihrem Heraufkommen entgegensehn? Stehen wir vielleicht zu sehr noch unter den *nächsten Folgen* dieses Ereignisses – und diese nächsten Folgen, seine Folgen für *uns*, sind, umgekehrt als man vielleicht erwarten könnte, durchaus nicht traurig und verdüsternd, vielmehr wie eine neue, schwer zu beschreibende Art von Licht, Glück, Erleichterung, Erheiterung, Ermutigung, Morgenröte ... In der Tat, wir Philosophen und ‚freien Geister' fühlen uns bei der Nachricht, daß der ‚alte Gott tot' ist, wie von einer neuen Morgenröte angestrahlt; unser Herz strömt dabei über von Dankbarkeit, Erstaunen, Ahnung, Erwartung, – endlich erscheint uns der Horizont wieder frei, gesetzt selbst, daß er nicht hell ist, endlich dürfen unsere Schiffe wieder auslaufen, jedes Wagnis des Erkennenden ist wieder erlaubt, das Meer, *unser* Meer liegt wieder offen da, vielleicht gab es noch niemals ein so ‚offenes Meer', –"

„und wenn ihr aufs Meer müßt, ihr Auswanderer, so zwingt dazu auch euch ein – *Glaube!*..."[8]

Die Stimme voll dieses Glücks war die Stimme Friedrich Nietzsches.

Anmerkungen

I. Die Agonie eines Zeitalters

1 Oswald Spengler, Der Untergang des Abendlandes, Umriß einer Morphologie der Weltgeschichte 1923 (1981)
2 Sigrid Hunke, Morgenland und Abendland – Einflüsse aus dem Orient, in: Deutschland, Porträt einer Nation, Gütersloh 1985, S. 81 ff
3 Sigrid Hunke, Kamele auf dem Kaisermantel, Stuttgart 1976, S. 27 ff, 47 ff, 65 ff; – dies., Europas Aufbruch ins Hl. Land – 200 Jahre Kreuzzüge, in: Deutschland, Porträt einer Nation, a.a.O., S. 75 ff
4 Sigrid Hunke, Allahs Sonne über dem Abendland – Unser arabisches Erbe, Stuttgart 1960/1988
5 Jean Paul, Siebenkäs, Werke XII, Berlin 1826, S. 155
6 Friedrich Nietzsche, Fröhliche Wissenschaft, Werke 1. Abt. Bd. V, 343
7 Dietrich Bonhoeffer, Widerstand und Ergebung, Briefe und Aufzeichnungen aus der Haft, München 1951
8 Dorothee Sölle, Atheistisch an Gott glauben, Olten 1968; dies., Phantasie und Gehorsam, Stuttgart 1968
9 Georg Huntemann, Der Himmel ist nicht auf Erden, Herford 1986
10 Peter H. Schulze, Herrin zweier Länder – Hatschepsut, Berg. Gladbach 1976, S. 50 ff
11 Oskar Saier, Evangelisieren, Fastenhirtenbrief Freiburg 1987
12 Friedrich Nietzsche, Fröhliche Wissenschaft, a.a.O.
13 Sigrid Hunke, Am Anfang waren Mann und Frau, Hamm/Hildesheim 1955/87, S. 52 ff
14 Sigrid Hunke, Europas andere Religion, Düsseldorf-Wien 1969 (Europas eigene Religion, Berg. Gladbach 1981), Kap. Das dualistische Vorbild Europas, S. 27 ff, 46 ff (25 ff, 43)
15 Karl Marx, Kritik der Hegelschen Rechtsphilosophie, in: Karl Marx/ Friedrich Engels, Studienausgabe, hg. v. I. Fetcher, Frankfurt 1966, I, 17–24
16 Thomas Bernhard, Der Untergeher, Frankfurt 1986, S. 64, 69
17 Am 16.2.1989 als Nachruf im ARD
18 Ebd.
19 Thomas Bernhard, a.a.O., S. 92 f
20 Ebd. S. 97 f; – Kurt Hofmann, Aus Gesprächen mit Thomas Bernhard, Wien 1988, S. 95
21 Ebd. S. 60

22 Ders., a.a.O., S. 99; – ders., Holzfällen, 1984, S. 285
23 W. Iwanow, Klüfte – Über die Krisis des Humanismus, Zur Morphologie der zeitgenössischen Kunst und Psychologie der Gegenwart, Berlin o.J.
24 György Ligeti, Wandlungen der musikalischen Form, Wien 1960
25 Wolfgang Minaty, Kassels schöne Schrecklichkeiten, Die Welt 11.7.1987
26 Ludwig van Beethoven, in: Briefe und Lebensdokumente, hg. v. A. Wurz u. R. Schimkat, Stuttgart 1961; Schreiben an Erzherzog Rudolf im August 1823
27 Theodor W. Adorno, Einleitung in die Musiksoziologie, 1968, S. 192
28 Thomas Mann, Doktor Faustus, Das Leben des deutschen Tonsetzers Adrian Leverkühn, erzählt von seinem Freunde, 1949
29 Hierzu Sigrid Hunke, Tod – was ist dein Sinn?, Pfullingen 1986, S. 81
30 Ebd. S. 186

II. Ursprung und Wesen europäischer Identität

1 Karl Kerényi, Antike Religion, München 1971, S. 36
2 R.L.M. Derolez, Götter und Mythen der Germanen, Wiesbaden 1963, S. 75 ff
3 Rabbi Kurt Wilhelm, in: Die Antwort der Religionen, München 1964, S. 138
4 Gustav Mensching, Gut und Böse im Glauben der Völker, Leipzig 1941, S. 29 f
5 Otto Höfler, Abstammungstraditionen, in: Reallexikon d. germanischen Altertumskunde, Berlin, S. 19 ff
6 Friedrich Kluge, Etymologisches Wörterbuch, Berlin 1957, S. 457, 459, 473
7 Otto Höfler, Sakralcharakter des germanischen Königstums, in: Studies in the History of Religion IV, Leiden 1959, S. 695
8 Walther Gehl, Ruhm und Ehre bei den Nordgermanen, Berlin 1937, S. 83 ff, 12 ff
9 Sigrid Hunke, Das Reich und das werdende Europa, Hannover/Bassum 1965/1972, S. 84 ff, 93 ff. – ferner ausführlich, Walther Gehl, a.a.O.
10 Franz Borkenau, Drei Abhandlungen zur deutschen Geschichte, Frankfurt 1947
11 Siehe unten S. 122

326

III. Zerstörung der Identität

1 Beda, Historia Ecclesiastica gentis Anglorum, übs. v. Wilden, 1866, III, 5
2 Michael Tangl, Briefe des hl. Bonifatius, Leipzig 1912, Nr. 17 Papst Gregor II. an die Christenheit in Germanien 1.12.722 – in Folgenden Nr. 46, 63, 73, 23, 25, 59
3 Von zahllosen Fällen berichten Snorris Königsbuch (Heimskringla) Thule 14 und 15, Laxdoelasaga Thule 6, Njala, Thule 4; Orkneyingasaga, Thule 19 u.a.m.
4 O. Reche, Kaiser Karls Gesetz, Leipzig 1935
5 Snorri Sturluson, Saga von Hakon dem Guten, Thule 15 c. 14
6 Sigrid Hunke, Am Anfang waren Mann und Frau, 1987, S. 80
7 Der Seherin Schau (Völuspa), Edda, übtr. v. Felix Genzmer, Thile 1, Götterdichtung
8 Salvian, De gubernatione Dei X, VI
9 Tangl, a.a.O., Nr. 21, Nr. 25
10 Die Hymnen des Mönches Gottschalk, hg. v. Walter Kagerah, Berlin 1936
11 Sigrid Hunke, Europas andere Religion, a.a.O., S. 111
12 Otto Wissig, Iroschotten und Bonifatius in Deutschland, Gütersloh 1932, S. 69
13 Das Buch der deutschen Dichtung, hg. v. Friedrich von der Leyen, Leipzig 1939
14 Sigrid Hunke, Am Anfang waren Mann und Frau, a.a.O., S. 80 ff
15 Ebd. S. 174 ff
16 Heiland und Genesis, hg. v. Otto Behaghel, Halle 1922
17 Franz Brietzmann, Die böse Frau in der deutschen Literatur des Mittelalters, Berlin 1912 – Sigrid Hunke, Mann und Frau, a.a.O., S. 174–213
18 Petrus Damiani, Contra intemporantes clerios, zit. n. Hunke, Mann und Frau, a.a.O., S. 186 f
19 Aurelius Augustinus, De civitate Dei IV, XIV, XIX (Gottesstaat, hg. v. J. Bernhart, [7]1965)
20 Sigrid Hunke, Das Reich und das werdende Europa, a.a.O. – Otto Höfler, „Sakraltheorie" und „Profantheorie" in der Altertumskunde, in: Festschrift für Siegfried Gutenbrunner, Heidelberg 1972
21 Tacitus, Germania c. 15
22 Der Heiland in Simrocks Übertragung und die Bruchstücke der Altsächsischen Genesis, eingel. v. Andreas Heusler, Leipzig 1933
23 Jacques le Goff, Kultur des europäischen Mittelalters, München 1970, S. 368
24 Siegfried Gutenbrunner, Die germanischen Götternamen der antiken Inschriften, Halle 1936
25 Tangl, a.a.O., c. 59
26 Die deutsche Literatur, a.a.O., I S. 489
27 Ebd. I S. 561
28 Sigrid Hunke, Glauben und Wissen, Hildesheimn 1987, S. 23 f
29 Salvian, De gubernatione Dei X, IV
30 Wenrici Epistola c. 3

IV. Behauptung der Identität

1 Nach Otto Höfler. – Hierzu und zum Folgenden vgl. S. Hunke, Das Reich, a.a.O., S. 25–73
2 Otto Höfler, Kultische Geheimbünde der Germanen, Hamburg 1934; ders., Germanisches Sakralkönigtum I, Der Runenstein von Rök, Tübingen/Münster 1952
3 Sigrid Hunke, Europas andere Religion, a.a.O., S. 57–75; dies., Europas eigene Religion – Der Glaube der Ketzer, Berg. Gladbach 1980, S. 53–70
4 Pelagius' Expositions of Thirteen Epistels of St. Paul (A. Souter), Cambridge 1926
5 Pelagius, Brief an Demetrias, in: Migne, Patrologiae Sev. Latrina, Paris 1846
6 Friedrich Heer, Europäische Geistesgeschichte, Stuttgart 1952, S. 42
7 Pelagius, Brief an Demetrias, a.a.O. – Sigrid Hunke, Europas andere Religion, II. Buch, Kap. Gott liebt den freien Menschen. Sowie zum Folgenden.
8 Deutsche Literatur, a.a.O., I/2, S. 575
9 Meister Eckhart, Deutsche Predigten und Traktate, hg. v. Josef Quint, o.J., Predigt 29, S. 291
10 Johann Heinrich Pestalozzi, zit. n. S. Hunke, Europas eigene Religion, a.a.O., S. 78
11 Friedrich von Schiller, Gedichte, Das Ideal und das Leben
12 Johann Wolfgang von Goethe, Dichtung und Wahrheit, XV. Buch
13 Johann Wolfgang von Goethe, Werke, Stuttgart 1950, Abt. 1. Bd. 4, Frühe Dramen, Bruchstücke
14 Johann Wolfgang von Goethe, Faust I, Prolog im Himmel
15 Johann Gottlieb Fichte, Anweisungen zum seligen Leben, 6. Vorlesung V 475
16 Meister Eckhart, Das Buch der göttlichen Tröstung, 1. Traktat
17 Siehe oben S. 56

18 Meister Eckhart, Deutsche Predigten, a.a.O., Predigt 36

19 Friedrich Kluge, Etymologisches Wörterbuch, a.a.O., S. 697

20 Edda, übs. v. Felix Genzmer, Jena 1933, S. 118

21 Textbuch aus der altdeutschen Mystik, Reinbek, S. 25

22 Tauler, Predigt 3, in: Textbuch aus der altdeutschen Mystik, Reinbek

23 Meister Eckhart, a.a.O., Reden der Unterweisung 7 und 23

24 Meister Eckhart, a.a.O., Predigt 7

25 Zit. nach S. Hunke, Europas andere Religion, a.a.O., S. 239

26 Martin Luther, De servo arbitrio, hg. v. Fr. W. Schmidt, München 1923

27 Jakob Böhme, Aurora oder Morgenröte im Aufgang, I, 22, 46

28 Angelus Silesius, Cherubinischer Wandersmann, Leipzig 1939

29 Johann Gottlieb Fichte, Anweisungen zum seligen Leben, a.a.O., 5. Vorlesung, V 470–72

30 Friedrich Schleiermacher, Monologen, hg. v. Mulert, Leipzig 1914, S. 25

31 Friedrich Schleiermacher, Reden über Religion, hg. v. R. Otto 1926, R. 192/3

32 Johann Scotus Eriugena, Über die Einteilung der Natur, übs. v. I. Noack, Leipzig 1870–74, III, 17

33 Ebd. III, 22

34 Ebd. III, 22; III, 18

35 Deutsche Literatur, a.a.O., I/1, S. 492

36 Ebd. S. 396

37 Siegfried Gutenbrunner, Die germanischen Götternamen der antiken Inschriften, 1936, S. 74

38 Zit. nach S. Hunke, Europas eigene Religion, a.a.O., S. 166

39 Ebd. S. 170 ff

40 Johann Wolfgang von Goethe, Brief an Jacobi vom 23.11.1801: Ephemeriden, zit. nach S. Hunke, Europas andere Religion, a.a.O., S. 189–205

41 Ebd. S. 316–355

42 Nikolaus von Kues, De docta ignorantia (Von der wissenden Unwissenheit), in: Die Kunst der Vermutungen, Bremen 1957

43 Ebd. II, 157

44 Ebd. Von Gottes Sehen, S. 3 und 6

45 Ebd. S. 316

46 Zit. nach Arthur Koestler, Die Nachtwandler, Bern 1959, S. 200

47 Wilhelm von Conches, De philosophia mundi I, 28 f; zit. nach S. Hunke, Glauben und Wissen – Die Einheit europäischer Religion und Naturwissenschaft, Düsseldorf/Hildesheim 1979/87, S. 82

48 Isidore Hispalensis, De natura rerum, Liber XIV De aquae quae super calestis sunt

49 Wilhelm von Conches, a.a.O., I, 30

50 Eriugena, a.a.O., I, 63

51 Deutsche Literatur, a.a.O., I/1, S. 396

52 Wilhelm von Conches, zit. nach S. Hunke, Europas andere Religion, S. 151

53 Nikolaus von Kues, a.a.O., S. 146–159, 162, 165/6

54 Vgl. S. Hunke, Tod – was ist dein Sinn?, a.a.O., S. 45, zur Leugnung der Zeitlichkeit der Zeit durch die Griechen (Platon, Aristoteles), auf die bereits Spengler, Heidegger, Whitehead und Prigogine aufmerksam gemacht haben.

55 Heute besonders Theodor V. Soucek, Ungleichheit vom Uratom zum Kosmos, München 1988

56 Nikolaus von Kues, a.a.O., S. 207

57 Zit. nach S. Hunke, Glauben und Wissen, a.a.O., S. 102

58 Giordano Bruno, Vom Unendlichen All und den Welten, hg. v. L. Kuhlenbeck 1968, S. 63

59 Werner Heisenberg, Der Teil und das Ganze, München 1969, S. 331

V. Entfaltung der Identität

1 Fritjof Capra, Das neue Denken – Die Entstehung eines ganzheitlichen Weltbildes zwischen Naturwissenschaft und Mystik, Bern 1987

2 Hierzu S. Hunke, Das Ende des Zwiespalts, Berg. Gladbach 1971, S. 50 ff, 101

3 Ebd. S. 51 ff. – S. Hunke, Der dialektische Unitarismus, in: Von Wegen ins 3. Jahrtausend, Mainz 1983, S. 11

4 Sigrid Hunke, Das Ende des Zwiespalts, a.a.O., S. 104 ff

5 Karl Karényi, Die griechischen Götter, in: Der Gottesgedanke des Abendlandes, Stuttgart 1964, S. 17 ff

6 Anaximander spricht vom Apeiron, das ohne Grenzen von Anfang und Ende ist und sich in alles verwirklicht. Hierzu S. Hunke, Tod – was ist dein Sinn?, a.a.O., S. 110 f

7 Ebd. S. 57, 59, 139, 144

8 Sigrid Hunke, Europas andere Religion, a.a.O., S. 459 f, 348 f (Europas eigene Religion, a.a.O., S. 382 f, 295 f)

9 Carl Friedrich von Weizsäcker, Die Einheit in der Natur, München 1971, S. 164, 403 f – Albert Einstein, Mein Weltbild, Frankfurt 1934, S. 160 ff

10 Sigrid Hunke, Tod – was ist dein Sinn?, a.a.O., S. 45

11 Martin Heidegger, Sein und Zeit, Tübingen 1927 – A.N. Whitehead, Process and Reality, New York 1969, S. 271
12 Ilya Prigogine, Vom Sein zum Werden, München 1979, S. 262 f
13 Sigrid Hunke, Europas andere Religion, S. 435 (Europas eigene Religion, S. 369 f)
14 Ebd. S. 252 ff
15 Werner Heisenberg, Physik und Philosophie, Frankfurt 1959, S. 58
16 Philosophisches Wörterbuch, hg. v. G. Schischkoff, 17. Aufl. Stuttgart 1965, S. 582
17 Sigrid Hunke, ebd. I. Buch, Das dualistische Vorbild Europas, S. 27–57/25–52
18 Fritjof Capra, Wendezeit, Bern [13]1986
19 Eugen Wigner, The Probability of a Selfproduction Unit, in: The Logic of Personal Knowledge, London 1961
20 Rudolf Portmann, Biologische Perspektiven, in: Wo stehen wir heute?, Gütersloh 1960, S. 207–220
21 Rudolf Portmann, Naturwissenschaft und Humanismus, München 1960, S. 43, 41 ff
22 Jakob von Uexküll. Der unsterbliche Geist in der Natur, Hamburg 1945, S. 69
23 August Friedrich Thienemann, Leben und Umwelt, Hamburg 1956, S. 19, 66
24 Hoimar von Ditfurth, Kinder des Weltalls, Hamburg 1970, S. 15
25 Nikolaus von Kues, a.a.O., S. 162 ff
26 Hannes Alfvén, Kosmologie und Antimaterie, Über die Entstehung des Weltalls, Frankfurt 1967
27 G.R. Heyer, Der Organismus der Seele, München; Vom Kraftfeld der Seele, Stuttgart 1949
28 Gardener Murphy, Personality, New York 1947, S. 4, 37
29 Peter R. Hofstätter, Einführung in die Sozialpsychologie, Stuttgart 1966, S. 308
30 R. Bilz, Pars pro toto; nach Heyer, Kraftfeld, S. 114
31 Arnold Gehlen, Anthropologische Forschung, Hamburg 1970, S. 56
32 Alfred von Martin, Soziologie, Berlin 1956, AI, 36 ff
33 Theodor Bovet, Die Person, ihre Krankheiten und Wandlungen, Tübingen 1948
34 R. Süss, V. Kinzel, J.D. Scribner, Krebs – Experimente und Denkmodelle, Berlin 1970
35 Victor von Weizsäcker, Überseelische Krankheitsentstehung, 1939, ders. Gestaltskreis, 1940
36 Arthur Jores, Der Asthmatiker, 1967
37 Alexander Mitscherlich, Krankheit als Konflikt, 1966 I 64
38 Ebd. S. 13 f
39 N.S. Hunke, Ende des Zwiespalts, a.a.O., S. 155
40 Sigrid Hunke, Das Ende des Zwiespalts, a.a.O., S. 155 ff
41 Lincoln Barnett, Einstein und das Universum, Frankfurt 1952, S. 135
42 G.H. Heyer, Kraftfeld, a.a.O., S. 37
43 Jean Gebser, Asienfibel, Zum Verständnis östlicher Wesensart, Frankfurt 1962, S. 33 ff, 48
44 Hans Walter Wolff, Anthropologie des Alten Testaments, München 1977, S. 320: E.E. Hölscher, Vom römischen zum christlichen Naturrecht, 1939, S. 87
45 Wilhelm Grönbech, Kultur und Religion der Germanen, hg. v. Otto Höfler, Hamburg 1937, passim
46 Sigrid Hunke, Tod – was ist dein Sinn?, a.a.O., S. 49 ff
47 Pierre Teilhard de Chardin, Das Herz der Materie, zit. nach J. Hemleben, Teilhard de Chardin, Reinbek 1966, S. 13
48 Marcel Granet, Das chinesische Denken, München 1963, S. 106 ff
49 Sigrid Hunke, Das Ende des Zwiespalts, a.a.O., S. 142
50 G.W.F. Hegel, Phänomenologie des Geistes, 1807, Vorrede
51 Sigrid Hunke, Der dialektische Unitarismus – Eine Philosophie an der Wende zum 3. Jahrtausend, München 1988; dies., Das nachkommunistische Manifest – Der dialektische Unitarismus als Alternative, Stuttgart 1974, S. 103 ff; dies., Das Ende des Zwiespalts, a.a.O., S. 85 ff
52 Nikolaus von Kues, a.a.O., II/1, S. 114 ff
53 Theodor V. Soucek, a.a.O.
54 Sigrid Hunke, Tod – was ist dein Sinn?, a.a.O., S. 141 ff; Geborgenheit in der Freiheit des Seins, Entgrenzung in die Offenheit des Seins
55 Pierre Koslowski, Nietzsche und der Circulus vitiosus deus, München 1986
56 Sigrid Hunke, ebd. S. 107–150: Die Antwort europäischer Religion
57 Johann Gottlieb Fichte, Anweisung zum seligen Leben, a.a.O., 6. Vorlesung, V 475
58 Pierre Teilhard de Chardin, Der Göttliche Bereich, Olten 1927, S. 46
59 Sigrid Hunke, Das Ende des Zwiespalts, a.a.O., S. 87

60 Karl Marx/Friedrich Engels, Historisch-kritische Gesamtausgabe, Moskau 1929, Briefwechsel I–IV
61 Popper, Falsche Propheten I 1958, S. 103; Erich Fromm, Das Menschenbild bei Marx 1972, S. 82
62 Alexander Mitscherlich, Ist die menschliche Aggression unbefriedbar?, 1969, S. 92 f
63 Friedrich Dessauer, Philosphie der Technik, Bonn 1928, S. 20, 26
64 Ders., Streit um die Technik, Frankfurt 1956, S. 240
65 Nikolaus von Kues, a.a.O., Von Gottes Sehen, c. 7
66 Antoine de Saint-Exupéry, Die Stadt in der Wüste, Düsseldorf 1956, c. 173
67 Theodor Storm, Gedichte
68 Ulrich Horstmann, Das Untier, Konturen einer Philosophie der Menschenflucht, Wien 1983, S. 7 f
69 Sigrid Hunke, Am Anfang waren Mann und Frau, a.a.O., S. 247 ff – über Vergleiche von Stilen des Männlichen und Weiblichen mit Verhalten von Tieren in der Geschlechterpsychologie
70 Platon, Timaios, cap. 14; cap. 44
71 Platon, Das Gastmahl, c. XIV–XVI
72 siehe oben Anm. III/18
73 Altsächsische Genesis, a.a.O.
74 Paulus, 1. Tim. 2,14 – Philo, De officio mundi c. 165
75 Sigrid Hunke, ebd. II. Buch: Wandlungen, S. 129–264
76 T. Preuss, Starkes schwaches Geschlecht, 1956, S. 123
77 Sigrid Hunke, Wandlungen, Kap. „Männlich" und „weiblich", S. 228–264
78 Zeitschrift „Die Arbeiterin", v. Emma Ihrer, 1. Heft 1891
79 Sigrid Hunke, ebd. S. 254, 261 – M. Vaerting, Neubegründung der Psychologie von Mann und Weib, I. Bd. Die weibliche Eigenart im Männerstaat und die männliche Eigenart im Frauenstaat, Frankfurt 1954, II. Bd. Wahrheit und Irrtum, Karlsruhe 1923
80 Antoine de Saint-Exupéry, Wind, Sand und Sterne, cap. 9, Die Menschen III
81 Rainer Maria Rilke, Briefe an einen jungen Dichter, Leipzig 1929, S. 26, 39
82 Thomas von Aquin, zt. n. Jacques le Goff, Kultur des europäischen Mittelalters, München 1970, S. 368
83 Jacques le Goff, Kultur des europäischen Mittelalters, 1964, S. 368
84 Altsächsische Genesis, a.a.O.
85 Paul Lafargue, Das Recht auf Faulheit – Widerlegung des Rechts aus Arbeit
86 Karl Marx/Friedrich Engels, Deutsche Ideologie, a.a.O.
87 Andreas Heusler, Germanenrechte 9, Graugans, 1937
88 Meister Eckhart, a.a.O., Reden der Unterweisung, Traktat 23
89 Ebd. Traktat 7
90 Zit. nach Josef Quint, Meister Eckhart, a.a.O., Einleitung, S. 45
91 Johann Gottlieb Fichte, Anweisung zum ewigen Leben, 6. Vorl. V 475
92 Pierre Teilhard de Chardin, Der Göttliche Bereich, a.a.O., S. 46
93 Pierre Teilhard de Chardin, Der Göttliche Bereich, a.a.O., S. 49
94 Melvin Kohn, Unresolved interpretive Issues, 1985, nach Hans Bertram, Jugend heute, München 1987
95 Peter H. Schulze, Herrin beider Länder – Hatschepsut, a.a.O., Kap. 16
96 siehe oben Anm. IV/33
97 Friedrich von Sonnenburg, n. S. Hunke, Europas andere Religion, a.a.O., S. 131
98 Eriugena, a.a.O., III 17
99 Sigrid Hunke, Europas andere/eigene Religion, a.a.O., Kap. Alles aus Gott und Gott in allem, S. 133–227, 119–199
100 Sigrid Hunke, ebd., S. 332, dazu Kap. Übereinstimmung von Glauben und Wissen, S. 479–492; dies., Glauben und Wissen, a.a.O. – Die Einheit europäischer Religion und Naturwissenschaft, a.a.O., Kap. Denkvoraussetzungen europäischer Wissenschaft; Übereinstimmung von Glauben und Wissen
101 Francis Bacon, Essays, Meditations 11. article
102 Hans Sedlmayr, Gefahr und Hoffnung des technischen Zeitalters, 1970, S. 63
103 Tangl, a.a.O., S. 59
104 Albert Schweitzer, Kultur und Ethik, 1923, München 1923, S. 215
105 Albert Schweitzer, Kultur und Ethik, a.a.o., S. 215, 232
106 W.G. Haverbeck, Die andere Schöpfung, a.a.O.
107 Friedrich Dessauer, Philisophie der Technik, a.a.O., S. 85 f
108 Ebd. S. 82 f
109 O.W. Haseloff, a.a.O., S. 18 f
110 siehe oben Anm V/106
111 Friedrich Dessauer, Prometheus und das Weltübel, Frankfurt 1959, S. 23
112 Theo Romahn, Wieviele Straßen führen nach Rom?, in: Die Welt, Nr. 86/1985
113 Heinrich Beck, Technik, die ich nicht lassen kann, in: Christ der Gegenwart, Nr. 33/1970

114 Marion Gräfin Dönhoff, Was wird aus dem Menschen? Gespräch mit Carl Friedrich von Weizsäcker, Die Zeit, 26.12.1969

115 Johann Peter Eckermann, Gespräche mit Goethe, 1837

116 Tacitus, a.a.O.

117 Manfred Mezger: „Es gibt einen Bodensee, es gibt einen Himalaya, aber Gott gibt es nicht"; man könne Gott heute nicht mehr als einen „existierenden Gegenstand" erklären. Die Welt, 21.3.1969

118 Hans Jürgen Schultz, Wer ist das eigentlich – Gott?, München 1969

119 Paul Tillich, In der Tiefe ist Wahrheit, Stuttgart 1952, S. 55

120 Rudolf Bultmann, Der Gottesgedanke in der modernen Welt, 1964, S. 16, 20

121 Herbert Braun, Gesammelte Studien zum Neuen Testament, 1962, S. 338, 325

122 Dietrich Bonhoeffer, a.a.O., S. 192, 135

123 Manfred Mezger, in: Die Welt, 21.3.1969

124 Hubertus Halbfas, Fundamentalkatechetik, a.a.O., S. 62, 55 ff, 258

125 Zit. n. Sigrid Hunke, Das Ende des Zwiespalts, a.a.O., S. 172

126 John A.T. Robinson, Gott ist anders, München 1963, S. 30 f, 35 f

127 Jürgen Moltmann, Zeit der Wende, Über Bücher von Capra, in: Evangelische Kommentare 11/1983, S. 625

128 Enzyklika Dominum et Vivificantem von Papst Johannes Paul II. über den Heiligen Geist im Leben der Kirche und der Welt, 18.5.1986. Verlautbarungen des Apostolischen Stuhls 71

129 Für derartige wie die 1986 vom Papst verkündeten Worte wurde 1619 in Toulouse dem 33jährigen Lucilio Vanini die Zunge herausgerissen, bevor er auf dem Holzstoß verbrannt wurde, während im fassungslosen Entsetzen ein anderer Landsmann Giordano Brunos im Anblick der brennenden Menschenfackel schrie: „Befiehlst DU wirklich, daß die, welche DEINE Gebote anders auffassen, als unsere Meister es fordern, unter Wasser getaucht, mit Stockschlägen bis auf die Knochen zerfleischt, mit Salz bestäubt, mit Schwertern verwundet, auf schwachem Feuer gebraten und mit allen möglichen Todesqualen so lange als möglich gemartert werden sollen? Befiehlst DU und billigst DU diese Dinge? Die diese Opfer darbringen, sind sie wirklich DEINE Stellvertreter bei dieser Schlächterarbeit?" Sebastian Castellio, Traité des Hérétiques, ed. Choisy 1913

130 Sigrid Hunke, Tod – was ist dein Sinn?, a.a.O., Kap. Vertrauen in die große Bewegung des Seins, S. 107–130, Kap. Vertrauen in den Tod, S. 141–150

131 Pierre Teilhard de Chardin, Der Kern des Problems, Ineditum 8.9.1949

Schluß – Aufgang eines europäischen Europas

1 Peter Michael Braun, An meine Freunde, Privatdruck

2 Hans Sedlmayr, Der Verlust der Mitte, Salzburg 1948, S. 217

3 Martin Vogel, Die Zukunft der Musik, Düsseldorf 1968, S. 7 f, 189

4 Martin Heidegger, Vorträge und Aufsätze, Pfullingen 1954, Wissenschaft und Besinnung, S. 41

5 Sigrid Hunke gibt in Tod – was ist dein Sinn?, a.a.O., Kap. Die Antwort des Parapsychologismus (S. 80) die erste wissenschaftliche Erklärung der angeblichen „nachtodlichen Jenseitserfahrungen" und „Beweise", S. 97–104

6 Nikolaus von Kues, a.a.O., Über die Vermutungen, I c. VIII S. 207

7 Sigrid Hunke, Das Reich und das werdende Europa, a.a.O., S. 161

8 Friedrich Nietzsche, Fröhliche Wissenschaft, a.a.O., c. Was es mit unserer Heiterkeit auf sich hat, S. 8, 81

Personen- und Sachregister

Wir sind unterwegs zu einem neuen ganzheitlichen Denken und Handeln

Ervin Laszlo
Global denken
Die Neu-Gestaltung der vernetzten Welt. Mit einem Vorwort von Ilya Prigogine. 1989. 190 Seiten. Gebunden. ISBN 3-926116-11-0
Der große Durchbruch zu einer neuen, positiven Evolutionstheorie: "Im Gegensatz zu Marx und Lorenz, die Evolution, sei es ökonomisch, sei es biologistisch, determinieren, eröffnet sich hier die Möglichkeit zu sinnvollem, vielleicht rettenden Einfluß auf unsere Geschicke." **Robert Jungk**

Ervin Laszlo
Die inneren Grenzen der Menschheit
2. Auflage. 1988. 125 Seiten. Broschur. ISBN 3-926116-08-0
"Eine bemerkenswert klare Denkschrift über die gegenwärtigen Probleme der Menschheit... Vielleicht ist die Zeit gekommen, nach den äußeren nun auch die inneren Grenzen der Menschheit mit derselben Intensität zu diskutieren." **Alexander King**

Michail Gorbatschow
Meine Vision
Worte, die die Welt bewegen. Ausgewählt von Hartmut Nowotny. 1989. 142 Seiten. Broschur. ISBN 3-926116-15-3
"Im Unterschied zu bisherigen Publikationen über Reden und Artikel Gorbatschows faßt dieses Buch die Äußerungen des Politikers thematisch zusammen. Dank dieser Besonderheit dürfte diese Gorbatschow-Publikation großen Anklang beim Leser-Publikum finden." **Luxemburger Wort**

Huschmand Sabet
Weltidentität
Deutsch-Englisch. 1989. 61 Seiten. Pb. ISBN 3-926116-10-2
Ein brillantes Essay über den Schritt von der nationalen zur Weltidentität.

Peter Mühlschlegel
Der Weltzentralbank-Präsident
Versuche zur Erweiterung unseres ökonomischen Bewußtseins. 1989. Ca. 180 Seiten. Gebunden. ISBN 3-926116-12-9
In Aphorismen und Essays skizziert der Autor die geistig-intellektuellen, moralischen und gesellschaftspolitischen Anforderungen eines neuen ökonomischen Bewußtseins.

Weltfriede ist nicht nur möglich, sondern unausweichlich
Mit einem Vorwort von Ervin Laszlo. 4. Auflage. 1989. 118 Seiten. Pb. ISBN 3-926116-02-1

Das Modell des Friedens
Ausweg aus der Krise. Herausgegeben von Farzin Dustdar. 1986. 358 Seiten. Broschur. ISBN 3-926116-00-5

O.P. Ghai
Einheit in der Vielfalt
Die eine Wahrheit in den Schriften aller Religionen. Mit einem Vorwort von Franz Alt. 1987. 136 Seiten. Leinen. ISBN 3-926116-07-2
Die Kernsätze aus zwölf Religionen zu 29 Kernfragen des Lebens. "...ein Meilenstein zum Religionsfrieden, ein Meilenstein zum Weltfrieden."
Franz Alt